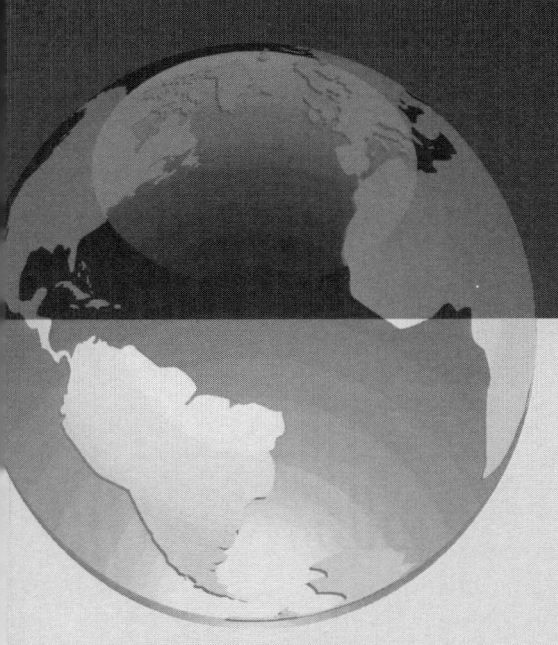

證券投資
理論、技巧、策略

主　編　　蘭虹　王文君
副主編　　王倫強　謝海芳　羅濤

崧燁文化

前言

　　進入 21 世紀，在經濟全球化、金融自由化和資產證券化浪潮的推動下，證券市場正在經歷著前所未有的深刻變革。

　　證券市場的發展變化，要求證券投資的教學及時跟進，證券投資學教學內容以及教材要及時更新。在這種背景下，出版一本適應新形勢的證券投資學教材是十分必要的。

　　在編寫過程中，我們查閱了大量的資料並形成了我們的寫作思想。主要有：第一，要有新的內容，既要對前沿的金融創新工具進行分析，又要總結、提煉證券市場的新變化。第二，要形成本書的特色，即本書既不是單純理論的演繹，也不是炒股揭秘之類的讀物，而是既有對相關理論深入淺出的闡述和完善的體系結構，又有實踐操作意義，能指導證券投資。第三，要重點突出，詳略得當。

　　在結構上，全書共分為五個部分。第一部分為第一章、第二章，著重介紹證券投資的基本知識和基本原理；第二部分為第三章、第四章和第五章，主要介紹股票、債券、投資基金、金融衍生工具和股價指數；第三部分為第六章和第七章，主要是證券投資分析，包括基本分析和技術分析；第四部分為第八章和第九章，主要介紹證券投資的計劃、方法和技巧；第五部分為第十章，介紹證券市場的監管。

　　由於編者水平有限，加之時間倉促和證券市場變化太快，書中難免有不足之處，敬請廣大讀者及同行指正。

編者

目錄

第一章	**證券投資概述**	1
第一節	證券與證券投資	1
第二節	證券投資的動機與原則	8
第三節	證券投資過程	12
第四節	證券交易的基本方式	14
第二章	**證券投資者**	18
第一節	證券投資者的分類	18
第二節	對證券投資者的分析	27
第三節	對證券投資者的基本要求	31
第三章	**證券投資工具**	34
第一節	債券	34
第二節	股票	43
第三節	投資基金	50
第四節	衍生工具	57

第四章　證券市場　62

第一節　證券市場概述　62
第二節　證券市場功能與兩面性　66
第三節　證券發行市場　71
第四節　證券交易市場　83

第五章　證券價格與股價指數　97

第一節　股票價格　97
第二節　債券價格　103
第三節　股票價格指數　106

第六章　證券投資基本分析　112

第一節　證券投資分析概述　112
第二節　宏觀經濟分析　114
第三節　行業分析　128
第四節　企業經營與財務分析　137

第七章　證券投資技術分析　154

第一節　證券投資技術分析概述　154
第二節　證券投資技術分析主要理論　164
第三節　證券投資技術分析主要技術指標　216

第八章　證券投資計劃　239

第一節　證券投資計劃擬訂　239
第二節　證券投資計劃操作方法　250

第九章	證券投資方法與技巧	258
第一節	證券投資的目標和原則	258
第二節	證券投資品種的比較與選擇	260
第三節	證券投資時機的選擇	272
第四節	證券投資技巧	275
第五節	證券投資風險控制	281

第十章	證券市場監管	290
第一節	證券市場監管的原則與意義	290
第二節	證券市場監管的要素	298
第三節	證券市場監管的範圍與內容	304
第四節	證券市場監管體系	312
第五節	證券法律法規	320

股市常用術語	331

第一章 證券投資概述

● 第一節 證券與證券投資

一、證券的概念與分類

證券，是各類經濟權益憑證的統稱，用來證明證券持有人可以按照證券所規定內容取得相應的權益。

證券可以分為無價證券和有價證券兩大類。無價證券包括證據證券和所有權證券。證據證券也統稱為憑證證券，指單純證明事實的憑證，如借據、收據和票證等，一般不具有市場流通性。所有權證券是認定持證人是某種財產權的合法權利者，是證明持證人所履行的義務有效的憑證，如土地所有權證書等。

有價證券指的是對某種有價物具有一定權利的證明書或憑證。有價證券本身沒有價值，因為它不是勞動產品，但是由於它能給持有者帶來一定的收益，所以，它有價格，可以在證券市場上自由買賣。有價證券具有兩個基本特徵：①因為它是代表財產權的，所以其券面上必須載明財產的內容和數量，並且證券所表示的財產內容和數量是以一定的金額來表示的，即表示它具有一定的價值，這樣便於在市場上流通。②證券所表示財產權與證券自身不可分離。要行使該權利，就必須持有這種證券，轉移了該證券，也就失去了其權利。我們一般所說的證券，指的就是有價證券。下面從幾個不同角度，對有價證券進行分類：

（1）商品證券、貨幣證券與資本證券。按證券的用途和持有者的權益不同，有價證券可以分為商品證券、貨幣證券和資本證券三類。商品證券是有領取商品權利的證券，如提單、貨運單、棧單、購物券等。貨幣證券是表明對貨幣享有索取權（請求權）的證券，如匯票、本票和支票等。資本證券則是表明投資的事實，把投

證券投資

資者的權利轉化為有價證券，或者說是能夠按照事先的約定從發行者那裡領取收益的權益證券，如股票、公司債券等。

有價證券有廣義與狹義之分，廣義的有價證券就是指上述的商品證券、貨幣證券和資本證券，而狹義的有價證券是指資本證券，包括股票和債券兩大類。本書下面所說的證券都是指狹義的有價證券。

(2) 上市證券與非上市證券。按照證券是否在證券交易所掛牌交易，有價證券可分為上市證券和非上市證券。

上市證券是指在某一證券交易所註冊，有資格在該證券交易所進行交易的證券。在某一證券交易所申請註冊的證券，必須符合註冊條件、遵守該交易所的規章制度。證券上市可以增加證券的流動性，提高公司的知名度，便於公司進一步籌措資金，同時也有利於投資者買賣證券。

非上市證券指未在證券交易所登記，沒有掛牌交易的證券。非上市證券大多因不符合上市條件而未能註冊登記。當然，非上市證券也並非都不符合上市標準。有些證券雖然具備了上市條件，但由於種種原因，如不願意公開其業務和財務狀況，發行公司不願上市。

(3) 固定收益證券與變動收益證券。按照證券的收益是否固定，有價證券又可分為固定收益證券和變動收益證券。前者指證券的收益率預先已經知道，因此，證券持有人可以在特定的時間內獲得固定的收益，如一般的債券和優先股股票。變動收益證券指證券的收益率事先無法確定，而是隨公司的盈利情況和盈利分配政策等因素的變化而變化，普通股股票和流動利率債券就屬於此類證券。

(4) 公募證券與私募證券。按照證券的發行方式和發行範圍，有價證券可分為公募證券和私募證券。

公募證券指公開向社會投資者發行的證券。發行者具有較高的社會信譽和知名度，符合證券主管部門規定的條件，經申報批准後委託證券經營機構向不特定的投資者推銷。

私募證券指由發行者向特定投資者直接出售的證券。因投資者多與發行者有密切的關係，瞭解發行者的資信，且發行額較小，因此事先不必提供企業財務資料，也不必向證券主管部門申報批准，發行手續簡單，但不能公開上市交易。

除上述分類外，有價證券還可按流動性大小分為適銷證券和不適銷證券，按發行地點可分為國內證券和國際證券，等等。

二、證券的性質與特徵

(一) 證券的性質

證券是一種能帶來一定收益的價值憑證，具有以下性質：

(1) 虛擬性。證券本身僅是一種價值憑證，而不是實物資本本身。證券價格變

第一章　證券投資概述

化僅僅是對實物資本運作狀況的反應。由於各種原因，市場表現的虛擬資本價值與實際資本價值往往是相背離的，經常出現嚴重低估或高估。特別是股票，其股價並不能完全反應其實際情況，每股淨資產往往低於其股價。因此，證券就具有虛擬性特徵，也就是通常所說的存在泡沫。泡沫的興起與破滅，會使社會經濟出現不穩定因素，如美國1929—1933年的大危機就是從股市泡沫的破滅開始的，繼而引發了經濟危機乃至社會危機。

（2）直接性。具體是指該資本的融通與流動僅在當事人之間直接進行，不通過仲介人過渡。與此對應的是間接融資資本，如銀行的存貸款即是一種間接融資形式，其中，銀行起了仲介作用。銀行先吸納存款，再貸給借款者，從中獲取存貸息差收益。而存款者不知道錢借給了誰，貸款者亦不知道資金是誰提供的。

（3）長期性。比如，股票可以稱其為永久性證券，因為它具有不可返還性特點，債券可分為短期債券和長期債券。1年以上的債券稱為長期債券，有的3年、5年、7年，有的長達20~50年，甚至是永久性的。

（二）證券的特徵

（1）流通性。證券可以轉讓、流通、償付，這是證券的流通性特徵。證券只有通過流通才能達到增值的目的，只有通過流通，才能經過市場評價，合理反應企業的內在經營質量。因此，流通性能使證券具有活力，從而吸引人們購買。證券的流通性強弱往往與證券的種類、償還期限長短、宏觀經濟狀況好壞及發行人的經營業績、信譽、知名度等狀況有關。

（2）收益性。一般來講，所有的證券都能獲得收益，持有者都能憑藉證券獲取收益，這是證券投資者的基本權益。證券的收益來自三個部分：一是發行者給予的利息、股息、紅利；二是隨著發行公司淨值資產的增加而帶來的資產增值收益（這在股票中較明顯）；三是價差收益，也就是資本利得。一般來講，股票的收益大小最終取決於股份公司的經濟效益，它與股票的市價高低及股息紅利高低有關，而債券收益與票面利率、償還期限、市價等有關。

（3）風險性。按照一般經濟原理，收益與風險是對稱的。由於證券具有收益性，因此也帶來了風險性，即投資者在購買證券後有可能出現其持有的證券價格不能回覆到原來投資成本之上的情況。證券的風險是客觀存在的，其主要包括系統性風險和非系統性風險。系統性風險不可能通過分散投資來迴避。非系統性風險由個別行業企業的自身情況造成，其不會波及所有的行業企業。通過優化組合、分散投資，可把非系統性風險降至最小。

（4）波動性。證券價格可分為票面價格、發行價格和市場價格三種。由於發行條件的不同，證券的發行價格可能高於或低於票面價格。不僅如此，受政治、經濟、心理等方面因素的影響，證券的供求關係處於變動之中，這就決定了證券在流通過程中的價格也會隨之變動，並且可能發生大幅度的變動。

三、投資與證券投資

(一) 投資的概念

所謂投資，就是投資主體為獲取未來收益或經營、實施某項事業，預先墊付貨幣或其他資源，以形成資產的經濟行為。簡言之，投資就是投入某種資源，獲得某種資產及收益的過程。顯然，這裡是廣義的投資概念，其內涵包括以下幾方面：

第一，投資目的明確，即為了獲取未來收益或經營、實施某項事業。未來收益既可以是投資的資產收益、差價收益，也可以是其他非經濟的個人或社會效益。

第二，投資獲取某種資產，是實現目的的手段。某種資產可以是有形資產，也可以是無形資產，如專利權、商業信譽等。只有先獲得某種資產，才能最終獲取未來收益或經營、實施某項事業。

第三，投資的前提是預付，即預先墊付或投入貨幣或其他資源的投資品。投資是以人力、物力和財力的投入為先決條件的。

第四，投資既可指資源或經濟要素的投入，又可指投資主體形成資產的經濟行為。

第五，投資是一個動態的概念。它既受到歷史背景、經濟水平、經濟體制等諸多方面的制約，又隨著社會經濟的發展而發展，隨著人們投資實踐的豐富而豐富。投資範疇是社會經濟歷史發展到一定階段才產生的，但隨著社會的不斷發展和進步，人們所依賴的生產與生活的資產越來越豐富多彩，投資範疇的內涵與外延也越來越豐富多彩。

(二) 投資的分類

投資是一個多層次、多側面、多角度、內容極其豐富的概念，因而可按許多方式進行歸納與分類。

1. 實物投資與金融投資

實物投資就是投資主體為獲取未來收益或經營、實施某種事業，預先墊付貨幣或其他資源，以形成實物資產的經濟行為。實物投資可分為稀有資產投資、固定資產投資和流動資產投資。其中稀有資產投資是指投資主體為獲取預期收益，預先墊付貨幣以形成稀缺性資產的經濟行為。稀有資產包括貴金屬、寶石、文物古董、書畫、郵票和其他藝術品。稀有資產投資是一種分門別類的、專業性、技術性很強的大眾投資方式，其知識較為分散，且操作性、實用性很強。

金融投資是投資主體為獲取預期收益，預先墊付貨幣以形成金融資產，並藉以獲取收益的經濟行為。金融投資包括股票投資、債券投資、期貨投資等有價證券的投資。個人在銀行儲蓄的行為也是一種金融投資，其獲得的存款憑證能使投資者獲得一定的未來收益。

2. 直接投資與間接投資

從經濟學的意義上說，投資形成新的資本，用於生產事業上，如建設廠房設施、

第一章　證券投資概述

購置設備、購買原材料等,通過生產流動,可以直接增加社會的物質財富,或提供社會所必需的勞務,所以稱為直接投資。直接投資是和實物投資相聯繫的。

從金融學的意義上說,投資是指把資金用於購買金融資產,主要是有價證券,以期獲得收益。這些資金通過股票、債券等金融工具的發行,轉移到企業后再投入生產活動,這種投資一般稱為間接投資。就投資於金融資產而言,投資於銀行儲蓄、金融機構債券及各種投資基金為間接投資;而從證券市場上直接購買股票、企業債券等有價證券為直接投資。

3. 短期投資與長期投資

一般來說,投資時間在一年以下的為短期投資,一年以上的為長期投資。嚴格地說,一至五年或七年為中期投資,五年或七年以上的投資才是真正意義上的長期投資。選擇短期投資還是長期投資,是很重要的事,它直接關係到投資者的收益、資金週轉速度及機會成本等問題。一般情況下,短期投資相對於長期投資來說收益率相對較低,如投資於短期國庫券（一年以下）比投資於長期債券收益要低。但短期投資風險相對較小,資金週轉快,也許會從再投資中獲取新的收益。進行短期投資還是長期投資,一般取決於投資者的投資偏好。另外,長期投資和短期投資是可以轉化的。購買股票是一種長期投資,無償還期,但股票持有者可以在二級市場進行短線操作,賣出股票,這又變成短期投資。

4. 固定收入投資與不固定收入投資

證券投資的目的是獲取收益。證券種類繁多,其投資性質、期限各不相同,收入高低和支付方式也不一樣。證券投資按其收入是否固定可分為兩類,即固定收入投資和不固定收入投資。固定收入投資,是指該種證券預先規定應得的收入,用百分比表示,按期支付,在整個證券投資期限內不變。不固定收入投資是指證券的投資收入不預先規定,收入不固定。債券和優先股的收入都是預先規定的,而普通股的收入則是不固定的。一般地說,固定收入投資風險小,但收益也小;不固定投資風險大,但可能獲得較高的收益。

5. 其他分類

投資概念還可以從投資主體、空間、產業和運作等方面進行分類。

按投資主體劃分,有個人投資、企業投資、政府投資和外國投資。其中個人投資與企業投資合稱民間投資,與政府投資相對應。

按投資的空間劃分,有地區投資、國內投資、國外投資及全球投資。

按投資的產業劃分,有第一產業投資、第二產業投資、第三產業投資等。

按投資運作劃分,有消費投資、生產投資、建設投資,其中按項目的建設性質劃分,又可分為新建、擴建、改建與遷建等投資。

按投資效果劃分,有無效投資與有效投資、顯效投資與隱效投資、近效投資與遠效投資等。

按投資的形式劃分,有貨幣投資以及物品、土地、勞動力、知識產權、債權、

證券投資

股權等投資。

按投資的範圍劃分，有宏觀投資、中觀投資和微觀投資等。

按投資的口徑劃分，可以分為狹義投資與廣義投資。狹義投資僅為證券投資或實物投資，廣義投資包括我們列舉的全部投資含義。

(三) 證券投資的概念

證券投資是一種金融投資或間接投資，它是個人、企業、銀行及其他社會團體累積起來的資金購買股票、債券等有價證券，借以獲取收益的行為。

證券投資又可分為直接投資和間接投資兩種。直接證券投資是指投資者直接到證券市場上去購買證券；間接證券投資是指投資者購買有關金融機構本身發行的證券，而這些金融機構本身是專門用發行證券吸收的資金從事證券交易來獲利的，如各種投資基金就是這樣。

證券投資雖然不直接增加社會資本存量，但它使社會上閒置的貨幣資金轉化為長期投資資金，最終用於對實物資產的投資。所以，證券投資是促進資本積聚、集中、擴大再生產能力的重要形式。人們通過證券投資活動，間接地參與了資本的累積，他們所獲得的利息、股息等投資收益正是來源於他們所投資本在再生產過程中增值的利潤，即剩餘價值。因此，證券投資又是社會財富增值的一種方法，利息、股息收益是剩餘價值的一種轉化形態。

證券投資由三個基本要素構成：①收益。其包括利息、股息等當前收入和由證券價格的漲落所帶來的資本收益。此外，還包括股東對企業的種種權利。②風險。一般來說，收益與風險成正比，即收益越高，風險越大；但不能說凡追求高的風險就一定取得高的收益。③時間。投資者必須決定是投資於長期、中期還是短期的證券。一般來說，投資期限越長，收益就越高，但同時風險也越大。

四、證券投資與證券投機

(一) 投資與投機的區別

證券投資是貨幣持有者通過購買有價證券並長期持有，其目的是為了獲得穩定的利息和股息收入，實現資金的增值。而證券投機是指貨幣持有者利用證券價格的波動，賺取證券買賣差價收入的行為。具體來說，證券投資與投機有以下幾方面的區別：

(1) 動機與目的不同。投資者買賣證券是為了獲取穩定的利息和股息收入，而證券投機者則是為了在短期內通過價格變動來獲取買賣價差收入。

(2) 持有時間不同。投資者持有證券的時間一般在一年以上，而投機者持有證券的時間較短，多則幾周至數月，少則只有幾天，甚至是當天進當天出。

(3) 決策依據不同。投資者主要依據於對上市公司經營狀況的分析考察，而投機者主要依據對股市行情短期變化的預測。

第一章 證券投資概述

（4）風險傾向和風險承受能力不同。投資者厭惡證券風險，風險承受能力也較差；而投機者往往喜歡風險，他們為了賺大錢而願意冒較大的風險。

（5）投資對象不同。投資者通常選擇價格波動小的證券，而投機者往往選擇價格波動大、有週期性變化的證券。

證券投資與證券投機的區分是相對的，在很多情況下，兩者是可以相互轉化的。如投資者購入證券後準備長期持有，但因短期內證券價格大幅飆升而賣出，投資就變成了投機；反之，如投機者買入證券後被套牢而不得不長期持有，投機就變成了投資。一次良好的投資，實質上是一次成功的投機。

（二）證券投機的積極作用

（1）促進證券交易的活躍。投機者為了從證券價格的短期變動中獲利，進行了大量的頻繁的證券買賣，促進了證券市場的活躍和繁榮，也為國家增加了稅收收入。

（2）投機者勇於承擔證券風險，有利於新證券的發行。

（3）調節證券需求，穩定證券市場。投機者不注重利息和股息收入，而是利用價格變動來獲取收益。他們在證券價格較低時買進，在證券價格上升時賣出，這有利於調節證券的需求，穩定證券市場。當然，這是對適度的證券投機而言。過度的投機會引起股市的暴漲暴跌，影響證券市場的穩定。

（三）證券投機的分類及對策

證券投機按性質可分為合法投機和非法投機。合法投機是指在國家法律允許的範圍內進行的投機；而非法投機是指違反國家法律規定的投機，一般指使用不正當的手段，如通過哄抬、舞弊、詐欺等進行的投機。

證券投機按程度可分為適度投機和過度投機。適度投機是在不影響證券市場與社會經濟基本穩定前提下的投機，而過度投機則是導致證券市場與社會經濟劇烈波動的投機。各種證券投機的關係見表1.1。

表 1.1 各種證券投機的關係

$$證券投機\begin{cases}非法投機\\合法投機\begin{cases}適度投機\\過度投機\end{cases}\end{cases}$$

對於證券投機，既要用法律手段堅決打擊和取締非法投機行為，又要用行政手段和經濟手段有效地抑制過度投機，允許適度投機的存在，從而達到既能實現證券市場與社會經濟的基本穩定，又能活躍證券市場的目的。

為了加強對證券的控制和管理，一方面要加強證券法制建設，把對證券投機的控制和管理納入法律控制的軌道，做到有法可依、有章可循；另一方面，要健全證券管理機構，這是加強對證券投機控制和管理的組織和人員方面的保證。

第二節 證券投資的動機與原則

一、證券投資的動機與目的

投資者參與證券投資的動機與目的是多種多樣的。例如,有些投資者參與投資活動僅僅是為了累積財富,而無其他動機;有些投資者是想為子女提供教育的資金;還有些投資者是為了獲得老年生活費用和滿足其他方面的財務需要;而另外一些投資者則是為了參與公司的經營決策,等等。不僅如此,個人投資者和機構投資者的投資動機也往往是不同的:個人投資者將投資作為資產增值的手段,以便能夠為家庭增加未來資金來源;機構投資者則往往是為了累積資金,更好地為其對象服務,或是為了控制某一企業的生產經營。歸納起來,證券投資的動機與目的主要有以下幾種:

(一) 獲取收益

絕大多數投資者參與證券投資活動,主要是為了獲取收益,通俗地說,就是為了賺錢,具體又分為以下兩種類型:

(1) 獲取投資收益。許多人參與投資活動最主要的動機是獲取利息和股息等收益。特別是那些謹慎的、著眼於長期投資的人,更是注意比較各種證券收益的差別,以進行細緻的計算和選擇,盡量把資金投放在市場價格比較穩定且收益較高的證券上。他們大多選擇債券、優先股和那些營利能力強的公司股票,長期持有,以獲得較穩定的利息和股息收入。這實際上就是我們前面所說的證券投資。

(2) 獲取投機收益。有些人參與證券投機活動,主要是為了從證券價格波動中獲取差價收益。這些證券投機者認為,證券低進高出獲得的收益遠高於利息或股息收入。因此,他們時刻關注著證券市場的供求關係和證券行市的變動趨勢,頻繁地買賣證券,他們願意承擔較大的風險以期獲取較大的收益。

(二) 參與經營決策

有些投資者參與證券投資,主要是為了參與發行公司的經營決策,也就是通過參加股東大會來行使投票表決權。少數資金雄厚的投資者有時會通過大量購買某一公司股票來達到控制這家公司的目的。

隨著股權不斷分散,股份公司尤其是規模大的股份公司,其股東眾多,不可能都參與公司的經營決策,只有極少數大股東才有參與公司決策的實際權利。這種情況使得絕大多數小股東不大關心公司的經營決策,而是關心股票的收益。在股票流通市場日益發達的今天,股票作為公司所有權象徵的意義越來越弱,而作為一種「金融商品」的意義越來越突出。

第一章　證券投資概述

（三）分散風險

投資者對投資資產管理的重要原則是資產分散化，以降低風險。資產分散化就是投資者不要將資金集中投放在單一資產上，而是同時持有各種資產。這樣，當市場行情發生變化時，各種資產有升有降，可以互相抵銷，投資者可以避免或減少損失。證券投資具有選擇面廣、資產分散的特點，從而為投資者實現資產分散化、降低投資風險提供了可能性。

（四）增強資產流動性

資產流動性也稱變現性，是一種資產在不受損失的情況下轉化為現金的能力。保持資產的流動性，是參與投資經營的重要原則，流動性的高低是衡量投資者經營活動是否穩健、正常的主要標誌。證券是除現金和活期存款外最有流動性的資產，證券投資業務為投資者保持資產的流動性提供了條件。

（五）其他動機

投資者參與證券投資的動機除以上幾種外，還有以下一些動機：

（1）安全動機。有些人參與證券投資，是認為用現金購買證券比把現金放在家裡安全，可以防止遺失、被盜和因意外災害造成的損失。這些投資者也重視投資收益問題，他們認為把錢存入銀行和購買證券的安全程度差不多，但證券投資的流動性較高，而且能獲得更高的收益，所以就採取證券投資的方式。他們大多購買價格波動小且收益比較穩定的證券。在交割時，他們往往把證券寄存在銀行或證券經營機構，以提高安全程度。

（2）自我表現的動機。有些人參與證券投資是為了顯示自己，以獲得心理的滿足。他們或者以擁有巨額證券資產來顯示自己的富有、地位和威望；或者通過證券投資賺取比別人多的收益來證明自己有著不同凡響的能力；或者通過證券投資來獲得社會的承認或表明自己已長大成人。有些人儘管持股比例極小，對公司決策實際上沒有什麼影響，但他們熱衷於參加股東大會，在股東大會上積極發言、質疑，拋頭露面，出盡風頭。

（3）情緒動機。還有些人是因為喜歡、好奇、好勝、嫉妒等情緒方面的原因而從事證券投資的。比如，有人看到別人買賣證券，自己也想體驗一下；有人看到別人炒股賺了錢，自己不甘示弱，也加入炒股行列，希望比別人賺得更多些，等等。因情緒影響而引發的證券投資行為，具有衝動性、不穩定性等特點。

（4）習慣原因。還有一類人因長期從事證券投資活動，已成為習慣，證券投資成為他們生活中不可缺少的組成部分。有些人甚至證券投資成癖，異乎尋常地關心證券行市的變化，一天不買賣，就會吃不下飯、睡不著覺。這種行為已超出正常的證券投資行為，屬於不理智的投資行為。

總之，人們從事證券投資活動的原因是多種多樣的。一個投資者可以在一種動機和目的的驅使下進行證券投資，也可能在多種動機和目的的合力下參與證券投資。在種種動機和目的中，獲取收益是最基本、最主要的動機。

證券投資

二、證券投資的原則

證券投資的主要目的在於獲取收益。但在獲取收益的同時，不可避免地存在一定程度的風險。不同投資者對證券投資的不同態度以及所採取的不同對策，實際上就是人們對收益與風險大小的不同權衡。有些人傾向於高收益、高風險的投資，有些人卻寧願選擇低風險、低收益的投資，還有些人則介於兩者之間。但無論哪一種投資者，其共同點都是在預期收益一定的前提下，盡可能地利用各種方法和手段降低甚至避免投資風險；或者是在投資風險預期一定的前提下，盡可能提高投資收益率。為了達到上述目的，必須遵循以下幾個原則：

（一）收益與風險最佳組合原則

在證券投資中，收益與風險形影相隨，是一對相伴而生的矛盾。要想獲得收益，就必須冒風險。解決這一矛盾的辦法是：在已定的風險條件下，盡可能使投資收益最優化；在已定的收益條件下，盡可能使風險減小到最低限度。這是投資者必須遵循的基本原則，它要求投資者首先必須明確自己的目標，恰當地把握自己的投資能力，不斷培養自己駕馭和承受風險的能力及應付各種情況的基本素質；其次，要求投資者在證券投資的過程中，盡力保護本金，增加收益，減少損失。必須看到，證券投資是一項非常複雜的經濟活動，預測失誤的事屢見不鮮，這就要求投資者不斷總結經驗，分析失敗的原因，才能獲得最後的成功。

（二）分散投資原則

西方有句諺語：「不要把所有的雞蛋都放在一個籃子裡。」中國也有句諺語：「不要在一棵樹上吊死。」說的都是分散風險的問題。證券投資是風險投資，它可能給投資者帶來很高的收益，也可能使投資者遭受巨大的損失。為了盡量減少風險，必須進行分散投資。

分散投資可以從兩個方面著手：一是對多種證券進行投資。這樣，即使其中的一種或幾種證券得不到收益，而其他的證券收益好，也可以得到補償，不至於血本無歸。二是在進行多種證券投資時，應把握投資方向，將投資分為進攻性和防禦性兩部分，前者主要指普通股票，後者主要指債券和優先股。因為投資普通股收益高但風險大，而債券和優先股相對較安全。將資金一分為二，即使投資於普通股的部分虧了本，還有債券和優先股部分，不至於全盤皆輸，無反擊之力。而對於普通股的投資，也可以在公司、行業和時間等方面加以分散。

（三）理智投資原則

證券市場由於受到各方面因素的影響而處於不斷變化之中，誰也無法準確預測行情的變化。這就要求投資者在進行投資時，不能感情用事，應該冷靜而慎重，善於控制自己的情緒，不要過多地受各種傳言的影響，要對各種證券加以細心比較，最後才決定投資的對象。不然，在情緒衝動下進行投資，往往是要失敗的。還有一

第一章　證券投資概述

些缺乏經驗的投資者，看到自己要買的股票價格略有上漲時，就急不可耐，唯恐買不到這種股票，便匆忙提出市價買進委託，結果很可能是高價購進該種股票。因此，投資者應隨時保持冷靜和理智的頭腦，做到「眾人皆醉我獨醒」。有時，股市在一片叫好聲中，往往已處於暴跌的前夜；而在股市最蕭條的時候，正是黎明前的黑暗，股市復甦的曙光就在眼前。在這種情況下，投資者若能採取與其他人相反的操作策略，必將獲得極大的收益。理智投資是建立在對證券的客觀認識基礎上的，要經過細緻、冷靜的分析比較后採取行動。理智投資具有客觀性、周密性和可控性等特點。

（四）責任自負原則

在進行證券投資時，適當借助於他人的力量，如接受他人的建議或勸告是必要的，但不能完全依賴別人，而必須堅持獨立思考、自主判斷的原則。這是因為證券投資是一種自覺的、主動的行為，所有投資的賠賺都要由自己承擔。儘管有的證券公司業務員對客戶保證「絕對賺錢」，從職業道德上講，他們也是希望投資者能獲取收益，但他們的主要目的是擴大財源，增加委託手續費，為其公司賺錢。另外，在證券市場上，任何人都不會比自己更認真地去考慮自己的事情。所以，投資者不應輕信或完全依賴他們。那種把投資成功歸於自己的判斷，而把投資失敗歸罪於他人的做法是沒有道理的。證券投資的成敗完全是投資者自己的責任，不具備這一認識的人，可以說就不具備投資者的資格。

（五）剩餘資金投資原則

儲蓄是證券投資的先決條件，沒有可供運用的資金，證券投資便無從說起。對大多數人來說，證券投資的資金必須是家庭較長時間閒置不用的剩餘資金，不能借錢來進行投資。這是因為證券投資是一種風險較大的經濟活動，意味著賺錢和虧本的機會同時存在，如果把全部資金都投入證券，一旦發生虧損，就會危及家庭收支計劃，從而給正常的生活帶來極大的困難。國外有些人因參與證券投資而傾家蕩產，往往就是因為大量借錢來從事投資活動。所以，妥善可靠的做法是把全部資金進行合理分配，留足家庭生活的必備資金，所剩餘的長時間有可能閒置的資金，才能用來進行證券投資。當然，有些投資者也可用借款的方式來買賣證券，但要考慮自己的承受能力，一旦投資失利，必須有償還借款的財產。投資者應該在估計全部資產和風險承受能力的基礎上，決定是否進行證券投資和用多少資金進行證券投資。

（六）時間充裕原則

證券交易尤其是股票交易主要是在證券交易所裡進行的，而交易所的交易活動是有嚴格時間限制的。如果進行長期投資，時間因素似乎不成問題；但如果進行短期投資，不能坐享其成，而必須經常花費時間來研究投資事務，因此時間因素就十分重要了。職業投資者自然有充裕的時間來進行證券買賣活動，而大部分投資者是業餘從事證券投資的，他們有自己的本職工作，想買賣證券時，也許是工作最繁忙的時候，這樣，經常會失去許多很好的獲利機會。同時，在工作時間買賣證券，總是一心二用，很難抓住最佳的投資時機。因此，業餘投資者進行短期投資是比較困

證券投資

難的。現在，越來越多的退休者和家庭婦女參與證券投資，一個重要原因就是他們擁有較充裕的時間。投資者如果自己沒有時間或能力，可以委託專門的機構或人員來管理自己的投資，也可以參與各種基金的投資。

（七）能力充實原則

每個投資者都應該不斷培養自己的證券投資能力，而這種能力的基礎就是投資知識和經驗。掌握投資知識是從事投資的重要條件，沒有知識的投資是盲目的投資，十有八九是要失敗的。證券投資知識包括各類證券的基本特徵、證券市場的構成、證券交易的程序、怎樣分析證券的行情、證券投資的法律法規等。投資者要獲得證券投資知識，主要有兩條渠道：一是通過向書本學習、向別人請教以獲得間接經驗；二是通過自己的實踐以獲得直接經驗。證券投資經驗包括成功的經驗和失敗的教訓。投資者要想準確地把握證券行情，就需要長期的經驗累積。

第三節 證券投資過程

證券投資過程包括一系列活動，其中心是證券的買賣。因為只有進行證券買賣，投資者才能獲得足以補償其所承受風險的收益。證券投資的過程一般包括以下幾個環節：

一、收集資料和信息

投資者應盡可能多地收集有關證券市場的各種資料。對證券投資者有用的資料信息主要包括以下幾個方面：①證券發行公司的各種資料，如公司的招股說明書、上市公告書、中期報告、年度報告等財務資料，以及與公司有關的各種重大事件的公告消息等；②證券行情變動情況；③國民經濟的發展狀況，如國民生產總值增長率、通貨膨脹率、利率水平等；④政府的經濟政策，如財政政策、金融政策、產業政策、外貿政策等；⑤政局和社會的穩定狀況；⑥國際經貿動態，這對有進出口貿易和產品受國際市場影響的企業尤為重要。一般來說，資料信息的來源主要有以下四個渠道：

（1）公開渠道。公開渠道是指通過各種書籍、報紙、雜誌、其他出版物以及電視、廣播、互聯網等媒體獲得公開發布的資料信息。按照不同的標準，可以對這一來源的資料信息進行以下幾種分類：

①從資料信息所涉及的內容範圍來看，有關於世界政治經濟形勢、本國政治經濟形勢、某個行業發展狀況、產業政策、某個公司的生產、銷售、管理、財務、股票狀況、某種產品生產與銷售狀況等方面的資料信息。

②按資料信息的發布方式，可分為即時信息和歷史信息兩種。即時信息發布的

第一章　證券投資概述

是與市場同步的資料信息，如證券交易所發布的各種股價信息；歷史信息發布的是落后於市場的資料信息。

③按資料信息發布的時間與頻度，可分為定期信息和不定期信息。定期信息如按每天、每週、每月、半年、每年等固定的時間頻度發布的資料信息。

④按資料信息的表現形式，可分為文字信息、音像信息、數據信息等。

⑤按資料是否支付費用，可分為無償使用信息和有償使用信息。

（2）商業渠道。一些商業性機構如證券投資諮詢公司，有償提供經過其整理、加工、分類的信息和分析報告及其他資料信息，這對個人投資者來說是一個非常重要的資料信息來源。

（3）實地調查。這是指投資者直接到有關的上市公司、證券公司、交易所、政府部門等機構實地瞭解所需的資料信息。這種資料信息來源的特點是具有較強的針對性，資料信息的真實性也較高，但所花費的時間、精力比較多，成本比較高，而且具有一定的難度。因此，通常將這一渠道作為上述兩種資料信息來源的補充。

（4）其他渠道。如通過家庭成員、朋友、鄰居等的介紹等。

證券市場的資料信息十分豐富，任何人都不可能全部掌握，投資者必須學會從浩繁的資料中選擇對自己有用的資料。

二、研究分析

投資者把從各個渠道得來的資料信息進行比較分析，研究瞭解各類證券的特點，瞭解證券交易所和證券經營機構的狀況，瞭解證券發行者與投資者的心態，預測證券行市的變動趨勢，從而為投資決策提供依據。

證券投資採用基本分析和技術分析等證券投資分析方面的專業分析方法和分析手段，通過對影響證券回報率和風險的各種因素進行客觀、全面和系統的分析，揭示出其作用機制以及帶有規律性的東西，用於指導投資決策，從而保證在降低投資風險的同時獲取較高的投資回報率。

三、做出決策

證券投資主要是為了獲取收益，對於投資者來說，當然是收益越高越好。然而，收益高的證券，其風險往往也大。因此，投資者必須在風險和收益之間進行權衡。投資者必須在各種股票和各種債券之間進行選擇，以便對投資對象以及怎樣分配投資資金做出決策。

另外，證券市場可分為一級市場和二級市場，在一級市場購買的是新發行的證券，在二級市場購買的是其他投資者轉讓的二手證券。因此，投資者還必須在一級市場和二級市場之間進行選擇，當然也可以對兩個市場都進行投資。只是一級市場的證券發行是有時間性的，並非時刻都有新證券發行；而二級市場是一個連續性的

證券投資

市場，投資者隨時都可以進行證券投資。

四、購買證券

購買證券是證券投資的實質性階段，如果不購買證券，不把投資決策付諸實施，一切只能是紙上談兵。無論是在一級市場還是在二級市場購買證券，無論是櫃臺交易還是證券交易所的集中交易，無論是上市證券還是不上市證券，一般都要通過證券經營機構來買賣。

證券一級市場與二級市場之間存在著密切的聯繫，如果二級市場行情火爆，則一級市場就會有極大的吸引力；如果二級市場低迷不振，一級市場就會失去吸引力。因此，投資者在一級市場投資時，要充分注意二級市場的狀況。投資者要在二級市場購買證券，可以選擇一家信譽好的證券經營機構，委託其辦理買賣業務。

五、證券管理

買進證券並不意味著證券投資的結束，完整的證券投資過程還包括證券資產的管理。投資者買進證券後，應隨時根據證券市場的變動情況，對自己購買的證券進行分析和檢驗，以判斷購買這些證券是否合適、是否明智。如果投資效果達到了預期目標，說明此項投資是成功的，否則就是不成功的。投資者應根據證券行情、上市公司經營狀況和國民經濟形勢等情況適時地進行證券調整，使整個證券投資過程更趨完善。

● 第四節　證券交易的基本方式

證券交易的方式是指投資者在證券市場上進行證券買賣活動時所採用的投資方式，主要有現貨交易、期貨交易、信用交易和期權交易四種方式。

一、現貨交易

現貨交易是以現金或支票買賣證券，要求買賣雙方在成交後即履行交割的交易。所謂交割，就是結清交易手續，賣者交出證券後，買者即付現金。

現貨交易的特點表現在兩個方面：一是實物交易，賣方必須向買方轉移證券，沒有對沖；二是交割迅速，清算及時。因此，能比較有效地避免和減少市場詐欺、人為地操縱行情、控制和壟斷市場價格的不法行為。與其他交易方式相比，從事現貨交易的人，較多地是為了投資，以獲得利息和股息方面的收益。現貨交易的缺點是不能適應買賣雙方對市場預期價格變動的趨勢以進行有效的投資選擇。

第一章 證券投資概述

二、期貨交易

證券的期貨交易是期貨交易的一種。此外，還有商品期貨（農產品、金屬等）、外匯期貨、利率期貨，等等。證券的期貨交易指證券買賣雙方約定在未來的特定日或特定期間，以雙方預先同意的價格交割特定數量證券的交易。由於契約成立時與交割時證券行市可能不一致，這就可能給證券買賣者帶來利益的好處或虧損。

在期貨交易中，實際交割日與成交日會有一段時間差，因此，買賣雙方在交割到期前均可以賣出或買入與原交割期和數量相同的同一證券進行對沖，而實際的交割只需要清算買賣的差額。在這種情況下，買賣雙方往往並不真正地進行證券買賣，即購買者並非真正地想買，出售者也並不一定真正擁有證券，他們只是憑證券行市的漲落買空賣空，以套取價差。據統計，期貨交易中到期真正以實物交割的僅占百分之幾，因此，期貨交易常被用來進行買空賣空的投機活動。

然而，期貨交易除了被用來投機套利外，還有套期保值的功能。所謂套期保值，是指投資者在現貨市場上買賣一定數量證券的同時，在期貨市場上反向買賣同等數量的期貨。這樣，在現貨買賣中所帶來的虧損，可由期貨交易上的盈利得到彌補和抵消。具體有多頭套期和空頭套期兩種情況。多頭套期是指在出售一定數量的某種現貨時，為了彌補或抵消將來證券價格上升而帶來的損失，同時買入與現貨數額相應的期貨合約，並在適當的時間賣出期貨合約或到期履行交割，來達到避免或減少現貨交易的損失；空頭套期是指在買入一定數量的某種現貨時，為了彌補或抵消將來證券價格下跌而帶來的損失，同時賣出與現貨數額相應的期貨合約。

期貨交易與現貨交易的區別：①交割期限不同。現貨交易的交割期限很短，即使是例行交割，也只有幾天時間；而期貨交易的交割期限較長，至少為一個月。②履行交割的情況不同。現貨交易在成交后都要履行實際交割，買賣雙方進行交易的主要目的是買入或賣出證券；而期貨交易在成交之後絕大部分不是為了到期履行交割，而是利用交割期內證券價格的變動來買賣期貨合約謀利，實際履行交割的情況較少。

期貨交易的套期保值和投機套利兩種基本功能具有客觀的內在聯繫。如果孤立地看，期貨交易具有較大的投機性，這在投機套利活動中尤為突出。但從整個證券市場（包括現貨交易）的運作來看，它又為穩健型投資者提供了套期保值的有效工具，是長線投資者防範證券投資風險的重要措施。對於證券的最終交易者來說，正是由於大量投機者的存在，承接了合約期間證券價格漲跌的風險，才降低了他們的投資風險。一部分為獲取厚利而甘冒風險的投機者，為另一部分寧願放棄高收益而求安全性的投資者創造了套期保值的機會。另外，為了避免發生股災時由於現貨價格和期貨價格相差過大而出現大量期貨合約無法履行的情況，各國證券主管當局都加強了對期貨交易的監管，如提高會員保證金、設立保險基金和建立期貨清算公司

證券投資

等，以保證期貨交易正常有序地進行。

證券期貨交易包括股票期貨、國債期貨和股票指數期貨等。其中股票指數期貨是20世紀80年代的創新產品，現已成為最熱門和發展最快的一種金融期貨，我國目前尚沒有開辦股票期貨和股票指數期貨交易。上海證券交易所於1992年12月28日開辦了國債期貨交易，后因為出現「3·27事件」等嚴重違規事件，國務院決定自1995年5月18日起暫停國債期貨交易。

三、信用交易

信用交易也稱保證金交易或墊頭交易，指證券商將自有資金或銀行貸款及證券墊付給投資者買賣證券的一種交易方式，分為融資和融券兩種。當投資者預測未來行情看漲，但手中沒有足夠的資金時，可以通過繳納一定比例保證金的辦法，向證券商借錢買進證券，等到證券行市朝預測的方向變動後再賣出，以賺取差價收益，這就是融資；反之，當投資者預測行情看跌，但手上沒有證券時，可向證券商借入證券賣出，待證券價格下跌到一定程度後再買入還給券商，這樣可以賺取差價收入，這稱為融券。無論哪一種方式，投資者每天都要付出一定比例的利息。

在信用交易中，融資或融券的數額是由規定的保證金比率或融資比率決定的。保證金比率是自有資金（保證金）在總交易額中所占的比率；融資比率則是證券商為投資者墊付的資金（融資資金）占總交易資金的比率。保證金比率和融資比率互為余數，即兩者之和為100%。保證金比率是信用交易中一個相當重要的因素。保證金比率越低（即融資比率越高），投資擴張的倍數越高，投資者的收益就越高，同時風險也越大；反之，保證金比率越高（即融資比率越低），投資擴張的倍數越小，投資者的收益就越小，同時風險也越小。

保證金比率或融資比率在不同的國家、不同的時期都是不同的，在各證券交易所都有具體的規定。客觀地看，信用交易具有較大的風險性和投機性。投資者利用信用交易來從事風險性投資，可以用較小的本錢賺較大的收益。尤其是在股票價格處於上升趨勢時，投資者更是喜歡採用這種方式。但是，過多的融資會使證券市場形成一種虛假的需求，人為地助推股價上升。而且，由於融資資金大多來源於銀行信貸，這就很可能造成通過信用膨脹來助長股市投機。正因為如此，各國對信用交易的限制逐漸趨於嚴格。目前，國外證券市場的信用交易大約占總交易額的10%，且少有大筆交易。各國對信用交易一般通過以下三個方面進行管理和限制：①政府證券交易主管部門的管理和限制措施；②證券交易所的管理，如提高保證金比率或暫停某些證券的信用交易；③證券商的自我管理，如規定投資者的條件和最低保證金數額等。

四、期權交易

期權交易也稱選擇權交易，指按契約規定的期限、價格和數量買賣某一特定有價證券的權利所進行的交易。交易包括三個當事人，即期權出售者、購買者和證券商。期權的買方向賣方支付一定數額的權利金（期權費）后，就獲得這種權利，即擁有在一定時間內以一定的價格（執行價格）出售或購買一定數量的標的物（實物商品、證券或期貨合約）的權利。期權的買方行使權利時，賣方必須按期權合約規定的內容履行義務。買方也可以放棄行使權利，此時買方只損失權利金，同時賣方則賺取權利金。總之，期權的買方擁有執行期權的權利，但無執行的義務；而期權的賣方只有履行期權的義務，它的權利就是獲得權利金。

第二章 證券投資者

證券投資者，是在證券市場上參與證券買賣行為的主體。兵法雲：「知己知彼，百戰不殆。」作為證券投資者，必須對自身及其他投資者的類型及特徵有所瞭解，不斷提高自身的基本素質，才有可能在證券投資活動中取得較好的效果。

● 第一節 證券投資者的分類

證券投資過程實際上是證券投資者一系列投資活動的綜合，而不同類別的投資者的投資行為有較大的差別。這些差別主要是由個人稟賦、經歷、經驗、知識、性格、資金來源與規模以及投資活動的動機和目的等的不同造成的。按照不同的標準，證券投資者可以分為以下一些類型：

一、個人投資者與機構投資者

按照證券投資主體的不同，證券投資者可分為個人投資者和機構投資者。

（一）個人投資者

居民個人作為證券投資的主體就稱為個人投資者。居民個人買賣證券是對剩餘、閒置的貨幣資金以及利用各種途徑得到的借款資金加以運用的一種方式。居民擁有的剩餘資金，除保留一部分現金以備急需外，大部分用於購買金融資產，以求資產的保值和增值。居民的大部分剩餘資金通過購買金融資產流入金融市場，成為政府和企業籌集資金的重要來源。個人是一個國家中最大的淨資金供應者。

證券資產在個人整個金融資產中到底占多大比重，受到各種因素的影響和制約。

第二章 證券投資者

人們在各種金融資產中進行選擇，必須以資產的三性即流通性、安全性和收益性作為準則。此外，還會受到其他方面的制約：①收入水平。個人收入水平的高低不僅決定了他們購買金融資產的能力，而且還影響著他們購買金融資產的動機和目的。人們用於購買證券的貨幣數量隨著收入水平的提高而增加，並且其增長幅度往往高於收入水平的增長速度。②證券供應。證券供應的規模制約著證券投資的規模。隨著我國證券市場的迅速發展，居民的投資意識也不斷增強。③證券流通市場狀況。只有證券流通市場法規健全、秩序良好、交易方便，才會吸引更多的人參與證券投資。

個人投資者的資金來源，既可以是個人儲蓄，也可以是融資。西方各國的個人投資者，尤其是投機者，不僅僅是用自己的錢來買證券，而且也可以利用各種途徑借錢來進行證券投資。各國政府為了保證證券市場的繁榮和發達，以便私人企業更容易籌集所需資金，也在法律上提供各方面的機會。但是，在這種融資方便的掩蓋下，潛伏著助長投機猖獗的隱患，甚至造成一些人破產。

個人投資者在證券交易中融資通常有三種渠道：一是交納保證金，由證券經紀商貸款；二是由商業銀行貸款；三是由人壽保險公司貸款。

(1) 經交納保證金的方式由證券經紀商貸付所認購股票的其余價款。投資者購買證券時自己不能直接到證券交易所去購買，必須要委託證券經紀商代為進行，因為必須是交易所的會員才能進交易所場內進行交易。委託經紀商代購股票時，有兩種方式任投資者選擇：一種是現金購買，即把擬購證券的全部價款一次付清；另一種是當時只交價款的一定比例作為保證金，不足部分由經紀商墊付，當然投資者要付一定的利息，買來的證券由經紀商保存作為擔保品。以後這批證券經投資者要求由經紀商出賣后，看看是盈是虧。如果賺了，超過保證金的部分，或者仍由經紀商保存，記在投資者的帳上，用於繼續買賣，或者由投資者拿走，全由他自己決定；如果虧了，保證金變得不足，則需投資者補足。應交納保證金的比例，因時而異，由政府主管金融部門根據當時銀根松緊的情況而定，銀根緊時比例大一些，松時比例小一些。美國由聯邦儲備委員會來決定這個比例。在 1934 年證券交易法頒布前，這個比例為 10%~20%，助長了投機之風，成為證券市場危機的一個因素；1934 年後，提高到 40%~100%，1974 年后定為 50%。對購買債券的要求比購買股票低。

(2) 商業銀行貸款。個人投資者從事證券交易，在美國可以直接向商業銀行融資。銀行貸給多少，根據投資者所購買證券的種類、在何處買進以及證券的質量不同而有所差別。如果個人投資者購買交易所裡掛牌的證券，其數額多寡依規定聯邦儲備委員會的保證金比例辦理。如果證券是在場外交易市場上交易，其貸款數額則由貸方決定。但貸方會有競爭，所貸款數額可能有高有低，不完全相同的。商業銀行通常對公司發行的高質量的債券，其貸款數額大都在債券市場價格的 70%~75%；但如購買的是可轉換債券，因其質量低、風險大，其貸款數額只有市場價的 50%，基本上與規定的保證金比例差不多。至於購買普通股的貸款，因其風險要比債券大，

所以貸款要少一些，但也根據其質量的不同而有所差別。銀行對未掛牌的普通股票的貸款額，往往按照在交易所交易的保證金比例的規定辦理。購買證券貸款可以是短期的，也可以是長期的，通常有分期償還的規定。

（3）人壽保險公司貸款。一個人參加人壽保險而支付保險費，含有兩種目的：一是防備本人死亡后家屬的生活沒有一定的保障；二是在生前進行一筆儲蓄。人壽保險投資者按期支付的保險費，包括三部分內容：一部分作為保險公司的經營開支，一部分作為死亡者保險金的支付，一部分作為公司的準備金，都按保險額的比例攤算。投保者保險費中的準備金部分，公司按規定給利息，但利率是比較低的。由於保險金都是以現金金額計算的，因而易受通貨膨脹的影響而受損失。所以，個人保險單持有者擬進行投資而缺乏資金時，可以用保險單作為抵押從準備金中借款，也可用退保金額來進行投資。保險公司對貸款所收取的利率一般是比較低的，而且也無償還期限的限制。投保者如能善於選購適當的證券，使其收益超過所付的利息，就能增加個人的收入，同時也能消除或減少因通貨膨脹而遭受的損失。對於個人投資者來說，這是一種穩妥方便的資金來源。

（二）機構投資者

機構投資者主要是指一些金融機構，包括銀行、保險公司、投資信託公司、信用合作社、公家或私人設立的退休基金等組織。它們以其所能利用的資金進行各種各樣的證券投資活動。機構投資者的性質與個人投資者根本不同，因此他們的投資來源、投資方向、投資政策等有很大的差別。但在投資的過程和步驟方面，兩者是很相似的。由於金融機構所經營的業務，牽涉千百萬人的利益，政府為保護這些客戶的資金安全，對他們的投資政策在法律上加以適當的管理和限制，不同的機構其管理程度寬嚴不等。同時，機構投資者的投資基金一般遠比個人投資者大，需要建立規模較大的「證券組合」，由本單位專派合適人員經營，或委託專門機構管理。現將一些主要金融機構的證券投資活動，分別扼要闡述如下：

1. 商業銀行

（1）投資資金的來源。一個商業銀行擁有的資產主要有三類：原始準備金（庫存現金和其他的銀行存款，包括法定準備金）、盈利資產（包括貸款和投資）和固定資產。盈利資產又可以分為四類：①二級準備金，包括流動性強的短期資金市場的投資，如銀行承兌票據、優級商業票據和短期國庫券。②債券投資帳戶。③準備隨時交易的證券。④其他盈利資產，包括對工商業、消費者和房地產的貸款。概述起來，商業銀行盈利資產主要為貸款和投資。為了應付存戶不斷提款的需要，它首先要保持資產的流動性，同時也要考慮獲得合理的收入，這就成為決定各類盈利資產比例的難題。流動性高的資產往往收入較低，而收入較高的資產又較難立即兌現或出售而不受較大的損失，所以必須適當安排。但簡單地說來，必須進行短期投資，待銀行所需要的流動性足夠應付後，再考慮長期投資。

（2）投資政策。商業銀行的投資政策受政府法令和其本身性質所制約，客觀存

第二章 證券投資者

在不能購買普通股票及投資機構的債券，通常也不能把其中10%以上的資本和公積金投在單個債務人的債券上或對其貸款，因為這樣做風險太大。商業銀行是一個資金存貸機構，保證儲戶資金的安全是其首要責任，所以它的盈利資產必須具有高度的流動性和安全性。流動性反應在庫存現金和短期政府債券及高質量的二級準備金中的項目對全部盈利資產的比例上。安全性反應在商業銀行的資產淨值與其全部資產的比例上。由股本、公積金、未分配盈利和應急準備金組成的資產淨值對存款的比例越低，銀行需要通過高質量和短期的證券所提供的流動性和安全性越高，這種比例一般在10%左右，根據流動和安全的程度，可適當進行調整。

（3）投資的要求。商業銀行對投資的要求：①通過投資的安全性和流動性收回本金，是投資政策的首要要求；②收入的保證，即選擇具有適當而有可靠收益的高質量和期限較短的投資工具；③符合對銀行投資所規定的法令要求；④投資的分散化，這對小銀行尤其重要；⑤銀行須交納公司所得稅，因而免稅的地方政府債券是具有吸引力的投資對象；⑥銀行的債務按貨幣金額計算，不需要考慮對存戶進行受通貨膨脹損失的保護。

2. 互助儲蓄銀行

（1）投資資金的來源。互助儲蓄銀行沒有股本，存戶和所有者是一個人，他們的存款全部是儲蓄存款與定期存款和存單。近年來高收益的特種儲蓄存款已躍居重要地位，如「NOW」存款，既有存折儲蓄存款的收入，又有開支票的方便；又如開支票提款的次數和每次提款的數額都無限制的貨幣市場支票帳戶，也正在增多。互助儲蓄銀行的盈利淨額作為利息分配給存戶，利率根據盈利的多寡而定，並不固定。盈利支付利息后如有盈餘轉為公積金，屬於全體存戶，每一存戶不管其存款時間的長短對公積金均有公平的一份。美國的互助儲蓄銀行由託管委員會經營，受註冊所在地州政府的法令監督和管理。

（2）投資政策。由於互助儲蓄銀行的存款大多為儲蓄和定期存款，與商業銀行相比，時間較長而波動較小，因此它較少注意流動性而更看重收入，投資集中在期限較長的債券和分期付款的房地產抵押貸款上。雖然它和商業銀行一樣按公司稅率交稅，但在它的投資政策中地方政府債券不占重要地位。普通股票也只能保持很小一部分，並必須滿足可銷性和能獲得盈利的較為嚴格的條件。互助儲蓄銀行所需要的有限流動性，是通過很少的庫存現金和擁有高等級、易出售的債券獲得的，它的安全性也因此得到保證。

3. 儲蓄和貸款協會

（1）投資資金的來源。儲蓄和貸款協會所吸收的存款，主要是存折儲蓄存款、定期存款和新式儲蓄存款安排，如NOW帳戶、大額存單等。協會可向政府註冊，屬自助性質，為全體會員所有，由他們選出董事組成董事會，管理會中一切事務。

（2）投資政策。由於儲蓄和貸款協會不收即期存款，所以其資產的流動性要求比互助儲蓄銀行還低。它被允許把貸款重點集中在房地產抵押上，其本金和利息按

證券投資

期分攤償還，雖然這種性質的貸款期限較長，平均約 27 年，但其來自穩定的分期付款的資金週轉，每年約為 9%。協會的房地產抵押貸款的種類很多，包括單戶和多戶住宅建設、商業房地產和活動房屋的貸款、房屋裝修和裝潢貸款、住宅基地的徵購開發貸款。可見，協會充分而穩定的收入要求占主導地位，平時現金的需要不多。為支持庫存現金的短缺和一定的流動性，協會的證券投資幾乎全部是短、中期的政府債券。遇到季節性和週期性資金困難時，貸款銀行可以貸款幫助其解決困難。

4. 人壽保險公司

(1) 投資資金的來源。人壽保險公司的職能是保證投保人在保險期內如死亡，其親屬（受益人）可以獲得一筆固定的賠償金。期內本人如未死亡，這筆保險金即在期滿時交還本人使用。投保者按期交納規定的保險費，是人壽保險公司收入的主要來源，它用於三個方面：①公司的一切經營費用；②支付賠償金（保險額）；③作為公司的準備金。公司投資資金的來源除上述保險費收入外，還可能有已有投資的收入和房地產抵押、定期貸款與債券到期收回的本金。如果這些收入相加超過賠償金、經營費用及準備金所需增加額而有盈餘時，可以分配給有參與權的保險單持有者。公司如屬股份制組織，則作為股息分配給股票持有者。

(2) 投資政策。人壽保險公司的投資政策，受其本身業務的性質和法令規定的約束。就其業務性質來看，公司的負債主要是長期的，可以把資金投在長期的流動性較差但收益率較高的證券上；來自保險費、投資收益、持有證券與房地產抵押貸款回收等方面的現金收入是很穩定的，足以提供應付死亡賠償金和臨時保險單貸款所需的流動性；又因人壽保險金額可以在時間和數量上預計到，所以流動性的需要因此也可降低。由於人壽保險公司對公眾的利益負有責任，而且性質也如同儲蓄機構，所以政府對它的證券投資加以嚴格管理。目前在美國，人壽保險公司是擁有公司債券的最大機構，約占全部已發行總額的 40%，它對普通股票的投資近年來也有較大的增加。

(3) 投資要求。人壽保險公司對投資的要求：第一，本金的安全性。對於風險太大的證券絕不可投入大量資金，如果屆時本金收不回來或損失慘重，必定會影響廣大投保者的利益。第二，收入的充分性和穩定性。由於保險單上規定準備金的利率是有保證的，所以公司在投資上的收入必須是足夠而穩定地等於或超過這個利率，否則投資者的收入也將受到損失。第三，資產的流動性。一般來說，人壽保險公司有保險費的經常性收入，除了支付管理費用、死亡賠償金及其他各種開支外，多的錢可以投在流動性程度較高的證券上，以其收入來應付各種費用。因此總的來說，其對流動性的要求並不是很高。第四，公司的債務是按貨幣額計算的，它不受通貨膨脹的威脅，只有經營費用和浮動年金合同會有影響。

5. 退休基金

(1) 退休計劃。退休計劃是企業為照顧職工在退休后的生活福利，事先籌集一筆資金，以建立基金的形式，在職工年老離職沒有工薪收入后，按時提供一定的生

第二章 證券投資者

活費用,以養餘年。這種計劃由企業、國家、個人共同籌集,它分為保險和非保險兩類。保險的退休計劃是委託給人壽保險公司經營管理的,基金定期地移交給保險公司,由它拿去投資。非保險的退休計劃指,退休基金由企業自己組織委員會來經營管理,或聘請專業投資顧問代管,也可委託銀行或信託公司管理,稱為託管計劃。基金常由兩個或更多的經理分別各經營一部分,彼此競爭,看誰經營得好。這種退休計劃的投資政策比保險的退休計劃要自由一些,稱為政府退休計劃。在美國,聯邦政府和地方政府都制訂有員工退休計劃,設立退休基金,提供員工在退休后的福利。

(2)投資政策。保險的退休計劃因委託給人壽保險公司經營,它的投資政策基本與保險公司的總投資政策相同。非保險的退休計劃的投資基金由於受法令限制較少,因而其經營人員在特定政策方面有較大幅度的伸縮性。總的說來,要求掌握以下一些原則:①收入的保證是首要的。因為以後支付的福利費是按保險統計計算好而作為固定負債的;②長期保持本金,避免現金損失是重要的,因為證券的市值是經常變動的,應密切注意市價的變動;③對大多數基金來講,立即收回本金是無關緊要的,因為在絕大多數情況下,基金的收入總是超過許多年的支出,而且退休基金的支付能做出適當的分散化;④交稅問題不需要著重考慮,因為退休基金一般免交所得稅,免稅的市政債券缺乏吸引力;⑤防止受通貨膨脹的影響變得很重要,因此對普通股票的投資逐漸作為重點目標。

在機構投資者中,還有一類是特殊的機構投資者,他們不以直接獲取證券收益為目的,不把證券投資作為固定業務,而是為某種特殊的目的而買賣證券。屬於這類機構的有企業、政府部門、中央銀行及一些商業銀行等。他們買賣證券,或是為了協作聯合,兼併其他企業;或是為了進行公開市場操作,調節貨幣供給;或是為了扶助產業。總之,是出於投資或投機之外的特殊目的。

中央銀行經常在證券市場上進行大規模的證券買賣,目的是為了調節市場貨幣供應量,穩定金融市場,這就是通常所說的中央銀行的公開市場業務,它是中央銀行實現貨幣政策目標的一個重要手段,其目的顯然不是為了獲得收益。

那些以相互持股為目的的企業和金融機構也是特殊機構投資者。他們相互持有股份有兩方面的目的:一是為了加強企業集團的聯合,控制某一行業的產品生產和流通以獲取高額利潤;二是為了擺脫資本市場的約束,增強自身的資本實力,確保其經營者地位。

(三)個人投資者與一般機構投資者的比較

(1)以資金實力方面來看,機構投資者按照各自的業務性質,從社會吸收閒散資金,能夠聚集起巨額資金,因此資金實力雄厚,這是一般個人投資者所無法比擬的。

從收集和分析信息的能力來看,個人投資者由於受各方面條件的限制,其收集和分析信息的能力較弱。而機構投資者一般設有收集、分析信息的專門機構,擁有

證券投資

一批富有經驗的證券投資分析家和專門的管理人員，使得證券投資建立在對經濟形勢和市場狀況科學分析、研究的基礎上。

（2）從投資方針策略來看，由於個人投資者的資金絕大部分是自己的閒置資金，因此可以採用靈活的投資方針策略，風險承受能力強的可採用激進的方針策略，風險承受能力弱的投資者可採用穩健的方針策略。而機構投資者的資金大部分來源於居民、企事業單位的零散資金，如存款、養老金、保險費和信託基金等，是對居民和企事業單位的負債，隨時需要還本付息或其他支付。因此，機構投資者買賣證券往往採用穩健的投資方針策略，以最大限度地避免投資風險，確保證券資產的安全性。它們一般購買收益穩定、風險較小的證券，它們是投資者，而非投機者。

（3）從分散投資的能力方面來看，個人投資者由於投資資金少，往往只能購買一、兩種或幾種證券，難以進行有效的分散投資；而機構投資者擁有龐大的資金，可以把資金分散到眾多的證券品種上，達到分散投資、減低風險的目的。同時，機構投資者具備比較完善的信息反饋和分析預測條件，也使它們能有效地分散投資。

（4）從證券買賣的市場性方面來看，個人投資者買賣證券的數量一般較小，因此買進賣出都比較容易。而機構投資者資金龐大，往往進行大規模的買賣，這會產生兩種情況：一是難以按一定價格買賣較大數量的證券；二是大規模地買賣證券會影響證券市場的供求平衡，引起證券價格的較大波動。

（5）個人投資者的投資行為往往帶有非理性因素。人類是生物體，他有理性的一面，也有非理性的一面。例如人們見到大減價，就會產生瘋狂購物的念頭。作為個人投資者，自己就是自己的老板，錢在手中，想投資就可以投資，而這在機構投資者中是不會輕易發生的。

二、穩健型、激進型和中庸型投資者

按照對待盈利與風險的態度，證券投資者可分為穩健型、激進型和中庸型投資者。

穩健型投資者比較注重投資的安全性，風險承受能力較弱，屬於低風險傾向的投資者。在低收益低風險與高收益高風險之間，他們寧願選擇前者，他們對股市前景和高風險投資持審慎的態度。

激進型投資者為獲得較高的投資收益，他們願意承擔較大的風險，因此高收益高風險的證券在他們的投資組合中佔有較大的比重。

中庸型投資者介於穩健型與激進型投資者之間，他們比較注重平衡風險與收益的關係，力求在保本的前提下獲得盡可能多的收益。他們既希望獲得穩定的利息和股息的收入，也不會輕易放過獲取證券價差收益的機會；他們願意為豐厚的盈利而承擔一定的風險，但在風險超過一定程度時就會斷然放棄高利的誘惑。據有關資料，在國外的證券投資者中，中庸型投資者佔的比重最大。

第二章　證券投資者

三、長期投資者與短期投資者

按投資期限的長短和動機目的的不同，證券投資者可分為長期投資者和短期投資者。

（一）長期投資者

長期投資者進行證券投資的目的，不是為了轉售獲利，而是準備長期持有，享受股東權益。在正常情況下，股息收入要高於銀行存款和債券的利息收入，長期持有股票還能得到公司財產增值的好處。因此，長期投資者往往更能獲得可觀的投資收益。投資者買入股票後，如無特殊情況就不要輕易賣掉。也就是說，投資者應該著眼於經濟大環境的情形，注意公司未來經營情況的變化，而不必關心股價暫時的漲漲跌跌。而且，當股市行情越跌，一般投資者越失望的時候，越是長期投資者酌量買進的大好時機。

適合長期投資者的股票應該是那些公司經營狀況比較穩定和正常，公司派息情況大致均衡，股票價格比較穩定，預期在相當長時間內不會發生大起大落的股票。這類股票雖然在股市上不太活躍，但因質量優良，是整個市場穩定的基礎。

因此，長期投資者應對發行公司的經營狀況和財務狀況進行分析，盡可能購買那些經營狀況良好、財務穩定、有發展前景的公司的股票。同時，投資者應不斷關注公司的經營狀況和財務狀況，一旦發現情況有變，應及時改變投資策略。進行長期投資的多為穩健型投資者。

（二）短期投資者

短期投資者是指那些持有證券的時間較短，以賺取證券買賣差價收益為目的的投資者。由於股票價格變動頻繁，使得投資者可以利用股價漲落來賺取股票買賣的差價收益。短期投資者更專注於獲取股票差價收益為投資目的，這實際上就是我們所說的股票投機。短期投資者認為，股票的低進高出可以得到比股票收入更高的收益。因此，他們常常在股票價格下跌時買進，在股票價格上升時賣出，從中獲利。

適宜做短期投資的股票發行公司，其經營狀況往往變化很大，其盈利水平容易受到各種因素的影響。這類股票的市場價格經常出現大起大落，是股票市場上比較活躍的股票類型。短期投資者頻繁地買賣股票，只需時刻注意股價的變動趨勢而不必像長期投資者那樣經常關心公司的經營狀況。

長期投資者有較大的風險，因此要求投資者具備較強的風險承受能力。在股票市場價格變動較大的情況下，短期投資者人數更多，他們多屬於喜歡冒險的激進型投資者。必須指出，長、短期投資者的分類只是相對的，在實際的證券投資活動中，很少有絕對的長期投資者和短期投資者，他們之間經常互相轉化。

四、大戶與散戶

大戶是指擁有巨額資金的投資者，而散戶是指股市中的小額投資者。兩者獲取

證券投資

利潤的目的是一致的，散戶希望低進高出賺取差價，大戶也志在拉高價位獲利。

（一）對股市大戶的分析

由於大戶財力雄厚，極易影響股票價格的變動，因此大戶進出的動態經常成為股市小額投資者的決策依據。必須注意，如果對大戶進出的動向判斷正確，則可以搭上股價上升車，賺取利潤；而如果判斷錯誤，則往往會造成很大的損失。

1. 大戶的動向分析

要知道市場主力大戶的進出動向，不能光憑道聽途說、盲目相信，而應該對市場的各種交易資料綜合研究判斷、互相印證，才不至於誤入歧途。

一般來說，主力大戶有意買進時，不會到處張揚，否則自己吃不到足夠的籌碼。只有當他擁有足夠籌碼而希望抬價時，或是已有獲利希望時，才會主動設法讓一些小額投資者去跟進。因此，研判主力大戶的買進固然重要，但研判主力大戶是否賣出，更是小額投資者不可疏忽的關鍵。

主力大戶是否賣出，並不容易判斷。因為誰也不會大張旗鼓地出貨，除非手中的持股已經快要出光了。儘管如此，投資者只要細心留意，還是可以從各種交易資料中發現主力大戶的出貨跡象。這些跡象如：①當利多消息出現時，成交量突然增大；②股票價格漲得相當高時，成交量大增；③主力大戶頻頻散布某種股票的利多消息，自己卻不再大量買進。

2. 用統計方法分析大戶的進出狀態

用統計方法分析大戶進出狀態，可以獲得可信度較高的資料。下面介紹幾種常用的統計方法：

（1）平均每筆成交數額法。其計算公式為：

$$平均每筆成交數額（股）＝\frac{股票每日成交股數}{每日成交筆數}$$

從上式可以看出，如果每筆成交數額大，表示每筆買賣的股數較多，即有大額資金進出；反之，平均每筆成交數較小，說明從總體上看是小額交易占主體地位。但必須進一步研究買賣的內涵，因為有時一筆買賣可以分多筆成交。

（2）股票交易週轉法。其計算公式為：

$$股票交易週轉率＝\frac{股票成交股數}{股票總流通股數}\times100\%$$

從上式可以看出，週轉率高表示該股票的買進和賣出都較多，交易活躍。如果股票週轉率高，而且價位上升，則表示接手方強於出手方，反之亦然。

（二）對股市散戶的分析

散戶之所以「散」，是因為他們通常是沒有組織的，缺乏有計劃的投資。在資金力量龐大、富有操作技巧、有著一整套投資計劃及策略的大戶、做手和投資機構獲利之後，套牢和虧損的往往就是散戶。

一般的散戶大多抵擋不住市場氣氛的誘惑，在行情上漲時搶進，在行情下跌時

第二章　證券投資者

賣出。他們就是這樣周而復始地為大戶搖旗吶喊、推波助瀾，而在行情上上下下之間疲於奔命，結果往往是虧多賺少。

然而，股市中的大戶與散戶總是相對立而存在的。如果沒有眾多的散戶投身股市，股市就會大為減色。因此，只要有股市存在，散戶就不會消失。只要散戶們時刻保持冷靜的頭腦，克服錯誤的投資心理，不斷累積經驗，堅持做中長線投資，就可以大大提高獲勝的概率。

五、其他類型的投資者

證券投資者除了以上基本類型外，還可以從其他角度進行分析。

（1）按投入的時間和精力，證券投資者可分為職業投資者和業余投資者。職業投資者指不從事其他職業，而專門從事證券投資活動的投資者。業余投資者指投資者本身有固定的職業，而從事證券投資活動只是業余工作。目前，不管是國內還是國外，個人投資者中職業投資者只占極小的比例，絕大多數人都是業余從事證券投資活動的。

（2）按投資者的國別，證券投資者可分為國內投資者和國外投資者。隨著各國證券市場國際化進程的加快及證券市場的全球一體化，國外投資者的數量將越來越多。

第二節　對證券投資者的分析

一、投資者特徵分析

1. 年齡與健康情況分析

年齡與健康情況通常是影響個人投資目的的主要因素。老年人和體弱者往往注重當前收益和本金的安全性，而不是增長性，這是因為他們無法從其他方面獲得收益來彌補證券投資可能帶來的損失，因此風險承受能力較弱，他們大多屬於穩健型投資者。而年輕人比較注重資本增值，他們往往不像老年人那樣謹慎細緻，風險承受能力較強，但比較缺乏經驗，不過他們會在市場的實踐中逐步趨於老練。

2. 投資者經歷分析

證券投資者的成功在相當程度上依賴於投資者在交易和理財方面的知識和經歷。如果一個投資者具有較強的理財能力，他可能在投資中更具進取性。倘若他的才能不在理財事務上，他就可能較保守。如果證券投資的規模很大，個人往往希望由投資顧問把握投資。儘管具有理財和交易能力的投資者不一定能保證在證券市場上獲得成功，但有一點是可以肯定的，就是他們確實能理解投資所含的風險，也更具有完善和成熟的評價證券的能力。

證券投資

另外，投資者的投資行為還與其文化素養有一定的關係。文化教育素養較高的人，其收集和分析信息的能力也較強，對證券行市的判斷也較準確，因此就越有可能在證券價格波動中獲利，這些人較適合從事風險較高的投資活動。

3. 家庭負擔分析

投資者的家庭負擔狀況對其投資需求和目標有很大的影響。已婚者必須為其家庭提供物質和文化資料，使他們更多地採取保守的投資策略；購買住宅的費用和子女教育費用等常常使一個家庭不能盡早地實施投資計劃；獨身者由於他們的財務需要比較簡單，使他們在投資活動中有較大的機動余地。

4. 投資者承受風險的意願分析

有些投資者積極承擔風險而極少警惕是否會遭受巨大的損失；有些人在財務上和精神上都準備投資於變動性很小的證券；還有一些人則更多趨於保守，他們不肯承擔損失一分錢的風險，因此在股市面前望而卻步。問題是大多數投資者要發現和確定其可承受的風險是十分困難的，因為風險的形式和程度在不斷變化，難以靜止地考察。因此，投資者承受風險能力的大小在很大程度上與其承受風險的意願有關。

二、投資者約束分析

投資者約束是指某一投資者承受風險的能力。投資者的目標是在可能接受的最大風險水平上獲得盡可能高的收益。然而，要確定投資者承受風險的能力是困難的，但我們考察人們承受投資成本的最低收益和損失的能力又是十分必要的。

1. 投資者的心理約束

投資者個人心理因素會影響承受風險的能力。雖然所有投資者都力求最小的風險，但總有些投資者不能對風險性投資作合理判斷。小額投資者難以準確地決定何時購入或拋出股票，他們往往在股價上漲時買進比賣出多，即所謂的「追漲殺跌」。

2. 投資者的財務約束

投資者瞭解自己全部財務計劃的預算限制，即瞭解財務約束，是為了評價各種風險對財務的影響。投資者如果每年能累積資金以應付未來某項較大支出，就能減少未來資金不足的風險；如果需要在短期內保持高度的流動性，這一財務約束使投資者能有限度地進行股票投資；如果個人財務狀況隨時間而變動，那麼，投資計劃應具有靈活性。但在未來建立高質量的股票投資計劃之前，在一個股票投資組合中不應該包含高風險的投資。

另外，對投資收益依賴程度的大小，也決定了投資者個人承擔風險能力的大小。投資者的生活消費除正常的收入外，如果還需要靠投資收益來補充不足，那麼宜購買有固定收益的證券。對於那些正常生活消費依賴投資收益程度小的投資者，則可投資那些具有增長性的普通股，以期獲得較大的收益。

第二章　證券投資者

3. 投資者的管理約束

投資者的經驗越豐富，專業知識越多，就越有可能在長期投資活動中獲得成功。投資者的投資決策必須建立在考慮全部財務情況良好的基本原則之上，否則，這種決策是缺乏安全度的。

缺乏經驗的投資者需要有選擇地獲得外部專家和機構的幫助。選擇經紀人需要仔細斟酌。雖然有許多優秀的經紀人可供選擇，但投資者必須記住，經紀人首先是交易者而不是分析者或證券投資組合的管理者。

三、投資者的投資心理分析

投資者的心理會對股價產生非常大的影響。下面對投資者常見的，但也是必須克服的幾種投資心理作一簡要分析。

1. 舉棋不定的心理

具有這種心理的投資者往往不能形成很好的投資組合。這種人即便在投資前已制訂了投資計劃，考慮好了投資策略，但他極易受群體心理的影響，一有風吹草動就不能實施策劃好了的投資計劃。在股市裡，投資者經常會有想買卻怕還會跌，想賣又擔心還可能漲的感覺。這種猶豫不決、搖擺不定的心理比做出一個錯誤的決定的影響還要大。一個錯誤的決定只影響一次操作的結果；一種錯誤的心理習慣，將使其整個投資過程陷入被動。無論對或錯，一旦產生一個想法或決定，一定要付諸實施，否則就無從體現一個獨立投資者的獨立判斷能力。

2. 跟風心理

這種心理對股市影響很大，有時謠言四起，股市就會掀起波瀾。一旦大家跟風抛售，市場供求失衡，股價便會一瀉千丈。反之，大家競相購買，股價便會扶搖直上。具有跟風心理的投資者，往往容易上那些在股市上暗中興風作浪的投機做手的當，那時又會后悔莫及。

3. 貪得無厭心理

這種心理主要表現在兩個方面：一方面，當股價上升時，總想股價會升得更高，企盼獲得更大的收益，因而遲遲不肯抛出股票，從而失去一次又一次的出售機會。另一方面，當股價下跌時，總想股價還會下跌，等股價跌到最低點時，再買入股票，以致遲遲不肯入市，結果屢屢踏空，錯過了入市的良機。貪得無厭的結果往往是貪念落空，不僅賺不到更多的利潤，而且還可能因錯過時機而蒙受更大的損失。

4. 賭博心理

具有這種心理的投資者，總是希望自己能一夜之間成為百萬富翁。他們恨不得抓住一只或幾只能賺錢的股票，好讓自己一本萬利。這種人在股市獲利后，往往會被一兩次的成功衝昏頭腦，像賭徒一樣頻頻加註，直至輸個精光。相反，如果在股市中失利，他們會輸紅了眼，不惜孤註一擲，把資金全部投在股票上，結果多半弄

得傾家蕩產。

5. 敢輸不敢贏心理

股市中投資者不敢勝利的心理非常普遍。有許多投資者在手中股票被套牢的時候，心理非常踏實，好像被套才是一種常態，只要股票略有上漲，剛剛賺到手續費或略盈利，就開始徹夜難眠，內心躁動。本來很有潛質的股票，此時在他眼中充滿了無限的風險，對於一些莫名其妙的利空因素也格外敏感起來。總之，上漲的股票變成了燙手的山芋，無論如何也要把它賣掉。賣掉之後，再次被套進別的股票裡，內心就會又恢復平靜，這樣的循環周而復始，不變的結果是從來賺不到錢。被他們早早賣掉的股票當中，產生了無數的黑馬，可他們往往在黑馬揚蹄前的一瞬間將它們放跑了。上漲時不敢勝利和下跌時驚慌失措實際是相同的心理，都是不能冷靜、客觀地分析形勢，也都是一種不自信的表現。不敢勝利可能還跟勝利的經歷太少有關，不習慣勝利，不相信勝利。克服這種心理的關鍵是要能夠冷靜地分析形勢，相信自己的判斷，不輕易見好就收、見漲就賣，勝利的次數多了，也就敢於勝利了。

6. 不敢承認錯誤的心理

股市中的錯誤是一目了然的，因為市場給出的答案是明確而客觀的。但有些投資者當遇見自己的預測和市場實際走勢不一致的情況時，總是不能面對現實，主動地檢查自己的判斷是否出現錯誤，是什麼原因導致了錯誤，而是為了面子或莫名其妙的虛榮心找出種種客觀理由來證明是市場錯了，而不是自己的判斷錯了。這樣的結果：一是不能使自己深入分析和總結已經出現的錯誤，從而提高自己的預測和判斷水平。二是使自己錯過了最佳的彌補和改正錯誤的機會。要知道，市場永遠是正確的，錯誤的只能是自己。因此，一旦證明自己的投資決定錯誤時，應盡快放棄原先的看法，保存實力，握有資本，伺機再入，不要為了面子和虛榮心而苦苦支撐，最終錯過了寶貴的機會，造成不可挽回的損失。實際上，一旦認識到錯誤並迅速採取行動，立刻就可以在心理和市場操作上由被動轉變為主動，這不僅可以避免風險的進一步擴大，更重要的是可以強烈地使自己感受到自己是一個強者，是一個在危險關頭能夠迅速做出正確選擇的人，這對培養獨立、健康的投資精神是極有益處的。在風險莫測的股市裡犯錯誤是經常而正常的事情，勇於承認錯誤並從中吸取教訓，就可以使自己逐漸少犯錯誤並最終成為高手。陷在錯誤的泥潭裡不能自拔，只能使自己資金損失並永遠不能成熟和進步。

7. 嫌貴貪低心理

抱有這種心理的投資者，一心想買價錢便宜的股票，而不敢買那些價格雖高但仍可能大幅度上升的股票。然而，俗話說得好：「便宜沒好貨。」那些老想買便宜貨的人往往買了「垃圾股」，難以有獲利的機會。有些投資者有一種莫明其妙的心理，認為高價股下跌空間較大，如果行情轉壞，造成的損失會比低價股更大。於是抱著這種「嫌貴貪低」的心理，買入的股票永遠是 10 元以下的。客觀地講，股票是否能賺錢，並不在於股價高低，無論是高價股還是低價股都有盈利的可能，但如果以

第二章　證券投資者

一種不科學的心理而專門選擇低價股，則無形中限制了自己的選股範圍，也限制了自己的盈利機會。在投入資金數量相同的前提下，50 元的股票下跌 10 元和 5 元的股票下跌 1 元造成的損失是相同的，這是一個非常簡單的道理。選擇股票關注的是能否帶來滿意的盈利，而不是股價的高低，相同比例的股價下跌，造成的損失是一樣的。

8. 恐慌心理

股票跌起來確實令人害怕，尤其是在一些比較劇烈的下跌行情中，看到滿盤皆綠、股價一瀉千里的時候，難免有一種世界末日的感覺；基本面一團漆黑，技術面一塌糊塗，是不是明天將不再有股市，太陽也將不再升起？然而，如果你在高位沒能順利出局的話，在大家都驚慌失措的時候，就應該辯證地考慮一下，此時是否還有恐懼的必要。道理很簡單，股市不會消失，太陽還會照樣升起，作為一個新興市場，中國的股市肯定會有遠大的前程，肯定會有無窮的機會。因此，應該堅信，沒有只漲不跌的股市，同樣也沒有只跌不漲的股市，如果沒有在高位出局，就要警惕犯同樣嚴重的錯誤——在低位以地板價斬倉，在下跌的最后一刻把廉價籌碼拱手讓出。即使認為導致行情下跌的利空因素是長期性的，將會影響市場在一個相對較長的時期內出現較大幅度的下調，那也不應該在短期連續下跌之後再出賣手中籌碼。因為即使是一個幅度較大的調整，其運行過程也不可能一蹴而就，一跌到底，中間還會經過複雜的形態，所以，完全有機會在一個相對高點從容離場，而不必在不該恐慌的時候驚惶失措。

股市當中並不是不需要恐慌，相反，投資者在股市中的每一天都應該警惕這樣的風險，尤其當股指或股價運行在高位的時候，每一天的警惕或者說每一天的自我恐慌，在不知不覺中就將風險化解於無形之中了，如果真做到這一點了，那麼在其他人都慌不擇路的時候，你或許已經搶先一步脫離了危險。即使沒有做到這一點，那也會心中有底，鎮靜自若。因此，恐慌是需要的，但要知道何時恐慌，如何恐慌。

● 第三節　對證券投資者的基本要求

一個合格的證券投資者，必須樹立正確的觀念，學習瞭解有關知識，掌握必要的技能，具備良好的素質。

一、投資者必須樹立的觀念

（1）政策與法律觀念。市場經濟是法制經濟。在證券投資活動中，每一個投資者都必須熟悉和掌握有關證券投資的政策和法律法規，並自覺遵守。目前我國已頒布的證券管理法規有《中華人民共和國公司法》（以下簡稱《公司法》）、《中華人

證券投資

民共和國證券法》(以下簡稱《證券法》)、《中華人民共和國信託法》《中華人民共和國企業債券管理條例》《中華人民共和國禁止證券詐欺行為暫行辦法》等,廣大投資者都必須遵守。

(2) 市場與信息觀念。在當今信息社會中,每一個投資者都必須參與市場、瞭解市場、掌握信息,這樣才有可能在證券投資活動中取得成功。作為證券投資活動場所的證券市場,是整個市場經濟的組成部分,證券投資的成本、收益、風險都與整個經濟形勢密切相關。正因為如此,投資者不僅要研究某種或某類證券的市場狀況,而且要研究整個金融市場的融資活動狀況,還要瞭解和把握全社會的市場狀況。信息與市場如影隨形,市場運行會隨時反饋信息,而信息向人們顯示著市場狀況。因此,信息是把握市場的基本媒介。投資者應學會收集、篩選、加工、存儲和分析信息。

(3) 風險觀念。證券投資是一項充滿風險的活動,投資者必須具備較強的風險觀念和意識。由於證券投資的對象千變萬化,行情瞬息萬變,因而具有很大的風險性。投資準了,可能會帶來數倍乃至數十倍的收益,而投資錯了,則可能無息甚至虧損累累。因此,證券投資是收益與風險同在,機會與挑戰並存。要想生息賺錢,就必須有承受損失的思想準備。

二、投資者必須學習的知識

(1) 金融知識。證券市場是金融市場的重要組成部分,證券知識是金融知識的組成部分。因此,投資者必須學習必要的金融知識,如貨幣、信用、利率、銀行、金融市場、通貨膨脹等知識。至於證券知識,那就是證券投資者必須掌握的基本知識。此外,投資者還要掌握一些經濟學原理、企業財務會計、市場學等方面的知識。

(2) 法律知識。證券與法律息息相關。第一,證券活動本身牽涉諸多法律問題,如證券法、合同法、公司法、破產法,等等;第二,證券投資活動是一項億萬民眾參與的複雜的經濟活動,本身也需要用法律來調節,包含著依法管理的內在要求。具體來說,投資者應該學習的法律知識包括民法、經濟法、證券法、公司法、破產法,乃至訴訟法、繼承法等。

(3) 數學知識。在證券投資活動中,我們需要計算各種證券的收益率、風險、股價指數、技術指標,進行財務分析等。這些要涉及有關數學知識,尤其是數量經濟學的知識。如果有可能的話,還應懂得用計算機來進行投資分析。

三、投資者必須掌握的技能

(1) 分析行情的技能。投資者必須學會在證券市場波動中分析某些證券的價格變動趨勢,從中選擇適當的買賣時機。具體來說,要注意以下幾點:①學會看證券市場行情表;②注意成交量和證券價格的配合情況;③學會一些基本的技術分析方

法。準確把握市場行情的變化趨向，是取得投資成功的關鍵。投資者應在實踐中不斷總結經驗，鍛煉和培養自己分析行情的能力。

（2）交易操作的技能。現在許多證券營業部都採用投資者自動委託，這就要求投資者熟悉自動委託的程序，提高輸入委託指令的速度，以更好地把握證券買賣的時機。

（3）會計核算的技能。投資者應該掌握會計核算的基本方法和基本技能，以便及時計算投資的收益情況，做到善於核算，精於理財，提高投資的效益。

四、投資者應具備的素質

（1）思想素質。我國的證券市場尚處於起步階段，缺乏必要的經驗，且法律法規還不健全，難免出現爾虞我詐、投機逐利的人或現象。作為一個正直的證券投資者，應該自覺遵紀守法，把證券投資作為一項崇高的事業來對待，多一分真誠，少一些銅臭。

（2）心理素質。投資者的心理素質在證券投資活動中有著相當重要的作用。這是因為證券投資是一項高風險的事業，股票價格瞬息萬變，誰也無法準確地預測行情的變化。投資者應該保持冷靜的頭腦，善於控制自己的情緒。不然，在情緒波動下進行投資，往往是要失敗的。證券投資者經常會有成功的喜悅，但也時常遭受挫折的煎熬。因此，投資者應該具有不怕挫折、百折不撓的堅強毅力。可以說，證券投資者的最大財產不是金錢，而是慘重損失得來的經驗教訓。在經歷一次次失敗之后，投資者才能練成沉穩、精細、嚴謹的良好心理素質，從而可能取得最后的成功。

（3）身體素質。證券投資是一項充滿勞累的活動。同時，證券行情的漲落引起的獲利和損失都會強烈地刺激人的神經，影響人的情緒。因此，投資者必須具有強健的體魄，才能經受精神上的磨損。

第三章　證券投資工具

　　隨著經濟活動規模的擴大和地域的拓展，貨幣的缺點越來越明顯。信用的介入催生了金融工具，使之取代了實物貨幣並成為現代社會經濟活動的主體，於是債券、股票等信用工具相繼出現。隨后，金融投資工具不斷發展創新，特別是金融衍生工具的發展，使投資交易手段日趨多樣化、複雜化。而正是這些金融工具的發展，不僅豐富了人們的投資需求，更促進了社會經濟的發展。

● 第一節　債　券

一、債券的定義

　　債券是一種有價證券，是社會各類經濟主體為籌措資金而向債券投資者出具的、並且承諾按一定利率定期支付利息和到期返還本金的債權債務憑證。由於債券的利息通常是事先確定的，所以債券又被稱為固定利息證券。

二、債券的票面要素

　　債券作為一種標準化、規格化的債務憑證，在其票面上以簡潔明確的文字來說明持有者所擁有的權利和義務，其票面上的基本要素一般應包括以下內容：

　　1. 債券名稱和發行單位

　　在債券的票面上，應註明該債券的名稱，如政府債券、金融債券、公司債券等。一些非公開發行的債券則要標明內部發行字樣，在債券票面上還應加蓋發行單位印

第三章 證券投資工具

記和法人代表的簽章,還應註明發行單位的全稱及註冊地址。這一方面表明了該債券的債務主體,同時也便於債權人行使其權利。

2. 債券的發行總額和票面金額

在債券的票面要素中,要註明本次債券發行的總金額,這便於投資者明確發行單位的籌資規模,進而瞭解發行單位的負債情況和償債能力。在債券的票面金額處理上,要標明該債券面額的計量幣種,不同幣種的債券適應不同地區、不同投資需求,也能滿足發行單位對該幣種的籌資需求。另外,票面金額設計也需考慮經濟與適銷的矛盾,票面金額的大小不同可以滿足不同層次的投資者。如票面金額大、發行成本小,有利於機構投資者認購,但小額投資者無法參與;如票面金額定得小,則有利於小額投資者認購,卻使發行成本增加。因此,有些發行量大的債券在一次發行時制定有不同面額的債券,以適應不同層次的投資者,同時也盡可能降低發行費用。

3. 債券的票面利率、利息支付方式及支付時間

債券利率是以每年支付的利息和票面金額的百分比表示的。債券利率形式有複利和單利。貼息發行的債券未註明利率,但其發行價與票面的差額,仍然可以換算成發行時的實際利率。利息的支付方式是指到期一次付息還是分期支付利息。如果是分期支付利息,則要註明每次付息日期。債券利息是籌資者的資金使用成本,同樣也是投資者的投資收益。因此,利率的高低直接影響著雙方的利益。債券利率的高低受制於多種因素,一般情況下,債券的期限長、信用級別低、發行債券時市場利率高等因素都會導致債券利率定價較高。

4. 債券的還本期限和方式

除了個別國家發行的永續國債外,債券通常都有期限,還本期限是指債券從發行日到存續期滿止開始還本的時間。不同的債券有不同的還本期限,短則2~3個月,長則30~40年。不同的還本期限,既可滿足發行者對不同期限資金的需求,同時也可滿足認購者的投資需求。還本方式是指到期一次償還,還是期中償還或是延期償還。短期債券大都到期一次償還,中長期債券常採用其他還本方式,其目的是吸引投資者,並減輕籌資者到期的付息壓力。

5. 債券是否記名和流通

債券如果是記名債券,應載明債券持有人的姓名、掛失方法以及受理機構等。對於可上市流通的債券應說明可參與流通的起始日、流通的方法以及辦理轉讓的受理機構,記名債券的轉讓還應說明辦理轉讓過戶的手續及有關機構。

6. 其他事項

此外,債券提前歸還本金的條件、可轉換債券的轉換條件、購買債券的優惠條件等也為債券的票面基本要素。

以上六個條件構成了債券票面的基本要素,除此之外,有些要素如發行日期、審批單位的批號等,不一定在實際債券的票面上反應,而是通過發行公告等形式公

布於眾。

三、債券的特徵

（1）流動性。債券有規定的償還期限，短則幾個月，長則十幾年甚至幾十年，到期前不得兌付。但是，債券持有人在債券到期之前需要現金時，可以在證券交易市場上將債券賣出，也可以到銀行等金融機構以債券為抵押獲得抵押貸款。因此，債券具有及時轉換為貨幣的能力，即流動性。

（2）收益性。債券持有者可以按規定的利息率定期獲得利息收益，並有可能因市場利率下降等因素導致債券價格上升而獲得債券升值收益。債券的這種收益是債券的時間價值與風險價值的反應，是對債權人暫時讓渡資金使用權和承擔投資風險的補償。

（3）風險性。債券投資具有一定的風險，這種風險主要表現在三個方面：①因債務人破產不能全部收回債券本息所遭受的損失；②因市場利率上升導致債券價格下跌所遭受的損失；③通貨膨脹風險，由於債券利率固定，在出現通貨膨脹時，實際利息收入下降。

當然，與股票投資相比，債券的風險較低，這是因為：①債券的利率大都是固定的，除非企業破產，債權人的利息收入不受企業營利狀況的影響。②為了確保債券還本付息，各國在商法、財政法、抵押性公司債信託法、公司法及其他特別法中對此都有專門規定。③債券的發行者須經過有關部門的嚴格選擇，只有那些有較高信用度的籌資人才能獲准發行債券。通常，由中央和地方政府、公共團體及與政府有關的特殊法人發行的債券都能保障還本付息。由民間企業、公司發行的債券，只要投資者購買信用級別較高的債券，也較少有不能還本付息的可能。

（4）返還性。債券到期后必須還本付息。

債券的上述特徵是債券投資所具有的優點。但這些優點不可能同時體現在一種債券上。一般說來，債券的風險性、收益性、流動性之間具有相互補償的關係。如果風險小、流動性強，收益率則較低；反之，如果風險大、流動性差，收益率則相對較高。例如，國債的風險相對較小，其收益則低於很多安全性相對較差的公司債券。因此，投資人應該根據其投資目的、投資期限、財務狀況、資金來源及其對市場的分析預測，有選擇地進行投資，以期獲得最佳投資效益。如果投資人準備進行長期投資，一般要選擇安全性和收益性較好而流動性小的債券；相反，如果投資人準備進行短期投資，通常要選擇流動性較好的債券，以便能在需要的時候及時變現。

債券與股票都是重要的投資工具，都是可以自由轉讓的有價證券。但債券與股票有很大區別，主要表現在以下八個方面：

（1）性質不同。債券是一種表明債權債務關係的憑證，債券持有者是證券發行單位的債權人，與發行單位只是一種借貸關係。而股票則是股權證書，股票持有者

是股份公司的股東，股票所表示的是對公司的所有權。

（2）發行主體不同。債券的發行者可以是股份公司，也可以是非股份公司、銀行和政府。而股票發行主體必須是股份公司和以股份制形式創辦的銀行。

（3）發行期限不同。債券有固定的期限，到期還本付息；而股票則是無期限的，不存在到期還本的問題。

（4）本金收回的方法不同。債券持有人可以在約定日期收回本金並取得利息；股票不能退股，但持有人可以通過轉讓出售股票收回資金。

（5）取得收益的穩定性不同。債券持有者可以獲得固定利息，不論發行單位在債券發行以後的經營狀況如何，均有到期還本付息的義務，否則將被追究法律責任。其缺點是當公司盈利很大時，債權人的利益卻不能隨之增加，但風險相對較小。而股票持有人的收益不固定，收益大小決定於企業的經營狀況和利潤多少，利多多得，利少少得，無利不得。收益水平通常不受法律保護，因此具有較大的風險性。但股票的總體收入水平比債券高。

（6）責任和權利不同。債券的購買者是發行單位的債權人，只享有定期獲得利息和到期收回本金的權利，無權參與發行單位的經營決策，對其經營狀況亦不負任何責任；而股票的持有者是發行公司的股東，有權參與發行公司的經營管理和決策，並享有監督權；但作為股東，也必須承擔公司經營的責任和風險。

（7）交易場地不同。證券的二級市場分為兩個主要部分，即有組織的市場（證券交易所）和場外交易市場。債券的交易大部分是通過場外交易市場進行，而股票大都在證券交易所內進行交易。

（8）付息辦法不同。債券利息的分配是累積性的。債券如在到期前賣出，其投資人除可以收回本金外，還可以獲得持有期間的利息，而且債券的利息是在稅前開支。而股息則是按股權分配的，股票賣掉後，原投資人即不再享有領取股息的權利，當公司分發股息時，根據股東名冊上的名單分配股息，股息在稅後利潤中支付。

四、債券的分類

債券的發行已有很長的歷史，而且種類越來越多。根據不同的標準可有不同的分類方法，同一債券也可能歸於不同種類。

1. 按債券發行主體不同分類

按債券發行主體不同，可分為政府債券、金融債券和公司債券等，這是最主要、最常用的分類方式。

（1）政府債券。政府債券即一般所稱「公債」。它是政府為籌集資金而向投資者出具並承諾在一定時期支付利息和到期還本的債務憑證。

（2）金融債券。銀行和其他金融機構除吸收存款、發行大額可轉讓存單等方式吸收資金外，經特別批准，可以以發行債券方式吸收資金。這種由銀行和金融機構

發行的債券為金融債券。

（3）公司債券。公司債券有廣義和狹義之分。廣義的公司債券泛指一般企業和股份公司發行的債券，狹義的公司債券僅指股份公司發行的債券。公司債券是企業籌措長期資金的重要方式，其期限較長，大多為10~30年。公司債券的風險相對較大，因此其利率一般高於政府債券和金融債券。公司債券的票面一般應載明企業的名稱、住所；債券的總額和每張債券的票面額；債券的票面利率；還本期限和方式；債券發行日期和編號；發行企業的印記和企業法定代表人的簽章；審批機關批准發行的文號、日期；債券是否有擔保，等等。公司債券種類繁多，按照不同的標準，可以把公司債券劃分為不同的類別。

2. 根據償還期限長短分類

根據償還期限的長短，債券可以分為短期債券、中期債券和長期債券。但對具體年限的劃分，不同的國家又有不同的標準。

（1）短期債券。一般來說，短期債券的償還期為1年以下。如美國短期國庫券的期限通常為3個月或6個月，最長不超過1年；英國的短期國庫券通常為3個月；日本的短期國債為2個月。

（2）中期債券。中期債券的償還期為1~10年。如美國聯邦政府債券中，1~10年期的債券為中期債券；日本的中期附息票債券的期限為2~4年，貼現國債的期限為5年；中國發行的國庫券大多為3~5年的中期債券。

（3）長期債券。長期債券的償還期為10年以上。如美國聯邦政府債券中，10~30年期債券為長期債券；日本的長期附息票債券的期限為10年；英國的長期金邊債券為15年以上；在日本，償還期在15年左右的債券則被稱為超長期債券。

（4）可延期債券。這是歐洲債券市場的債券種類之一。債券期滿時，可由投資者根據事先規定的條件把債券的到期日延長，且可以多次延長，這種債券的期限一般較短。

3. 按照利息支付方式的不同分類

按照利息支付方式的不同，債券可分為附息票債券和貼現債券。

附息票債券是在債券上附有各期利息票的中、長期債券。債券持有人於息票到期時，憑從債券剪下來的息票領取本期的利息。這種領取利息的方式被稱為「剪息票」。每張息票上須有與債券券面的號數相同的編號及應付利息的日期和金額。息票到期之前，持票人不能要求兌付。持票人並非一定是債券持有人，因為息票本身也是一種有價證券，每一張息票都可以根據其所附的債券的利率、期限、面額等計算出其價值。所以，息票可以轉讓，非債券持有人也可憑息票領取債券利息。

貼現債券亦稱無息票債券或零息債券。這種債券在發行時不規定利息率，券面上不附息票，籌資人採用低於票面額的價格出售債券，即折價發行，購買者只需付出相當於票面額一定比例的現款就可以買到債券。到期時，籌資人按債券面額金額兌付。發行價格與債券票面額之間的差價即利息。實質上，這是一種以利息預付方

式發行的債券。因此，這種債券也叫貼息債券。國債的發行通常採用這種方式。美國的短期國庫券就是一種貼現債券。

4. 按債券有無擔保分類

按債券有無擔保可以分為無擔保債券和有擔保債券兩大類。

無擔保債券亦稱信用債券，指不提供任何形式的擔保，僅憑籌資人信用發行的債券。政府債券屬於此類債券。這種債券由於其發行人的絕對信用而具有堅實的可靠性。除此之外，一些公司也可發行這種債券，即信用公司債券。但為了保護投資人的利益，發行這種債券的公司往往受到種種限制，只有那些信譽卓著的大公司才有資格發行。此外，有的國家還規定，發行信用公司債券的公司還須簽訂信託契約，在該契約中約定一些對籌資人的限制措施，如公司不得隨意增加其債務；在信用債券未清償前，公司股東分紅須有限制等。這些限制措施由作為委託人的信託投資公司監督執行。信用公司債券一般期限較短，利率很高。

有擔保債券又可分為抵押債券、質押債券、保證債券等多種形式。

抵押債券，指籌資人為了保證債券的還本付息，以土地、設備、房屋等不動產作為抵押擔保物所發行的債券。如果籌資人到期不能還本付息，債券持有人（或其受託人）有權處理抵押擔保物作為抵償。一般擔保實物的現行價值總值要高於債券發行總額。抵押債券在現代公司債券中所佔比例最大，是公司債券中最重要的一種。

質押債券，亦稱抵押信託債券，指以公司的其他有價證券（如公司股票或其他債券）作為擔保所發行的公司債券。發行質押債券的公司通常要將作為擔保品的有價證券委託信託機構（多為信託銀行）保管，當公司到期不能償債時，即由信託機構處理質押的證券並代為償債，這樣就能夠更有力地保障投資人的利益。在美國，這種債券被稱為「抵押品信託債券」。

以各種動產或公司所持有的各項有價證券為擔保品而發行的公司債券統稱為「流動抵押公司債券」或「擔保信託公司債券」。

保證債券，指由第三者擔保償還本息的債券。擔保人一般是政府、銀行及公司等。

5. 根據債券是否記名分類

根據債券是否記名可分為記名債券和無記名債券。

記名債券是載明債券持有人姓名的債券。債券持有人憑印鑒領取本息，需要轉讓時須向債券發行人登記過戶。由於持券人須憑印鑒才能領取本息，因此可以防止冒領現象，且在債券被竊或遺失時，可向債券發行人掛失，減少請求補發債券的費用。這種債券轉讓時，受讓人除了支付買賣手續費外，還需辦理過戶手續，並支付過戶手續費，所以記名債券的流動性較差。

無記名債券是不預留債券持有人的印鑒的債券。無記名債券可以自由轉讓，轉讓時只需直接交付債券，不需要在債券上背書，因而流通較方便。但這種債券一旦遺失或被竊，不可掛失，所以投資風險大於記名債券。對個人發行的債券多採取無

記名方式。

6. 按債券形態分類

按債券形態分類，債券可分為實物債券、憑證式債券和記帳式債券。

實物債券是一種具有標準格式實物券體的債券。在標準格式的債券券面上，一般印有債券面額、債券利率、債券期限、債券發行人全稱、還本付息方式等各種債券票面要素。無記名國債就屬於這種實物債券，它以實物券的形式記錄債權、面值等，不記名、不掛失，可上市流通。實物債券是一般意義上的債券，很多國家通過法律或者法規對於實物債券的格式予以明確規定。

憑證式債券是債權人認購債券的一種收款憑證，而不是債券發行人制定的標準格式的債券。我國每年通過銀行系統發行憑證式國債，券面上不印製票面金額，而是根據認購者的認購額填寫實際的繳款金額，是一種國家儲蓄債，可記名、掛失，以「憑證式國債收款憑證」記錄債權，不能上市流通，從購買之日起計息。在持有期內，持券人如遇特殊情況需要提取現金，可以到原購買網點提前兌取。提前兌取時，除償付本金外，利息按實際持有天數及相應的利率檔次計算，經辦機構按兌付本金的20‰收取手續費。

記帳式債券是沒有實物形態的債券，只在電腦帳戶中作記錄。在我國，上海證券交易所和深圳證券交易所已為證券投資者建立了電腦證券帳戶，因此，可以利用證券交易所的交易系統來發行證券。我國近年來通過滬、深交易所的交易系統發行和交易的記帳式國債就是這方面的實例。投資者進行記帳式債券買賣，必須在證券交易所建立帳戶。由於記帳式債券的發行和交易均為無紙化，所以效率高、成本低，且交易安全。

7. 按債券募集方式分類

按債券募集方式劃分，債券可分為公募債券和私募債券。

公募債券是指按法定手續，經證券主管機構批准在市場上公開發行的債券。這種債券的認購者可以是社會上的任何人。發行者一般有較高的信譽，而發行公募債券又有助於提高發行者的信用度。除政府機構、地方公共團體外，一般企業必須符合規定的條件才能發行公募債券。由於發行對象是不特定的廣泛分散的投資者，因而要求發行者必須遵守信息公開制度，向投資者提供各種財務報表和資料，並向證券主管部門提交有價證券申報書，以保護投資者的利益。各國法律對公募發行都有較嚴格的規定。

私募債券是指在指定範圍內，向特定的對象發行的債券。私募債券的利率比公募債券高，發行的範圍很小，一般不上市，發行者無須公布其財務狀況。私募債券的流動性較差，其轉讓要受到很多限制。如日本對私募債券的轉讓規定了以下限制：日元債券在發行後的兩年內不得轉讓；債券僅限於在同行業投資者之間轉讓；債券轉讓須事先取得發行者的同意。

第三章　證券投資工具

8. 根據債券票面所使用的貨幣種類分類

根據債券票面所使用的貨幣種類的不同，債券可分為本幣債券、外幣債券、復貨幣債券、雙重貨幣債券等。

本幣債券是指在國內發行的票面以本國貨幣表示的債券。

外幣債券是指票面以外國貨幣表示的、在國內發行的債券。如以美元計價的債券稱美元債券，以日元計價的債券稱日元債券。

復貨幣債券是歐洲債券之一。這種債券還款時用一種貨幣，支付利息時用另一種貨幣。在正常情況下，這種債券的本金部分不受匯率變動影響，發行人只需對利率部分在遠期外匯市場上進行套期保值。

雙重貨幣債券指用一種貨幣發行，按固定的匯率用另一種貨幣支付利息的債券。在債券到期時，也可用另一種貨幣償還本金。

9. 按債券本金的償還方式分類

按債券本金償還方式的不同，債券可分為償債基金債券、分期償還債券、通知（可提前）償還債券、延期償還債券、永久債券、可轉換債券等。

償債基金債券是指債券發行者在債券到期之前，定期按發行總額在每年盈余中按一定比例提取償還基金，逐步累積，債券到期後，用此項基金一次償還。由於這種債券對債券持有人有較可靠的還款保證，因此，對投資者很有吸引力。而且，這種債券也具有可以提前償還債券的性質，即按市場價格的變動情況決定償還或購回，所以此種債券對發行者也是有利的。設立償債基金的一般方法是：債券發行人定期將資金存入信託公司，信託公司將收到的資金投資於證券，所收到的證券利息也作為償債基金。

分期償還債券亦稱序列償還債券。發行者在發行債券時就規定，在債券有效期內，確定某一種時間償還一部分本息，分次償清，一般是每隔半年或一年償還一批，這樣能減輕集中一次償還的負擔。還本期限越長，利率也越高。分期償還一般採用抽簽方式或按照債券號數的次序進行。此外，還可以用購買方式在市場上購回部分債券，作為每期應償還的債券。

通知償還債券亦稱可提前償還債券，是指債券發行者於債券到期前可隨時通知債權人予以提前還本的債券。提前償還可以是一部分，也可以是全部。如果是一部分，通知用抽簽方法來確定。這種債券大多附有期前兌回條款，使發行者可以在市場利率下降時提前兌回債券，以避免高利率的損失。當發行者決定償還時，必須在一定時間前通知債權人，通常是 30 天至 60 天。

延期償還債券是指可以延期償本付息的債券，它有兩種形式：一種是指發行者在債券到期時無力償還，也不能借新款還舊債時，在徵得債權人的同意後，可將到期債券予以延期。對於延期后的債券，發行者可根據具體情況，對其利率進行調整，可以調高，也可以調低。另一種是指投資者於債券到期時有權根據發行者提出的新利率，要求發行人給予延期兌付的債券。這種債券一般期限較短，投資者可以要求

41

證券投資

多次延長。

永久債券亦稱不還本債券或利息債券，一般是指由政府發行的不規定還本日期，僅按期支付利息的公債。當國家財政較為充裕時，可以通過證券市場將此種債券買回註銷。此外，還有永久公司債券。永久公司債券的持有人除因發行公司破產或有重大債務不履行等情況外，一般不能要求公司償還，而只是定期獲得利息收入。實際上，這種債券已基本失去了一般債券的性質，而具有股票的某些特徵。

可轉換債券指可以兌換成股票或其他債券的債券。這種債券在發行時就附有專門條款，規定債權人可選擇對於自己的有利時機，請求將債券兌換成公司的股票。不希望換成股票時，也可繼續持有，直到償還期滿時收回本金，還可以在需要時售出。可轉換債券具有公司債券和股票的雙重性質。在未轉換之前，公司債券是純粹的債券，債權人到期領取本金和利息收入，其利息是固定的，不受公司經營狀況的影響；在轉換之後，原來的持券人就變成為公司的股東，參加公司紅利的分配，其收益多少就要受到公司經營狀況的影響。當股利收入高於債券收入時，將公司債券兌換成股票對債權人有利。可轉換債券可以流通轉讓，其價格受股票價格的影響。股票價格越高，可轉換債券的價格也隨之上升；反之，則下跌。

10. 根據債券持有人的收益方式分類

根據債券持有人收益方式的不同，債券可分為固定利率債券、浮動利率債券、累進利率債券、參加分紅公司債券、免稅債券、收益公司債券、附新股認購權債券和產權債券等。

固定利率債券是指在發行時就規定了固定收益利率的債券，一般每半年或一年支付一次利息。

浮動利率債券是為避免利率風險而設計的一種新型債券。這種債券可隨市場利率的變動而變動。例如，可在債券上規定，其利率每季以90天期的國庫券為基準進行調整。其特點是可使投資人在利率上升時獲益。我國1989年發行的保值公債即為浮動利率債券。

累進利率債券是指按投資者持有同一債券期限長短計息的債券。債券期限越長，其利率就越高；反之，則利率越低。

參加分紅公司債券是指債券持有人除了可以得到事先規定的利息外，還可以在公司的收益超過應付利息時，與股東共同參加對公司盈余的分配。這種債券將公司債券與股票的特點融為一體，與其他債券相比，這種債券的利率較低。

免稅債券是指債券持有人免交債券利息的個人所得稅的債券。政府公債一般是免稅的，地方政府公債大多也是免稅的。此外，一些經過特準的公司債券也可以免稅。例如，美國聯邦土地銀行發行的公司債券就是免稅債券。

收益公司債券是指所發行公司雖然承擔償還本金的義務，但是否支付利息則根據公司的盈虧而定的債券。發行公司如果獲得利潤就必須向債券持有人支付利息；如果發行公司未獲得盈余，則不支付利息。在公司改組時，為減輕債務負擔，通常

第三章 證券投資工具

要求債權人將原來的公司債券換成收益公司債券。

附新股認購權債券是指賦予投資人購買公司新股份的權利的債券。發行公司在發行債券時規定，持券人可以在規定的時間內，按預先規定的價格和數量認購公司的股票。持券人購買公司的股票後便成為公司的股東，但不因此喪失公司債權人的資格。這是附新股認購權債券與可轉換債券的主要區別。可轉換債券在行使轉換權之後，債券形態隨即消失，債券變成了股票，持券人因此也就失去了公司債權人的資格。

產權債券是指到期後可以用公司股票償還而不按面值用現金償還的債券。這種債券的利息比一般的股息高，因此對投資者的吸引力較大。對於發行者來說，通過發行這種債券，可以按高於票面值的價格在市場出售股份而獲得所需要的資金。

11. 根據債券的發行地域分類

根據債券發行的地域，可以將債券分為國內債券和國際債券兩大類。

國內債券是指一國政府、企業或金融機構在本國國內，以本國貨幣為面額發行的債券。

國際債券是指政府、公司、團體或國際機構在本國以外發行的債券。即債券發行人屬於一個國家，而發行地點在另一個國家，且債券面額不用發行者所在國的貨幣計值，而是以外幣計值。國際債券包括外國債券和歐洲債券。

外國債券就是甲國發行者以乙國貨幣面值在乙國發行的債券，如中國國際信託投資公司在日本發行的日元面額債券。利用外國債券籌集資金的主要有：外國政府、國有企業、私人公司以及國際性組織。發行外國債券的優點是能夠籌措到期限較長並可以自由選用的外匯資金，但發行條件很嚴格，而且要承擔外匯匯率風險。

歐洲債券是指在歐洲市場上發行的，不以發行所在國貨幣，而是以另一種可自由兌換的貨幣標值並還本付息的債券。歐洲債券除可以用單獨貨幣（美元、英鎊、德國馬克、法國法郎、瑞士法郎、日元、加拿大元等）發行外，還可以用綜合性的貨幣單位發行，如特別提款權、歐洲貨幣體系記帳單位等。歐洲債券的發行者、面值貨幣和發行地點分屬於不同的國家，而且要由大的跨國銀行主持發行事宜。例如，法國政府同時在英國、盧森堡等債券市場上發行美元債券，即屬於歐洲債券。

第二節 股票

一、股票的性質

股票是一種有價證券，它是股份有限公司公開發行的用以證明投資者的股東身分和權益，並據以獲得股息和紅利的憑證。

股票一經發行，持有者即為發行股票的公司的股東，有權參與公司的決策，分

證券投資

享公司的利益，同時也要分擔公司的責任和經營風險。股票一經認購，持有者不能以任何理由要求退還股本，只能通過證券市場將股票轉讓和出售。作為交易對象和抵押品，股票已成為金融市場上主要的、長期的信用工具。但實質上，股票只是代表股份資本所有權的證書，它本身並沒有任何價值，不是真實的資本，而是一種獨立於實際資本之外的虛擬資本。

二、股票的特性

1. 收益性

收益性是指持有者憑其持有的股票，有權按公司章程從公司領取股息和紅利，獲取投資收益。認購股票就有權享有公司的收益，這既是股票認購者向公司投資的目的，也是公司發行股票的必備條件。

股票收益的大小取決於公司的經營狀況和盈利水平。一般情況下，投資股票獲得的收益要高於銀行儲蓄的利息收入，也高於債券的利息收入。

股票的收益性還表現在持有者利用股票可以獲得價差收入和實現貨幣保值。也就是說，股票持有者可以通過低進高出賺取價差利潤；或者在貨幣貶值時，股票會因為公司資產的增值而升值，或以低於市價的特價或無償獲取公司配發的新股而使股票持有者得到利益。

2. 風險性

股票的風險性是與股票的收益性相對應的。認購了股票，投資者既有可能獲取較高的投資收益，同時也要承擔較大的投資風險。

在市場經濟活動中，由於多種不確定因素的影響，股票的收益不是事先確定的固定數值，而是一個難以確定的動態數值，它隨公司的經營狀況和盈利水平而波動，也受到股票市場行情的影響。公司經營得越好，股票持有者獲取的股息和紅利就越多；公司經營不善，股票持有者能分得的盈利就會減少，甚至無利可分。這樣，股票的市場價格就會下跌，股票持有者就會因股票貶值而遭受損失；如果公司破產，則股票持有者連本金也保不住。由此可見，股票的風險性是與收益性並存的，股東的收益在很大程度上是對其所擔風險的補償。股票收益的大小與風險的大小成正比。

3. 穩定性

穩定性有兩方面的含義：①股東與發行股票的公司之間存在穩定的經濟關係；②通過發行股票籌集到的資金使公司有一個穩定的存續期間。

股票是一種無期限的法律憑證，它反應著股東與公司之間比較穩定的經濟關係；同時，投資者購買了股票就不能退股，股票的有效存在又是與公司的存續期間相聯繫的。對於認購者來說，只要其持有股票，公司股東的身分和股東權益就不能改變；同時，股票又代表著股東的永久性投資，他只有在股票市場上轉讓股票才能收回本金。對公司來說，股票則是籌集資金的主要手段，由於股票始終置身於股票交易市

場而不能退出，因此，通過發行股票所籌集到的資金在公司存續期間就是一筆穩定的自有資本。

4. 流通性

股票具有很高的流通性。在股票交易市場上，股票可以作為買賣對象或抵押品隨時轉讓。股票轉讓意味著轉讓者將其出資金額以股價的形式收回，而將股票所代表的股東身分及各種權益讓渡給受讓者。

流通性是股票的一個基本特徵。股票的流通性是商品交換的特殊形式，持有股票類似於持有貨幣，隨時可以在股票市場兌現。股票的流通性促進了社會資金的有效利用和資金的合理配置。

5. 股份的伸縮性

伸縮性是指股票所代表的股份既可以拆細，又可以合併。

（1）股份的拆細，即將原來的1股分為若干股。股份拆細並沒有改變資本總額，只是增加了股份總量和股權總數。當公司利潤增多或股票價格上漲後，投資者購入每手股票所需的資金增多，股票的市場交易就會發生困難。在這種情況下，就可以將股份拆細，即採取分割股份的方式來降低單位股票的價格，以爭取更多的投資者，擴大市場的交易量。

（2）股份的合併，即將若干股股票合併成較少的幾股或1股。股份合併一般在股票面值過低時採用。公司實行股份合併主要出於如下原因：公司資本減少、公司合併或是股票市價由於供應減少而回升。

6. 價格的波動性

股票在交易市場上作為交易對象，同其他商品一樣，也有自己的市場行情和市場價格。股票價格的高低不僅與公司的經營狀況和盈利水平密切相關，而且與股票收益與市場利率的對比關係緊密相連。此外，股票價格還會受到國內外經濟、政治、社會以及投資者心理等諸多因素的影響。從這點上看，股票價格的變動又與一般商品的市場價格變動不盡相同，大起大落是它的基本特徵。

股票在交易價格上所表現出的波動性，既是公司吸引社會公眾積極進行股票投資的重要原因，也是公司改善經營管理、努力提高經濟效益、增強公司競爭能力的一個重要外部因素。

7. 經營決策的參與性

根據有關法律的規定，股票的持有者即是發行股票的公司的股東，其有權出席股東大會，選舉公司的董事會成員，參與公司的經營決策。股票持有者的投資意志和享有的經濟利益，通常是通過股東參與權的行使而實現的。股東參與公司經營決策的權利大小，取決於其所持有的股份的多少。從實踐中看，只要股東持有的股票數額達到決策所需的實際多數時，就能成為公司的決策者。

股票所具有的經營決策的參與性特徵，對於調動股東參與公司經營決策的積極性和創造性，建立一個制衡性的、科學合理的企業運行機制和決策機制，具有十分

重要的實踐意義。

三、股票的種類

股票的種類繁多，按不同的標準可以分成不同的類別。

1. 按是否記名分類

按是否記名，股票可分為記名股和無記名股。

記名股即股東姓名載於股票票面並且記入專門設置的股東名簿的股票。記名股派發股息時，由公司書面通知股東。轉移股份所有權時，須照章辦理過戶手續。

無記名股指的是股東姓名不載入票面的股票。派息時不專門通知，一經售出，其所有權轉移即生效，無須辦理過戶。

2. 按有無面值分類

按有無面值，股票可分為有面值股和無面值股。

有面值股，即票面上註明股數和金額的股票。無面值股即票面上未載明股數和金額，僅標明它是股本總額若干比例的股票。如，某公司的股本總額為 50 萬元，共分為 1 萬股，每股 50 元。某人持有該公司 1 股的股票 1 張，票面無 50 元字樣，只註明它是股票總額的一萬分之一。

3. 按股東權利分類

按股東的權利來劃分，股票主要有普通股、優先股、后配股；此外，還有議決權股、無議決權股、否決權股等。

普通股，即股息隨公司利潤的大小而增減的股票。股份公司初次發行的股票一般為普通股。持有普通股的股東，在召開股東大會時，投票選出董事，組成董事會，作為一個常設機構，代表全體股東決定公司的經營方針，並監督公司的業務情況。日常事務則由董事會選派的經理和其他職員處理。

普通股股東享有以下權利：盈余分配權、資產分配權、表決權、選舉權、優先認股權、股份轉讓權、對董事的訴訟權等。

優先股，是相對於普通股而言的「優先」，指的是公司在籌集資本時，給予認購人某種優惠條件的股票。這種優惠條件包括：優先於普通股分得股息；公司解散時，有相對於普通股優先分得剩余財產的權利。

優先股的股息一般是固定的，但也有只規定股息最高與最低限額的優先股。一般來說，發行優先股只限於公司增資時。在營運中，公司財政發生困難，或不易增加普通股份或整理公司債務，總之，只有在公司財政上發生困難時，才不惜以種種優惠條件來籌集資金。

優先股種類較多，僅就優先分得股息而言，可以分為：累積優先股、非累積優先股、全部參加優先股、部分參加優先股、不參加優先股。①累積優先股，未發的優先股息逐期累積，即本期公司盈利不足以支付優先股股息時，用后期公司盈利累

第三章　證券投資工具

積補發。先要將累積優先股股息付清后，才能分派普通股股息。②非累積優先股的股息按期分派，公司本期盈利不足以支付優先股股息時，不予累積，后期不補付。③全部參加優先股，除了按規定的股票利率優先得本期股息外，還有權與普通股股東一道，共同等額地分享本期的剩余盈利。④部分參加優先股，除了按規定的股票利率優先分得本期股息外，有權以一定額度為限，與普通股一起，共同分享本期的剩余盈利。⑤不參加優先股，只按規定的股票利率優先分得利息，不參與剩余盈利的分配。

后配股，即次於普通股而享受派息或分配公司剩余財產的股票，大都由股份公司贈予發起人及管理人，故又有發起人股、管理人股之稱。其代價為提供勞動力名義等，而非金錢或財產，因此，也有稱之為干股。

議決權股，指的是股份公司對特定股東給予多數表決權（而一般股票是股一權），但並無任何優先利益的股票。發行這種股票的目的在於限制外國股人對於本國產業的支配權。

無議決權股，即對公司一切事務都無表決權的股票。

否決權股，即只對指定的議案有否決權的股票。

4. 按是否付清股款分類

按股款的付清與否來劃分，股票有付清股與未付清股。前者指的是股款繳足的股票；后者指的是股款未繳足的股票。未付清股往往發生於分配繳款的場合。

5. 按股票是否發行分類

按股票的發行與否來劃分，股票有發行股和未發行股。

公司總股本中，已經由股東認購的部分叫發行股；另一部分，即尚未被認購的股份就叫未發行股。公司會計帳上，對上述二者應有區別。

一般說來，未發行股的產生有兩方面原因：第一，公司初創時期，投資者少，用已募集的資本先行開業，余下股份於公司成立后再陸續招募，這樣就出現了未發行股；第二，公司增資時，發行新股票。發行順利與否，完全取決於公司信譽高低及社會經濟狀況。當公司信譽不佳，或經濟不景氣時，也難免有若干股份發行不出去。

6. 庫藏股

由公司購買的本公司發行的股票，或由股東移贈給公司的本公司發行的股票稱為庫藏股。庫藏股的股款已按票面額全部繳足。庫藏股一般只限於優先股，並且必須存入公司的金庫。

四、我國的股權結構

1. 國家股

國家股是指以國有資產向股份有限公司投資形成的股權。國家股一般是指國家

證券投資

投資或國有資產經過評估並經國有資產管理部門確認的國有資產折成的股份。國家股的股權所有者是國家。國家股的股權，由國有資產管理機構或其授權單位、主管部門行使國有資產的所有權職能。國家股股權，也包含國有企業向股份有限公司形式轉換時，現有國有資產折成的國有股份。

我國國家股的構成，從資金來源看，主要包括三部分：①國有企業由國家計劃投資所形成的固定資產、國撥流動資金和各種專用撥款；②各級政府的財政部門、經濟主管部門對企業的投資所形成的股份；③原有行政性公司的資金所形成的企業固定資產。

關於國家股的形式，在由國家控股的企業中，國家股應該是普通股，從而有利於國家控制和管理該企業；在不需要國家控制的中小企業，國家股應該是優先股或參加優先股，從而有利於國家收益權的強化和直接經營管理權的弱化。

國家通過三種持股策略方式控制企業：①國家控制企業100%的股份；②國家控制企業50%以上的股份；③國家控制企業50%以下的股份。國家控股的程度，因企業與國計民生的關切程度不同而異。

2. 法人股

法人股是指企業法人以其依法可支配的資產向股份公司投資形成的股權，或者具有法人資格的事業單位或社會團體以國家允許用於經營的資產向股份公司投資所形成的股權。

法人股是法人相互持股所形成的一種所有制關係，法人相互持股則是法人經營自身財產的一種投資方式。法人股股票，應記載法人名稱，不得以代表人姓名記名。法人不得將其所持有的公有股份、認股權證和優先認股權轉讓給本法人單位的職工。

法人股主要有兩種形式：①企業法人股，是指具有法人資格的企業把其所擁有的法人財產投資於股份公司所形成的股份。企業法人股所體現的是企業法人與其他法人之間的財產關係，因為它是企業以法人身分認購其他公司法人的股票所擁有的股權。有些國家的公司法，嚴格禁止企業法人持有自身的股權。②非企業法人股，是指具有法人資格的事業單位或社會團體以國家允許用於經營的財產投資於股份公司所形成的股份。

3. 公眾股

公眾股是指社會個人或股份公司內部職工以個人財產投入公司形成的股份。它有兩種基本形式，即公司職工股和社會公眾股。

公司職工股是指股份公司的職工認購的本公司的股份。公司職工認購的股份數額不得超過向社會公眾發行的股份總額的10%。一般來講，公司職工股上市的時間要晚於社會公眾股。

社會公眾股是指股份公司公開向社會募集發行的股票。向社會所發行的部分不少於公司擬發行的股本總額的25%。這類股票是市場上最活躍的股票，它發行完畢一上市，就成為投資者可選擇的投資品種。

第三章　證券投資工具

4. 外資股

外資股是指外國和中國香港、中國澳門、臺灣地區投資者以購買人民幣特種股票形式向股份公司投資形成的股份，它分為境內上市外資股和境外上市外資股兩種形式。

（1）境內上市外資股。境內外資股是指經過批准由外國和中國香港、中國澳門、臺灣地區投資者向中國內地股份公司投資所形成的股權。境內外資股稱為 B 種股票，是指以人民幣標明票面價值，以外幣認購，專供外國及中國香港、中國澳門、臺灣地區的投資者買賣的股票，因此又稱為人民幣特種股票。國家股、法人股、公眾股三種股票形式又合稱為 A 種股票，是由代表國有資產的部門或者機構、企業法人、事業單位和社會團體以及公民個人以人民幣購買的，因此又稱為人民幣股票。境內外資股在境內進行交易買賣。上海證券交易所的 B 股以美元認購，深圳證券交易所的 B 股以港幣認購。

（2）境外上市外資股。目前我國境外上市外資股有兩種：① H 股。它是境內公司發行的以人民幣標明面值，供境外投資者用外幣認購，在香港聯合交易所上市的股票。② N 股。它是以人民幣標明面值，供境外投資者用外幣認購，獲紐約證券交易所批准上市的股票。目前，幾乎所有的外國公司（即非美國公司，但不包括加拿大公司）都採用存托憑證（ADR）形式而非普通股的方式進入美國市場。存托憑證是一種以證書形式發行的可轉讓證券，通常代表一家外國公司的已發行股票。

五、股票投資的收益

股票投資的收益就是股票投資給投資者帶來的收入，主要有以下幾種收益：

1. 現金股利收益

現金股利收益指投資者以股東身分，按照持股的數量，從公司盈利的現金分配中獲得的收益，具體包括股息和紅利兩部分，簡稱「股利」。

按西方公司法規範理解，股息是指股票持有者憑股票定期、按固定的比率從公司領取的一定盈利額，專指優先股而言。股息類似於我們常說的利息，但不是利息，股息支付雙方不存在債權和債務關係。

紅利是就普通股而言，即普通股股東從公司盈余分派中獲得的收入收益。股息率是固定的，紅利率則極不穩定，只能視公司盈余多少和公司今後經營發展戰略決策的總體安排而定。公司稅後盈余在彌補虧損、支付公積金、公益金和優先股股息之後，才輪到普通股紅利分配。只有公司獲得巨額盈利之時，紅利分配才能豐厚；如果公司獲得微薄盈利或甚至虧損，紅利分配則少得可憐，甚至一無所獲。

2. 資產增值

股票投資報酬不僅僅只有股利，股利僅是公司稅后利潤的一部分。公司稅后利潤除支付股息和紅利外，還留用一部分作為公積金以及未分配利潤等。這部分利潤

證券投資

雖未直接發放給股東，但股東對其擁有所有權，作為公司資產增值部分，它仍應屬於股票收益。它可以作為老股東優先認股、配股和送股的依據。

3. 市價盈利

市價盈利又稱「資本利得」，即運用資本低價買進股票再高價賣出所賺取的差價利潤。其實，股票的最重要魅力就在於巨額市價盈利。考慮到市價盈利，得到股票盈利率計算公式：

股票盈利率＝（股票賣出價－股票買入價＋股利收入）÷股票買入價×100%

例如，投資者去年投資 1 萬元購買了若干股某種股票，今年以 1.5 萬元將其全部賣出。其間獲股利收入 0.2 萬元，假設其他稅收等不計，則投資該種股票盈利率為：

$$(1.5-1+0.2)÷1×100\%=70\%$$

第三節　投資基金

一、投資基金的概念

投資基金是指由不確定多數投資者不等額出資匯集成基金（主要是通過向投資者發行股份或受益憑證方式募集），然後交由專業性投資機構管理。投資機構根據與客戶商定的最佳投資收益目標和最小風險，把集中的資金再適度並主要投資於各種有價證券和其他金融商品，獲得收益後由原投資者按出資比例分享，而投資機構本身則作為資金管理者獲得一筆服務費用。

各國或各地區對投資基金的稱謂有所不同。美國稱為「共同基金」、「互助基金」或「互惠基金」（Mutual Fund），也稱為投資公司（Investment Company）；英國及中國香港地區則稱為「單位信託基金」（Unit Trust）；日本和臺灣地區稱之為「證券投資信託基金」，等等。雖稱謂不同，但內容及操作卻有很多共性，在本書中，我們均稱之為投資基金。

二、投資基金的特點

投資基金是一種間接的投資工具，與其他投資工具相比具有以下特點：

1. 獲得規模投資的收益

通常，投資基金管理公司為適應不同階層個人投資者的需要，設定的認購基金的最低投資額不高，投資者以自己有限的資金購買投資基金的受益憑證，基金管理公司積少成多，匯集成巨大的資金，由基金管理公司經驗豐富的投資專家進行運作，獲得規模經濟效益。

第三章 證券投資工具

2. 專家理財，回報率高

投資基金是一種間接投資，投資於基金就等於聘請了專業的投資專家，投資基金的投資決策都是由受過專業訓練、有豐富經驗的專家進行的。基金管理公司有發達的通信網路隨時掌握各種市場信息，並有專門的調查研究部門進行國內外宏觀經濟分析，以及對產業、行業、公司經營潛力有系統的調研和分析。因此，專家理財的回報率通常會強於個人投資者。

3. 組合投資，分散風險

投資基金管理人通常會根據投資組合的原則，將一定的資金按不同的比例分別投資於不同期限、不同種類、不同行業的證券上，實現風險的分散。而中小投資者有限的資金，很難做到像投資基金這樣的充分分散風險。例如，有的投資基金其投資組合不少於 20 個品種，從而能夠有效地分散風險，提高了投資的安全性和收益性。

4. 利益共享、風險共擔

證券投資基金實行「利益共享、風險共擔」的原則。基金投資者是基金的所有者，基金投資收益在扣除由基金承擔的費用後的盈余全部歸基金投資者所有，並依據各個投資者所持有的基金份額比例進行分配。為基金提供服務的基金託管人、基金管理人只能按規定收取一定的託管費、管理費，並不參加收益的分配。

5. 嚴格監管、公開透明

為切實保護投資者的利益，增強投資者對基金投資的信心，各國基金監管部門都對基金業實行嚴格的監管，對各種有損投資者利益的行為進行嚴厲的打擊，並強制基金進行較為充分的信息披露。

6. 基金資產保管與運作安全性高

不論是何種投資基金，均要由獨立的基金保管公司保管基金資產，以充分保障投資者的利益，防止基金資產被挪作他用。基金管理人和保管人的這種分權與制衡，通過基金章程或信託契約確立，並受法律保護。

在成熟的基金市場上，有一套完整的和完善的監管體制，其內容包括：法律監督、主管部門監督、基金行業自律、基金管理人與基金保管人相互監督、投資者監督五個方面，從而確保投資基金的安全性。

三、投資基金的種類

根據不同的標準，基金可劃分為許多類型，下面介紹一些比較重要的基金類別：

(一) 公司型和契約型投資基金

根據法律基礎及組織形態的不同，可將投資基金劃分為公司型和契約型兩類。這種分類方法是基金分類中最主要的一種，它分別代表了基金發展過程中，在基金組織管理形式上兩種不同的潮流，即英國模式和美國模式。

證券投資

1. 契約型基金

契約型基金起源於英國，目前英國及英聯邦國家的基金大多數是這種類型。契約型基金是在一定的信託契約的基礎上進行的代理投資行為，它由三方當事人組成：①委託人（即基金經理公司）。作為基金的發起人來設定基金的類型，與保管人簽訂信託契約，以發行受益憑證的方式對外募集資金，並根據信託契約的要求把所籌集資金交受託人保管，同時運用信託資產進行證券投資。②受託人（即信託公司和銀行）。根據信託契約管理信託資產，在銀行開設獨立帳戶，接受委託人的指令來辦理證券買賣中的錢貨清算、過戶等。③受益人（即投資者）。通過購入基金受益憑證而成為信託契約的第三方，有權要求按其投資比例來分享投資收益。

2. 公司型基金

公司型基金是依據公司法而組建的，專門進行證券投資，以盈利為目的的股份有限公司。美國的投資基金大多是公司型基金，又稱投資公司。公司型基金由一些銀行、證券公司、信託公司等機構作為基金發起人，設定基金的類型，對外發行股份。發起人常通過持有一定比例的股份來控制投資公司。因此，在公司創立大會后，原發起人往往以公司董事的身分參與公司管理。公司型基金的管理結構如下：

（1）股東大會和董事會。投資者通過認購投資公司發行的股份而成為公司股東，享有股東的一切權益。股東大會由全體股東組成，是投資公司的最高權力機構，審批公司的投資政策及公司的主要事項、選舉公司董事等。董事會是常設權力機構，負責公司的日常管理，如制定公司的投資政策、聘請公司總經理等。

（2）基金管理公司。公司型基金中，基金管理公司是由一些專門從事基金管理的專業人士所組成的獨立公司。通常是發起人或所屬機構受聘於投資公司，行使對基金的投資管理，如申請成立基金、發布招股說明書、委託銷售公司發行股票、委託信託公司保管基金資產、編製公司投資計劃、公布基金業績、公布基金收益分配方案、計算和公布基金的每日基準價格等。其報酬則由投資公司每年從基金資產中按一定比例計提支付。

（3）投資顧問。投資顧問是投資公司進行證券投資決策、投資操作的專業人士。在一般情況下，投資顧問是由基金管理公司來充當，有時投資公司也可聘請一些獨立的證券諮詢機構來作為投資顧問。投資顧問根據投資公司已定的投資政策，來選擇投資對象，決定投資比重，是基金投資的實際操作人。

（4）基金保管公司。根據各國的基金法規定，不論哪一類基金都需設立基金保管機構，來充分保障投資者的權益，防止基金財產挪作他用；公司型基金中的基金保管公司是董事會委託的基金財產保管代理人，通常由銀行等金融機構擔任。基金保管公司必須具備一定資格，如必須是註冊的金融機構，其註冊資本應在一定規模以上，與投資公司的相互持股不能超過一定的比例等。基金保管公司以自己的名義在銀行開設獨立戶頭來保管信託資產，基金的所有證券也以信託人或其指定代理人的名義登記過戶，並辦理證券買賣中的實際交收。平時，基金保管公司對基金管理

第三章 證券投資工具

公司投資計劃的實施過程進行監督,有權拒絕不符合基金投資政策的指令,到期末,審核和簽署由基金管理公司製作的決算報告。

(5) 基金銷售機構。基金銷售機構是受投資公司委託,負責辦理基金股份的銷售、回購、投資利潤分配發放等事宜的承銷機構。基金銷售機構通常都是由投資銀行來充當,投資銀行利用其龐大的銷售網進行分銷,來完成投資公司的資金募集。平時,基金銷售機構計算基金的買賣價格,主持投資公司基金股份的買賣,保存投資公司的股東名冊;期末,發放投資公司的股息。

3. 契約型基金和公司型基金的區別

契約型基金和公司型基金的主要區別有以下幾個方面:①兩者主體資格不同。公司型基金其主體為投資公司,具有法人資格;而契約型基金無法人資格。②兩者發行的證券種類不同。公司型基金發行的是投資公司的股份,是代表著公司資產所有權的憑證;而契約型基金發行的是基金受益憑證,是有權享有收益的憑證。③投資者地位不同。在公司型基金中,投資者以公司股東的身分出現,有權享有股東的一切權益;而在契約型基金中,投資者以基金受益人的身分出現,有受益分配權,卻無權參與基金事務的經營管理。④基金運作的依據不同。在信託資產的運作上,公司型基金依據公司章程的有關條款,而契約型基金則依據簽訂的信託契約。

(二) 開放型基金和封閉型基金

根據基金是否可贖回,可把各種不同類型基金分作開放型基金和封閉型基金。

1. 開放型基金

開放型基金是指基金設立時不固定基金單位總額的一種基金類型。基金管理者可根據投資的需要或投資者的需要追加發行,投資者也可根據自己的需要,要求發行機構回購股份或受益憑證,回購價格是基金淨資產加一定手續費。目前,美國和日本大多數基金是屬於開放型的,稱作共同基金。開放型基金的發行規模隨投資者的需求經常變動,如基金經營有道,基金的規模會迅速擴大;反之,基金規模則日益縮小。為預防出現投資者潛在的集中性變現要求所造成的擠兌,開放型基金總拿出基金總資產中一定比例(美國為10%)的現金作為準備金。

2. 封閉型基金

封閉型基金是指基金設立時規定基金單位的發行總額,一旦完成了發行計劃就封閉起來,不再追加發行量的一種基金類型。封閉型基金發行總額是固定的,發行單位也不回購已發行在外的股份或受益憑證。為了方便投資者變現,此類基金都可上市交易,交易價格由市場供需水平決定。

3. 開放型基金和封閉型基金的區別

(1) 基金發行份額不同。開放型基金發行規模不受限制,其發行在外的基金份額隨基金的業績、投資者需求的變動而變動;封閉型基金的發行份額受基金規模的限制,在基金存續期間是固定不變的。

(2) 基金期限不同。開放型基金不設定存續期限,只要基金本身不破產就可以

證券投資

永遠存在下去；封閉型基金一般設定存續期限，如 10 年或 20 年。一旦期滿，即刻清盤，將基金的剩餘資產按持有份額的比例分配給持有者。通常，在受益人一致要求下並經有關機構同意，封閉型基金可適當延長期限，甚至轉為開放型基金。

（3）基金持有者變現方式不同。在開放型基金中，基金發行期結束一定時間後，銷售機構會每天公布基金的買入價和賣出價，投資者隨時都可以根據自己的需要，按照公布的價格增持或減持基金份額。由於交易價以淨資產值為基準價，因此，開放型基金的價格不受供需關係的影響。在封閉型基金中，由於在基金封閉期間，不能贖回，投資者只能在證券流通市場上尋求變現機會，其市場價格較易受供需關係的影響，價格變動較大。

（4）基金投資方式不同。開放型基金因受到持有者隨時贖回基金的影響，需準備一定的現金以備不時之需，故不可能拿出全部基金資產作為投資之用。而封閉型基金在基金封閉期間不許贖回，因此可拿出全部基金資產用作證券投資。

（5）基金的再籌資方式不同。開放型基金的發行規模不固定，可以通過增發基金份額來擴大經營規模。封閉型基金受基金份額固定的限制，不能增發基金份額來追加籌資。但在資金短缺時，一般可通過發行優先股、債券或向銀行借貸來進行再籌資。從追加投資方式來看，開放型基金安全程度高，一旦股市大崩潰，開放型基金的淨資產值下跌使贖回價格也同步下調，基金份額的淨資產值不會跌至全無；而封閉型基金則由於有借貸資金，在市場看壞時債權人常要求提前償還，基金則被迫出售證券來支付貸款，損失慘重甚至破產清盤。在第一次世界經濟危機時，由於股市大跌，使美國的封閉型基金慘遭滅頂之災。

（三）投資基金的業務品種

一個經營投資基金的管理公司，在設立基金時往往迎合市場投資者的需要，來推出各種不同的品種，以爭取最大的市場份額。從現有的投資基金來看，市場上基金品種繁多，足以滿足不同需要的投資者。有時僅根據投資基金的名稱是難以確定其業務的，通常我們可以以該基金設定時的投資宗旨、投資目標來加以區分。以投資目標來區分基金的業務種類有兩種：成長型基金和收入型基金。成長型基金追求基金的長期資本增值，收入型基金則重視當前的利益。從這兩個基本目標可以派生出其他不同業務品種的基金。

（1）股票基金。股票基金屬於成長型基金，其投資對象主要是普通股，有時也持有少量優先股或可轉換債券。股票基金的投資策略是通過長期持有經營良好的各種公司的普通股，使基金資產快速增值。

（2）債券基金。債券基金屬於收入型基金，其投資對象主要是債券，是為滿足一些追求每年有定期收入的投資者所設立的，其收益較低，但風險也是諸種基金中最低的。

（3）貨幣市場基金。貨幣市場基金是指投資於各類貨幣市場工具的基金，其投資對象為銀行存單、存款證、銀行票據、商業票據和各種短期國債。由於各種短期

第三章　證券投資工具

債務憑證期限短、有定期收入、風險小、收益率低，因此，貨幣市場基金是屬於收入型基金。

(4) 平衡基金。平衡基金是介於成長型和收入型之間的基金，兩者兼而有之。該基金的設立是為滿足一些既需要定期收入，同時又希望本金能不斷增值的投資者。因此，平衡基金的投資策略是投資一定比例的資金於普通股，以期取得長期資本的增值；同時也投資一定比例的資金在債券等債務憑證上，以獲得穩定收入來滿足基金持有者的需求。

(5) 期貨基金。期貨基金又稱商品基金，專門從事期貨合約的買賣。由於期貨交易風險較大，各國政府對此類基金管制較嚴，如控制投入期貨中的基金資產比例、規定持倉限制等。一般投資者也因此類基金風險過大，參與不多。所以，這類基金的規模一般都比較小。

(6) 對沖基金。對沖基金是指在金融市場上對某一商品及其衍生工具同時進行買與賣的基金。這種交易技術性非常強，常通過精確測算，來確定投資組合中各投資對象的比例。如對股票指數進行對沖交易時，買進一定比例的指數期貨的期權，同時賣出一定比例的指數期貨，為了能使預期的現金流為零，往往還會借出一定比例的現金。在指數上升時，手持的期權收入和出借現金的收入可以彌補售出股指期貨的損失；而指數下降時，售出的股指期貨的盈利大於期權的損失。因此，這是一種收益穩定、風險低的基金。

(7) 套利基金。套利基金是利用貨幣市場上匯率的不正常變化，同時進行買低賣高的交易，來獲得價格差的基金。操作方式常根據同種貨幣在不同市場的不同匯率，進行數量相等、方向相反的交易，也利用某一貨幣即期匯率和遠期匯率的不正常匯差進行買低賣高交易，來獲得價格差。套利基金由於同時進行方向相反、數量相等的交易，收益和風險都相對小些，在業務性質上和對沖基金屬於同一類型。

(8) 雨傘基金。雨傘基金是指在一個「母基金」下，再組成若干個「子基金」。設立雨傘基金是為了吸引投資者。各個「子基金」管理上獨立，有著自己的投資政策，投資者可自由選擇或轉換到「子基金」，轉換時，不收或少收轉換費。

(9) 基金中基金。基金中基金是以其他基金作為投資目標的基金。這是一種具有雙重投資管理、雙重分散風險特點的特殊基金，通過分散投資於其他各種不同的基金，可使投資基金的風險進一步降低。但這也使投資者需支付雙重管理費用，從而降低了單位基金的收益率。

(10) 海外基金。海外基金是指專門投資於外國證券的投資基金。各種海外基金按其投資地域來看，有專門投向某一地區的，稱作區域基金，如泛太平洋基金、歐洲基金等；也有不限定區域，可在全球範圍內投資的，稱環球基金。海外基金是逐利基金，哪裡有投資機會就去哪裡，收益和風險相當大，其風險的另一方面則來自於高昂的操作成本和承擔的匯率風險。

四、證券投資基金的投資限制與投資組合

投資基金作為一種投資信託方式,具有特定的投資範圍。為維護基金資產的安全性與流動性,保障投資者的合法權益,許多國家為投資基金實施了投資限制政策。

1. 對投資對象的限制

一般來說,不同的投資基金具有不同的投資對象,加之各國相關法規有不同規定,所以對投資基金的投資對象和投資範圍的劃分也不一樣,但總體來講還是較為寬鬆的。

2. 對投資數量的限制

為分散投資風險以及避免影響股價公正,通常對基金的投資數量加以限制。一是對同一種類股票的限制,規定基金投資於任何一家公司股票的股份總額不得超過該公司已發行股份總數的一定比例;二是對同一種股票的投資限制,要求基金對於每一發行公司發行的證券投資額不得超過該基金資產淨值的一定比例。

3. 對投資方法的限制

各國除對投資基金的投資對象和投資數量做出一定限制外,對投資方法也作了較嚴格的限制。首先是禁止與基金本身或與關係人的交易,以維護交易的公正性;其次是限制基金資產相互間的交易,以避免基金投資者的利益受到損害;最后是禁止用基金資產從事信用交易。

五、證券投資基金的管理與託管

在基金的運作中,有兩個重要的機構,即基金管理人和基金託管人。為了保證基金資產的安全,基金應按照資產管理和保管分開的原則進行運作,並由專門的基金託管人保管基金資產。基金主要投資於證券市場,為保證基金資產的獨立性和安全性,基金託管人應為基金開設獨立的銀行存款帳戶,並負責帳戶的管理。即基金銀行帳戶款項收付及資金劃撥等也由基金託管人負責,基金投資於證券后,有關證券交易的資金清算由基金託管人負責。基金管理人的主要職責是負責投資分析、決策,並向基金託管人發出買進或賣出證券及相關指令。因此,不論是銀行存款帳戶的款項收付,還是證券帳戶的資金和證券清算,基金託管人都是按照基金管理人的指令行事,而基金管理人的指令也必須通過基金託管人來執行。從某種程度上來說,基金託管人和基金管理人是一種既相互合作又相互制衡、相互監督的關係。

基金管理人是指憑藉專門的知識與經驗,運用所管理基金的資產,根據法律、法規及基金章程或基金契約的規定,按照科學的投資組合原理進行投資決策,謀求所管理的基金資產不斷增值,並使基金持有人獲取盡可能多的收益的機構。

基金管理人是基金資產的管理和運用者,基金收益的好壞取決於基金管理人管理運用基金資產的水平,因此必須對基金管理人的任職資格做出嚴格限定,只有具

第三章 證券投資工具

備一定條件的機構才能擔任基金管理人,以保護投資者的利益。各個國家和地區對基金管理人的任職資格有不同的規定,一般而言,申請成為基金管理人的機構要依照本國或本地區的有關證券投資信託法規,經政府有關主管部門審核批准後,方可取得基金管理人的資格。

一般來說,基金託管人主要有以下職責:①安全保管全部基金資產;②執行基金管理人的投資指令;③監督基金管理人的投資運作,如果發現基金管理人有違規行為,有權向證券主管機關報告,並督促基金管理人予以改正;④對基金管理人計算的基金資產淨值和編製的財務報表進行復核。為了明確各自的職責,保證基金資產的安全,基金管理人和基金託管人應根據有關規定,簽訂基金託管協議,就基金資產的保管、基金的管理和運作以及相互監督等事宜做出具體規定。在實際運作中,雙方應誠實、勤勉、盡責,嚴格遵守基金託管協議的有關條款。

由於基金託管人在基金運作中扮演著非常重要的角色,對基金託管人的任職資格都有嚴格的規定,一般都要求由商業銀行及信託投資公司等金融機構擔任,並有嚴格的審批程序。基金在運作過程中如要更換託管人,新任基金託管人應經審查批准。經批准後,原任基金託管人方可退任。如果基金託管人因故必須退任,而找不到新任基金託管人時,基金應當終止並予以清盤。

第四節 衍生工具

一、金融衍生工具的產生

金融工具的產生也是社會生產力水平發展到一定階段的必然產物。社會分工不斷細化使交換行為的頻度大為提高,形式日漸複雜。社會交換促使貨幣這個一般等價物誕生。早期的貨幣基本是以貴金屬為原材料加工而成,隨著經濟活動的規模擴大和地域拓展,貨幣的缺點越來越明顯。信用的介入催生了金融工具,使之取代了實物貨幣成為媒介現代社會經濟活動的主體。

金融工具產生於信用活動之中,它是一種能夠證明金融交易的金額、期限及價格的書面文件,對於債權債務雙方的權利和義務具有法律上的約束意義。金融工具一般應具備流動性、風險性和收益率等基本特徵。流動性是指一種金融工具在不遭受損失的情況下迅速變現的能力;風險性是指金融工具有受信用風險和市場風險的影響導致金融工具的購買者在經濟上遭受損失的可能性;收益率是指持有金融工具所取得的收益與本金的比率。

經濟活動的日趨複雜是金融工具發展的最終動力,但金融創新的推進卻是近年來金融工具種類增加和複雜程度加深的直接推動力。引發金融創新的原因主要有兩個:轉嫁風險和規避監管。

證券投資

匯率和利率的波動使一項跨國的或長週期的經濟活動的結果變得難以預料。商業銀行、投資銀行和大公司都需要某種新型的金融工具以使其以很小的代價鎖定自己的收益，各種衍生工具便應運而生。衍生工具，尤其是金融衍生工具最大的特點就是它的風險轉嫁功能。在完善的交易規則和穩固的清算體系下，套期保值者只要付出很小的代價（保證金）就可以鎖定自己的收益，而將價格波動的風險轉嫁給投機者。

規避監管是金融創新的又一動力。1929年世界經濟大危機之後，以美國為代表的西方各國都對金融業的經營施行了極其嚴格的管理和限制。隨著時間的推移，許多法規變得陳舊落後，阻礙了金融企業的業務拓展。在競爭的壓力和利益的驅使下，極富智慧和創造力的金融專家利用金融電子化的進步所帶來的便利，在金融理論的最新成果指導下，積極推出新的業務形式，以繞開監管並在不違法的前提下滿足客戶的需求。

二、金融衍生工具的主要類型

金融衍生產品的共同特徵是保證金交易，即只要支付一定比例的保證金就可進行全額交易，不需實際上的本金轉移，合約的了結一般也採用現金差價結算的方式進行，只有在滿期日以實物交割方式履約的合約才需要買方交足貨款。因此，金融衍生產品交易具有槓桿效應。保證金越低，槓桿效應越大，風險也就越大。國際上金融衍生產品種類繁多，活躍的金融創新活動接連不斷地推出新的衍生產品。金融衍生產品主要有以下三種分類方法：

（1）根據產品形態，可以分為遠期、期貨、期權和掉期四大類。

遠期合約和期貨合約都是交易雙方約定在未來某一特定時間以某一特定價格買賣某一特定數量和質量資產的交易形式。

期貨合約是期貨交易所制定的標準化合約，對合約到期日及其買賣資產的種類、數量、質量做出了統一規定。遠期合約是根據買賣雙方的特殊需求由買賣雙方自行簽訂的合約。因此，期貨交易流動性較高，遠期交易流動性較低。

掉期合約是一種由交易雙方簽訂的在未來某一時期相互交換某種資產的合約。更為準確地說，掉期合約是當事人之間簽訂的在未來某一期間內相互交換他們認為具有相等經濟價值的現金流的合約。較為常見的是利率掉期合約和貨幣掉期合約。掉期合約中規定的交換貨幣如果是同種貨幣，為利率掉期；若為異種貨幣，則為貨幣掉期。

期權交易是買賣權利的交易。期權合約規定了在某一特定時間以某一特定價格買賣某一特定種類、數量、質量的原生資產的權利。期權合同有在交易所上市的標準化合同，也有在櫃臺交易的非標準化合同。

（2）根據原生資產大致可以分為四類，即股票、利率、貨幣和商品。

如果再加以細分，股票類中又包括具體的股票和由股票組合形成的股票指數；

第三章 證券投資工具

利率類中可分為以短期存款利率為代表的短期利率和以長期債券利率為代表的長期利率；貨幣類中包括各種不同幣種之間的比值；商品類中包括各類大宗實物商品。

(3) 根據交易方法，可分為場內交易和場外交易。

場內交易，又稱交易所交易，指所有的供求方集中在交易所進行競價交易的交易方式。這種交易方式具有交易所向交易參與者收取保證金，同時負責進行清算和承擔履約擔保責任的特點。此外，由於每個投資者都有不同的需求，交易所事先設計出標準化的金融合同，由投資者選擇與自身需求最接近的合同和數量進行交易。所有的交易者集中在一個場所進行交易，這就增加了交易的密度；一般可以形成流動性較高的市場。期貨交易和部分標準化期權合同交易都屬於這種交易方式。

場外交易，又稱櫃臺交易，指交易雙方直接成為交易對手的交易方式。這種交易方式有許多形態，可以根據每個使用者的不同需求設計出不同內容的產品。同時，為了滿足客戶的具體要求，出售衍生產品的金融機構需要有高超的金融技術和風險管理能力。場外交易不斷產生金融創新。由於每個交易的清算是由交易雙方相互負責進行的，交易參與者僅限於信用程度高的客戶。掉期交易和遠期交易是具有代表性的櫃臺交易的衍生產品。

據統計，在金融衍生產品的持倉量中，按交易形態分類，遠期交易的持倉量最大，占整體持倉量的 42%，以下依次是掉期（27%）、期貨（18%）和期權（13%）。按交易對象分類，以利率掉期、利率遠期交易等為代表的有關利率的金融衍生產品交易占市場份額最大，為 62%，以下依次是貨幣衍生產品（37%）和股票、商品衍生產品（1%）。1989—1995 年的 6 年間，金融衍生產品市場規模擴大了 5.7 倍，各種交易形態和各種交易對象之間的差距並不大，整體上呈高速擴大的趨勢。

三、金融衍生工具的功能

1. 轉移價格風險

現貨市場的價格常常是短促多變的，處於不斷的波動之中，這給生產者和投資者帶來了價格波動的風險。以期貨交易為首的衍生工具的產生，就為投資者找到了一條比較理想的轉移現貨市場上價格風險的渠道。衍生工具的一個基本經濟功能就是轉移價格風險，這是通過套期保值來實現的，即利用現貨市場和期貨市場的價格差異，在現貨市場上買進或賣出基礎資產的同時或前後，在期貨市場上賣出或買進相同數量的該商品的期貨合約，從而在兩個市場之間建立起一種互相沖抵的機制，進而達到保值的目的。正是衍生工具市場具有轉移價格波動風險的功能，才吸引了越來越多的投資者，這也是其生命力之所在。

2. 形成權威性價格

在市場經濟中，價格信號應當真實、準確，如果價格信號失真，必然影響經營

者的主動性和決策的正確性，打擊投資者的積極性。現貨市場的價格真實度較低，如果僅僅根據現貨市場價格進行決策，則很難適應價格變動的方向。期貨市場的建立和完善，可形成一種比較優良的價格形成機制，這是因為期貨交易是在專門的期貨交易所進行的。期貨交易所作為一種有組織的正規化的統一市場，聚集了眾多的買方和賣方，所有買方和賣方都能充分表達自己的願望，所有的期貨交易都是通過競爭的方式達成，從而使期貨市場成為一個公開的自由競爭的市場，影響價格變化的各種因素都能在該市場上體現，由此形成的價格就能比較準確地反應基礎資產的真實價格。

3. 調控價格水平

期貨交易價格能準確地反應市場價格水平，對未來市場供求變動具有預警作用。如果某一工具價格下跌，則反應其在市場上需求疲軟；反之，則反應該工具的市場需求旺盛。投資者可根據不同工具的市場價格水平變化，選擇自己的投資策略；同時，管理部門也可根據期貨市場價格的變化，選擇自己的調控策略。

4. 提高資產管理質量

就投資者來講，為了提高資產管理的質量，降低風險，提高收益，就必須進行資產組合管理。衍生工具的出現，為投資者提供了更多的選擇機會和對象。同時，工商企業也可利用衍生工具達到優化資產組合的目的。例如，通過利率互換業務，就會使企業降低貸款成本，以實現資產組合最優化。

5. 提高資信度

在衍生市場的交易中，交易對方的資信狀況是交易成敗的關鍵之一。資信評級為AA級或A級的公司很難找到願意與它們交易的機構。但是，並非只有少數大公司才可進入衍生工具市場，因為該市場提供了製造「複合資信」（Synthetic Creditworthiness）的機制，即由母公司對於公司的一切借款予以擔保，再經過評估機構的參與，子公司的資信級別會得到提高。此外，還有許多中小公司通過與大公司的互換等交易，無形中提高了自己的信譽等級。

6. 盈利功能

金融衍生工具的盈利包括投資人進行交易的收入和經紀人提供服務的收入。對於投資人來說，只要操作正確，衍生市場的價格變化在槓桿效應的明顯作用下會給投資者帶來很高的利潤；對經紀人來說，衍生交易具有很強的技術性，經紀人可憑藉自身的優勢，為一般投資者提供諮詢與經紀服務，獲取手續費和佣金收入。

金融衍生工具所具有的上述功能對現代經濟的發展起到了有力的促進作用，甚至可以說，沒有金融衍生工具，今天的經濟是難以想像的。但衍生工具的發展也促進了巨大的世界性投機活動。目前世界性的投機資本，其運作的主要手段就是衍生工具。在國際金融中，投機資本利用衍生工具衝擊一國金融市場並造成該國金融動盪和危機，如由於受到國際投機資本的衝擊，1992年英鎊退出歐洲匯率體系；1997年7月泰國放棄了泰銖對美元的固定匯率並引發了東南亞的金融大震盪等。

第三章　證券投資工具

四、金融衍生工具的缺陷

　　金融衍生工具雖然是為規避投資風險和強化風險管理目的而設計並發展的，但由於發展時間較短，各種配套機制尚不完善，導致金融衍生工具的大量運用對社會金融經濟發展存在潛在的負面影響，存在著成為巨大風險源的可能性。

　　首先，金融衍生工具的槓桿效應對基礎證券價格變動極為敏感，基礎證券的輕微價格變動會在金融衍生工具上形成放大效應。

　　其次，許多金融衍生工具設計上實用性較差，不完善特性明顯，投資者難以理解和把握，存在操作失誤的可能性。

　　最後，金融衍生工具集中度過高，影響面較大，一旦某一環節出現危機，會形成影響全局的「多米諾骨牌效應」。

第四章　證券市場

● 第一節　證券市場概述

一、證券市場的定義及特徵

　　證券市場是有價證券發行與流通以及與此相適應的組織與管理方式的總稱。在發達的市場經濟中，證券市場是完整的市場體系的重要組成部分，是資本市場的基礎和主體，它不僅反應和調節貨幣資金的運動，而且對整個經濟的運行具有重要影響。

　　與一般商品市場相比，證券市場具有以下四個基本特徵：

　　（1）證券市場的交易對象是股票、債券等有價證券；而一般商品市場的交易對象則是具有不同使用價值的商品。

　　（2）證券市場上的股票、債券等有價證券具有多重職能，它們既可以用來籌措資金，解決資金短缺問題，又可以用來投資，為投資者帶來收益；也可用於保值，以避免或減少物價上漲帶來的貨幣貶值損失；還可以通過投機等技術性操作爭取價差收益。而一般商品市場上的商品則只能用於滿足人們的特定需要。

　　（3）證券市場上證券價格的實質是對所有權讓渡的市場評估，或者說是預期收益的市場貨幣價格，與市場利率關係密切；而一般商品市場的商品價格，其實質則是商品價值的貨幣表現，直接取決於生產商品的社會必要勞動時間。

　　（4）證券市場的風險較大，影響因素複雜，具有波動性和不可預測性；而一般商品市場的風險很小，實行的是等價交換原則，波動較小，市場前景具有較大的可測性。

　　證券市場是金融市場的組成部分。金融市場是以自由借貸和通過金融工具直接

第四章　證券市場

融通資金為主要特徵的市場。金融市場包括的內容非常龐雜,既包括短期金融市場,又包括長期金融市場。短期金融市場,亦稱貨幣市場,是指一年以下資金借貸和短期金融工具交易的市場,主要包括貼現市場、銀行同業拆借市場、短期政府債券市場、外匯市場和黃金市場等。長期金融市場,亦稱資本市場,是指一年以上的中長期資金借貸和中長期金融工具交易的市場,主要包括中長期信貸市場、證券市場、保險市場等。因此,一般地說,證券市場是長期金融市場的一種。

證券市場與借貸市場都是進行資金供求交易的,但兩者之間有明顯的區別。

(1) 交易方式不同。借貸市場的交易是借貸,證券市場的交易是買賣證券。

(2) 資金供求雙方聯繫形式不同。在借貸市場上,投資者和籌資者是通過銀行間接聯繫的,為間接融資。銀行吸收投資者的存款將資金集中起來,投資的風險一般由銀行承擔;在證券市場上,投資者以購買證券的方式向投資者直接籌資,投資者與籌資者是直接聯繫的,為直接融資。投資風險由投資者自己承擔。

(3) 在借貸市場上,借款合同一經簽訂,債權人和債務人是固定不變的;在證券市場上,由於證券是可以轉讓的,投資人可以出讓債券或股票而脫離債權人或出資人的地位,而另一些人則成為新的投資人,成為債權或股權的擁有者,但原有的債權債務關係或出資關係並不因此而消失。

(4) 借貸市場上資金供給者的收益僅來自於利息,而證券市場上,投資者的收益不僅來自股息或利息,而且還可以從證券價格的波動中得到差價收益。

二、證券市場的分類

證券市場作為經營股票、公司債券、國家公債等有價證券的場所,種類很多,最常見的有三大類。

(1) 按證券的性質不同,可分為股票市場、債券市場和基金市場。

所謂股票市場,就是進行各種股票發行和買賣交易的場所。股票市場按其基本職能劃分,又可分為股票發行市場和股票交易市場,二者在職能上是互補的。股票交易市場主要是進行集中交易,大量的交易在證券市場內辦理,少量的交易則在櫃臺交易市場完成。

債券市場是進行各種債券發行和買賣交易的場所。債券市場按其基本職能來劃分,也可分為債券發行市場和債券交易市場,二者也是緊密聯繫、相互依存、相互作用的。發行市場是交易市場的存在基礎,發行市場的債券條件及發行方式影響交易市場債券的價格及流動性。同樣,交易市場又能促進發行市場的發展,為發行市場所發行的債券提供變現的場所,保證了債券的流動性。交易市場的債券價格及流動性,直接影響發行市場新債券的發行規模、條件等。

基金市場是指進行基金證券自由買賣和轉讓的市場。由於投資基金是一種利益共享、風險共擔的集合投資制度,它通過發行基金證券,集中投資者的資金,交由

證券投資

基金託管人託管,由基金管理人管理,主要從事股票、債券等金融工具的投資。因此,在證券市場上,基金證券作為一種投資工具,可以自由買賣和轉讓,從而也就形成了投資基金的流通市場。

(2) 按組織形式不同,可分為場內市場和場外市場。

場內市場是指交易所交易。交易所交易是最主要的證券交易場所,它是交易市場的核心。交易所交易必須根據國家有關證券法律規定,有組織地、規範化地進行證券買賣。證券交易所交易與一般商品交易不同,在時間和場所上通常集中於某一固定的場所進行交易。一般在商業或金融中心設有交易所並配有現代化的電腦、電話等設備,規定交易的開盤和收盤時間。在交易的方式上,採用公平合理、持續的雙向性拍賣,既有買者之間的競爭,又有賣者之間的競爭,是一種公開競價的交易。在管理上,具有嚴密的組織管理機構,只有交易所的會員經紀人才能在交易市場從事交易活動,公眾則通過經紀人進行證券交易。在交易所上市交易的證券必須符合有關條件,並經嚴格審查批准。此外,交易所還提供各項服務,為投資者提供有參考價值的情況。交易所交易作為證券流通市場的中心,起著重要作用。

場外市場通常是指櫃臺市場(店頭市場)以及第三市場、第四市場,它是指在證券交易所形式之外的證券交易市場。櫃臺交易一般是通過證券交易商來進行的,採用協議價格成交。這種協商大多數在交易商之間進行,有時也在交易商與證券投資者之間進行。在櫃臺交易方式中交易的證券,有上市證券,也有一部分未上市證券。

(3) 按證券的運行過程和證券市場的具體任務不同,分為證券發行市場和證券交易市場。

證券發行市場由證券發行主體、認購者和經紀人構成。發行主體有本國及外國的中央政府、地方政府、金融機構、企業等,它們一般都是規模巨大的主體。認購者包括國內外廣大投資者、大型機構的投資者。經紀人在連接發行主體和認購者之間的關係中,發揮著很大的作用,他們不僅要對即將發行的證券的投資價值做出正確的分析、評價,而且還要對發行條件、發行額等進行具體的分析,並對發行時的金融、證券市場等進行市場預測,同時根據分析預測結果進行綜合判斷。經紀人的這種綜合分析判斷能力,是其長期經驗累積所形成的專門技能。

證券交易市場是買賣已發行證券的市場。即將在發行市場上發行的證券,通過在流通市場上出售轉讓給第三者,從而收回投資。證券交易市場的中心功能是根據市場利率決定的股息、利息等收入形成虛擬資本價格,並保證按這一價格變換現金。在證券交易市場中,證券交易所具有中心市場的性質。在各國的證券交易所中,證券交易往往具有集中到一國金融中心甚至國際金融中心的傾向。

此外,在證券流通市場中,還存在著除證券交易所交易以外的場外交易市場、第三市場和第四市場。第三市場是指非證券交易所成員在交易所之外買賣掛牌上市證券的場所。它的出現,形成了對證券交易所市場的巨大衝擊,增強了證券業務的

第四章 證券市場

競爭,促使證券交易所也要採取相應措施來吸引顧客。第四市場則是由大企業、大公司、大金融機構等團體投資者繞開通常的證券經紀人,彼此之間直接買賣或交換大宗股票而形成的場外交易市場。在這種市場上進行證券買賣,不僅可使交易過程大大簡化,而且交易費用也會大幅降低。

三、證券市場的參與者

證券市場的參與者是證券市場運轉的動力所在。證券的發行、投資、交易和證券市場的管理都有不同的參與主體。一般而言,證券市場的參與者包括證券市場主體、證券市場仲介、自律性組織和證券市場監管機構四大類。這些主體各司其職,充分發揮其本身作用,構成了一個完整的證券市場參與體系。

1. 證券市場主體

證券市場主體是指包括證券發行人和證券投資者在內的證券市場參與者。

證券發行人主要包括政府、金融機構、有限責任公司和國有獨資公司及股份有限公司,其中政府是指中央政府和地方政府。中央政府為彌補財政赤字或籌措經濟建設所需資金,在證券市場上發行國庫券、財政債券、國家重點建設債券等國債。地方政府為本地方公用事業的建設可發行地方政府債券。在我國,地方政府目前還沒有發行債券。金融機構可以在證券市場上發行金融債券,增加信貸資金來源。近年來,政策性銀行發行的金融債券主要為重點建設項目和進出口政策性貸款籌集資金,如 1994 年國家開發銀行向國有商業銀行發行 650 億元的金融債券。一般來說,金融債券是由國有商業銀行、政策性銀行以及非銀行金融機構發行的,所籌集到的資金,全部用於特種貸款和政策性貸款,不得挪作他用。有限責任公司和國有獨資公司都可通過證券市場發行公司債來籌集資金。按我國《公司法》的規定,國有獨資公司和兩個以上的國有企業,或其他兩個以上的國有投資主體投資設立的有限責任公司,可以按規定發行公司債募集資金。股份有限公司是以投資入股的方式把分散的屬於不同所有者的資本集為一體,統一經營使用,自負盈虧,按股分利的企業。按照我國《公司法》的規定,股份有限公司可以發行股票,股票可以流通,股東所持的股份可以自由轉讓;同時,股份有限公司也可以發行公司債籌集資金。

證券投資者則既是資金的供給者,也是金融工具的購買者。投資者的種類較多,既有個人投資者,也有機構(集團)投資者,其中個人投資者是證券市場最廣泛的投資者。企業(公司)不僅是證券發行者,同時也是證券投資者。各類金融機構,由於其資金擁有能力和特殊的經營地位,使其成為發行市場上的主要需求者。投資基金公司的主要運作對象是各類債券和股票,證券公司、信託投資公司的證券部等證券專門經營機構,既可進行股票和債券的代理買賣,也可進行股票和債券的自營買賣。各種社會基金作為新興的投資者,也選擇了證券市場這一投資場所。信託基金、退休基金、養老基金、年金等社會福利團體雖是非營利性的,但這些基金可以

證券投資

通過購買證券（主要是政府債券）以達到其保值、增值的目的。

隨著經濟國際化趨勢的不斷發展，證券的發行與買賣已超出了國界限制。外國公司、外國金融機構、個人等外國投資者可以購買別國發行的證券；或者某國發行公司通過跨國公司在境外發行證券，向外國個人或團體募集資金。目前我國有三種股票可供境外投資者認購：B股、H股和N股。

目前我國正在積極開拓國外市場，與澳大利亞、新加坡、英國等都簽署了聯合監管備忘錄，為外國投資者投資於中國的證券市場提供了日益豐富的品種和渠道。

2. 證券市場仲介

證券市場上的仲介機構主要包括：①證券承銷商和證券經紀商，主要指證券公司（專業券商）和非銀行金融機構證券部（兼營券商）；②證券交易所以及證券交易中心；③具有證券律師資格的律師事務所；④具有證券從業資格的會計師事務所或審計事務所；⑤資產評估機構；⑥證券評級機構；⑦證券投資的諮詢與服務機構。

3. 自律性組織

自律性組織一般是指行業協會，它發揮政府與證券經營機構之間的橋樑和紐帶作用，促進證券業的發展，維護投資者和會員的合法權益，完善證券市場體系。我國證券業自律性機構是中國證券業協會和中國國債協會。

4. 證券市場監管機構

現在世界各國證券市場監管體制中的機構設置，可分為專管證券的管理機構和兼管證券的管理機構兩種形式，它們都具有對證券市場進行管理和監督的職能。

美國是採取設立專門管理證券機構的證券管理體制的國家，實行這種體制或類似這種體制的國家，還有加拿大、日本、菲律賓等國，但這些國家都結合本國的具體情況進行了不同程度的修改和變通。

英國的證券管理體制傳統上以證券交易所自律為主，政府並無專門的證券管理機構。實行類似管理體制的國家還有荷蘭、義大利、德國等。

在我國，對證券市場進行監管的機構主要是中國證券監督管理委員會。經過授權，中國證監會的派出機構也可在一定範圍內行使監管職能。

第二節　證券市場功能與兩面性

一、證券市場的功能

1. 證券市場有利於證券價格的統一和定價的合理

證券交易價格是由在證券市場上通過證券需求者和證券供給者的競爭所反應的證券供求狀況所最終確定的。證券商的買賣活動不僅由其本身的溝通使買賣雙方成交，而且通過證券商的互相聯繫，構成一個緊密相連的活動網，使整個證券市場不

第四章　證券市場

但成交迅速，而且價格統一，使資金需求者所需要的資金與資金供給者提供的資金迅速匹配。證券市場中買賣雙方的競爭，易於獲得均衡價格，這比場外個別私下成交公平得多。證券的價格統一、定價合理，是保障買賣雙方合法權益的重要條件。

2. 證券市場有利於優化資源配置，促進企業經營合理化與提高效率

（1）可以吸收更多閒置資金進入生產領域。據銀行調查，發行有價證券吸收資金的同時，會出現銀行儲蓄存款減少的現象，但發行有價證券所吸收的資金總大於存款減少額。因此，發行有價證券可以吸收更多的閒置資金。有價證券轉讓交易，可以使短期閒置的資金通過不斷的運動，變短為長，使資金的利用更為有效。

（2）改革單一的銀行融資方式，使融資方式多樣化，有助於提高融資效率。在單一的銀行融資方式下，整個社會的融資風險較集中，成本亦較高。因為在現代銀行制度下，銀行對存款特別是對個人儲蓄負有不可推卸的責任，一般必須保證還本付息，但銀行對工商企業和其他企業的貸款卻冒有壞帳風險，這種情況在我國尤為典型。發行股票的債券，允許流通轉讓，可以把投資風險加以分散，從而降低損失率，提高融資效率，亦有助於銀行制度改革。

（3）證券市場是獲得經濟信息的重要渠道。證券市場作為重要的金融市場，對國內國際的政治、經濟、軍事等方面的形勢變化，反應極其靈敏，而且都是通過證券的市場價格表現出來，證券市場就成為經濟信息集散的重要場所。證券市場的人員來自各方，交易所的電信設備、組織系統、人才都是高水平的，從證券交易所市場可以及時獲得各種經濟信息和政治情報。

（4）股票市場對促進企業改善經營管理有重要作用。股票市場價格的上漲和下跌，是由很多因素決定的，但一般說來，很大程度上是由預期利潤決定的。當一個公司的股票在市場上價格下跌，作為企業的經營者應及時地予以重視，從企業內部尋找原因，改善經營管理，提高盈利水平，增強競爭能力。

（5）有利於吸收更多的外資。發展中國家吸收外資，剛開始的時候，大多總是項目引進，創辦合資企業，既費力又費時，直接借貸要承擔外債風險。如果把本國的股票市場對外開放，允許外國投資者直接購買股票，不僅無須進行長期的專項談判，國家也不再承擔風險。通過股票市場，資金在國際範圍流動，有利於促進國際貿易的發展和國際經濟技術交流。

3. 證券市場對經濟具有自發調節作用

在證券市場中，人們進行資本和產權的交易，由這種資本和產權交易所帶來的流動為投資結構、規模的調整與產權的重組提供了靈活性，因而具有自發的調節功能。一般說來，證券市場把虛擬資本與實際資本分開，二者運行並不完全一致，卻相互作用。證券市場通過虛擬資本的流動來調節實際資本的流動。在運行規律上，證券市場的波動與經濟週期的變動一致。當經濟處在上升階段時，企業利潤率升高，證券投資活躍；當經濟過熱后企業效率下降，對證券投資不利。證券市場根據利潤率的變化自發地增加或減少資金流量。證券市場可以機動地調節社會資金。當銀根

證券投資

鬆動，遊資充裕的時候，證券市場就必然活躍起來，吸收閒置的社會資金；當銀根緊張，資金缺乏時，證券市場的一部分資金就有可能轉移進入其他領域。因此，證券市場的變動情況就成為經濟波動的晴雨表，是傳播經濟信息的重要場所。這也是由於證券市場自身的公開性（公開披露行情）的特點所造成的。在社會主義市場經濟中穩步發展證券市場，會通過市場對資金的吞吐和投向，影響和調節經濟運行。

4. 發展證券市場，可以增加政府對經濟的調控手段

我國經濟改革前，由於缺乏市場機制，國家主要通過計劃和行政手段調節經濟，採取直接管理方式。發展證券市場後，國家可以更多地採取貨幣、利率等經濟槓桿來調節經濟，由直接管理為主變為間接管理為主。

通過證券市場對經濟增長速度和波動進行調節可以採用公開市場業務來進行。

公開市場業務是中央銀行通過在公開市場上買賣政府債券從而擴大或縮小各銀行的準備金，從而間接地控制貨幣供應量。具體過程如下：

擴張性的貨幣政策：買進債券→貨幣投放→貨幣和信貸供給擴大→利率下降→總需求擴大。

緊縮性的貨幣政策：賣出債券→貨幣回籠→貨幣、信貸供給收縮→利率上升→總需求縮小。

公開市場業務的主要交易品種一般是短期國庫券。因為短期國庫券的市場容量大，中央銀行可以大量買賣而不使其價格變化太大並影響整個債券市場上價格水平的變化。這樣做的好處在於中央銀行的公開市場業務操作不至於使證券經營機構的利益受到損害，從而影響資本市場的效率和公開市場業務的操作方便性。一般說來，公開市場業務只是為了施加短期的影響，這是由於大多數公開市場業務只是為了穩定因市場因素波動而引起的貨幣供應量的波動。當然，公開市場業務也可作為能動的手段來改變貨幣供求量，從而影響宏觀經濟運行。

5. 證券市場在產業結構調整中發揮重要作用

產業結構調整是資源重新配置的一種形式和途徑。調整產業結構需要大量資金，如果完全依靠國家提供資金是非常困難的，這就需要通過金融市場，尤其是通過長期資金市場籌措資金，投資到急需發展的產業、部門和地區中。對於企業來說，產品更新換代的資金、技術改造的資金到市場（包括國際市場）上籌措，不僅解決了國家資金不足的困難，而且能促使資金向效益好的企業流動，從而帶動其他企業乃至整個產業的發展。證券市場對產業結構的調整還可以通過自覺調整實現，這表現在：①政府運用國債市場籌集資金，對重點產業部門進行重點投入；②促進市場的流通性，打破行業和地區之間的流動障礙，使市場的自發調整更加順暢；③選擇先導產業部門，優先使該產業的企業上市，有意識地引導證券市場的資金流向。在當前的形勢下，我國應抓住時機，利用證券市場推進重點產業、新興產業的發展。

證券市場對宏觀經濟結構和產業結構的調節是一種市場性的調節手段，其根本點在於，在政府儲蓄下降、居民儲蓄上升的情況下，利用證券市場挖掘民間儲蓄和

第四章　證券市場

社會閒散資金的潛力,形成社會化的投資機制和合理的投資結構,帶動產業部門的發展。所以,證券市場對產業結構調整作用的意義在於:①有助於打破地區經濟的條塊矛盾和重複建設,形成全國的統一市場,使資源在全社會合理流動,從而實現最大化的產出;②資源的流動事實上包括勞動力的流動,證券市場的流動性將使勞動力即就業結構合理化;③有助於企業集團在調整產業結構中發揮作用和企業進行重組;④有助於合理分配國民收入,自發調節儲蓄和消費之間的關係。

二、證券市場的兩面性問題

　　證券市場猶如一把鋒利的雙刃劍,它既能夠促進現代經濟的發展,也帶來了一定的危害性,這種危害性主要表現在兩個方面:其一,股市動盪引起或者加劇經濟波動;其二,助長經濟生活中的投機活動。

　　1. 股市動盪的原因

　　(1) 市場交易迅速。現代股票市場一般採用先進的科學技術,尤其是計算機技術的運用給證券業務帶來了革新。如1971年2月,美國證券交易中居於第二位的櫃臺交易啟用自動報價系統,通過計算機網路把東西海岸的場外交易參加者組織在一起,打破了傳統交易的時空局限性。今天,電子計算機與證券業的結合已將證券業和社會各界聯成一個大的網路。這種計算機終端交易不僅給經紀人補充了大量信息,加速了情報的互相傳遞,而且使得交易速度大大加快。現代證券市場的許多交易都能在轉瞬之間完成。一家大的股票交易所每天的交易額可以突破50億美元。如此迅速的市場交易能夠大大加快資源組合過程,同時,也可能會在錯誤信息的引導下造成股市動盪。

　　(2) 股票市場上的同向預期性。預期是建立在信息的基礎上。在相同的不完全信息面前,公眾依據一般的投資原則,常常得出相同或相近的預測結果。而只有少數經紀人根據自己的經驗和靈敏的「嗅覺」,得出與眾不同的預測結果。而且,公眾對股票市場的運動規律掌握不透,只有在股市行情已經十分明顯時,才能做出正確的判斷。因此,股票市場的同向預期性很容易導致股市的動盪,在股市被人為操縱的場合,加上公眾投資的盲目性,這種危險顯得越加強大。

　　(3) 股票市場很容易被操縱。公眾在股票市場上的交易建立在對未來的預期基礎之上。未來的預期需要運用現期的信息。可是,不管市場多麼發達,信息總是不完全的;否則,就不需要預測,因為市場會告訴你想知道的一切。另外,股票市場上信息的時間價值非常大,預先獲知信息,可以預先做出預測,從而提前採取相應的行動。這樣,在股票市場上,少數人可以利用預先獲知的內幕信息從事非法的投機活動,操縱市場;或者給市場製造扭曲的信號,如大規模地買空賣空、囤貨居奇、等等。公眾為市場被扭曲的信息所欺騙,操縱人則從中牟取暴利。股票市場是容易被操縱的市場,公眾投資的盲目性尤其容易被操縱人利用,從而導致股市的動盪。

69

(4) 股票市場上的盲目性。投機行為很容易助長股票市場上的盲目性。股市行情看漲時，公眾盲目購進；股市行情看跌時，公眾盲目拋售。很顯然，這種盲目的購進或拋售進一步加深了行情的漲落。股票市場上的盲目性是造成股市波動的因素之一。

(5) 虛擬資本的獨立運動。股票是一種虛擬資本物，股本價值應該反應其所代表的資本價值。因此，股票運動應受到資本運動的制約。但是，股票一旦走上市場，就會表現出自己獨立於資本運動之外的運動。股價並不總等於其所代表的資產價值。股票價格由其所代表的資本價值所決定，但受到人們的未來預期以及市場供求關係的影響。如果股價時時與其所表示的資本價值相符，那麼除非經濟自身的波動，否則股票市場不會發生動盪。股票這種虛擬資本獨立的運動與相應的資本運動發生背離是股市動盪的根本原因。

此外，股票市場對外部環境變化的敏感性也是股市經常發生動盪的原因之一，造成股票市場敏感性的原因主要有公眾對未來的預期以及公眾信心的敏感。我們知道，公眾的股票交易行為是建立在對未來預期的基礎之上的。與預期相應的是充分運用已有的信息。因此，外部環境的變動引起的信息改變就會導致人們對未來預期的修正。另外，在相同的信息面前，對經濟前途信心不足與充滿信心的人會對未來做出截然相反的預期。信心也是影響人們在股票交易中決策的因素之一。然而，影響人們對未來信心的因素是廣泛的，除了已有的經濟形勢之外，還有國際國內政治局勢以及社會輿論工具的宣傳，等等。公眾的未來預期和信心對環境的敏感形成了股票市場的敏感。

2. 證券市場動盪對經濟的危害

證券市場的動盪雖不必然導致工商企業的危機，卻能加劇經濟波動，使本已嚴重失衡的經濟雪上加霜，證券市場的繁榮能夠在一定程度上延緩經濟危機的到來，但是證券市場的大蕭條卻能在片刻之間摧毀整個經濟。它先將經濟中的問題一點一點地累積在自己的體內，到一定程度後，總有一根導火索使它爆炸。它延長了危機到來的時間，它的爆發卻加重了經濟受傷害的程度，即使在一個大體均衡的經濟系統中，證券市場的頻繁動盪也會挫傷投資者的積極性，打擊人們對經濟前景的信心，甚至可能導致金融大恐慌。發生於2007年美國金融危機就是一個最新的例證。

3. 證券市場上的投機

證券交易市場上，投機資本以買賣價差實現盈利目的。

適度的投機對證券市場功能的發揮產生有利的影響。①它有利於股市的活躍。證券市場上的投機伴隨著證券的買賣，投機者正是以低價買進、高價賣出來從中獲取收益。這樣，投機的活躍有利於信息的流通，從而引導社會資源合理流動。②證券市場上的投機能起到調劑證券市場安全基金的作用。因為，任何投機都有風險，由於投機活動的捲入，部分投資風險已由投機資本承擔，從這種意義上說，適度的投機有利於股市的穩定。

第四章　證券市場

過度的投機則不利於經濟發展，並會帶來一些不穩定因素。首先，過度的投機會將部分投資資本轉化為投機資本，在不創造任何社會財富的證券交易中流通，這顯然不利於經濟的發展。其次，過度的投機易於形成投機者對某種證券的寡占局面，破壞市場的競爭性，給人為操縱市場提供了條件。最後，隨著投機規模的擴大，投機風險增加，伴隨過度投機的巨大風險成為證券市場動盪的一大隱患。

不正當的、非法的投機行為，即通過各種權力或其他關係，事先獲取行情牟取非法暴利買空賣空、囤積居奇、製造謠言、幕後交易、操縱市場等行為，會給證券市場帶來極大的混亂，損害廣大投資者的利益，破壞金融秩序，甚至給經濟生活造成較大危害。

至此，可以對證券市場與現代經濟的關係有一個較為清楚的認識。證券市場是一種工具，借助這種工具，企業行為發生了改變；政府功能得到了延伸；資源配置可以提高效率；國民投資具有了場所。但是，經濟波動的可能性隨之增加，投機行為也有所增加。我們對待證券市場的態度是，充分發揮其有利的一面，嚴格限制其不利的方面，通過對它的改進，控制股市的劇烈波動和過度投機，嚴格禁止和打擊非法投機，一定可以創造出社會主義的證券市場，使之為社會主義經濟建設服務。

第三節　證券發行市場

一、證券發行市場的結構

證券發行市場是指發行、推銷新的證券的市場。

證券發行市場為新發行的證券提供銷售場所，使資金不足的企業或單位通過證券發行向社會上資金有余的單位或個人籌集所需資金。它具有兩個方面的作用：其一，提供籌資場所，滿足資金需求者的需要；其二，提供投資的機會，即為資金盈余者提供投資獲利的機會。總之，證券發行市場的功能就在於將分散在社會各方面的零星資金匯集起來，使其成為巨額生產或經營資金，滿足資金供求雙方的需要。

證券發行市場主要由證券發行人、仲介機構及投資者組成。

1. 證券發行人

證券發行人又稱發行主體，是指為籌措資金而發行股票或債券的股份公司、企業單位、政府機構或其他團體等。它們是資金需求者。

2. 證券仲介機構

在證券發行市場上，仲介機構主要包括證券承銷商，具有證券從業資格的會計、審計服務機構，律師事務所，資產評估機構，資信評估機構，證券投資諮詢機構等。它們是證券發行者和證券投資者之間的仲介，為保證證券發行的公開、公平、公正起著不可替代的作用，在證券發行市場上有著不可忽視的地位。

證券投資

(1) 證券承銷商。證券承銷商是發行市場的媒介人、主要參加者。所謂證券承銷商，就是指經營承銷業務的仲介機構，擔負證券承銷與資金交流的橋樑任務。由於籌資規模日益龐大，所需的資金越來越多，向社會不特定大眾公開發行股票和債券已成為籌措長期資金的主要方式，因此，作為仲介機構的承銷商在發行市場中已成為推動證券發行的主要力量。美、英、日證券市場之所以發達，就是因為承銷機構起著很大的作用。可以說證券承銷商是證券發行市場的樞紐，直接關係證券發行市場的成敗。

在我國，這類機構是證券公司。我國證券公司基本上有三大業務，即承銷、經紀和自營業務。根據我國《證券公司債券管理暫行辦法》的規定，證券公司的設立應具備：符合經濟發展需要，有不少於人民幣1000萬元的實收貨幣資本金，有熟悉證券業務的從業人員和管理人員，有固定的交易場所和合格的交易設施。證券發行除金融債券外，其他公開發行的證券都必須由承銷機構代理。

(2) 會計、審計服務機構。會計、審計服務機構是指有資格從事證券相關業務的會計師事務所，其主要工作內容是對證券、期貨相關機構的會計報表進行審計、淨資產驗證、實收資本的審驗及盈利預測審核等業務。在證券發行市場上，會計、審計服務機構主要是接受委託，對股票的發行出具有關報告，包括發行公司近幾年的財務審計報告、驗資報告、盈利預測的審核報告，對股票發行的其他業務活動進行監督和諮詢。

(3) 律師事務所。律師事務所是指有資格從事證券法律業務的律師事務所，其主要工作內容：一是為證券的發行、上市和交易出具法律意見書。法律意見書是由律師事務所就證券的發行、上市和交易的合法性所出具的法律文件。二是審查、修改、製作與證券發行、上市和交易有關的法律文件。在證券發行市場上，律師事務所主要是對股票發行申請人申請股票發行所附文件是否齊備、真實，股份公司的籌備是否符合要求，公司的章程有無明顯瑕疵，公司的股票結構和持股比例是否符合法律要求等出具法律意見書，審查、修改和製作公司章程、招股說明書、債券募集辦法和證券承銷協議書等。

(4) 資產評估機構。資產評估機構是指有資格從事證券業務的資產評估機構，其主要工作內容是為股票公開發行、上市交易的公司資產進行評估和開展與證券業務有關的其他資產評估業務。在證券發行市場，資產評估機構主要是對申請發行股票的公司進行清查核實、評定估算、出具相關資產評估報告。

(5) 資信評估機構。資信評估機構是指由專門的經濟、金融、財務、法律專家組成的、對證券發行者和證券的信用等級進行評定的仲介服務機構。在證券發行市場上，資信評估機構主要為擬發行的證券評定信用等級。

(6) 證券投資諮詢機構。證券投資諮詢機構又稱投資顧問，是指對證券投資者的證券投資活動提供職業性指導的專業機構。其對證券投資者的證券買賣提供參考性的建議，並提供相關的證券投資分析資料、資本營運建議等。在證券發行市場上，

第四章　證券市場

證券投資諮詢機構也可以為證券投資者提供擬發行證券的投資價值報告。此外，證券信息媒體也為有關證券發行信息的傳播提供載體，方便公眾獲得證券信息，進行投資抉擇。

3. 投資者

投資者即證券的購買人，他們是資金供給者。證券發行市場的投資人比較複雜，主要有以下幾類：

（1）社會公眾。

（2）各種企業法人單位，也包括股份公司本身。股份公司不僅是股票和公司債券的發行者，也是購買者。特別是當一個股份公司打算吞並其他公司時，就會購進其他公司的股票，佔有其相當的股份以達到控股或吞並的目的。

（3）證券公司和信託投資公司等經營證券業務的機構，這類法人投資證券的資金是其資本金、營運資金及其他經證券主管機關批准可用於投資證券的資金。

（4）各類金融機構，無論商業銀行、儲蓄銀行還是保險公司、信託公司等各種非銀行性金融機構，都從購買證券中獲取利潤。

（5）各種非營利性團體。非營利性團體主要包括基金會、教會、慈善機構、公益團體等。儘管這些團體是非營利性的，但是這些團體可以通過購買證券以達到其保值或增收的目的。

（6）外國公司、外國金融機構、外國人等。一般說來，各國都對外國公司、外國金融機構、外國人購買本國證券作若干限制。

（7）國際性機構與團體。

（8）投資基金，亦稱共同基金，是投資人籌集社會公眾投資者的資金，委託證券機構投資於各種證券，基金收益憑證持有者可分享收益。

在證券發行市場上，除了上述所說的三個主要參加者外，還有兩個重要的參加者——證券管理機關和自律性組織。我們在前面已經介紹過，這裡不再重複。

二、股票發行市場

發行股票需具備一定條件，最重要的條件是股票發行人必須是有股票發行資格的股份有限公司。

（一）股票發行方式

股票發行方式很多，對股票發行方式也有多種分類方法。這裡簡單介紹幾種主要發行方式：

1. 公開發行

所謂公開發行，是指股份公司依照公司法及證券法的有關規定，根據有關發行審核程序，將其財務狀況予以公開的股票發行。它通過各種公開的渠道和方式面向社會發行。就股票發行而言，公開發行只是股票上市前必經的一種發行審核程序，

證券投資

並不一定每一次公開發行都伴隨著有公開籌集股票的行為。股票公開發行後，發行人可以申請上市，也可以不必申請上市。無論新建公司還是老公司，公開發行股票時，一般可分為委託發行和自辦發行兩種發行方式。

2. 不公開發行

不公開發行，就是指發行公司不辦理公開發行的審核程序，股票不公開銷售，或其發行對象僅為少數特定人及團體。另外，股份公司向老股東或第三者配股也屬不公開發行。不公開發行雖然只是發行股票的一種不重要的方式，但發行公司都要給予重視。因為，不公開的目的一般是為照顧某些人的利益，若處理不當，公司內部就會出問題。

3. 直接發行

直接發行即自辦發行，是指公司自己直接發行股票、招股集資。這種發行方式不普遍，只適用於發行風險少、手續簡單的小額股票。一些社會信譽高，在市場上有實力、地位的公司，也採用這種方式。採用這種方式，要求發行公司熟悉招股手續、精通發行招股技術。當然自己發行可節約手續費，但發行風險要自己承擔，發行剩餘部分要自己全部認購。

4. 間接發行

間接發行一般指委託發行而言。委託發行是指發行公司委託證券公司等金融機構代理發行。無論新建公司發行股票還是老公司增發股票，只要是公開發行，一般都要委託金融機構和證券公司進行承銷。由於承銷方式不同，委託人和承銷人之間的承銷風險和權利、義務也就不同。所以，各方當事人都應根據市場條件、客觀可能性和自身的需要和能力確定承銷方式。承銷方式主要有以下三種：

(1) 代銷。代銷是指承銷者只代理發行股票的公司發售股票，發售結束時，將收入的股金連同未銷出的股票全部交還給發行者。這種代銷的承銷方式中，股票的發行風險由發行者承擔，而承銷者不承擔發行風險。股票能否全部銷售出去，不承擔任何責任，它只盡一些代理銷售的責任，並收取很少的手續費（手續費一般是發行額的5‰以下）。

(2) 包銷。包銷一般是指承銷者將發行的股票全部包下或將發行人發行的剩餘部分包下銷售的方式。包銷又可分為協議包銷、俱樂部包銷和銀團包銷三種方式。

協議包銷，是由一個承銷公司包銷發行人待發行的全部證券，採用這種形式，發行風險由該公司獨立承擔，手續費也全部歸這個公司所獲。

俱樂部包銷，是由若干承銷公司合作包銷，每個承銷公司包銷的份額、所承擔的風險及所獲得的手續費都平均分攤。

銀團包銷，是由一個承銷公司牽頭，若干承銷公司參與包銷活動，以競爭的形式確定各自的包銷額，並按其包銷額承擔發行風險，收取手續費。

採用包銷方式發行證券，發行人可以及時得到資金，而且不必擔心證券能否發得出去，證券銷售風險全部轉嫁給證券經銷機構。包銷的特點是集資的成本高，但

第四章　證券市場

風險小，資金可以快速到位，適合於那些資信還未被公眾認識，卻急需資金的企業。

（3）助銷。助銷亦稱余數包銷，是承銷者自購一部分，代理發售一部分的承銷方式。在具體做法上可以是承銷者先代理發售股票，在發售結束時，有剩餘的股票由其自己或其他金融機構全部承銷；也可以是承銷者先認購一部分，其餘部分代理發售，發售不出去的部分可退給發行者。在這種承銷方式中，承銷者承擔了大部分發行風險，其銷售手續費也高於代銷。

5. 增資發行

增資發行指股份有限公司為增資擴股而發行新股票的行為，有下列幾種增資方式：

（1）有償增資，就是通過增發股票吸收新股份的辦法增資。有償增資也有一些不同做法：

其一，向社會發行新股票，實收股金使資本金增加。投資人一般用現金按照股票面值或高於面值的市場價格購買股票。有償增資公開發行股票，一般可溢價發行（即高於面值的價格）。這是因為公司有歷年盈利累積，其實際資產必然升值，如果該公司股票為上市股票，其市場價格必高於面值。溢價發行有利於維護和提高公司股票在市場上的信譽。溢價發行時要考慮老股東的權益。為了平衡新老股東的權益，在溢價發行時可給老股東以優先購買權和平價購買的價格優惠權。

其二，股東配股。這是賦予股東以新股認購權利時的股票發行方式。股份公司在增資新股時，為了照顧原有股東的利益，也為了保持原有股東仍然可以在同等關係下對公司擁有控制權，往往允許原有股東在購買新股時，可以在優惠條件下優先認購，這是一般公司增發新股時通常採用的方法，即通常所說的「優先認購新股權」。優先認購新股權是依照原有股東各人所持有的股份比例配給的，例如：按舊股每股攤配新股一股或兩股，這由董事會決定，認購新股的價格也由董事會決定，或按面額，或按低於市價的某個價格。認購新股的權利會明確規定在一項說明書上。經過這種形式的增資，由於公司股份數額的增多，會使得該公司的股票市場價格發生變化。

由於股份公司對股東優先認購新股的時間會有所限制，往往是很短暫的，比如規定必須在兩個星期內購買，因此，也會有些股東不願意或沒有能力再投資去購買增發的新股份，在這種情況下，他就可以出售這項認購新股的權利，即出售認股權證。

其三，向第三者配股。這種發行方式，是指公司向股東以外的公司職工，尤其是高級職員、公司往來客戶、銀行及友好關係的特定人員，發行新股票，允許他們在特定時期內按規定價格（優惠）優先認購一定數量的股票。這種發行方式，一般在下列情況下採用：當增資金額不足，為完成增資總額時；當需要穩定交易關係或金融關係，應吸收第三者入股時；當考慮到為防止股權壟斷而希望第三者參與，從而使該公司的股權結構分散合理時。

75

證券投資

　　向第三者配股對現有股東和沒有接受配股的一般股東來說，會產生一些問題。當這種配股活動進行多次時，減少了現有股東將來增資的可能。從與股價的關係看，進行第三者攤派認購，固然可以使股價穩定，但在發行價格上，也會使現有股東的財產價值減少。因此，發行價格低於市價時，需要經過股東大會的特別批准。

　　(2) 無償增資。所謂無償增資，是指股東不繳付現金，即無代價地取得新股的增資方法。從公司的角度講，這樣的增資擴股並未使公司自外界獲得資金來源，而只是表現為資本結構的改變，或內部資本保留額的充實。無償增資發行新股必須按照比率配予原股東。無償增資是對股東的一種報酬，它與有償增資的區別在於有償增資的配股可以涉及股東之外的投資者，而無償增資僅限於現有股東。當然，在經營前景不佳時，即使持有無償股，也只是增加股票，而不增加股東利潤。無償增資包括以下三種狀態：

　　其一，累積轉增資本（無償支付），即將法定公積金和資本準備金轉為資本配股，按比例轉給老股東。法定公積金是依據《公司法》的規定，從純利中按一定比例必須提留的資金。法定公積金可以轉化為資本，也可以用來彌補虧損，但不可以作為紅利分配。資本準備金的來源包括：溢價發行股票的溢額部分；外部資產的溢價收入；兼併其他公司的資產與負債相抵的盈餘部分；接受贈給的收入。累積轉增資可以進一步明確產權關係，有助於使投資者正確認識股票投資的意義，弱化股息紅利分配中的攀比意識，提高投資者對企業的經營和累積的關心，從而形成企業累積的內外動力機制。

　　然而，累積轉增資應遵循一定的規定。根據我國《公司法》的規定，企業的累積基金須首先彌補歷年的虧損；公積金的金額須達到原資本金的50%，才可以將其中不超過一半的數額轉為增資。這樣是為了讓企業留有應付虧損的余地。對於資本準備金部分，可以由股東大會決定全部或部分轉為增資，此外不可挪為他用。

　　其二，紅利增資（股票分紅），即將應分派給股東的紅利轉為增資，用新發行的股票代替準備派發的股息紅利，因而又叫股票派息。運用股票派息的方式將紅利轉為增資，其好處有四點：一是使資金派息應流出的資金保留在公司內部，把當年的股息紅利開支轉化為生產經營資金。二是對於股東來說，又取得了參與分配盈利的同樣效果（只是收益形式不同），而且還可以免交個人所得稅（大多數國家規定把收入作再投資，免稅）。三是派息的股票一般低於市場價格，仍具有增派股息的效果，而且派息的股票又有增加將來股息的希望。四是在宏觀上有助於控制消費基金。

　　其三，股份分割，又稱股票拆細，即將原來的1股分為2股、2股分為3股等，對大額股票實行細分化，使之成為小額股票。股份分割的結果，只是增加股份公司的股份份額，而股份公司的資本額並不發生變化。從股份分割的方法看，對有面額股進行分割時，需要辦理面額變更手續，還要支付發行股票所必需的費用。實行股份分割，目的在於降低股票的面額價格，便於個人投資家購買，以利於擴大發行量

第四章 證券市場

和流通量。

（3）並行增資，指有償增資和無償增資的結合，即公司發行新股票配予股東時，股東只需交一部分現金就可以得到一定量的新增股票，其余部分由公司公積金和紅利抵衝的做法。例如：新增資股票面值200元，公司根據需要和可能，規定股東只需交80元現金，就可以得到面值200元的新發股票，其余120元，由公司從公積金轉入資本抵衝。

（二）股票發行程序

無論哪個國家，股份有限公司對外公開發行股票，通常委託投資銀行、證券公司等機構承辦，一般經過以下程序和步驟：

1. 發行前的諮詢

發行公司在發行股票之前，必須先向投資銀行徵求諮詢關於發行何種股票、在何種條件下發行、發行價格多少、何時發行、股票發行市場狀況、哪些發行公司可能發行股票、股票需求者以及採取何種銷售方式等問題，以便對股票發行方案有一個初步設計。在股票發行方案初步確定后，就要著手做股票發行有關文件、資料的準備工作。

2. 申請股票發行

股票發行的申請是股票發行中的關鍵環節。首先要確認發行公司的股票發行資格。股票發行申請中，證券管理機關首先要確認發行公司是否具備發行資格。各國關於發行公司的資格規定不盡相同，大體規定如下：股票發行人必須是依照《公司法》組設的股份有限公司或發起人；對發起人發行股票每股金額的要求；發行人在公司章程中對全體董事、監事持有記名股票股份總金額的規定。

發行公司向證券管理機關提交所要求的申請文件和資料。我國《公司法》規定，發起人向社會公開募集股份時，必須向證券管理機關遞交募股申請書和下列主要文件：①批准設立公司的文件；②公司章程；③經營估算書；④發起人姓名或者名稱，發起人認購的股份數、出資種類及驗資證明；⑤招股說明書；⑥代收股款銀行的名稱及地址；⑦承銷機構名稱及有關的協議。

發行公司填寫股票發行說明書。各國在發行公司申請發行股票時都規定須填寫股票發行說明書，詳細介紹發行公司的情況。

我國《公司法》規定，招股說明書應附有發起人制定的公司章程，並載明下列事項：①發起人認購的股份數；②每股的票面金額和發行價格；③無記名股票的發行總數；④認股人的權利、義務；⑤本次募股的起止期限及逾期未募足時認股人可撤回所認股份的說明。在有關股票發行文件中，招股說明書是最為重要的。

3. 股票發行的審查

發行公司將各項文件呈報證券管理機關后，證券管理機關便對股票發行進行審查。審查完具體內容后，審查機關要做以下工作：填寫審查報告書；對發行說明書和財務報表的各項內容進行調整與修改；寫出初審意見。

4. 股票發行的復審與函復

股票發行初審完成以後，還要進行復審。復審時，要將初審材料與初審結果提交股票審查小組或委員會。如果復審得以通過，就通知原辦理股票發行的公司，可以開始發行股票；如果復審未能通過，就應提議重新審查，或者直接否決股票發行方案。

5. 委託仲介機構（證券公司、投資銀行等）進行股票發行

發行公司被批准發行股票后，要慎重選擇仲介機構代理發行。

一旦選擇好股票發行仲介機構後，就應同該機構簽訂股票委託發行協議書，委託協議書的主要內容包括：股票發行總額及每股金額、股票承銷方式與承銷價格、發行期限、發行手續費、雙方權利與義務、其他相關服務事項等。委託發行協議書簽訂後，股票發行仲介機構就應按照發行公司的要求，依法律規定推銷新發行股票。

三、債券發行市場

(一) 債券發行條件

債券發行條件指發行者在用債券形式籌資時所申明的各項條款或規定。債券發行條件包括發行規模、償還期限、利率、發行價格、發行日期、有無擔保等內容。其中債券利率、償還期限和發行價格對投資者來說最為重要，這三項條件決定了債券的投資價值，一般稱為發行三大條件。

發行條件主要由發行時的市場利率水平而定。債券的利率和期限最明顯地反應了投資者的獲利及風險大小。在確定發行條件時，利率和期限是首要考慮的條件。這兩項確定之後，再根據市場利率水平擬定發行價格。不同的債券其發行條件是不相同的，這主要由發行者的資信狀況來定。資信級別高的發行者的發行條件相對低些；否則，發行條件就會相對高些。

債券發行時要進行信用評級。信用評級是指由專門的證券評級機構審查和判斷債券投資的安全性，以此確定債券的資信級別。債券級別一般根據債券風險的大小分為10個等級，最高是AAA，最低是D級。各個級別的符號及表示的內容詳見表4.1。

表4.1　　　　　　　　　債券級別一覽表

等級符號	符號含義	說　　明
AAA	最高級	安全性最高，本息具有最大保障，基本無風險
AA	高級	安全性高，風險性較最高等級略差，但沒有問題
A	中高級	安全性良好，還本付息沒問題，但保障性不如以上兩種債券
BBB	中級	安全性中等，目前安全性、收益性沒問題，但不景氣時有可能影響本息安全

第四章 證券市場

表4.1(續)

等級符號	符號含義	說　明
BB	中低級	中下品質，具有一定投機性，不能保證將來的安全性
B	半投機性	具有投機性，不適合做投資對象，還本付息缺乏適當保障
CCC	投機性	安全性極低，債息雖能支付，但有無法還本付息的危險
CC	極端投機性	安全性極差，可能已處於違約狀態
C	充分投機性	信譽不佳，無力支付本息
D	最低等級	品質最差，不履行債務，前途無望

信用評級的目的是將發行者的信譽和償債的可靠程度公之於眾，以保護投資者的利益，盡量避免因信息不足而判斷失誤，使投資者蒙受損失。以上10個等級的債券可以分為兩大類，前4個等級為投資級債券，BB級以下屬於不適合投資的債券，很少進行公募發行。

(二) 債券發行方式

債券的發行，按不同的劃分標準，可分為不同的發行方式。根據債券發行過程中發行者與認購者之間有無證券公司、投資銀行等承銷機構介入，債券發行可分為直接發行和間接發行；根據發行價格與面額大小關係，發行方式可分為溢價發行、平價發行和折價發行三種方式；根據債券發行對象劃分，可分為私募發行和公募發行兩種方式。下面主要介紹私募發行和公募發行。

1. 私募發行

私募發行是指籌資者面向少數的特定認購者發行，一般僅以同債券發行者具有某種密切關係者為發行對象，主要是定向發行。私募發行的對象一般有兩類，一類是個人投資者，如本發行單位的職員或經常使用本單位產品的用戶；另一類是機構投資者，如與發行者有密切業務往來的企業、公司、金融機構等。私募發行者有如下特點：

(1) 私募發行一般多是直接銷售，不通過承銷仲介人，不必向證券管理機關辦理發行註冊手續，這樣可以節省常用開支和發行時間，降低發行成本。

(2) 發行額的多少與確定的投資人有密切關係。

(3) 由於私募債券發行時免除發行註冊，所以一般不允許流通轉讓。但也有例外的情況，如日本就允許私募債券轉讓，不過同時規定了一些限制條件。

(4) 私募發行債券時，購買者持券轉讓受到一定限制，致使其獲得的特殊優惠條件較其他債券購買者多，債券的收益率也較高。

2. 公募發行

公募發行是發行者公開向範圍廣泛的不特定投資者發行債券的一種方式。為了保護一般投資者的投資安全，公募發行一般要有較高的信用等級為必要條件。如日

證券投資

本規定必須取得 A 級以上資格的公司方準公募發行。在公募發行範圍內又有以下三種發行方法：

（1）募集發行。債券一般是通過募集發行的方法發行。在採用募集發行方法時，發行者要事先將發行額度、發行日、申報時間、利率、發行價格等確定下來，而認購債券者則要在申報時間內，明確表明認購意向。

（2）出售發行。出售發行是指債券的發行額在發行前是不確定的，而是以某一發售時期被購的總額作為發行額的發行方法。出售發行方法目前僅限於一部分貼現金融債券和附息金融債券。

（3）投標發行。投標發行是指預先確定一個發行額，由承銷者通過投標決定利率或發行價格的一種發行方法。

與私募發行相比，公募發行有以下特點：

（1）發行範圍廣，面對的投資者眾多，發行難度大，需要承銷者作為仲介人協助發行。

（2）發行者必須按規定向證券管理機關辦理發行註冊手續，必須在發行說明書中記載有關發行者的詳細而真實的情況，以供投資人做出決策，不能有任何詐欺行為，否則將承擔法律責任。

（3）債券可以上市轉讓流通。

（4）公募債券利率較低，沒有私募債券的優惠條件。

一般來說，私募發行多採用直接銷售方式，公募發行多採用間接銷售方式。在採用間接銷售方式時，發行者通過承銷者辦理債券的發行。而承銷者承銷債券的方式有兩種，分別為代銷方式和包銷方式。

（三）債券發行程序

債券發行程序由於發行債券種類的不同而有所不同。但在一般情況下，發行者在發行債券之前，均要向證券主管機關提供發行者的有關必要資料，以辦理申報註冊手續，申報註冊的內容主要是填寫有價證券申報書。下面重點介紹發行公司債券的規定和發行程序。

1. 對發行規模的規定

公司債券是公司的負債，負債經營是當代股份經濟在資產結構上的一個特點。但負債規模過大，就會影響公司的經營活動，增加負債風險。為確保公司能正常生產經營以及保護債權人的利益，各國都對公司債券發行規模有所約束，這個約束，一般通過以下幾種比率關係體現出來：①債券對公司自有資產的比率。自有資產包括國撥資產、自我累積、股本等，這個比率最高不能超過1。②債券對公司淨資產的比率。淨資產指公司自有資產與負債之差。這一比率越小越好。③利潤能幾倍於支付本息的償還倍率。

2. 對債券利率的規定

一般國家規定，公司債券的利率只能比相同期限的銀行貸款（或存款）利率高

出極有限的幾個百分點。做出這種規定的目的在於防止公司對其利潤做不正當的分配，侵占國家的稅收收入。

3. 公司債券的發行條件

我國《公司法》規定，發行公司債券必須符合以下條件：①股份有限公司的淨資產額不低於人民幣三千萬元，有限責任公司的淨資產額不低於人民幣六千萬元；②累計債券總額不超過公司淨資產額的百分之四十；③最近三年平均可分配利潤足以支付公司債券一年的利息；④籌集的資金投向符合國家產業政策；⑤債券的利率不得超過國務院限定的利率水平；⑥公司債券籌集的資金，不得用於彌補虧損和非生產性支出。

4. 公司債券發行程序

根據我國《公司法》規定，公司向國務院證券管理機關申請批准發行公司債券，應當提交下列文件：①公司登記證明；②公司章程；③公司債券募集辦法；④資產評估報告和驗資報告。

發行公司債券的申請批准后，應當公告公司債券募集辦法。公司債券募集辦法中應載明下列主要事項：①公司名稱；②債券總額和債券的票面金額；③債券的利率；④還本付息的期限和方式；⑤債券發行的起止日期；⑥公司淨資產額；⑦已發行的尚未到期的公司債券總額；⑧公司債券的承銷機構。

四、證券退市制度

公司股票的上市資格並不是永久的，當其不能滿足證券交易所關於證券上市的條件時，上市交易將會受到限制，嚴重者上市資格甚至會被取消。交易所停止某公司的股票交易，叫終止上市或停牌。證券退市制度，是指有關證券退市的標準和程序、退市證券的暫停與終止等一系列規則的總稱。

（一）證券上市暫停與終止

1. 證券上市暫停與終止的概念及意義

證券上市暫停，是指證券發行人出現了法定原因時，某上市證券暫時停止在證券交易所掛牌交易的情形。暫停上市的證券因暫停的原因消除后，可恢復上市。

證券上市終止，是指證券發行人出現了法定原因時，其上市證券被取消上市資格，不能在證券交易所繼續掛牌交易的情形。上市證券被終止后，可以在終止上市原因消除后，重新申請證券上市。上市證券依法被證券管理部門決定終止上市後，可繼續在依法設立的非集中競價的交易場所繼續交易。

證券上市的暫停與終止是兩個既有聯繫又有區別的概念。前者一旦暫停上市的情形消除，證券即可恢復上市。因此，證券上市暫停時，該證券仍為上市證券。后者被終止上市后，其證券不能恢復上市，只能在被終止的情形消除后，重新申請上市，故終止上市的證券不再屬於上市證券，而是退市證券。

證券投資

證券上市的暫停與終止，是證券上市制度的重要組成部分，它構成了證券上市的退出機制，使得證券市場上的證券有進有出，形成優勝劣汰的機制，促使上市公司依法經營，並努力提高經營業績，否則將面臨退市風險。同時，證券上市的退出機制有助於提高投資者的證券投資風險意識，促進投資者的理性投資，從而更好地保護投資者的利益。此外，還有助於化解證券市場的系統風險，使證券市場永遠保持競爭活力。

2. 我國股票上市暫停與終止的條件

我國《證券法》規定，上市公司喪失《公司法》規定的上市條件的，其股票依法暫停上市或終止上市。上市公司有下列情形之一的，由證券交易所決定暫停其股票上市交易：①公司股本總額、股權分佈等發生變化，不再具備上市條件；②公司不按照規定公開其財務狀況，或者其財務會計報告有虛假記載，可能誤導投資者；③公司有重大違法行為；④公司最近3年連續虧損；⑤證券交易所上市規則規定的其他情形。

上市公司有下列情形之一的，由證券交易所決定終止其股票上市交易：①公司股本總額、股權分佈等發生變化，不再具備上市條件，在證券交易所規定的期限內仍不能達到上市條件；②公司不按照規定公開其財務狀況，或者其財務會計報告有虛假記載，且拒絕糾正；③公司最近3年連續虧損，在其後一個年度內未能恢復盈利；④公司解散或者被宣告破產；⑤證券交易所上市規則規定的其他情節。

（二）我國股票特別處理制（ST）

ST是英文「special treatment」的縮寫，意即「特別處理」，指上市公司出現異常狀態，異常期間實施特別處理制度。特別處理須在股票前加註「ST」字樣，另行公布和限定5%的漲跌幅度，且必須審計公司的中期報告。根據滬、深證券交易所《股票上市規定》，出現以下情況之一的，實施特別處理：①上市公司連續2年虧損；②每股淨資產低於每股面值；③發生其他異常狀況導致投資者對該公司前景難以判定，有可能損害投資者的情形。股票交易特別處理不是對上市公司的處罰，只是對上市公司目前狀況的一種風險揭示，以提示投資者注意風險。

（三）我國股票暫停上市與股票特別轉讓制（PT）

對於已經上市的公司，當出現下列情況之一時，由中國證監會決定暫停其股票上市：①公司股本總額、股權分佈等發生變化，不再具備上市條件；②公司不按規定公開其財務狀況或其財務會計報告有虛假記載；③公司有重大違法行為；④公司最近3年連續虧損。

根據滬、深證交所關於上市公司股票暫停上市的處理規定，上市公司因連續3年虧損，股票被暫停上市期間，證券交易所可以為投資者提供股票特別轉讓服務。

特別轉讓與政策股票交易的區別在於：①名稱不同。實施特別轉讓的股票在其簡稱前冠以「PT」以示區別。②交易時間不同。交易所僅在每週五開市時間內接受特別轉讓股票的買賣委託，收市后撮合成交。③漲跌幅度限制不同。PT股票申報價

格上漲不得超過一次轉讓價格的5%，下跌則沒有下限限制。④撮合成交方式不同。特別轉讓是證交所在收市後一次性對當天所有該股票的有效申報按集合競價方式進行撮合，產生唯一的成交價格。所有符合成交條件的委託盤全部按此價格成交。⑤行情揭示不同。PT股票在開市期間不解釋買賣盤信息及轉讓信息，轉讓信息由指定報刊設專門欄目於次日刊登。⑥交易性質不同。特別轉讓只是為暫停上市股票提供轉讓服務，不屬於上市交易，相關股票不計入指數計算，成交數據不計入市場統計。

特別轉讓與政策股票交易也有幾點是相同的：投資者進行買賣委託的方式是相同的；申報期間也可以撤單；交易手續費和稅費相同；清算交收方式相同。

（四）我國股票終止上市

當上市公司出現下列情況之一時，由中國證監會決定終止其股票上市：①公司不按規定公開其財務狀況或對財務會計報告作虛假記載，公司有重大違法行為，經查實後果一般較為嚴重的；②上述暫停情況的第一、第四項出現時，經查實後果嚴重，不具備上市條件，在證券管理部門限定的時間內未能消除暫停上市原因的；③公司決議解散、被行政主管部門依法責令關閉或者宣告破產的。

第四節　證券交易市場

一、證券交易市場的概念

證券交易市場又稱為「二級市場」或「次級市場」，是指買賣已發行證券的市場。證券流通市場是證券市場的重要組成部分。證券流通市場的交易活動可以在固定的場所集中進行，也可以在不固定的場所分散進行。證券流通市場是證券發行市場正常發展的重要支撐，它們緊密聯繫，相輔相成，共同構成了一個完整的證券市場。

二、證券交易市場的結構

證券交易市場主要由場內交易市場（證券交易所市場）和場外交易市場構成。此外，還有第三市場和第四市場等。

（一）證券交易所市場

證券交易所是依據國家有關法律，經政府證券主管機關批准設立的證券集中競價交易的有形場所。各類有價證券，包括普通股、優先股、公司債券和政府債券的交易，凡符合規定都能在證券交易所，由證券經紀商進場買賣。它為證券投資者提供了一個穩定的、公開交易的高效率市場。

證券交易所本身並不參與證券買賣，只不過提供交易場所和服務，同時也兼有

證券投資

管理證券交易的職能。證券交易所與證券公司、信託投資公司等非銀行的金融機構不同，它是非金融性的機構。

證券交易所就其組織形式來說，主要有會員制和公司制兩種。

1. 會員制證券交易所

在法律地位上，會員制證券交易所分為法人與非法人兩種。具有法人地位的會員制證券交易所是指非營利目的的社團法人，除適用證券交易法外，也適用民法的規定，其會員以證券經紀商和證券自營商為限。如日本等國的證券交易所即如此。不具有法人地位的會員制證券交易所是指由會員自願結合而形成的非法人團體，如美國，其章程細則有關會員的入會、懲戒、開除等條款規定被視為會員間的契約，必須共同遵守。美國不用法人團體的原因是為了避免司法機關對該組織內部進行干預。由於這種自願結合的非法人團體由立法所產生，因而其會員的權力、義務由該組織本身所賦予，法院不得隨意介入。這種帶有純粹自治性質的制度在1934年美國證券交易法制定後，已被接受監督的自治制度所取代。但證券交易所的組織性質並未改變。

2. 公司制證券交易所

它是以營利為目的的公司法人。公司制證券交易所是由銀行、證券公司、投資信託機構及各類公營民營公司等共同出資佔有股份建立起來的，任何證券公司的股東、高級職員或雇員都不能擔任證券交易所的高級職員，以保證交易的公正性。但由於實行公司制，證券交易所必然以營利為目的，在營業收入及盈利方面考慮較多，這對參加買賣的證券商來說負擔較大。

3. 公司制證券交易所與會員制證券交易所之間的區別

（1）公司制證券交易所的參加人僅限於經紀人，而會員制證券交易所則是以交易所的會員為限。

（2）公司制證券交易所由公司布置場內交易設備，經紀人則與之無關。會員制證券交易所則以共同利益為目的，交易所的設施由全體會員共有並共同享用。

（3）公司制證券交易所對由於違約買賣所造成的損失負賠償責任。不過，它有權向違約者就其所償款項及有關費用請求賠償。會員制交易所則不同，一切交易均由買賣雙方自己負責，交易所不負賠償違約損失責任。

（4）公司制交易所應向國庫繳存營業保證金，會員制交易所則無此項要求。

我國於1990年12月成立了上海證券交易所和深圳證券交易所，它們都按照國際運行的會員方式組成，為非營利的事業法人。其宗旨是完善證券交易制度，提供證券集中交易場所，辦理證券集中交易的清算、交割和證券集中過戶，提供證券市場信息和辦理中國人民銀行許可或委託的其他業務。

（二）場外交易市場

場外交易是指證券商在證券交易所以外，與客戶直接進行證券買賣的行為。原始的場外交易市場亦稱店頭交易或櫃臺交易市場。這個市場並非特指一個有形的市

第四章　證券市場

場,而是指在證券交易所之外證券商與客戶直接通過討價還價而促使成交的市場,它是證券交易市場的一個重要組成部分。

在場外交易市場進行交易的證券商有時具有經紀商和自營商的雙重身分。作為自營商的證券商與客戶按雙方的協議價格成交,並通過買賣賺取價格差(成交后的清算交割按淨價進行清算),這種淨價計算中包括批發給其他證券商的批發價和直接售給客戶的零售價兩種,不再收取佣金;而作為經紀商就是代客戶買賣證券,從中收取一定比例的佣金。

場外交易市場一詞意譯自英文的 Over-the-Counter Market,其中的 Counter 是「櫃臺」的意思。在早期銀行業與證券業未分離前,由於證券交易所尚未建立或完善,許多有價證券的買賣都是通過銀行進行的,投資人買進證券或賣出證券直接在銀行櫃臺上進行交易,即通過櫃臺交易(Over-the-Counter Transaction)。實行分業制后,這種以櫃臺進行的證券交易轉由證券公司承擔,因此有人也譯為櫃臺交易市場或店頭市場。隨著通信技術的發展,目前許多場外交易並不是直接在證券公司櫃臺前進行,而是由客戶與證券公司通過電話和電傳進行業務接洽,故又稱為電話交易市場(Over-the-Telephone Market)。場外交易市場也進行了電腦聯網,因此也稱為自動報價交易系統。現代場外交易市場與證券交易所市場的界限越來越模糊。

一般說來,在許多證券市場發展比較完備的國家,股票交易集中在證券交易所進行,而大量的債券買賣和達不到交易所上市資格的股票買賣則通過證券公司、證券經紀商或銀行、投資者相互間進行。由於這些證券買賣是在證券交易所之外進行的,故在證券交易之外形成的證券交易市場稱為場外市場。

場外市場作為證券交易市場的一個部分,其重要性雖不如組織嚴密的證券交易所,但就證券市場的歷史沿革來說,場外交易市場比證券交易所要悠久得多。早在股票、債券等證券產生時,就有了供其流動轉讓的廣泛市場,而證券交易所還沒有應運而生時,那時的市場,從組織形態、交易程序等來看,實質上就是場外交易市場。

而在證券交易所產生與發展后,場外交易市場之所以能夠存在並且發展,是因為:首先,證券交易所的證券交易容量是有限的,由於證券交易所有嚴格的證券上市條件與標準,許多證券不能進入交易所內買賣,但這些證券客觀上需要有流動性,需要有可以進行買賣的交易場所,這就要求場外交易市場作為證券交易所的一種補充而存在;其次,場外交易市場的交易比較簡便、靈活,不需要像交易所那樣經過複雜繁瑣的證券上市程序,投資者也不需要填寫複雜的委託書,而且可以隨時在眾多的證券交易櫃臺網點進行證券買進或賣出,這就在很大程度上彌補了證券交易方式的不足,滿足了投資者的需要;最后,隨著現代技術的發展,場外交易市場的交易方式、交易設備、交易程序也在不斷改進,其交易效率亦可以與證券交易所相媲美。因此,證券場外交易市場是證券交易市場不可缺少的重要組成部分。

(三) 第三市場

嚴格地說,第三市場是場外交易市場的一部分,即它實際上是「已上市證券的

85

證券投資

場外交易市場」,指已在正式的證券交易所內上市卻在證券交易所之外進行交易的證券買賣市場。第三市場的參加者主要是各類投資機構,如銀行的信託部、養老基金會、互助基金以及保險公司等。因此,在第三市場上雖然交易量與證券交易所相比並不多,但每筆成交數額一般都比較大,而且在第三市場上經紀人收取的佣金費用一般低於交易所費用,所以買賣證券業務成本較低,同時又能比交易所更迅速地成交,因此引起廣大投資者的興趣;加之,第三市場交易主要發生在證券經紀商和機構投資者之間,故第三市場的發展給整個證券市場的發展帶來了若干積極影響。也就是說,由於有第三市場,已上市證券便出現了多層次的市場,加強了證券業的競爭,其結果是一方面促使諸如紐約證券交易所這樣老資格的交易所提供免費的證券研究和其他服務,從而有助於投資者提高投資效益;另一方面,也促使證券交易的固定佣金制發生變化,從而使投資者和出售證券者能夠影響證券交易的成本,減少了投資的總費用。

(四)第四市場

第四市場是指投資者和金融資產持有人繞開通常的證券經紀人,彼此之間利用電子計算機網路進行大宗股票交易的場外交易市場,這是近年來國際流行的場外交易方式。參與第四市場進行證券交易的都是一些大企業、大公司,它們進行大宗股票買賣,主要是為了不暴露目標,不通過交易所,直接通過計算機網路進行交易。

在美國,第四市場主要是一個計算機網路,想要參加第四市場交易的客戶可以租用或加入這個網路,各大公司股票的買進價和賣出價都輸入電子計算機儲存系統。顧客要購買或出售股票,可以通知計算機系統,計算機系統即可顯示各種股票的買進或賣出價格;顧客如果認為某種股票價格合適,即可通過終端設備進行交易。

(五)創業板市場

創業板市場又稱為二板市場,顧名思義,即第二市場,也就是「標準」股票交易市場之外的市場,也有人稱其無場外交易市場或店頭交易市場。

1. 創業板市場概述

對於創業板市場的概念,國際上還沒有規範的定義。嚴格來說,它並不是獨立於證券交易所或場外市場的另一市場組織形態,而是特指一套對處於創業期達不到交易所上市條件,但有發展潛力的中小型高新技術企業的發行上市適用的交易規則。創業板既可以隸屬於現有的證券交易所,利用證券交易所的資源,實行與主板市場完全不同的交易規則和交易方式,也可以完全獨立於現有的證券交易所,在場外交易市場進行交易,實行創業板自身的交易規則和交易方式。實際上,從廣義來說,凡是與大型成熟公司上市的交易所主板市場相對應,面向中小公司的證券市場都是二板市場。從狹義來說,二板市場則僅指針對中小型公司和新興公司、協助高成長性公司及科技公司籌資的市場。

二板市場的明確定位是為具有高成長性的中小企業和高科技企業進行融資服務,是一條中小企業的直接融資渠道,是針對中小企業的資本市場。與主板市場相比,

第四章　證券市場

在二板市場上市的企業標準和上市條件相對較低，中小企業更容易上市募集發展所需資金。二板市場的建立能直接推動中小高科技企業的發展。

進一步講，二板市場是不同於主板市場的獨特的資本市場，具有其自身的特點，其功能主要表現在兩個方面：一是風險投資機制中的作用，即承擔風險資本的退出窗口作用；二是作為資本市場所固有的功能，包括優化資源配置、促進產業升級等作用，而對於企業來講，上市除了融通資金外，還有提高企業知名度、分擔投資風險、規範企業運作等作用。建立二板市場，是完善風險投資體系、為中小高科技企業提供直接融資服務的重要一環。

二板市場最初是 20 年前美國專為高風險的新興小企業融資而建立的證券市場，即人們熟知的納斯達克。SATQ 系統就是我國對二板市場最早的嘗試。2004 年 5 月，我國的二板市場正式在深交所啟動，希望以此來解決中小企業融資問題，人們習慣稱其為「創業板」。我國創業板明確定位於為高成長性的中小企業和高科技企業進行融資服務。與兩個主板市場相比，創業板的上市企業標準和條件都相對較低，有利於那些在主板上市籌資有困難的中小企業。

2. 創業板市場的分類

世界各國創業板的設立方式、市場定位、上市標準、交易制度、運作模式等各不相同，創業板的分類主要從設立方式和運作模式來劃分。

（1）按照設立方式劃分。從設立方式看，創業板市場可分為三種：由證券交易所直接設立；由非證券交易所的機構設立；由原先的證券交易所通過重組、合併、市場重新定位等方式轉變而成。

①由證券交易所直接設立。採用這種設立方式的創業板市場，有英國倫敦交易所另類投資市場（AIM）、新加坡證券交易所西斯達克（SESDAQ）市場以及香港聯交所創業板市場等。證券交易所設立創業板市場，制定與主板市場不同的上市條件和標準，吸引與主板市場在經營狀況及營業期限、股本大小、盈利能力、股權分散程度等方面不同的公司上市。

②由非證券交易所的機構設立。這類創業板市場通常由各國或各地證券商協會或類似機構設立，為該區域內櫃臺交易中部分質地較優的股票提供集中的電子自動報價和交易系統。只有滿足一定上市條件的公司，才能進入此類報價和交易系統。採用這種方式的創業板市場有美國的納斯達克市場、歐洲的易斯達克市場、韓國的科斯達克市場。

③由原先的證券交易所通過重組、合併、市場重新定位等方式轉變而成。加拿大創業交易所就是這種方式設立的典型的創業板市場。該交易所由加拿大溫哥華證券交易所與阿爾伯塔證券交易所合併而成，其定位是為高成長型的中小企業服務。

（2）按照市場運作模式劃分，可分為附屬市場模式和獨立運作模式。

①附屬市場模式。二板市場附屬於主板市場，有的和主板市場擁有相同的交易系統，有的和主板市場有相同的監管標準和監察隊伍，所不同的只是上市標準的差

別。這種模式可以分為兩種形式：兩板平行式和附屬遞進式。前者是指創業板市場由證券交易所設立並與主板市場平行運作，兩板市場之間沒有高低之分，共同利用交易所的組織管理系統和交易系統。兩者的差異主要在於市場定位不同和上市標準不同，主板市場注重公司規模、經營歷史、盈虧記錄等，創業板市場注重公司發展潛力，上市條件相對寬鬆。英國倫敦證券交易所的另類投資市場（AIM）和香港聯交所的創業板市場就屬於這種一所兩板平行式設立模式。附屬遞進式是指由證券交易所設立一個獨立的為中小企業提供融資服務的市場，其上市標準較低，但上市公司在運作一定時間並達到一定條件後，必須申請到主板市場掛牌。這種模式下，創業板實際上成為主板市場的預備，兩者間實際上是一種由低級到高級的遞進關係。新加坡證券交易所西斯達克市場具有附屬遞進模式的特徵，如新加坡交易所規定，在西斯達克市場上市的公司掛牌2年後並達到主板上市條件，可以申請轉移到主板市場上市。

總體看來，附屬市場模式的優點是：充分利用了現有交易所的人力、設施、管理經驗、組織網路和市場運作網路，從而減少了創業板市場的運作成本，有利於創業板市場的建設和規範運作。其缺點是：主板市場與創業板市場缺乏競爭，交易所的重點還是主板市場，創業板市場只能是主板市場的附屬市場，不能與主板市場爭奪資源，不能影響其發展，因此，不利於創業板市場的獨立發展，很多國家都不採用這種模式。

②獨立運作模式。二板市場和主板市場分別獨立運作，創業板市場擁有獨立的交易管理系統和上市標準，完全是另外一個市場。獨立運作模式的優點很明顯：一是有利於主板與二板市場的競爭。儘管主板和二板市場在服務對象上有所不同，但兩者的上市資源也存在一定的重疊，適度的競爭有利於促進兩個市場提高服務質量和管理水平；二是獨立運作模式使得在二板市場上市並成長起來的公司更願意留在創業板市場，有利於創業市場上市公司整體質量的提高，增強其抗風險的能力。這種模式的缺點是：從頭創建二板市場，無法運用成熟交易所現有的管理資源，初期成本較高。

美國納斯達克市場和韓國科斯達克市場已經成為年交易量超過主板市場的獨立運作模式的二板市場。此外，歐洲易斯達克、日本JASDAQ、臺灣地區的證券櫃臺交易中心也採用這種模式。

3. 創業板市場的特點

創業板市場的特點主要體現在與主板市場的區別上。

（1）兩者產生的經濟背景不同。主板市場是工業經濟的產物，先於二板市場而產生；二板市場是新經濟的產物，是主板市場發展到一定階段，證券市場多層次化發展的需要。

（2）兩者的定位及服務對象不同。主板市場主要是為國內乃至全球有影響的大公司提供籌資服務，上市企業主要來自於有發展前途的傳統企業，要求企業具有較

高的資本規模與相對穩定的業績回報。而二板市場大多服務於新型產業或高新技術行業，上市企業具有相對較小的資本規模，業績變動較大，上市條件不設最低盈利的規定。

（3）二板市場風險更高。與主板上市公司相比，創業板市場的上市規模小，業務處於初期階段，而行業競爭又較激烈，未來發展的不確定性較大，因而使投資者面臨更大的投資風險。

（4）二板市場監管更加嚴格。由於風險較高，監督當局對發行人實行更嚴格的監管標準，在信息披露方面要求更高，以保證市場透明度，維護投資者的利益。

4. 創業板市場的功能

（1）創業板市場是中小企業的「龍門」。創業板市場的開闢，為中小企業提供了一個入市門檻較低的直接融資渠道。具有高成長潛力的中小企業的發展，對資本市場的需要是極其迫切的。隨著科學技術的進步，一些迅速崛起的高科技企業，迫切需要一個支持自己發展的資本市場。然而，在中國現有的融資體制下，中小企業融資十分艱難，融資已成為中小企業發展的瓶頸。

其一，體制限制。我國目前絕大多數金融機構的放款業務主要面向國有企業和大型的其他所有制形式企業，在體制上存在著對中小企業，特別是非公有制中小企業的信貸從嚴政策，由此形成了中小企業籌資困難的普遍現象。

其二，擔保困難。現行的銀行體制對中小企業融資不利，貸款制度規定企業申請貸款必須具備相應的財產抵押能力或提供足夠的擔保。未成氣候的小企業不僅沒有足夠的固定資產可供抵押，而且也很難為自己找到擔保人。所以，中小企業幾乎是告貸無門。

其三，上市困難。大型企業可以爭取通過股票市場直接融資，而這條道路對於中小企業更是走不通。我國《公司法》規定：股份有限公司上市的條件是資本額不少於5000萬元人民幣，而且公司股票已經國務院證券管理部門批准向社會公開發行；此外，還要求公司開業3年以上，且最近3年連續盈利。對中小企業來說，這樣的資質要求就像一道高高的門檻，無法逾越。於是無數中小企業在創業的艱難和資金的匱乏中苦苦掙扎。

中小企業的發展，除了需要金融政策和措施的支持外，發達國家和地區的實踐證明，設立風險投資基金是解決中小企業融資問題的根本出路。同時，建立創業板市場是完善風險投資體系，為中小高科技企業提供直接融資服務的重要一環。美國的成功經驗為我們提供了很好的借鑑。

在美國，二板市場的作用發揮得相當出色。美國的納斯達克（NASDAQ）市場不僅擁有先進的交易手段和較低的股票上市標準，其上市要求還低於紐約證券交易所和美國交易所。更為重要的是，納斯達克市場具有良好的市場適應性，能適應各種不同種類、不同規模和處於不同發展階段公司的上市要求。

對於股份公司來說，因其規模不同、行業不同、經營狀況不同、盈利水平不同

證券投資

和發展階段不同，對資本市場的需求也不同。尤其是隨著科學和技術的進步，一些高科技和服務性公司迅速崛起，這些以高風險、高成長為特徵的企業迫切需要一個支持自己發展的資本市場。納斯達克市場的建立正好滿足了這類企業的需求，為這些不能在紐約交易所和美國交易所上市的中小型公司提供了發展的機會。納斯達克市場成了數以百計規模較小、來自信息和生物技術等發展迅速的經濟部門的新興公司上市的場所。

（2）創業板市場是高科技企業的未來。創業板市場造就了一大批世界高科技企業巨人，微軟、英特爾、康柏、戴爾、蘋果、思科和雅虎等，這些國際知名的高科技企業都是在美國的二板市場——納斯達克（NASDAQ）股票市場上市並成長起來的。由於高科技企業具有高風險、小規模、建立時間短等特點，一般難以進入證券主板市場。

高科技產業的發展，除了依靠高新技術本身之外，風險投資和資本市場也缺一不可。在高科技公司的創業初期，風險投資公司的創業基金是其主要的資金支持。但是，高科技公司要迅速成長為像微軟和英特爾之類的巨型公司，其所需要的巨額資金單靠以分散投資為原則的創業基金是遠遠不夠的。公司進入成長期之後，創業基金也就逐步淡出，高科技公司往往以募集新股或公司重組的方式進入證券市場。如果沒有一個強大的資本市場支持，美國高科技產業的發展是難以達到今天的規模和影響力的。

美國的納斯達克市場在美國高科技產業的發展過程中扮演了極其重要的角色。納斯達克市場培育了美國的一大批高科技巨人，如微軟、英特爾、蘋果、戴爾、網景、亞馬遜等，對美國以電腦、信息為代表的高科技產業的發展以及美國近年來經濟的持續增長起到了十分巨大的推動作用。硅谷技術和納斯達克市場的完美結合，造就了資訊革命時代的驕子，使美國成為全球高科技領域的翹楚，從而創造出美國經濟持續增長的奇跡。正如朱鎔基在訪問美國期間，為納斯達克股票交易所題字時稱，二板市場是「科技與金融的紐帶，運氣與成功的搖籃」。

為了促進高科技企業的發展，同時為風險資本退出已成功的高科技企業提供支持，許多西方國家根據本國的實際情況，在主板市場之外專門建立了二板市場。美國在二板市場的建立上遠遠走在前面，為世界各國樹立了一個成功的典範，其他國家則奮起直追。20世紀八九十年代，為了扶持本國的中小企業和高科技企業發展，世界多個國家和地區借鑑納斯達克股票市場成功運作的經驗，紛紛設立證券主板市場之外的二板市場。

（3）幫助風險企業建立現代企業形態。風險企業大多是由技術發明者個人或合夥創立的民營企業，其初創階段往往表現出家族式、合夥制等低級企業形態。上市後，創業板市場以其嚴格的監管、獨特的激勵和優良的服務，推動風險企業由落後的低級企業形態向標準規範的現代企業形態轉化。

（4）實現風險企業的收購、兼併、整合。企業收購、兼併、重新整合是市場經

第四章 證券市場

濟條件下的一種現代投資方式,是企業進行產品結構調整、迅速壯大規模的有效途徑。當今一些高科技企業巨人,都是通過資本市場的運作,通過兼併、收購、整合而成長起來的。

(5) 二板市場的市場交易容量的伸縮性,緩解了證券市場擴張期的風險。證券市場的發展往往是不平衡的。一般而言,證券交易所的設立數量和每個證券交易所的擴容能力是有限的。當證券發行量迅猛增長時,一個國家的證券交易量不會迅猛增長,這樣發行市場和交易市場的平衡就會被打破,如果以加快證券上市的速度來解決,則有可能因證券交易所的超負荷營運而誘發證券市場的風險。但是,如果把大量新發行的證券分流到二板市場進行交易,可在某種程度上化解證券市場的潛在危險,因為二板市場的擴容能力是無限的。

(6) 二板市場的自由性,加快了資本社會化的進程。經濟越發達,社會公眾手裡擁有的閒散資金量就越大。將巨額閒散資金變成資本投資,是經濟發展和社會穩定的需要。二板市場以其自身的特點極大提高了社會公眾從事投資的熱情,從根本上改變了公司資本結構和經營機制,提高了資源配置效率,使資本的社會化程度越來越高。

5. 我國中小企業板市場

(1) 基本情況。2004 年 5 月 17 日,經國務院批准,中國證監會批覆,同意深圳證券交易所在主板市場內設立中小企業板塊,為中小企業特別是主業突出、成長性較好、科技含量較高的中小企業提供直接融資的市場,並核准了中小企業板塊實施方案;5 月 27 日,中小企業板正式啓動。深圳中小企業板自設立以來,市場運行平穩,交易活躍,得到了投資者,特別是以基金為代表的機構投資者的認同。截至 2005 年 5 月 26 日,已有 50 家公司完成招股發行,其中 47 家已掛牌上市,市場總融資額達 120 億元,平均融資規模為 2.4 億元,50 家公司發行總規模為 13.8 億股,平均發行規模為 2752 萬股。

在我國經濟和社會的發展中,中小企業、民營企業、科技企業的作用越來越重要,而制約其發展的主要瓶頸之一是難以籌集到發展所需的必要資金,尤其是缺乏能夠在初期支持企業持續發展的長期資金。我國資本市場尚處於發展初期,投資渠道和成熟的投資主體都比較欠缺,因此,創建中小企業板成為一種必然的選擇。中小企業板塊的設立對我國資本市場有三大重要意義:第一,標誌著我國多層次資本市場建設的開始。第二,為中小企業提供了新的融資途徑。第三,為我國的風險投資提供了退出的途徑。

(2) 特點與制度安排。中小企業板基本沿襲了主板的游戲規則,除了降低股本規模外,中小企業板在上市資格、審批程序等方面都與主板一致。

為有效服務於中小企業,在現有法律法規、上市標準不變的前提下,針對中小企業經營不穩定、財務透明度較低、公司治理有待完善的特點,深交所對中小企業板做出了更為嚴格的六大制度安排。①頒布《深圳證券交易所中小企業板上市公司

特別規定》，實行年度業績快報制度和業績說明制度，提高信息披露的及時性、準確性和完整性；②頒布《商品現貨市場交易特別規定》，實行開盤和收盤集合競價制度，提高交易透明度，打擊市場操縱、內幕交易等行為，保護投資者的合法權益；③頒布《深圳證券交易所中小企業板上市公司誠信建設指引》，建立並公開上市公司誠信檔案，強化上市公司的誠信建設，提高上市公司誠信度；④出抬《深圳證券交易所中小企業板上市公司保薦工作指引》，強化保薦人的上市保薦及持續督導責任，鼓勵上市公司實現募集資金專戶存儲制度，督促上市公司用好募集資金；⑤頒布《深圳證券交易所中小企業板上市公司董事行為指引》，把董事會建設作為完善公司治理的核心，明確董事勤勉盡責的認定標準，建立對董事不良行為的責任追究機制；⑥注重發揮社會各界特別是新聞媒體的監督作用。

（3）問題與發展前景。目前中小企業板的總體規模與發展速度還難以充分發揮對中小企業發展及國民經濟的推動作用，大批充滿活力、有成長潛力的中小企業仍被阻於資本市場之外，不僅使我國經濟增長的成果難以在資本市場上體現，也難以滿足投資者日益增長的對投資保值和增值的迫切願望。

當前中小企業板正面臨著良好的發展機遇。國民經濟的持續快速發展、資本市場基礎性制度建設的不斷推進以及《公司法》和《證券法》的修改等，都為中小企業板的發展壯大提供了有利條件。只要抓住機遇，加快發展中小企業板，就一定能夠更好地服務於我國中小企業的發展，更好地服務於全面建設小康社會的戰略目標。中小企業板塊最終應該向定位於支持成長型企業、股本實行全流通、上市條件注重成長、對當期盈利不做硬性要求的創業板的過渡。因為有對創業板的預期，中小企業板塊離大家對它的期望值還是有一定的差距。

三、證券商

無論在證券發行市場還是在交易市場，無論在證券交易所市場還是場外交易市場，都有證券仲介人、證券經營人參與，它們是證券經紀人和自營商，統稱為證券商。

在證券市場上，證券的發行和買賣一般都是通過證券商進行的。證券商是以證券的發行流通等為其經營業務並從中獲得利潤的從業者。通常所說的證券商，一般都不是自然人，而是指團體機構。

證券商作為證券交易的仲介人，在證券市場上佔有重要的地位。證券市場的運行目的就是一方面使發行者通過發行有價證券，籌措生產經營所必需的長期資金；另一方面使投資者（即證券購買者）通過購買證券，將其擁有的資金投入其認為有前途的企業，實現所謂的直接融資，從而使社會上的閒散資金變成可用於生產的長期資金，實現資金的長期化和合理流向。證券買賣雙方的溝通，不是通過雙方的直接接觸實現的，而是由第三者——證券商來進行的。

第四章　證券市場

　　證券商的活動是證券交易所活動的基礎，對溝通供需雙方的資金流通，促進證券交易的形成和證券市場的發展，起著重要作用。同時，證券商的行為直接影響買賣雙方委託人的利益和證券市場的穩定。

　　證券商業務一般有三大類：①證券承銷業務；②證券經紀業務；③自營業務。根據業務性質不同，證券商可分為兩大類：一類為發行市場上的證券商，主要是投資銀行即「證券承銷商」；另一類為證券交易市場上的證券商，主要包括證券經紀商、證券自營商等。多數情況下，一個證券商既做發行業務又做交易業務，也就是既是承銷商又是經紀商和自營商。這裡主要介紹證券交易市場中的證券商。

　　1. 證券經紀商

　　證券經紀商指接受顧客各種委託、訂單，並代顧客買賣有價證券，以賺取佣金收入的證券商。作為證券市場的中堅力量和證券買賣的仲介人，經紀商的責任較為重大。因此，對證券商管理的大部分內容都是以證券經紀商為主要對象的。

　　2. 證券自營商

　　證券自營商指自行買賣證券，獨立承擔風險，從自行買賣的證券中得到差價收益的證券商。與經紀商的不同之處在於，自營商不辦理公眾委託的證券買賣，因而收入來源不是替客戶買賣證券所收取的佣金，而是從自營業務的證券買賣中牟取利潤。

　　3. 自營經紀人

　　自營經紀人介於經紀商與自營商之間，兼管證券的自營與代客買賣業務，但以代客買賣業務為主，並且往往有較強的專業分工，具體業務如下：

　　（1）在交易廳每天開始營業時，當經紀商業務繁忙或不能順利進行某些專業性很強的證券買賣時，經紀商常將業務轉託給自營經紀人，也就是說，自營經紀人的顧客只限於交易廳裡的經紀商與自營商，而不與投資公眾發生直接聯繫。

　　（2）自營經紀人在交易廳內是在按專業分類的專業櫃臺裡進行證券交易；自營經紀人對於其專業經營的數種證券，可自行決定其開盤價。

　　（3）自營經紀人有一個重要職責即創造市場，以自有資金買進或賣出證券以防止其價格發生暴跌或暴漲現象。也就是說，自營經紀人的自營目並不像自營商那樣追逐利潤，而是為其所專業經營的幾種證券維持連續市場：不使報價差距過大，並使價格波動局限於一個合理的範圍內。

　　以上對證券商根據其業務性質的不同，做出了基本分類。但在有些情況下，一些證券商往往身兼兩職，如既做經紀商又做自營商。當然，對身兼兩職的證券商，法律也做出了相應的限制規定。

四、證券交易程序

　　不同品種的證券，其交易程序也不盡一致。我國目前證券市場上的證券品種主

證券投資

要有 A 股、B 股、國債和基金等。現以 A 股買賣交易為例進行說明，國債與基金的交易原理大致相同。

鑒於目前我國的證券委託買賣業務絕大部分是通過交易所完成的，因此我們以交易所場內交易為前提來介紹證券買賣的程序。

(1) 開設交易帳戶或股東帳戶。依照現行法律規定，每個投資者（國家規定不許辦理的人員除外）欲從事證券交易，須先向證券登記公司申請開設股票帳戶，辦理股東代碼卡（實質上為證券交易帳戶）。另外，根據有關規定，禁止多頭開戶，個人和法人在同一證券交易所只能開立一個證券帳戶。

(2) 開設資金帳戶。投資者委託買賣股票，必須向具體的證券公司申請開設資金帳戶，存入交易所需的資金。目前，開立資金帳戶有兩種類型，一是在經紀商處開戶；二是直接在指定銀行開戶。

(3) 委託買賣。投資者開立了股票帳戶和資金帳戶後，就可以在證券營業部辦理委託買賣。其整個過程是：投資人報單給證券商；證券商通過其在場內的交易員將委託人的指令輸入計算機終端；各證券商的場內交易員發出的指令一併輸入交易所計算機主機，由主機撮合成交；成交後由證券商代理投資人辦理清單、交割和過戶手續。至於網上委託交易，投資者需與證券公司簽訂相應的委託協議，直接將指令輸入計算機主機，由主機撮合成交。

在證券委託交易中，委託的方式有現價委託、市價委託和限價委託等；委託指令的形式則有當面委託、電話委託、函電委託和自主委託等。

由於在委託交易中，委託單是委託人與受託人之間的委託合同，是保護雙方權益的法律依據，因此，投資者必須認真填寫委託單，經紀商必須按規定提供交易所認可的空白委託單。一份委託單必須包括日期、時間、品種、數量、價格、有效期、簽名和其他基本要素。

(4) 競價成交。證券商在接到投資人的買賣委託後，應立即通知其場內交易員申報競價。證券交易所的競價方式有兩種，即集合競價和連續競價，這兩種方式是在不同的交易時段上採用的。集合競價在每天交易日的開始前一段時間用於產生第一筆交易，這筆交易的價格成為開盤價。產生開盤價之後，以後的正常交易就採用連續競價方式進行。

證券交易按價格優先、時間優先的原則競價成交，其結果可能出現全部成交、部分成交和不成交三種情況。

(5) 清算、交割與過戶。

清算是指證券買賣雙方在證券交易所進行的證券買賣成交以後，通過證券交易所將各證券商之間買賣的數量和金額分別予以抵消，計算應收應付證券和應收應付金額的一種程序。清算包括資金清算與股票清算兩個方面。不同的交易場所採用不同的清算體系，上海證券交易所和深圳證券交易所採用的登記結算體系就不同。

交割是指證券賣方將賣出證券交付買方，買方將買進證券的價款交付賣方的行

為。由於證券買賣都是通過證券商進行的，買賣雙方並不直接見面，證券成交和交割等均由證券商代為完成，因此，證券交割分為證券商與委託人之間的交付和證券商與證券商之間的交付兩個階段。

過戶是指在記名證券交易中，成交后辦理股東變更登記的手續，即原所有者向新所有者轉移有關證券全部權利的記錄手續。

五、證券交易所交易運行體系

現代證券交易所的運作普遍實現了高度的網路化，建立了安全、高效的網路運行系統。該系統通常包括交易系統、結算系統、信息系統和監察系統四部分。

1. 交易系統

電子化交易是世界各國證券交易的發展方向，現代證券交易所都不同程度地建立起高度自動化的計算機交易系統。交易系統一般由撮合主機、通信網路和櫃臺終端三部分組成。

撮合主機是整個交易系統的核心，它將通信網路傳來的買賣委託讀入計算機內存進行撮合配對，並將成交結果和行情通過網路傳回證券商櫃臺。

通信網路是連接證券商櫃臺終端、交易席位和撮合主機的通信線路及設備，如單向衛星、雙向衛星和地面數據專線等，用於傳遞委託、成交及行情等信息。

不同的交易席位需要使用不同的通信方式。傳統的交易席位是指證券交易大廳中的座位，座位上有電話、傳真等通信設備，可以和證券商櫃臺傳遞與成交信息。證券商在取得會員資格後，有權在交易所購買交易席位。擁有交易席位也就擁有了在交易大廳內進行證券交易的權力。隨著交易過程的電子化和通信技術的現代化，很多交易所的交易方式由傳統的手工競價發展為電腦撮合，交易席位也演變為撮合主機聯網的報盤終端和參與交易的權力。

櫃臺終端。證券商櫃臺終端系統用於證券商管理客戶證券帳戶和資金帳戶、傳送委託、接受成交、顯示行情等。

2. 結算系統

結算系統是指對證券進行結算、交收和過戶的系統。世界各國的證券市場都有專門機構進行證券的存管和結算，在每個交易日結束後對證券和資金進行清算、交收和過戶，使買入者得到證券、賣出者得到相應的資金。

3. 信息系統

信息系統負責對每日證券交易的行情信息進行即時發布。信息系統發布網路一般由以下渠道組成：

交易通信網。通過衛星、地面通信線路等交易系統的通信網路發布證券交易的即時行情、股價指數和重大信息公告等。

信息服務網。通過國內新聞媒介、會員、諮詢機構等發布股市行情、成交統計

和非即時信息公告。

證券報刊。通過證券市場監管機構指定的信息披露報刊發布收市行情、成交統計及上市公司公告和信息等。

因特網。通過因特網向國內提供證券市場信息、資料和數據等。

4. 監察系統

監察系統負責對市場進行即時監控。日常監控包括以下三個方面：

（1）行情監控。對交易行情進行即時監控，觀察股票價格、股價指數、成交量的變化情況，如果出現異常波動，監控人可立刻掌握情況，做出判斷。

（2）交易監控。對異常交易進行跟蹤調查，如果是由違規引起的，則應對違規者進行相應的處罰。

（3）資金監控。對證券交易和新股發行的資金進行監控，若證券商未及時補足清算頭寸，監控系統可及時發現，做出判斷。

六、交易所的無形化趨勢

隨著電子計算機技術和通信技術的發展，一些交易所在證券商櫃臺與交易所計算機系統之間開闢了電子通信渠道，從而形成了無形的市場模式。無形市場是相對於有形市場而言的，傳統的證券交易所都設有交易大廳，證券商在其中派駐代表，俗稱「紅馬甲」，投資者的買賣委託由場內的「紅馬甲」完成。證券交易所在沒有應用計算機之前，「紅馬甲」需要用特別的手勢傳遞各自的買賣申請，交易大廳人聲鼎沸，十分熱鬧。採用計算機撮合投資者買賣申報之後，「紅馬甲」不再需要打手勢傳遞報價，但一些交易所保留了交易大廳，「紅馬甲」仍需要在場內接受證券商營業廳櫃臺的買賣指令，再申報到交易所撮合系統中去。當計算機和通信技術進一步應用於證券交易後，無形市場不需要設立交易大廳作為交易運行的組織中心，投資者利用證券商與交易所的電腦系統便可直接將買賣指令輸入交易所的撮合系統進行交易。投資者買賣委託、成交回報、股份資金的交割均可以通過電腦聯網系統實現。

無形市場的出現，消除了人工報盤的缺陷，節省了通過出市代表轉盤的中間環節，減少了交易成本，縮短了報盤時間，大大提高了證券市場的運作效率，日益成為當今世界證券市場發展的潮流。目前，除紐約等少數證券交易所還保留公開喊價的交易方式外，全球各主要證券交易所已基本達到無形市場的標準，全面實現了電子化交易。我國上海、深圳證券交易所目前為證券商提供的席位分為有形和無形兩種。有形席位還是通過「紅馬甲」出市代表報盤，無形席位是由證券商利用通信網路將委託直接傳送到交易撮合主機參與交易，並通過通信網路接收行情和成交數據完成交易。在實際運行中，無形交易方式得到推崇，我國兩家證券交易所的電子化交易已經達到很高的水平。

第五章　證券價格與股價指數

● 第一節　股票價格

一、股票價格的概念

股票作為一種有價證券，本身只是股份公司發給股東作為投資入股和領取股利的憑證，是實際資本的一種表現形式，是一種虛擬資本，並不存在價值。但是，由於它屬於實際資本所有權的證書，代表著取得一定收入的權力，而且這種權力還可以在市場上流通轉讓。股票的收益權、轉讓權以及潛在的股份公司的控制權等權力，使股票又具有價格。

股票的價格指為獲得股票所需要的貨幣量。它有廣義和狹義之分，廣義的股票價格包括股票的票面價格、發行價格、帳面價格、清算價格、理論價格和交易價格。狹義的股票價格通常指的是股票交易價格，即在股票市場上買賣股票時的實際成交價，又稱股票的市場價格。廣義的股票價格具有股票的價值特徵。

1. 票面價格

票面價格亦稱股票面值，即企業發行股票時在票面上標明的價值。票面價格的作用是確定每一股份與公司全部股份的比例，是確定股東所持有的股份占公司所有權大小、核算股票溢（折）價發行、登記股本帳戶的依據。另外，面值為公司確定了最低資本額，即公司股本最低要達到股票面值與股票發行數乘積的水平。

2. 股票的發行價格

股票的發行價格是指股份公司在發行股票時的出售價格。根據不同公司和發行市場的不同情況，股票的發行價格也各不相同，主要有面額發行、設定發行、折價發行和溢價發行四種情況。

股票的面額發行是按照股票票面上註明的每股金額發行。設定價格發行主要是對無面值股票而言，發行時不標明股票的面值，而是根據公司章程或董事會議規定發行價格，對外發行。折價發行是按照股票面額打一定的折扣作為股票的發行價格。溢價發行是按照超過股票面額一定數量的價格對外發行。

股票雖然有多種發行價格，但是一般情況下，同一種股票只能採用一種發行價格。股票發行過程中究竟採用哪一種價格，主要取決於股票的票面形式、《公司法》的有關規定、公司狀況及其他有關因素。

3. 股票的帳面價格

帳面價格亦稱股票淨值，是根據公司的財務報表計算得出的。其計算公式如下：

股票的帳面價格=(公司的資產淨值-優先股票的總面值)÷普通股票的總股數

公司的資產淨值是指公司的全部資產減去全部負債後的淨額。它包括股本、公積金（盈餘公積金、資本公積金）和未分配利潤等。公司的資產淨值減去優先股票的總面值的差除以普通股票的總股數，就是股票的帳面價格。

由於公司的資產淨值屬股東所有，所以在會計上把它稱作「股東權益」。

股票的帳面價格是根據財務報表計算出來的，數字真實、具體。而且財務報表都是經過註冊會計師簽證的，因此可信度較高，是投資者購買股票進行決策的重要依據。一般股票帳面價格高，而票面價格偏低的股票，具有較高的投資價值；反之，則無投資價值。

4. 股票的理論價格

所謂股票的理論價格，即股票在證券市場上出售的理論價格，它由企業股票的預期股息率和資金市場上的銀行存款利息率所決定，可能高於也可能低於股票的票面價格。理論價格的計算方法為：

股票的理論價格=股息率÷銀行存款利率

在一般情況下，股息率高於存款利率，則股票價格上漲；反之，則下降。因為投資者的目的是提高其投資的收益。如果股息率高，投資者則從銀行取出其存款（或從銀行借款）購買股票，大家都搶購股票，股票價格受供求關係影響，就會上漲；相反，如果銀行提高存款利率（貸款利率也會相應提高），股票投資者就會減少，股票價格就會隨之下跌。

5. 股票的交易價格

股票的交易價格即股票在股票市場上買賣的價格，有時也簡稱「股價」。市場實際價格受到股利分配、公司收益、公司前景、人們對公司的預期、市場供求關係、經濟形勢變化等多種因素的影響。市場實際價格與帳面價值之間沒有必然的聯繫，它受前面所說的各種因素的影響遠比受帳面價值的影響要大。比如，一股帳面價值為1元的股票，如果其收益、股息、公司前景等各方面均為投資者所看好，在市場上也許可以賣到20元甚至更多。

第五章　證券價格與股價指數

6. 清算價格

清算價格指公司終止清算后股票所具有的價格。這一價格可以與股票的帳面價值和市場價值有很大的差異，因為清算時至少要扣除清算費用等支出，公司終止時其資產的實際價值會和其帳面價值發生偏離，有時甚至是很大的差異（如公司破產時）。有時，清算價格也指事先約定的公司在清算時支付給優先股股東的每股金額。

清算價格計算公式為：

股票清算價格＝公司全部資產拍賣后的淨收入(除去負債)÷股票股數

二、股票的收益與分配

投資者買賣股票的主要目的是獲取較大的收益，而在證券市場上買賣股票，則只能由當時的市場價格進行交易。這時，判定市場價格是否具有投資價值，就需要將市場價格與理論價格進行比較。一般而言，市場價格越小於理論價格，越具有投資價值。由前面的介紹知道，理論價格與股票的股利收益及股份公司的分配政策密切相關。因此，有必要介紹與股票收益有關的股份公司經營業績與盈利分配政策的相關內容。

1. 股息、紅利及其種類

股份公司的盈利，即淨利潤。按通常的慣例，股份公司必須從盈利中提取一定比例的公積金，用於彌補意外虧損，擴大營業規模、經營範圍，或作為鞏固公司財力的基礎。在某種特殊情況下，公積金也可能用於擴充股本或作為股息紅利分派給股東。

股息是股票收益的一種常見形式，也是大多數優先股股票唯一的收益形式。優先股股票持有者一般可按預定的股息率先於普通股股票持有者取得股息，而普通股的股息收益水平取決於優先股股息發放后剩餘利潤情況。若公司經營情況一般，普通股票持有者可能少得股息甚至不得股息；若公司經營情況良好，盈利較多時，普通股的股息有可能超過優先股。

紅利是超過股息的另一部分收益，一般為普通股所享有。紅利的分配沒有固定的標準，由董事會和股東大會討論通過即可發放。有些公司的公司章程對此亦有具體規定。股息、紅利的發放一般有下述幾種形式：

（1）現金紅利。以現金作為股息應是最主要的方式。在國外，現金股息普遍受到投資者的歡迎。股份公司能否以現金形式支付股息，一方面取決於該公司的盈利水平，另一方面也取決於該公司的現金流量。需要指出的是，有些股份公司為維護其信譽和行業中的地位，雖然有時盈利減少也照常支付股息；也有些增長很快的股份公司，為使企業有更快的發展，把盈利作為公司投資，也常不支付股息。

（2）股票紅利。股份公司發放普通股股息，也可以不用現金，而以本公司的普通股股票來代替。其方法是規定一個送股百分比，按比例增加持股人的股票數。

證券投資

送股方式的股利分配並非真正意義的分配，因為股票紅利的發放在每個股東增加了一定比例的股票的同時，其股票的市場價格相應降低了同樣的比例。股東實際上並未從股票紅利中得到任何好處。但這種分配方式也受到某些股份公司和投資者的喜愛。對股份公司而言，可以利用節約下來的盈利現金投入生產經營，增加企業的活力；對投資者而言，在於市場對某種股票價值的認可，由於股票分紅使股票價格降低，增加了該股票在市場上的吸引力，從而使股票價格上升，使股票持有者獲取到實際的價差收益。如某種股票的市場認可價值為 12 元，其市場價格也在 12 元附近波動，若該公司以 10 送 2 的方式分配股票紅利，則分紅后市場價格調整為 10 元左右，由於投資者認為其市場價格低於其價值，使該股票價格逐步上升至認可價值 12 元附近，從而為投資者帶來每股近 2 元的差價收益。

2. 股利分配政策

一個健全的股份公司，應有一個相對穩定的股利分配政策，這樣不僅使公司能按照預訂計劃組織生產和經營，更重要的是能夠在市場中樹立一個較好的企業形象。股份公司制定股利分配政策應充分考慮公司的實際情況和投資者的普遍要求，並保持相對的穩定性。一般而言，國內股份公司的股利分配方式大致有以下幾種：

（1）發放現金股利。一些實力雄厚、信譽較好的公司常採取發放現金股利的政策，即使某個財政年度盈利減少，也不改變股利發放的數量和方式。這對於維護公司的形象和信譽非常必要，但若盈利能力發生事實上的滑坡或流動資金週轉困難，則難以維持。

（2）股票股息方式。股票股息方式是指公司按自身實際情況採取一定比例的送股，以保留盈利資金。這種方式除將當年的盈利以股票的形式發放外，還常常將企業歷年的公積金累積轉增股票，從而增加投資人的持股數。這種政策隨著時間的推移，公司總股本將不斷擴大，單股盈利率反而降低，多見於績優股、小盤股。

（3）現金和股票並用。現金和股票並用的股息分配政策是指公司以現金和股票雙重方式支付股息的分配政策。這種政策比較靈活，可根據公司實際與市場狀況隨時調整其相互比例。

（4）配股分配。配股分配是指股份公司因籌集資金而增發股票，向老股東按比例配售股票的一種籌資方式，本質上不屬於股利分配範疇。但在股市上升階段，這種配股方案往往能激起市場投資者的興趣，故而在觀念上視之為一種股利分配。

3. 有關股息發放的幾個相關概念

股息的發放，各國公司法都有規定，要求股份公司董事會以公告形式向股東宣告派發股利的數量、支付方式和時間，以下是股利發放過程中幾個重要的概念：

（1）宣布派息日。宣布派息日指股份公司在有關新聞媒介上公布股息發放的具體時間。在宣布股息派發時間的同時股份公司也將公布股息分配數量和分配方式。

（2）股權登記日。股份公司在公布股息分配方案的同時也公布股權登記時間。股權登記日的含義是：只有在股權登記日當天收市之前購買並持有該公司股票的投

第五章 證券價格與股價指數

資者，才有權享有該公司的股息分配。

（3）除權日。除權日是指股票失去當次分配權的日子，除權的含義就是除掉股息享有權。在除權日當天及以后買進的股票，不能享受股份公司此次股利分配，對於只採取現金或股票兩種股息中的一種派息方式的公司股票，除權日與除息日含義相同，即表示的都是除權概念。但在同時採取現金和股票股息的兩種分配方案時，除權一般指除掉增加股票權，除息指除掉現金股息。這時，除權日和除息日可能相同也可能不同。

（4）付息日或獲配股票上市日。付息日是指股份公司將此次現金股息支付於享有股息分配權的投資人的現金支付日。獲配股票上市日是指有權獲得股份公司送、轉股或按規定繳足配股金額獲得配股的投資者，其新增股票可上市流通轉讓的首日。

上述幾個時間概念依嚴格的先后順序，依次為宣布派息日（又稱公布分配方案日）、股權登記日、除權日（一般為股權登記日后的第一個股票交易日，即股權登記日的次日，遇節假日順延）、付息日或獲配股票上市日。

4. 股票除權價的計算

股票除權價一般由證券交易所進行計算，在股票除權日當天顯示的上一日收盤價即除權價。投資者只要對比該收盤價與上一日（即股權登記日）的實際收盤價的差額，就能瞭解該股票的除權情況。股票除權價的計算公式為：

$$除權價 = \frac{股權登記日收盤價 - 股息 + 配股價格 \times 配股比例}{1 + 送股比例 + 配股比例}$$

三、股票理論價格的作用

投資者購買股票，一方面看中股票的收益率可以超過市場利率（一般指銀行存款利息），另一方面看中股票的流動性（即出售股票換取現金的能力）優於其他許多投資方式。而股票的收益主要來源於股份公司的股利收益和低買高賣的價差收益。相對而言，只考慮價差收益而忽視股利收益，則投資股票具有很大的風險性，而既考慮股利收益又考慮價差收益，則從長期而言，獲取較高收益的可能性是很大的。這時，按照股票的市場價格決定是否買賣股票，就可以該股票的理論價格作為參照標準，若股票的市場價格遠小於理論價格，此時購買並持有該股票，風險較小；若股票的市場價格遠大於理論價格，則應賣出該股票，此時持有該股票風險較大。因此對股票的理論價格的作用有必要作進一步的介紹。

由前面的介紹知道：

$$股票理論價格 = 預期的股息紅利收益 \div 市場利率$$

在市場利率一定的情況下，預期的股息紅利越高，股票的價格越高。所以，決定股票理論價格的基礎是股票投資的預期收益，具體包括四個因素：①企業經營活動的盈利能力；②實際支付股利的能力；③未來盈利穩定增長的能力；④企業未來經濟價值的可預測性。

證券投資

另外，在市場利率變化的情況下，股票的理論價格也會隨之變化。當市場利率上升時，股票的理論價格就會下降；反之，就會上升。

股票的理論價格既是規範的，又是動態的。規範性體現為，它是以預期盈利平均值為基礎來估測理論價格與市場價格的差異情況。動態性則是由於影響因素，如股利、收益等不斷變動，理論價格也不斷變化。正是由於股票投資收益的不確定性，以及不同的投資者對此不確定性的不同預期，使得由預期股利收入與市場利率決定的股價往往只具有參考的作用。在現實的股票交易中，股票的市場價格總是圍繞理論價格上下波動，二者極少完全吻合，因而股票市場總是充滿著投資機會。

四、股票發行價格的確定

股票的發行價格，是股份有限公司在募集公司股本或增資發行新股時所確定和使用的價格。股票發行價格確定得是否適當，將直接影響到發行人籌資計劃的完成以及股票將來在二級市場上的表現。如果發行價太低，則難以最大限度地滿足發行人的資金需求；發行價太高，又會給承銷商的銷售帶來困難，影響發行工作的順利完成。

以發行價與股票面額的關係為標準，股票發行價格大體可分為面值發行、溢價發行、折價發行三類。面值發行是指發行價格與面額一致；溢價發行指發行價格高於面額；折價發行指發行價格低於面額。一般而言，股票發行都採用溢價發行，禁止折價發行。

不同的企業、不同的具體情況，確定股票發行價格的方法也會有所不同。目前，我國一級市場一般是通過市盈率來確定股票的發行價格。

市盈率是指股票發行價格與每股盈利之間的比率，其計算公式為：

$$市盈率 = \frac{股票市價（發行價）}{每股稅後利潤}$$

市盈率是衡量股票價格的一個較為客觀的指標。如果能夠確定一個比較合理的市盈率，並據此確定股票發行價格，則為投資者提供了一個較為合理的決策依據。市盈率的確定方法，一般是參考二級市場的平均市盈率，結合發行人的行業類型、經營情況等多種綜合因素來考慮。一旦確定發行市盈率，股票的發行價格即可按下式計算：

$$股票發行價 = 市盈率 \times 每股稅後盈利$$

第五章　證券價格與股價指數

● 第二節　債券價格

一、債券價格的概念

同股票一樣，債券作為一種有價證券，本身只是發行者以舉債方式籌資並按照約定還本付息，以書面形式表明投資者與籌資者之間債權債務關係的書面債務憑證，並不具有價值。但因為它能夠不斷轉手買賣，具有價格。

債券價格指為獲得債券而需付出的貨幣資金數量。從廣義上講，債券價格包括債券發行價格、交易價格和理論價格等價格形式。

債券發行價格是指債券投資者認購新發行債券時實際支付的價格。債券的發行價格並不一定和債券的票面金額一致，這是因為從債券票面利率的確定到債券的實際發行，其間需要一定的過程，在這段時間內，市場利率可能已經發生了變化。這就需要通過債券價格的變化來平衡債券票面利率和市場利率的差異，使債券投資者的實際收益水平和市場收益率相當。因此債券發行價格又分為平價發行、溢價發行和折價發行三種。平價發行指按票面價格發行，溢價發行指按高於票面價格的價格發行，折價發行指按低於票面價格的價格發行。

債券交易價格也稱債券市場價格、實際成交價格，它是指債券發行后在證券交易市場上買賣雙方實際成交時的價格，俗稱債券行市。

債券的理論價格是指投資者為獲得債券在未來一定時期內的利率收入及到期時的本金收入而在理論上應支付的價格。也就是說，債券價格取決於未來收益的大小，隨人們對未來收益的預期而變化。將債券的未來收益按目前的利率折算為現在的價值即為債券的理論價格。

與股票不同，債券從其開始發行至期滿為止，其資金運動在時間上有起點和終點，因而其價值也有現值和終值之分。債券的終值是指將現今的一筆款項投資於債券能夠給持有者帶來的未來貨幣收入額，即債券到期時的本利，在通常情況下，債券的終值是固定的。債券的現值即債券目前價值，是指將債券投資的未來貨幣收入額即債券的終值按目前的市場利率折算成的現在價值。債券最初發行時的現值，即為債券的發行價格。債券在流通期間的現值，應在債券發行價與到期應償還的本利即債券的終值之間。而債券在證券交易市場上的交易價格雖受市場利率的變化、投資者的風險意識及供求關係等多種因素的影響而不斷變化，但它的變化卻常常在債券的現值，即債券的理論價格附近小幅波動。這一點和股票不同，股票的市場價格和股票的理論價格間常常出現較大的差異。

二、有關的金融知識

在計算債券的理論價格時，應當考慮到貨幣資金的時間價值。貨幣具有時間價值是因為使用貨幣按照某種利率進行投資，隨著時間的推移，會獲得相應的利息收益。這種利息收益即為貨幣資金的時間價值。考慮貨幣資金的時間價值，主要有兩種表達形式：終值和現值。

1. 終值

終值是指今天的一筆投資在未來某個時點上的價值。終值應用複利來計算。

將一筆資金存入銀行幾個時期，若規定一個時期的利率為 r，資金總額為 P_0，則計算到期值即到期本利時，常常有兩種計算方法：單利和複利。若按單利計算，則到期值 P_n 為：

$$P_n = P_0 (1+nr)$$

若按複利計算，則到期值 P_n 為：

$$P_n = P_0 (1+r)^n$$

單利實際上是不承認利息可產生利息，也就是不承認作為利息的貨幣與作為本金的貨幣一樣具有時間價值。這種單利的利息方式常常在我國銀行存款中使用，但不適用於研究債券定價，也即債券的終值計算公式應為：

$$P_n = P_0 (1+r)^n$$

式中，n 為期數；P_n 為從現在開始 n 個時期的未來值，即終值；P_0 為現在投入的本金；r 為每個時期的利率。

2. 現值

現值是終值運算的逆運算。按債券的市場價格購買債券時，常常要考慮購買債券時債券的現值。因為若債券的市場價格小於債券的現值，則購買並持有債券到期可獲得大於債券票面利率的利息收入，而當債券的票面利率高於市場利率時，購買債券就可獲得高於銀行存款利息收益而承擔低於股票投資的風險。

現值的計算公式為：

$$P_0 = \frac{P_n}{(1+r)^n}$$

現值常被稱為貼現值，其利率 r 則被稱為貼現率，$1/(1+r)^n$ 稱為貼現系數。

3. 年金

在瞭解了終值和現值的概念及計算之後，再引入年金的概念。

年金一般是指在一定期數的期限中，每期支付或得到相等的一筆現金。常見的年金收支時間為每期期末，這種年金被稱為普通年金。對一筆年金，常常關注它的現在價值和未來價值，即年金的現值和終值。

一筆年金的終值正好等於每一期收支現金的終值之和，即設 A 為每期年金額，

第五章 證券價格與股價指數

R 為投資收益率，N 為從支付日到期末所余年數，P_n 為終值，則計算公式為：

$$P_{n.} = A(1+r)^{n-1} + A(1+r)^{n-2} + \cdots + A(1+r) + A = \frac{A[(1+r)^n + 1]}{r}$$

一筆年金的現值正好等於各期收支現金的現值之和，即若以 A 為每期年金額，r 為貼現率，n 為支付到計算期的年數，P 為現值，則計算公式為：

$$P = \frac{A}{(1+r)} + \frac{A}{(1+r)^2} + \cdots + \frac{A}{(1+r)^n} = \frac{A\left[1 - \frac{1}{(1+r)^n}\right]}{r}$$

三、債券理論價格的計算

債券理論價格的計算與債券的利息支付方式有關，常見的債券利息支付方式有一般附息債券、貼現債券和附息債券。

1. 一般附息債券

一般附息債券是指債券利息按票面利率計算，債券到期後一次還本付息。這種債券只有到期時一次性取得債券的本息之和。所以，對於這樣的債券只需要找到合適的貼現率，而后對債券的終值貼現就可以了。一般附息債券的理論價格（現值）的計算公式為：

$$P = \frac{M(1+r)^n}{(1+k)^m}$$

上式中，M 為面值，r 為票面利率，n 為從發行日至到期日的時期數，k 為該債券的貼現率（通常以當時的市場利率為標準）；m 為從買入日至到期日的所余時期數。

2. 貼現債券

貼現債券是指以面額為基礎，將債券利息用貼現的方式先行扣除，採用低於面額的價格發行，到期后按面額償還的債券，又稱零息債券。貼現債券的理論價格計算公式為：

$$P = \frac{M}{(1+k)^m}$$

上式中，M 為債券面值，k 為當時的市場利率，m 為自買入日至到期日的剩余期數。

3. 附息債券

附息債券是指債券利息按規定利率計算，債券發行單位每年在付息日支付本期利息的債券。因這種債券在過去的形式為債券上附有各期領取利息的憑證（稱為息票），所以又稱附息債券。

對於附息債券，其每年支付的利息恰好相當於一筆年金，因此附息債券理論價格的計算公式應為：

$$P = \frac{C}{1+k} + \frac{C}{(1+k)^2} + \cdots + \frac{C}{(1+k)^m} + \frac{M}{(1+k)^m}$$

$$= \frac{C\left[1 - \frac{1}{(1+k)^m}\right]}{k} + \frac{M}{(1+k)^m}$$

上式中，C 為每年支付的利息，M 為債券的面值，k 為市場利率，m 為從購買日到債券到期日的剩餘年數。

對附息債券，當市場利率大於債券票面利率時，其理論價格低於債券面額；當市場利率等於票面利率時，其理論價格等於面額；當市場利率小於票面利率時，其理論價格高於面額。

從上述債券的理論價格的計算公式中，可歸納出影響債券價格變化的因素主要有：①在市場利率不變的情況下，越接近債券到期日，則債券價格越高，即在理論上，債券價格應是逐漸上漲的過程；②市場利率的變化要影響債券價格的變化，當市場利率上升時，債券價格要下降；相反，當市場利率下降時，債券價格就會上升。

第三節　股票價格指數

股票市場中股票種類繁多，價格各異。為了能綜合反應股票市場各類股票價格變化的平均水平，一般用在證券交易所上市的部分或全部股票的價格在某一時刻的某種平均值來表示。又由於該平均值只能反應股票價格在固定時刻的情況，不能反應股票價格整體的漲落幅度，因此引入股票價格指數，簡稱股價指數。本節介紹股價指數的概念、意義、種類及編製方法，並介紹幾種世界主要國家和地區的股價指數。

一、股價指數的概念和意義

股價指數是反應股票價格綜合變動趨勢和程度的比較數，是將多種股票的某種平均價在兩個不同時期的數值進行比較的結果。作為比較基礎的分母稱為基期水平，用來與基期比較的分子稱為計算期水平。股價指數概念本身是為瞭解決衡量整個股票行市的變化問題而產生的，其實質是用不同時期的平均值的比較來表述整個股票和市場的變化。

世界上各個主要的證券交易所都有自己的股票價格指數，並且指數的編製也逐步發展為由綜合到分類，由單一到多樣，由各交易所自己編製到多個交易所統一編製。如在我國的上海和深圳證券交易所就有綜合指數、成份指數、分類指數、A 股指數、B 股指數等。而國際著名的有道瓊斯指數、標準普爾指數、《金融時報》股

第五章 證券價格與股價指數

價指數、日經指數和香港恒生指數等。

編製股價指數具有以下幾方面的意義:

(1) 股價指數不僅能反應一定時點上市股票價格的相對水平,同時也能反應一定時期股票市場平均漲落變化的情況和幅度。

(2) 股價指數不僅反應了股票市場發展變化的趨勢,而且也大致反應了國民經濟的基本情況和發展態勢,是衡量一國政治經濟狀況的參照表。

(3) 股價指數為股票投資者提供了公開和合法的參考依據,投資者通過股價指數的起伏變動可以觀察和分析股票市場的發展趨勢,從而做出相應的投資選擇。

(4) 股價指數本身為投資者提供了一種新的投資機會,例如股價指數期貨交易。因此,股價指數實際上已成為一種相對獨立的金融投資工具。

二、股價指數編製的種類和方法

股價指數是報告期的股價與某一基期相比較的相對變化數。它的編製是先將某一時點定為基期,設定基期值(即基期股價指數)為 100(也可取 10 或 1000 等),然後再用報告期股價與基期股價相比較而得出,其種類和編製方法主要有以下幾種:

1. 算術平均股價指數

算術平均股價指數是指採用算術平均計算的股價指數,又分簡單算術平均法和總和法兩種。

(1) 簡單算術平均法。簡單算術平均法就是先計算各成分股(選入股指計算的股票)的股價指數,再加總求其算術平均並乘以基期值,其計算公式為:

$$股價指數 = \left(\frac{1}{n} \sum_{i=1}^{n} \frac{P_{1i}}{P_{0i}} \right) \times 基斯值$$

上式中,P_{0i} 表示第 i 種成分股基期價格;P_{1i} 表示第 i 種成分股計算期(即報告期)價格;n 為成分股的數目。

(2) 總和法。總和法是先將各成分股票的基期和計算期價格分別加總求和,再對比並乘以基期值,其計算公式為:

$$股價指數 = \frac{\sum_{i=1}^{n} P_{1i}}{\sum_{i=1}^{n} P_{0i}} \times 基期值$$

2. 加權平均法股價指數

加權平均法股價指數是用加權平均法計算的股價指數,它是採用成分股的股本總數或交易量作權數分別計算出基期和計算期成分股的股本總市值,然後進行對比而求出,其計算公式為:

$$股價指數 = \frac{計算期成分股總市值}{基期成分股總市值} \times 基期值$$

證券投資

由於成分股的資本額甚至成分股本身會隨著時間的推移發生變化，因此，應根據實際情況對指數進行調整，調整公式為：

$$股價指數 = \frac{新成分股某日總市值}{上日成分股調整總市值} \times 上日收市指數$$

由於加權平均法中的權數可以根據需要分別固定在基期和計算期，因而用加權平均法計算股價指數就有兩個計算公式：

(1) 以基期股票發行量或交易量作權數。

$$股價指數 = \frac{\sum_{i=1}^{n} P_{1i} Q_{0i}}{\sum_{i=1}^{n} P_{0i} Q_{0i}} \times 基期值$$

上式中 P_{0i} 為第 i 只成分股基期價格，P_{1i} 為第 i 只成分股計算期價格，Q_{0i} 為第 i 只成分股基期發行量或交易量，n 為成分股個數。

(2) 以計算期發行量或交易量為權數。

$$股價指數 = \frac{\sum_{i=1}^{n} P_{1i} Q_{1i}}{\sum_{i=1}^{n} P_{0i} Q_{1i}} \times 基期值$$

上式中 Q_{1i} 為第 i 只成分股計算期股票發行量或交易量。

此外，還有幾何平均法股價指數等。幾何平均法股價指數是用幾何平均法計算的股價指數，其方法是先分別求出計算期和基期各成分股股價的幾何平均值，再對比並乘以基期值得到股價指數。因其計算式較複雜，就不詳細介紹了。

三、上海、深圳股價指數

1. 上海證券交易所股價指數

上海證券交易所股價指數共編製了九項，形成了以上證指數為核心的股價指數系列，包括：①上證綜合指數；②上證 A 股指數；③上證 B 股指數；④上證 30 指數；⑤工業分類指數；⑥商業分類指數；⑦公用事業分類指數；⑧地產業分類指數；⑨綜合企業分類指數。這些指數的編製和公布，對完整地反應上海證券交易所上市股票價格的總體變動水平和各分類股價變動水平，都起到了積極作用。

(1) 上證綜合指數。上證綜合指數是以上市的全部股票為對象來計算指數，反應的是市場全部股票股價的平均波動。其特點是能簡略地反應上海股市的波動率，並且考慮了各種股票在股市中的地位和影響。

上證綜指以 1990 年 12 月 19 日為基期，基期值取定為 100，以股票發行量為權數進行編製，其計算公式為：

$$股份指數 = \frac{報告期市價總值}{基期市價總值} \times 100$$

第五章　證券價格與股價指數

若遇上市公司增資擴股、新股上市等情況，則需對指數進行修正，以保證股指的真實性。

（2）上證30指數。上證30指數是一種從上海證交所上市的所有A股中抽取最具代表性的30種樣本股票作為計算對象，並以流通股數為權數的加權綜合股價指數。它以1996年一季度的平均流通市值為基期指數（基期值），且基期值定義為1000，其計算公式為：

$$報告期指數 = \frac{報告期指數股的流通市值}{基期指數股的流通市值} \times 1000$$

$$流通市值 = \sum (市價 \times 流通股數)$$

由於上證30指數由上交所上市的所有A股股票中精選的30種組成，具有行業代表性和績優性，是上證綜指極為重要的補充，對引導投資者樹立理性的投資理念具有較重要的參考意義。

2. 深圳證券交易所股價指數

深圳證券交易所股價指數共有12項，即：①深圳綜合指數；②深圳A股指數；③深圳B股指數；④深圳成分股指數；⑤成份A股指數；⑥成份B股指數；⑦工業分類指數；⑧商業分類指數；⑨金融分類指數；⑩地產分類指數；⑪公用事業指數；⑫綜合企業指數。

（1）深圳綜合指數。深圳綜合指數是以上市的全部股票作為對象來計算的，這樣能比較全面、準確地反應某一時點股票價格的全面變動情況。

深圳綜合指數與上證綜合指數一樣，都是以發行量作為權數來加以計算。但兩者在基期修正方法上有很大差異。深圳綜合指數在採用股的股本結構有所變動時，改用變動之日為新基日，並以新基數計算，同時用連鎖方法將計算而得的指數看成原有基日指數，以維持指數的連續性。每日連鎖方法的環比公式如下：

$$今日即時指數 = 上日收市指數 \times \frac{今日即時指數股市總市值}{經調整的上日指數股收市總市值}$$

也就是說，深圳綜合指數是通過將變動部分與原有的指數相乘加以調整的，這種方式存在一些不足，如指數內部結構變動頻繁影響指數前後的可比性等。因此在實際運用中，深圳綜合指數的使用不如深圳成分股指數廣泛。

（2）深圳成分股指數。深圳成分股指數是指從深交所上市公司中按一定原則選出40家上市公司的股票作為計算對象，並以能夠上市交易的股本數，即流通股作為權數編製的股價指數。它能較真實地反應現實流通市場價格變動的趨勢。

成分股的選擇原則是：有一定的上市交易日期、有一定上市規模、交易活躍。在此原則上，考慮下列因素挑選40家上市公司作為成分股。這些因素包括公司股票在過去一段時間內的平均市盈率、公司的行業代表性及所屬行業的發展前景、公司近年財務狀況、盈利記錄、增長展望及管理素質等，以及公司的地位和板塊代表等，只有股本達到一定規模且業績達到一定標準或排序較前的股票才能進入成分股。這

就需要對成分股作定期考察，及時更換，以利於上市公司間的競爭和優勝劣汰，活躍市場，並保證優質股票的代表性。

四、世界上幾種重要的股價指數

1. 道瓊斯股價平均指數

道瓊斯股價平均指數是由美國新聞出版商道·瓊斯公司於1884年開始編製的，其編製方法是將計算期的股價平均數與基期的股價平均數對比計算而得，採用的是簡單算術平均法，后改為修正算術平均法。目前的道瓊斯指數以1928年10月1日為基期，基期股價平均數定為100。股價指數升降以點表示，每一點代表基期指數100的一個百分點。

道瓊斯指數分為以下四種：

（1）道瓊斯工業股價平均指數，由30種具有代表性的大工業公司的股票組成。

（2）道瓊斯運輸業股價平均指數，由20家大的鐵路、輪船、航空公司等的股票組成。

（3）道瓊斯公用事業股價平均指數，由15家公用事業公司組成。

（4）道瓊斯綜合股價指數，由以上30種工業股票、20種運輸業股票以及15種公用事業股票，共計65種股票組成。目前常用的道瓊斯指數指的是道瓊斯工業股價平均指數。

為了使股價指數能反應市場的實際變動，道瓊斯指數中的樣本股票經常進行調整，以保證道瓊斯指數的樣本股票始終充滿活力並具有充分的代表意義。

2. 標準普爾股價指數

標準普爾股價指數是由美國標準普爾公司編製的，股價指數始於1923年。最初樣本股票為233種，到1957年擴大為500種。其中包括400種工商業股票、20種運輸業股票、40種公用事業股票和40種金融業股票。標準普爾股價指數採用加權平均法計算，基期選在1941年至1943年間的平均市場總額，基期值為100。

標準普爾股價指數由於包括500種主要行業的股票，所以影響較廣泛且總市值很大，較道瓊斯指數具有更廣泛的代表性。

3. 恒生指數

恒生指數是香港恒生銀行根據各行業具有代表性的33種股票的市場價格加權計算而產生的，是中國香港股票市場上歷史最久，影響最大的一種股價指數。恒生銀行於1969年11月24日開始發布每天的恒生指數，並以1964年7月31日為基期，基期值定為100。構成恒生指數的樣本股票為33種，稱為「成分」。成分股股票由4種金融業股票、6種公用事業股票、9種地產股股票和14種其他行業股票所構成。

4.《金融時報》股價指數

《金融時報》股價指數是由英國倫敦《金融時報》社編製發表的反應倫敦證券

第五章　證券價格與股價指數

交易所工業和其他行業股票價格變動的指數。其中最具影響的《金融時報》工業指數是 1935 年開始編製的一種成分股指數，由具有代表性的 30 家工業公司股票組成。最初以 1935 年 7 月 1 月為基期，后調整為 1962 年 4 月 10 日。基期股價指數為 100 (基期值為 100)。

5. 日經股票價格指數

日經股票價格指數是由日本經濟新聞社編製公布的反應日本股票市場價格變動的股價指數，基期為 1950 年 9 月 7 日，基期值為 100。

第六章 證券投資基本分析

● 第一節 證券投資分析概述

我們知道，證券投資分析是人們通過各種專業分析方法，對影響證券價值或價格的各種信息進行綜合分析，以判斷證券價值或價格及其變動的行為，是證券投資過程中的一個重要環節。證券投資分析主要解決如何確定買賣時機、買什麼證券以及如何構建最優證券投資組合三方面的問題。顯然這三個問題都是投資者最為關注的問題，直接影響投資成敗，因此證券投資分析具有十分重要的實踐指導意義。

一、證券投資分析方法種類

證券投資分析在理論上有不同的流派，主要流派有基本分析流派、技術分析流派、行為分析流派、學術分析流派等。因此，在證券投資實踐中也有不同的方法被投資者所選用，目前所採用的分析方法主要有三大類。第一類方法是基本分析——主要根據經濟學、金融學、投資學等基本原理推導出結論的分析方法；第二類方法是技術分析——僅從證券的市場行為來分析證券價格未來變化趨勢的方法；第三類方法是證券組合分析——主要考慮證券投資的風險收益均衡管理。其中基本分析方法與技術分析方法兩大類方法作為經典的證券投資分析方法，由本章與下章分別講述。

二、證券投資基本分析及其理論基礎

證券投資基本分析，又稱基礎分析或經濟形勢分析，是指證券投資分析人員通

第六章　證券投資基本分析

過對決定證券投資價值及價格的基本要素的分析，評估證券的投資價值，判斷證券的合理價位，從而提出相應的投資建議的一種方法。

證券投資基本分析以兩個假設為前提：「股票的價值決定其價格」「股票的價格圍繞價值波動」。基本分析流派對證券價格波動原因的解釋是對價格與價值間偏離的調整，即市場價格和內在價值之間的偏差最終會被市場所糾正，因此市場價格低於或高於內在價值之日就是買入或賣出之時。證券投資基本分析體現了以價值分析理論為基礎、以統計方法和現值計算方法為主要分析手段的基本特徵。

主要通過基本分析方法進行證券投資的投資行為往往被人們稱作價值投資。世界著名投資大師、「股神」沃倫・巴菲特就是用價值投資理念進行投資，他享有有史以來世界最偉大的投資家稱謂，他倡導的價值投資理論風靡世界。他也向世人證明了證券投資基本分析不僅是證券投資分析的最為重要的組成部分，而且也可以單獨使用並獲得成功。他也依靠在股票、外匯市場的投資成為世界巨富，對世人有了更大的示範效應。

證券投資基本分析的理論基礎主要來自以下四個方面：一是經濟學，經濟學所揭示的各經濟主體、各經濟變量之間的關係原理，為探索經濟變量與證券價格之間的關係提供了理論基礎。二是財政金融學，財政金融學所揭示的財政政策指標、貨幣政策指標之間的關係原理，為探索財政政策和貨幣政策與證券價格之間的關係提供了理論基礎。三是財務管理學，財務管理學所揭示的企業財務指標之間的關係原理為探索企業財務指標與證券價格之間的關係提供了理論基礎。四是投資學，投資學所揭示的投資價值、投資風險、投資回報率等的關係原理為探索這些因素對證券價格的作用提供了理論基礎。

另外，哲學是凌駕於各個學科之上的一門學科，它所揭示的哲學思想、哲學觀點等對分析證券價格變動因素的現象與本質具有很重要的指導作用。

三、證券投資基本分析方法的內容

影響證券市場價格和投資收益水平的因素有許多，在經濟因素中，既有宏觀經濟因素，如經濟週期、國民生產總值、利率、貨幣政策、財政政策、通貨膨脹等；中觀經濟因素，如行業壽命週期、行業經濟波動等；也有微觀經濟因素，如企業自身的經營狀況等。因此，基本分析主要包括三個方面的內容，分析過程見圖 6.1。

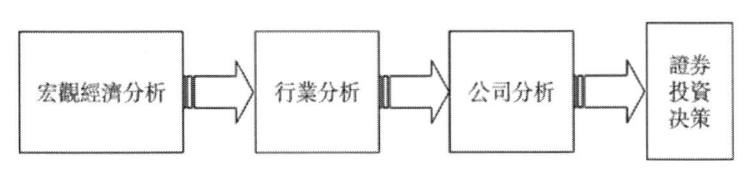

圖 6.1　基本分析過程

證券投資

(1) 宏觀經濟分析。宏觀經濟分析主要探討各經濟指標和經濟政策對證券價格的影響。

(2) 行業分析。行業分析是介於經濟分析與公司分析之間的中觀層次的分析，主要分析產業所屬的不同市場類型、不同生命週期以及產業的業績對證券價格的影響。

(3) 公司分析。公司分析是基本分析的重點，無論什麼樣的分析報告，最終都要落實在某個公司證券價格的走勢上。公司分析主要包括公司財務報表分析、公司產品與市場分析、公司證券投資價值及投資風險分析。

總之，通過對以上三個內容的基本分析之後，就可以比較清楚地瞭解宏觀經濟指標、經濟政策走勢、行業目前所處的生命週期以及行業的發展、上市公司的行銷和財務現狀等現狀及發展前景，以及這些信息對證券市場價格的影響，進而為證券投資決策提供重要的參考依據。

第二節　宏觀經濟分析

證券投資的宏觀經濟分析在基本分析層面來看具有戰略意義，股民們常說的「看大勢者賺大錢」，即把握宏觀經濟發展的大方向、宏觀經濟因素的變化，尤其是貨幣政策和財政政策的變化，就能把握證券市場的總體變動趨勢，也才可能做出正確的投資決策。

如果不考慮具體某只股票及其所處行業，則只需通過正確的宏觀經濟分析，就可以直接判斷整個證券市場的投資價值，因為證券市場的投資價值與國民經濟整體素質及其結構變動密切相關。當證券市場信息披露監管到位且證券市場達到一定的規模，證券市場成為國民經濟不可或缺的重要組成時，整個證券市場的投資價值就是整個國民經濟增長質量與速度的反應，證券市場就成為國民經濟的晴雨表。影響宏觀經濟形勢的相關變量主要有經濟週期、國民生產總值、通貨膨脹、利率、匯率、財政政策、貨幣政策等。

一、經濟週期

經濟週期也稱商業週期、景氣循環，它是指經濟運行中週期性出現的經濟擴張與經濟緊縮交替更迭、循環往復的一種現象。經濟週期包括「衰退」和「復甦」兩個主要階段，而「高峰」和「低谷」通常分別被稱為「繁榮」和「蕭條」，它們是衰退和擴張這兩個階段的轉折點。經濟週期的形式是不規則的：週期的「峰」、「谷」水平不同；每個階段持續時間和週期長度不同，但週期卻往往具有相似性。一般可分為繁榮、衰退、蕭條和復甦四個階段，現在也有人將之分為衰退、谷底、

第六章　證券投資基本分析

擴張和頂峰四個階段。

在影響證券價格變動的市場因素中，經濟週期的變動是最重要的因素之一。證券市場綜合了人們對於經濟形勢的預期，這種預期又必然反應到投資者的投資行為中，從而影響證券市場的價格。因此投資者越來越多地關心經濟形勢，也就是經濟大氣候的週期性變化。在不同的時期，證券市場價格波動會表現為不同的特徵。對經濟週期波動必須瞭解、把握，並能制定相應的對策來適應週期的波動，否則在波動中可能踏錯節奏導致投資失敗。

在對股票價格與經濟週期的實證研究中，人們發現股市通常在經濟衰退的中途創最低點並開始回升，並且繼續上升到下次衰退前半年或更早的時期。然后股票市場往往劇烈下跌，直到下一次衰退期的中途，才又開始隨著預測經濟好轉而回升。股票市場作為「經濟的晴雨表」，一般情況下將提前反應經濟週期。

（1）在經濟繁榮時期，信用擴張，消費旺盛，投資會迅速增長，生產持續上升，企業經營情況良好，利潤豐厚，整個社會就業充分，經濟環境較好，成交劇增，股價指數屢創新高，證券行業看好。當經濟繁榮到一定程度後，政府為調控經濟會提高利率，實行緊縮銀根的政策，公司業績會因成本上升、收益減少而下降，股價上升動力衰竭。此時股價所形成的峰位往往成為牛市與熊市的轉折點。此時經濟便進入危機階段。

（2）在經濟衰退時期，國民生產總值增速下降，生產停滯，失業率增加，銀行資金枯竭，人們對經濟前景悲觀失望。這時，大眾投資者將競相拋售證券，股價由繁榮末期的緩慢下跌變成急速下跌。當經濟跌到谷底以後，經濟便進入蕭條時期。

（3）在經濟蕭條時期，經濟活動低於正常水平的階段，信用收縮，消費萎縮，投資減少，生產下降，效益滑坡，失業嚴重，收入相應減少，悲觀情緒籠罩著整個經濟領域。此時，由於大眾對經濟前景沒有信心，利空消息滿天亂飛。由於大多數人的證券投資活動處於觀望階段，市場人氣極度低迷，成交萎縮頻創地量，股指不斷探新低，一片熊市景象。當蕭條到一定時期，政府為了刺激經濟增長，出抬放鬆銀根及其他有利於經濟增長的政策。嗅覺敏銳的投資者開始吸納股票，股價緩緩回升。與此同時，企業間的兼併與收購也在進行，而這種併購活動主要是通過證券市場來實現的，也在一定程度上刺激了股市的回升。經濟的復甦也隨之而來。

（4）在經濟復甦時期，各項經濟指標顯示，經濟已開始回升，固定資本投資擴大，企業經營活動日趨活躍，資本週轉加快，企業利潤增加。因經濟的復甦使居民的收入增加，加之良好預期，這時股價上漲，股市的獲利效應使投資者對股市的信心增強，更多的資金投資股市，證券市場開始進入黃金時期。復甦的經濟重新進入了繁榮時期。

不難看出，證券市場的變化趨勢與經濟週期變化趨勢是大體相同的。經濟繁榮，股市也繁榮；經濟蕭條，股市也蕭條。經濟的週期波動影響到企業的收益，企業收益變動又影響到股利的增減，股利的增減影響到投資者的心理，投資者心理的變化

證券投資

又導致股票市場的供需關係的變化，股票市場上的供求關係的變化最終導致股票價格的變化，如此循環往復。應該指出的是，證券市場的變化趨勢和經濟週期在時間上往往並不一致，通常，證券市場趨勢的變化比經濟週期的變化超前一段時間。有資料表明，美國股票市場一般在經濟緊縮前7個月開始下跌，經濟擴張前6個月開始上升。[①] 這是因為，證券價值是未來各期收益的折現值，證券價格反應投資者對未來情況的判斷。就是說，人們對經濟週期變化的預測直接影響了證券市場價格的變化。

一般而言，從蕭條、復甦到高漲的過程中出現的是多頭市場；從高漲經衰退到蕭條的過程中出現的則是空頭市場，見圖6.2、圖6.3。

蕭條 ⇒ 復蘇 ⇒ 繁榮

圖6.2 多頭市場的經濟週期階段變化軌跡

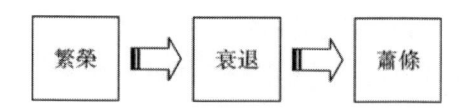

繁榮 ⇒ 衰退 ⇒ 蕭條

圖6.3 空頭市場的經濟週期階段變化軌跡

另外，在經濟週期的不同階段，不同行業的股票的表現會不盡相同。從股價與宏觀經濟的關係看，股票可分為三類：第一類是與宏觀經濟運行經濟週期關係密切的股票，如建材行業、房地產行業、金融行業、基礎原材料行業。第二類是與經濟週期關係不很密切的行業，如日常生活用品行業、公用事業等。第三類是增長幾乎不受經濟週期影響的行業，如高科技行業、新興產業等。由此可見，在經濟週期的不同階段應有不同的選股思路，不同時期要選擇不同的行業進入才能最大可能獲利。

還有，經濟週期各階段的判斷標準一直在探討之中，不同歷史時期不同的經濟形勢應有不同的判斷標準。比如在西方國家，通常認為若連續兩個季度國民生產總值都在下降，則表明經濟已經進入衰退階段。實踐中，有人用經濟增長率結合通貨膨脹率和年存款利率作為判斷指標，例如，經濟增長率這個主要指標超過10%，通貨膨脹率和年存款利率均小於10%，則得出經濟週期處在繁榮期的結論。

小卡片：案例及思考

資料一：判斷標準案例

（1）復甦期：銀根開始放鬆，利率調低，貸款增加、經濟增長高於物價增長，股市開始升溫，房地產開始走出谷底。例如第三次經濟週期中，1991年處於復甦

---

① 佟家棟. 股票價格變動與經濟運行——以美國為例的分析 [M]. 天津：南開大學出版社，1995：19.

第六章　證券投資基本分析

期，這年股市升溫，房地產走出1989年的谷底。

判斷標準：10% > 經濟增長率>通貨膨脹率<年存款利率<10%

（2）繁榮期：經濟增長超過10%，生產資料價格上漲，股市、房地產達到高峰，原材料、能源、交通緊張，國家財政緊張。如第三次經濟週期的1992年，股市、房地產形成熱潮，鋼材等生產資料價格節節攀升。

判斷標準：10%<經濟增長率>年存款利率>通貨膨脹率

本年經濟增長率>上一年經濟增長率

（3）緊縮期：銀根緊縮，貸款減少，銀行利率調高，經濟增長速度逐年回落，生產資料價格先下降，生產資料價格降到底后，消費資料價格開始大幅上漲，股市、房地產降溫，企業經濟效益下降。1993年下半年到1995年為第三次經濟週期緊縮期，這三年股市、房地產處於熊市，1993年生產資料如鋼材從4000多元/噸降到1994年的2000多元/噸，1994年消費資料價格開始大幅上升，全年通脹率達到21.7%。

判斷標準：通貨膨脹率>年存款利率

（4）衰退期：銀根緊縮，經濟增長低於10%，消費資料價格降到低水平，經濟增長率達到最低點，企業大面積虧損。

判斷標準：經濟回落後首次同時滿足以下條件：

上一年經濟增長率>本年經濟增長率<下一年經濟增長率

10%>經濟增長率>通貨膨脹率<年存款利率

衰退期最多一年，有時一年中衰退期和復甦期同時出現，如1986年、1996年衰退期是上一經濟週期向下一經濟週期的過渡期。

思考：暫且不論資料一所給案例結論的準確性，其所用的思路值得借鑑並有待完善。

資料二：我國股市與宏觀經濟週期的關係及投資策略案例

（1）宏觀經濟衰退期末，股市開始走出谷底。1991年末，宏觀經濟處於第二次經濟週期衰退期末，當時雖然股市初創，只是區域性小規模，但股市已走出谷底，開始回升。1996年上半年宏觀經濟處於第三次經濟週期的衰退期末，股市從3月份開始走出谷底，深成指從960點開始緩慢回升，進入4月份股市明顯好轉，結束長達三年的熊市。

投資策略：衰退期末大膽建倉。

（2）宏觀經濟復甦期，股市持續上漲。1991年宏觀經濟處於第三次經濟週期復甦期，深成指從420點上漲到11月份的1200點，上漲1.85倍。11月下旬由於行情過於火爆，政策干預加之年終結算，股市迅速降溫，2周內深成指從1200點跌到840點，跌幅達30%。1996年下半年，宏觀經濟處於第四次經濟週期復甦期，深成指從6月份的1600點上漲到12月份上旬的4500點，上漲1.81倍。12月中旬也是

117

證券投資

由於行情過於火爆，政策影響加之年終結算，股市迅速降溫，2週內深成指從4500點跌至2800點，跌幅達37%。

投資策略：復甦期大膽持股。如行情火爆，特別是利空頻頻出抬時，果斷清倉。

(3) 宏觀經濟繁榮期，股市繼續上漲，於繁榮期結束前2~3個月達到股市最高點。一般繁榮期股市的波動和風險比復甦大。例如1992年是第三次經濟週期的繁榮期，年初1~3月是機構橫盤建倉，3月下旬開始進入拉升，6月深成指漲到2900點的高位，然后調整到2100點，跌幅達27.5%。8月又反彈到2900點，然后一路下跌，到11月底跌到1560點，從2900點到1560點的跌幅達46.2%。從11月底股市又急遽回升，於1993年3月（即1993年5月調高利率前的2個月）達到第三次經濟週期的最高點3400點。

投資策略：繁榮期的年初大膽建倉，年中注意暴跌風險，繁榮期末，有調高利率的呼聲時全部清倉。

(4) 宏觀經濟緊縮期，股市長期處於熊市。如從1993年下半年至1995年宏觀經濟處於緊縮期，股市一路下跌，中間由於政策救市股市反彈，但行情極其短暫，曇花一現。

投資策略：遠離股市。

資料二將部分時期的宏觀經濟週期與股市漲跌作比較，結論是客觀的，但如果想當然地將其推廣為一般的結論（定論）就不一定正確了，因為A股市場股價的漲跌有時與經濟週期是沒有聯繫的。但其所用的分析思想值得借鑑，通過對長期信息的收集整理與分析就會得出有說服力的結論，以指導證券投資實踐。

二、國民生產總值

國民生產總值（GNP）是以貨幣表示的一個國家在某一時期內（一般按年統計）所生產的商品與勞務的總值。GNP是按國民原則核算的，只要是本國（或地區）居民，無論是否在本國境內（或地區內）居住，其生產和經營活動新創造的增加值都應該計算在內。比如，我國的居民通過勞務輸出在境外所獲得的收入就應該計算在GNP中。GNP與股票價格有著密切的關係，有學者測算了股票價格指數與國民生產總值的相關係數，如道瓊斯30種工業股票價格平均指數與美國GNP的相關係數為0.92。

國內生產總值GDP是指一個國家（或地區）所有常住居民在一定時期內（一般按年統計）生產活動的最終成果。GDP是按國土原則核算的生產經營的最終成果，是最為重要的國民經濟總體指標之一。現在講經濟總量一般用的是GDP指標。

GDP主要由投資、消費、出口、進口以及政府的支出幾大板塊組成。總體上看，當股市上升的時候，私人財富增加，而且會刺激消費，促進經濟增長；相反，如果股市下跌，私人財富就會縮水，對消費或多或少有負面效應。因此，長期的熊

第六章　證券投資基本分析

市就會影響消費，從而又影響到固定資產的投資萎縮，這樣就會引起經濟衰退。

具體分析 GDP 變化與證券市場波動的關係，在 GDP 變動（長期）上市公司行業結構與該國產業結構基本一致的情況下，股票平均價格變動與 GDP 變化趨勢相吻合，大體可得出如下結論：

（1）持續、穩定、高速的 GDP 增長——證券市場呈上升走勢。

（2）高通脹下的 GDP 增長——失衡的經濟增長必將導致證券市場行情下跌。

（3）宏觀調控下的 GDP 減速增長——證券市場呈平穩漸升的態勢。

（4）轉折性的 GDP 變動——當 GDP 負增長速度逐漸減緩並呈現向正增長轉變的趨勢時，證券市場走勢也將由下跌轉為上升；當 GDP 由低速增長轉向高速增長時，證券市場亦將伴之以快速上漲之勢。（我國實際）1990 年至 2003 年間，我國證券市場指數趨勢與 GDP 趨勢基本一致，總體呈上漲趨勢。但部分年份裡，股價指數與 GDP 走勢也出現了多次背離的現象。

從股票市場分析，國民生產總值下降意味著大多數公司的經營情況不佳，這必然會帶來股票價格下降。如果國民生產總值上升，情況則恰恰相反。從長期看，股票價格的波動是與國民生產總值的變化一致的。但國民生產總值與股價變化的速率往往不一致。在不同時期，尤其在短期內，兩者的變化速度有可能存在較大的差距，有時甚至朝相反的方向變化。就是說，國民生產總值與股價之間並不總是存在正比例的關係（見圖 6.4）。但這並不影響我們在證券投資基礎分析中，把國民生產總值作為一個重要因素來加以研究。

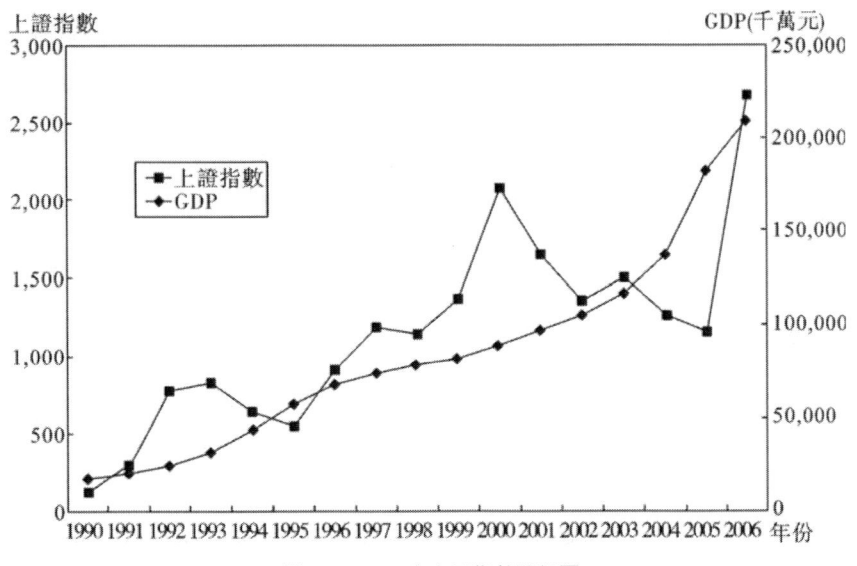

圖 6.4　GDP 與上證指數關係圖

三、通貨膨脹

通貨膨脹是指用某種價格指數衡量的一般價格水平的上漲。人們常把物價上漲率視為通貨膨脹率。通貨膨脹的主要表現是貨幣供應量增加過快，導致物價上漲，貨幣貶值。通貨膨脹不僅產生經濟影響，還可能產生社會影響，並影響投資者的心理和預期，從而對股價產生影響。關於通貨膨脹對證券市場趨勢的影響可以說是多方面的，它既有刺激證券市場的作用，又有壓抑證券市場的作用。

通貨膨脹對股票市場趨勢的影響是比較複雜的，就是對股價特別是個股，也無永恆的定勢。在通貨膨脹的初期，由於貨幣供應量的增加，經濟處於景氣（擴張）階段，產量和就業都持續增長，那麼股價持續上升。此外，由於貨幣發生貶值，人們最關心的是投資保值問題。處於消費品價格長期上漲狀態中的投資者往往利用股票投資作為逃避通貨膨脹的手段，刺激了人們對證券的需求，股份持續上升。但通貨膨脹到一定程度時，將會推動利率上漲。同時，長期的通貨膨脹，也會使人們對政府控制通貨膨脹的能力產生懷疑，對經濟的持續增長失去信心。投資者發現任何資本市場的投資都起不到保值作用，在保值需求的壓力下，他們紛紛將資金投資於實物資產或其他可以保值的物品，資金流出證券市場，引起股價和債券價格下跌。另外，經濟扭曲和失去效率，企業籌集不到必需的生產資金，同時，原材料、勞務成本等價格飛漲，使企業經營嚴重受挫，盈利水平下降，甚至倒閉。因此，通貨膨脹對股市的影響取決於它本身對其兩種作用力的力量對比。當刺激的作用大時，股票市場的趨勢將與通貨膨脹的趨勢一致；當壓抑的作用大時，股票市場的趨勢將與通貨膨脹的趨勢相反。

需要注意的是，通貨膨脹時期，並不是所有價格和工資都按同一比率變動，而是相對價格發生變化。這種相對價格變化引致財富和收入的再分配，因而某些公司可能從中獲利，而另一些公司可能蒙受損失。

小卡片：兩個小常識

（1）通貨膨脹在程度上可分為溫和的、嚴重的和惡性的三種。理論上沒有絕對的量化標準，但實踐中人們總是根據當年的經濟發展速度與物價水平有一個大致的劃分，例如有人指出溫和的通貨膨脹是指年物價上升比例低於6%的通貨膨脹，嚴重的通貨膨脹是指每年物價上升比例在6%~50%的通貨膨脹，惡性的通貨膨脹則是指每年物價上升比例在50%以上的通貨膨脹。

（2）為抑制通貨膨脹而採取的貨幣政策和財政政策通常會導致高失業和GDP的低增長，因此政府相關政策總是在利弊之間平衡。

四、利率

利率是指在借貸期內所形成的利息額與本金的比率。

第六章　證券投資基本分析

　　在其他條件不變時，市場利率水平的上升同時抑制供給和需求。由於市場利率上升引起存款增加和貸款下降，一方面是居民消費支出減少，需求減少；企業的生產成本增加，利息負擔加重，造成公司利潤下降，股票收益下降，價格也因此降低。另一方面，市場利率水平的上升還會使股票二級市場的部分流動資金回流銀行，也會造成股票價格的降低。相反，市場利率水平的降低則會引起需求和供給的雙向擴大。一方面，可以降低公司的利息負擔，直接增加公司盈利，股票收益增多，價格也隨之上升。另一方面，市場利率的降低，使從事股票的投資者能夠以低利率借到所需資金，增大了股票需求，也會造成股票價格上升。

　　利率對債券市場價格的影響主要表現為：利率的高低與債券價格的漲跌有密切關係。當貨幣市場利率上升時，信貸緊縮，用於債券的投資減少，於是債券價格下跌；當貨幣市場利率下降時，信貸放鬆，可能流入債券市場的資金增多，投資需求增加，於是債券價格上漲。

　　顯然，在影響證券市場趨勢的諸因素中，利率是很敏感的因素。它的升降總要帶來證券市場價格的變化。通常認為，證券價格與利率之間存在一種反比關係。即利率下降，證券價格有上升趨勢；利率上升，則證券價格有下降趨勢。而市場利率有在很大程度上取決於中央銀行的再貸款利率、再貼現利率和國庫券利率，所以投資者還應時刻關注中央銀行的貨幣政策。

　　需注意的是，在特殊的經濟形勢下須辯證地看待利率升降對證券價格的影響。例如 2009 年 10 月澳大利亞的加息卻被整個環球證券市場視為利好，這是因為投資者在國際金融危機造成經濟下滑這個大的利空的消息中看到了澳大利亞經濟走出谷底，不再需要繼續以降息來刺激經濟復甦的因素。如果有越來越多的國家宣布加息，也就相當於宣布了這次「國際金融危機」的正式結束，證券市場也會破天荒地將加息視為利好，股市也必然會做出正面回應。

五、匯　率

　　匯率是外匯市場上一國貨幣與他國貨幣互相交換的比率。一國的匯率會因該國的國際收支狀況、通貨膨脹水平、利率水平、經濟增長率等的變化而波動。匯率的變化對一國的國內經濟、對外經濟以及國際間的經濟聯繫都產生著重大影響。一般地看，降低匯率會擴大國內總需求；提高匯率會縮減國內總需求。

　　匯率對股票價格的影響主要表現為兩個方面：一是對那些要從事進出口貿易的股份公司而言，匯率的變化會直接影響這些公司的盈利狀況，進而影響其股票價格。若公司的產品相當部分銷售海外市場，當匯率提高時，其產品在海外市場的相對價格就會提高，因而影響其在市場上的競爭力，銷售量下降，盈利下降，從而導致該公司的股票價格下降。若公司的某些原料依靠進口，產品主要在國內銷售，那麼匯率提高，會使其進口原料成本降低，盈利上升，從而使該公司的股價趨於上漲。二

證券投資

是匯率的變化會導致資本的國際移動,進而影響股市。如果預測到某國匯率將要上漲,那麼貨幣相對貶值國的資金就會向上升國轉移,而其中部分資金將進入股市,進而推動該國股市行情的上漲。如果某國貨幣比外國貨幣一直處於弱勢,資金就會外流,股市就可能下跌。

匯率的變動對債券市場行情的影響也很大。當某種外匯升值時,就會吸引投資者購買以該種外匯標值的債券,債券價格上漲;相反,當某種外匯貶值時,投資者紛紛拋出以該種外匯標值的債券,債券價格就會下跌。

需注意,美國經濟對世界經濟具有舉足輕重的影響,投資者應該關注美聯儲的貨幣政策和本幣對美元的匯率變動情況。美聯儲的貨幣政策會影響美國經濟的走向,進而會影響世界經濟的走向。紐約股票市場的漲跌、美元對其他貨幣的匯率、其他國家的貨幣政策等都是影響股票價格的因素。

小卡片:股市與外匯有什麼關係?道指與美元:危險的反向聯動?

美國道瓊斯指數2009年8月5日收於9280.97點,較6月末上漲了9.873%,而美元則跌了,美元指數同一天收於77.517點,較6月末下跌了3.265%……傳統理論告訴我們,匯率是經濟的貨幣反應,股市是經濟的晴雨表,在股市和匯市之間似乎有一損俱損、一榮俱榮的正向關係。而這種關係卻在現在被完全顛覆了,美元的下跌和美股的上漲被無心的市場當成彼此的解釋,更有趣的是,人們將這種不符合理論常識的反向互動,完全視為理所當然的關係。

那麼,正常來說,股市和匯市到底有什麼關係?是理論暗示的正向關係,還是現實暗示的反向關係?只有一個聲音說了算,這個聲音來自歷史。筆者有意為之的歷史回眸一不小心得到了另類卻又引人深思的發現:既不是正向關係,也不是反向關係,股市和匯市基本上就沒有什麼必然聯繫,從某種意義上看,兩者更像是形同陌路的獨立元素。

研究者首先考察了1964年1月至2009年6月的美元匯率和美國股市的月度指標走勢,匯率數據取自國際清算銀行的名義有效匯率,美股走勢選用道瓊斯指數。在這連續的545個月裡,美元匯率和美股走勢背道而馳的月份有297個,占比為54.5%。看上去反向關係占那麼一點點上風,但考慮到數據長度,這一點點上風似乎說明不了任何問題。那就繼續放大樣本空間吧,筆者再度考察了1970年2月至2009年8月的美元匯率和美國股市的每週指標走勢,匯率數據取自Bloomberg的美元指數,美股走勢還是選用道瓊斯指數。在這連續的2080周裡,美元匯率和美股走勢截然相反的有1034周,占比為49.72%,這一次正向關係似乎又占了那麼一點點上風。兩個數據樣本不同的結論反而表明,誰都不占真正的上風。而且統計學常識告訴我們,樣本越大,占比越接近50%,這意味著兩者之間具有足夠的相互獨立性。

那麼,近段時間以來市場津津樂道的股市和匯市互動,又是一種常見的危機

第六章　證券投資基本分析

「幻覺」嗎？值得強調的是，這不是幻覺。筆者之所以費盡心機去做看似無用的歷史數據比較，其實就是想說明現在形勢的「與眾不同」。事實上，長期中並不存在的股市和匯市聯繫，現在卻真實出現了。還是先看月度指標，今年1月至6月，美元匯率和美國股市逆向變動的月份為4個，占比66.67%；再看每週指標，今年以來的連續32周裡，美元匯率和美國股市逆向變動的為24周，占比高達75%……

資料來源：程實. 道指與美元：危險的反向聯動？[N]. 上海證券報，2009-08-07 [6].

六、財政政策

作為實現國民經濟宏觀政策目標的主要手段之一，財政政策對證券市場的運行有著巨大的影響。財政政策的工具主要包括預算政策、財政收入政策和財政支出政策。財政收入政策主要包括稅收政策和公債政策，財政支出政策主要包括購買支出政策和轉移支付政策。

財政政策分為寬鬆的財政政策、緊縮的財政政策和中性財政政策。總的來看，緊縮的財政政策將使得過熱的經濟受到控制，證券市場也將走弱；而寬鬆的財政政策將刺激經濟發展，證券市場會走強。寬鬆的財政政策也稱積極財政政策，主要包括兩大工具：一是擴大財政支出，二是減稅。

財政政策對證券市場的影響是多方面的，其中財政收支狀況和稅收調節政策所產生的影響最為重要。財政收支狀況對證券市場的影響可分為兩個方面：一是財政支出增加時，會刺激經濟的發展，強化利率變動引起的「廉價貨幣」效應，可能促使證券價格上升；當財政支出減少時，則會降低需求，造成經濟不景氣，使證券價格下跌。二是當財政收支出現巨額赤字時，雖然擴大了需求，但卻增加了經濟的不穩定因素，可能使大眾對經濟的預期趨於悲觀。當政府通過發行國庫券籌集資金來彌補赤字時，大量的國庫券湧入證券市場會改變證券市場的供求關係，引起證券價格的波動。

稅收政策也是一些國家為刺激企業投資增長而採取的重要措施之一。當政府對某一稅種及其稅率進行調整時，很快會引起某種證券價格的波動。因為這種調整會引起利潤分配的變化，從而使投資流向發生變化，投資流向的變化會改變某種證券的供求關係，導致證券價格的上升或下跌。例如，在松的財政政策下，政府將減少稅收，降低稅率，擴大減免稅範圍。其效應是增加微觀經濟主體的進入，以刺激經濟主體的投資需求，從而擴大社會供給。在這種狀況下，將會直接或間接地引起證券市場價格上漲。相反，在緊的財政政策下，政府將增加稅收，提高稅率，擴大徵稅範圍，導致企業的稅後利潤（淨利潤）下降，降低投資慾望，進而引起證券市場的價格下降。

國家產業政策主要通過財政政策和貨幣政策來實現。優先發展的產業將得到國家一系列政策優惠和扶持，獲得較高的利潤和具有良好的發展前景，會受到投資者

證券投資

的普遍青睞，股價上漲。因此在選擇股票進行投資時，要關注這些上市公司是否是財政投資重點，是否有貸款稅收方面的優惠政策等。

小卡片：財政政策對證券市場的影響

1. 財政政策手段對證券市場的影響

（1）國家預算。通過預算安排的松緊影響整個經濟的景氣，調節供需；財政預算對能源、交通等行業在支出安排上有所側重將促進這些行業發展，該行業及其企業股票價格隨之上揚。

（2）稅收。影響投資者交易成本；傳遞政策信號。

（3）國債。國債發行對證券市場資金流向格局有較大影響。

（4）財政補貼。

（5）財政管理體制。

（6）轉移支付制度。

2. 財政政策種類（寬松、緊縮、中性）對證券市場的影響——實施積極的財政政策對證券市場的影響：

（1）減少稅收、降低稅率、擴大減免稅範圍。
①增加收入直接引起證券市場價格上漲。
②增加投資需求和消費支出，企業利潤增加，促進股票價格上漲。
③市場需求活躍，企業經營環境改善，進而降低了還本付息風險，債券價格也將上揚。

（2）擴大財政支出，加大財政赤字。
①政府通過購買和公共支出增加商品和勞務需求，激勵企業增加投入，提高產出水平，於是企業利潤增加，經營風險降低，將使得股票價格和債券價格上升。
②居民在經濟復甦中增加了收入，景氣的趨勢更增加了投資者的信心，證券市場和債市趨於活躍，價格自然上揚。特別是與政府購買和支出相關的企業將最先、最直接從財政政策中獲益，有關企業的股票價格和債券價格將率先上漲。
③但過度使用此項政策，財政收支出現巨額赤字時，雖然進一步擴大了需求，但卻進而增加了經濟的不穩定因素，通貨膨脹加劇，物價上漲，有可能使投資者對經濟的預期不樂觀，反而造成股價下跌。

（3）減少國債發行（或回購部分短期國債）。國債發行規模的縮減，使市場供給量減少，從而對證券市場原有的供求平衡發生影響，導致更多的資金轉向股票，推動證券市場上揚。

（4）增加財政補貼。財政補貼往往使財政支出擴大，擴大社會總需求和刺激供給增加，從而使整個證券市場的總體水平趨於上漲。

第六章　證券投資基本分析

七、貨幣政策

貨幣政策，是指政府為實現一定的宏觀經濟目標所制定的關於貨幣供應和貨幣流通組織管理的基本方針和基本準則。貨幣政策的運作，主要是指中央銀行根據客觀經濟形勢，採取適當的政策措施調控貨幣供應量和信用規模，使之達到預定的貨幣政策目標，並以此影響整體經濟的運行。

貨幣政策也是國民經濟宏觀調節的主要手段之一。與財政政策的不同之處是，它的調節彈性較大，政策的實施見效較快，並且具有抵銷財政政策效應的作用。從證券投資的角度看，它是一個直接影響證券市場行情的變量。因此，政府貨幣政策的變化是證券投資極為關注的問題。

通常將貨幣政策的運作分為寬鬆的貨幣政策和緊縮的貨幣政策。

1. 寬鬆的貨幣政策

寬鬆的貨幣政策，其主要政策手段是增加貨幣供應量，降低利率，放鬆信貸控制。當實行鬆的貨幣政策時，股價會上漲，具體表現如下：

（1）為企業提供充足的資金，有利於企業利潤上升，從而股價上漲。

（2）社會總需求將增大，刺激生產發展，同時居民收入得到提高，因而證券投資的需求增加，證券價格上揚。

（3）銀行利率隨貨幣供應量增加而下降，部分資金從銀行轉移出來流向證券市場，也將擴大證券市場的需求，同時利率下降還提高了證券價值的評估，兩者均使證券價格上升。

（4）貨幣供應量的增加將引發通貨膨脹。通貨膨脹初期，市場繁榮，企業利潤上升，加上人們為保值而購買證券（尤其是股票），資金轉向證券市場，使證券價值和對證券的需求均增，股價上升。但是，當通貨膨脹上升到一定程度，可能惡化經濟環境，將對證券市場起反作用，而且政府將採取緊縮政策。當市場對此做出預期時，證券價格將會下跌。

注意：貨幣供應量是單位和居民個人在銀行的各項存款和手持現金之和。貨幣供應量三個層次：流通現金（M_0），指單位庫存現金和居民手持現金之和；狹義貨幣供應量（M_1），指 M_0 加上單位在銀行的可開支票進行支付的活期存款；廣義貨幣供應量（M_2），指 M_1 加上單位在銀行的定期存款和城鄉居民個人在銀行的各項儲蓄存款以及證券公司的客戶保證金。

2. 緊縮的貨幣政策

緊縮的貨幣政策，其主要政策手段是減少貨幣供應量，提高利率，加強信貸控制。對股價的影響與鬆的貨幣政策相反，在從緊的貨幣政策下股價會下跌。

總的來說，在經濟衰退時，總需求不足，採取鬆的貨幣政策將使得證券市場價

格上漲；在經濟擴張時，總需求過大，採取緊的貨幣政策將使得證券市場價格下跌。但這只是一個方面的問題，政府還必須根據實際情況，對松緊程度作科學合理地把握，還必須根據政策工具本身的利弊及實施條件和效果選擇適當的政策工具。

小卡片：M_1與M_2金叉——大大拓展A股上漲空間

M_1增速與A股走勢之間具有很高的正向聯動性。歷史與實證經驗表明，當M_1增速超過M_2，特別是當兩者出現「金叉」時，A股市場將跟隨出現趨勢性的上漲行情。

之所以會得出這樣的判斷，是因為M_1增速與A股走勢（以上證綜指為例）之間具有很高的聯動性。自1996年1月以來，當M_1從低位持續走高時，上證綜指也會持續上漲。例如，2005年12月至2007年10月，M_1從低點11.8%運行到高點22.2%，上證綜指也從低點1074點一路飆升至最高點6124點。相反，當M_1呈現趨勢性回落時，上證綜指也會持續下跌。例如，2007年11月至2008年11月，M_1從21.6%持續回落至6.8%，上證綜指也從5955點一路跌至1871點。

進一步分析M_1增速與A股走勢也會發現，有以下兩大特徵特別值得關注：

一是M_1從低點持續走高的時間越長（一般超過6個月）和強度越大，那麼股市上漲的可靠性和可持續性就越強。當然，有一種情況值得注意，M_1和M_2出現「犬牙交錯」狀走勢時，股市走勢往往會呈現「橫盤整理」特點，或僅會出現波段性的小行情。

二是M_1上穿M_2（「黃金交叉」）或M_1下穿M_2（「死亡交叉」）的時點，往往是判定股市走勢趨勢的重要「節點」。當M_1「金叉」M_2后並持續走高時，市場往往會出現單邊的上漲走勢，行情將一直持續到M_1出現高點為止。儘管有時也會出現行情延后的情況，但很容易判定延后的時間窗口，即當M_1下穿M_2之時，行情往往會開始步入下跌趨勢。

事實上，與A股走勢具有反應宏觀經濟的晴雨表功能一樣，M_1增速變化也能真實地反應經濟運行的變化。這是因為，M_1對應的是個人手中的現金和企業的支票，當M_1增速大於M_2時，這不僅意味著企業的活期存款增速要大於定期存款增速，而且也意味著居民的現金支出和企業的交易結算量在上升。這表明，居民的消費開始活躍，企業的採購和生產投資活動也在上升。這通常又反應了微觀主體的盈利環境改善、盈利能力增強等信號，此時宏觀經濟將處在景氣上升時期；反之亦然。

所以，一旦M_1出現趨勢性上升，且M_1增速超過M_2，特別是當兩者出現「金叉」時，一方面預示了經濟基本面已出現向好或轉好信號，另一方面也顯示了存款活期化將有利於滿足投資市場（包括A股市場）的充裕流動性需求。從歷史上看，當作為觀察宏觀經濟變化先行指標的M_1出現趨勢性上升，特別是當M_1與M_2出現金

第六章　證券投資基本分析

叉時，股票市場總是會跟隨出現趨勢性的上漲行情。

由此觀察，M_1從2009年1月低點6.68%一路攀升至8月高點27.72%，上證綜指也由1月初的最低位1844點上漲到了8月初的階段性高位3478點。儘管對流動性收緊的過度擔憂，導致A股市場出現近3個月的調整，但這種調整並未破壞A股市場既有的上升通道。隨著9月M_1的繼續走高，特別是M_1增速再次超過M_2，上穿M_2並形成16個月以來的「金叉」，這為當下A股波動趨勢由「調整」向「上漲」的切換提供了貨幣背景，后市繼續上漲將是一個大概率事件。以下三方面的分析，也可以支持這一判斷：

第一，從貨幣供應量指標來看，儘管M_1和M_2雙雙走高，但M_1在與M_2出現「金叉」之后還可能繼續高位運行，今后一段時期內貨幣供應量的運行特徵將集中表現為存款的活期化。隨著實體經濟的逐漸轉暖，存款活期化的趨勢也將更加顯著。

第二，從工業企業景氣指數、企業家信心指數和PMI等領先指標來看，實體經濟正處在強勁回升之中，越來越多的行業已迎來行業景氣的「拐點」。例如，PMI連續八個月站上50%以上，表明製造業經濟總體繼續保持良好的回升態勢，也預示著M_1將持續走高。

第三，從市場估值的角度來看，目前市場普遍預期2010年上市公司盈利增幅在25%～30%之間，2010年預測市盈率約為16倍，目前估值就相對合理。另外，由於目前的資金成本較低，經濟復甦的路徑也越發變得清晰，故A股市場有望走出一波跨年度行情，並有望在2010年上半年衝擊4000點大關。

資料來源：張新法. M_1與M_2金叉——大大拓展A股上漲空間［N］. 上海證券報，2009-11-11.

總之，宏觀經濟分析可以通過一系列的經濟指標的計算、分析和對比來進行。經濟指標反應經濟活動結果的一系列數據和比例關係。一是先行指標，主要有貨幣供應量、股票價格指數等，這類指標對將來的經濟狀況提供預示性的信息。從實踐來看，先行指標可以對國民經濟的高峰和低谷進行計算和預測。二是同步指標，主要包括失業率、國民生產總值、生產價格指數、消費價格指數等。三是滯后指標，主要有銀行。這類指標反應的是國民經濟正在發生的情況，並不預示將來的變動短期商業貸款利率、工商業未還貸款、製造產品單位勞動成本等。幾個宏觀經濟指標與股價的關係見圖6.5。

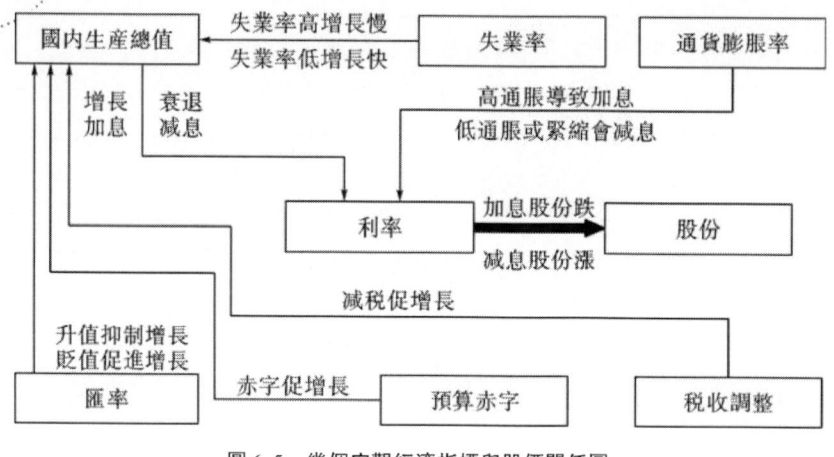

圖 6.5　幾個宏觀經濟指標與股價關係圖

第三節　行業分析

所謂行業，是指從事國民經濟中同性質的生產或其他經濟社會的經營單位和個體等構成的組織結構體系，如汽車業、房地產業、保險業、農業等。就證券投資分析而言，行業是介於宏觀經濟和微觀企業之間的重要的經濟因素。

行業經濟是宏觀經濟的構成部分，宏觀經濟活動是行業經濟活動的總和。行業分析是介於宏觀經濟分析與微觀企業經濟分析之間的中觀層次的分析。通過宏觀經濟分析能夠把握證券投資的宏觀環境以及市場的整體走勢，但是宏觀經濟分析並不能夠提供具體的投資領域與投資對象的決策參考。由於不同行業在一個國家不同的經濟發展階段以及在經濟週期的不同階段表現是不同的，一些行業的增長率與國民生產總值的增長率保持同步，另一些行業的增長率高於國民生產總值的增長率，還有一些行業的增長率則低於國民生產總值的增長率。因此我們就需要進行行業分析。

行業分析是公司分析的前提，通過行業分析我們可以發現近期增長最快的行業，這些行業內的龍頭公司價值如果沒有被充分認識，它們就是投資者未來投資的理想品種。此外，我們可以通過行業分析發現目前沒有被市場認識、但是未來相當長一段時間能夠保持高速穩步增長的行業，這就是投資者可以考慮長期投資的行業。

在一般情況下，某一企業的增長與其行業的增長是基本一致的。鑒於這種情況，投資者在投資過程中，對行業的正確選擇必定建立在對行業的正確分析的基礎上。通常，在行業分析中，主要分析行業的市場類型、生命週期和影響行業發展的有關因素。通過分析，可以瞭解到處於不同市場類型和生命週期不同階段上的行業產品生產、價格制定、競爭狀況以及盈利能力等方面的信息資料，從而有利於正確地選

第六章　證券投資基本分析

擇適當的行業進行有效的投資。

一、行業劃分的方法

（一）我國國民經濟的行業分類

1985 年，我國國家統計局明確劃分三大產業。把農業（包括林業、牧業、漁業等）定義為第一產業；把工業（包括採掘業、製造業、自來水、電力、煤氣）和建築業定義為第二產業；把第一、二產業以外的各行業定義為第三產業，主要是指向全社會提供各種各樣勞務的服務性行業，具體包括交通運輸業、郵電通信業、倉儲業、金融保險業、餐飲業、房地產業、社會服務業等。其中，第三產業的內涵非常豐富，且隨著生產力的發展，它所包括的細分行業也不斷增多，因而是個發展性的概念。

2002 年我國推出《國民經濟行業分類》（國家標準 GB/T4754-2002），標準共有行業門類 20 個、行業大類 95 個、行業中類 396 個、行業小類 913 個，基本反應出我國目前行業結構的狀況。

其中，大的門類從 A 到 T 分別為：A. 農、林、牧、漁業；B. 採礦業；C. 製造業；D. 電力、燃氣及水的生產和供應業；E. 建築業；F. 交通運輸、倉儲和郵政業；G. 信息傳輸、計算機服務和軟件業；H. 批發和零售業；I. 住宿和餐飲業；J. 金融業；K. 房地產業；L. 租賃和商務服務業；M. 科學研究、技術服務與地質勘查業；N. 水利、環境和公共設施管理業；O. 居民服務和其他服務業；P. 教育；Q. 衛生、社會保障和社會福利業；R. 文化、體育和娛樂業；S. 公共管理和社會組織；T. 國際組織。

（二）我國上市公司的行業分類

中國證監會於 2001 年 4 月 4 日公布了《上市公司行業分類指引》。由於該指引早於 2002 年的國家標準，所以它是以國家統計局《國民經濟行業分類與代碼》（國家標準 GB/T4754-94）為主要依據，結合聯合國國際標準產業分類等制定而成的。該指引將上市公司分為 13 個門類、90 個大類、288 個中類。13 個門類結構與代碼分別是：A. 農、林、牧、漁業；B. 採掘業；C. 製造業；D. 電力、煤氣及水的生產和供應業；E. 建築業；F. 交通運輸、倉儲業；G. 信息技術業；H. 批發和零售貿易；I. 金融、保險業；J. 房地產業；K. 社會服務業；L. 傳播與文化產業；M. 綜合類。

我國上市公司的行業分類原則和方法：當公司某類業務的營業收入比重大於或等於 50%，則將其劃入該業務相應的類別；當公司沒有一類業務的營業收入比重大於或等於 50% 時，如果某類業務營業收入比重比其他業務收入比重均高出 30%，則將該公司劃入此類業務相應的行業類別；否則，將其劃為綜合類。

（三）上海證券交易所上市公司行業分類調整

上海證券交易所與中證指數有限公司於 2007 年 5 月 31 日公布了調整后的滬市

證券投資

上市公司行業分類。

根據 2007 年最新行業分類，滬市 841 家上市公司，共分為金融地產、原材料、工業、可選消費、主要消費、公用事業、能源、電信業務、醫藥衛生、信息技術十大行業。其中，70 家上市公司屬於金融地產行業、157 家屬於原材料行業、197 家屬於工業、147 家屬於可選消費、71 家屬於主要消費、41 家屬於公用事業、23 家屬於能源、20 家屬於電信業務、66 家屬於醫藥衛生、49 家屬於信息技術行業。

2006 年 4 月 28 日生效的最新全球行業分類標準（GICS）主要類別見表 6.1。

表 6.1　　　　　　　　全球行業分類標準（GICS）

行業名稱	行業主要類別
能源	能源設備與服務、石油、天然氣與消費用燃料
原材料	化學製品、建築材料、容器與包裝、金屬與採礦、紙類與林業產品
工業	航空航天與國防、建築產品、建築與工程、電氣設備、工業集團企業、貿易公司與經銷商、商業服務與商業用品、航空貨運與物流、航空公路與鐵路、交通基本設施
可選消費	汽車零配件、汽車、家庭耐用消費品、休閒設備與用品、紡織品、服務酒店、餐館與休閒、綜合消費服務、媒體、經銷商、互聯網與售貨日化零售、專營零售
主要消費	食品與主要用品零售、飲料、食品、菸草、家常用品、個人用品
醫藥衛生	醫療保健設備與用品、醫療保健提供商與服務、醫療保健技術、生物、生命科學工具和服務
金融地產	商業銀行、互助儲蓄銀行與抵押信貸、綜合金融服務、消費信貸、資本房地產投資信託、房地產管理和開發
信息技術	互聯網軟件與服務、信息科技服務、軟件、通信設備、電腦與外圍設備與儀器、辦公電子設備、半導體產品與半導體設備
電信業務	綜合電信業務、無線電信業務
公用事業	電力公用事業、燃氣公用事業、複合型公用事業、水公用事業、獨立電力生產商與能源貿易商

（四）按照行業所採用技術的先進程度分類

按照產業所採用技術的先進程度分類可分為新興行業和傳統行業。

新興行業是指採用新興技術進行生產，產品技術含量高的產業，如電子業。傳統行業是指採用傳統技術進行生產，產品技術含量低的行業，如資源型行業。由於技術的不斷更新和發展，新興行業和傳統行業之間的區分是相對的。目前，二者之間的區分是以第三次技術革命為標誌的，以微電子技術、基因工程技術、海洋工程技術、太空技術等為技術基礎的行業稱為新興行業，而以機械、電力等為技術基礎的行業稱為傳統行業。新興行業和傳統行業內部也可進一步分類。

第六章　證券投資基本分析

（五）指數分類法下的分類

一些金融服務機構或證券交易所為了方便、完整地發布信息，常對上市的股票或其樣本進行簡要的產業分類。上海證券交易所將上市的股票分成 5 類：工業、商業、地產業、公用事業和綜合類。深圳證券交易所將上市的股票分成 6 類：工業、商業、金融業、地產業、公用事業和綜合類。此外，一些證券研究和諮詢機構也對各產業進行了更詳細的分類研究，以便更詳細地描述整個產業的發展規律和發展前景。

二、行業的一般特徵分析

（一）行業的市場結構分析

根據行業中企業數量、產品性質、價格的制定和其他一些因素，各種行業基本上可分為如下四種市場類型：

1. 完全競爭的市場

完全競爭是指許多企業生產同質產品的市場類型。完全競爭的特點是：①生產者眾多，各種生產要素可以完全流動；②產品不論是有形或無形，都是同質的、無差別的；③沒有一個企業能夠影響產品的價格，企業永遠是價格的接受者而不是價格的制定者；④企業的盈利由市場對產品的需求決定；⑤生產者和消費者對市場具有完全和充分的信息。

完全競爭產業其根本特點在於，所有的企業都無法控制市場的價格和使產品差異化。在現實經濟中，完全競爭的市場類型很少見，初級產品的市場類型近似於完全競爭。

2. 壟斷競爭

壟斷競爭是指許多生產者生產同種但不同質產品的市場類型。壟斷競爭的特點是：①生產者眾多，各種生產資料可以流動；②生產的產品同種但不同質，即產品之間存在著差異；③由於產品差異性的存在，生產者可借以樹立自己產品的信譽，從而對其產品的價格有一定的控制能力。製成品的市場一般都屬於這種類型。

3. 寡頭壟斷

寡頭壟斷指相對少量的生產者在某種產品的生產中占據很大市場份額的情形。在這個市場上通常存在著一個起領導作用的企業，其他企業則隨該企業定價與經營方式的變化而相應地進行某些調整。領頭的企業不是固定不變的，它隨企業實力的變化而異。資本密集型、技術密集型產品，如鋼鐵、汽車等，以及少數儲量集中的礦產品，如石油等的市場類型多屬這種。

4. 完全壟斷

完全壟斷指獨家企業生產某種特質產品（指沒有或缺少相近的替代品）的情形。完全壟斷可分為政府完全壟斷和私人完全壟斷兩種。在這種市場中，由於市場

被獨家企業所控制，產品又沒有（或缺少）合適的替代品，因此壟斷者能夠根據市場的供需情況制定理想的價格和產量，在高價少銷和低價多銷之間進行選擇，以獲取最大的利潤。但壟斷者在制定產品的價格與生產數量方面的自由性是有限度的，它要受到反壟斷法和政府管制的約束。公用事業和某些資本、技術高度密集型或稀有資源的開採等行業屬於這種完全壟斷的市場類型。行業的市場類型見表6.2。

表6.2　　　　　　　　　　　　　行業的市場類型

特徵	完全競爭	壟斷競爭	寡頭壟斷	完全壟斷
廠商數量	很多	較多	很少	一個
產品差異情況	同質無差異	同種產品在質量、包裝、牌號或銷售條件方面的差異	同質，或略有差異	獨特產品
價格控制能力	沒有	較小	較大	相當大
生產要素的流動	自由流動	流動性較大	較小	沒有
典型行業	初級產品市場	輕工業產品、製成品的市場	資本密集型、技術密集型產品，如鋼鐵、汽車以及少數儲量集中的礦產品，如石油等的市場	國有鐵路、郵電、公用事業（如發電廠、煤氣公司、自來水公司）和某些資本、技術高度密集型或稀有金屬礦產開採等行業

（二）經濟週期與行業分析

行業景氣狀況變動與國民經濟總體的變動是有關係的，但關係密切的程度又不一樣。根據行業的發展與國民經濟週期性變化的關係，可分為以下幾類：

1. 增長型產業

增長型產業的運動狀態與經濟活動總水平的週期及其振幅無關。這些產業銷售收入和利潤的增長速度不受宏觀經濟週期性變動的影響，特別是經濟衰退的消極影響。它們依靠技術進步、推出新產品、提供更優質的服務及改善經營管理，可實現持續成長。例如，在過去的幾十年內，計算機和打印機製造業就是典型的成長型產業。由於這些產業的股票價格不會明顯地隨著經濟週期的變化而變化，所以這種產業的增長讓投資者難以把握精確的購買時機，需投資者全面收集產業信息並與其他產業進行對比分析判斷。

2. 週期型產業

週期型產業的運動狀態直接與經濟週期相關。當經濟處於上升時期，這些產業會緊隨其擴張；當經濟衰退時，這些產業也相應萎縮。產生這種現象的原因是，當經濟衰退時，對這些產業相關產品的購買被延遲到經濟改善之後，如珠寶業、消費品業、耐用品製造業及其他依賴於需求收入彈性較高的產業就屬於典型的週期性產業。

第六章　證券投資基本分析

3. 防禦型產業

防禦型產業也稱防守型產業，其與週期型產業剛好相反。這種類型產業的運動狀態並不受經濟週期的影響。也就是說，不論宏觀經濟處在經濟週期的哪個階段，產業的銷售收入和利潤均呈緩慢成長態勢或變化不大。正是由於這個原因，對其投資便屬於收入投資，而非資本利得投資。例如，食品業和公用事業就屬於防禦型產業，因為需求對其產品的收入彈性較小，所以這些公司的收入相對穩定。因此，投資於防禦型產業一般屬於收入型投資，不屬於資本利得型投資。

(三) 行業生命週期分析

隨著人類的進步，整個人類社會的產業結構也在不斷地升級換代。隨著產業的升級換代，行業也和產品的生命週期一樣存在著生命週期。任何行業都要經歷一個由成長到衰退的發展過程。一般說來，行業的生命週期可分為以下四個階段：

1. 初創期

隨著社會的發展，新的行業不斷湧現，逐漸代替舊的傳統行業。在行業發展的初創期，整個行業缺乏成熟的技術和成功的經驗，產品鮮為人知，市場需求很小，生產未形成規模，單位成本較高。而為了推銷產品又要在產品研究、開發、宣傳上做大量投入，行業利潤低甚至發生虧損，在這個階段行業中的企業數量很少，投資風險較大。

低利潤、高風險使人們極少關注這類行業，因而其股價偏低，投資者應對行業的性質和社會經濟形勢進行綜合分析，從而對該行業的未來前景做出正確預測。一旦發現其具有遠大前景就應逐漸加大投資，待發展到成長期、穩定期之後，將會獲得高額回報，包括股息和價差兩部分。

2. 成長期

成長期是新行業的發展階段，亦是競爭激烈、優勝劣汰的階段。隨著產品的逐漸完善及廣泛宣傳和推廣使用，產品的市場需求開始上升，銷售量迅速增大，企業利潤增幅明顯。在行業發展利潤的驅使下，越來越多的企業擠入該行業，使市場競爭加劇。其結果是造成一部分財力較小、技術薄弱、經營不善的企業在激烈的競爭中倒閉、被兼併，或退出該行業。而另一部分財力雄厚及管理技術水平較高的企業則在競爭中站穩腳跟，獲取到越來越高的利潤。這一階段雖然行業競爭利潤可觀，但企業間破產、兼併比例很大，因而投資風險也很高。

在這一階段，行業的利潤很高，但風險也很大，股價容易大起大落。

3. 穩定期

穩定期是行業平穩發展的階段。在這一階段，行業生產技術已臻完善，產品已獲得市場認同，市場需求相對穩定並佔有一定比例的市場份額。企業之間雖然在產品質量、性能、售後服務、價格等方面存在激烈競爭，但經過成長階段的優勝劣汰，都已相對具有激烈抗衡的能力，從而能保持比較穩定的行業利潤，投資風險相對較小。這是行業生命週期的鼎盛階段，也是延續時間相對最長的階段。但是各個行業

證券投資

穩定期的時間長短卻並不相同，一般來說，技術含量高的行業穩定階段歷時較短，而公用事業行業穩定階段持續的時間較長。

在這一個階段主要由少數大企業控制了整個行業，它們經過上一階段的激烈競爭，已成為資金實力雄厚、財務狀況良好、競爭力強的一流企業。由於新企業很難進入該行業，所以行業利潤因壟斷而達到很高水平，而風險也相對較低，公司股票價格基本上穩定上升。對投資者而言，屬低風險高收益時期，但不利於投機。

4. 衰退期

衰退期是行業生命週期的最后階段。隨著更新行業技術水平的提高、社會習慣及消費水平的改變，行業的發展受到較大的限制。這一階段的特點是：行業生產增長速度減緩，銷售日趨回落，行業利潤顯著減少，行業內一些企業相繼瞄準新的投資方向，行業開始走向衰亡。不過行業衰亡是一個漸進的過程，期間也可能因其相關行業因素的影響，發生階段性興旺。但是，這種階段性興旺並不能挽救已經開始走向衰亡的行業。任何一個行業從初創到發展，到最后走向衰亡都是行業生命週期的一個必然規律。

在這一階段，該行業在國民經濟中的地位也逐漸降低。衰退行業的股票價格平淡或有所下跌，那些因產品過時而遭淘汰的行業，股價會受到非常嚴重的影響。

例如，一些典型的行業所處的生命週期階段如圖6.6所示。

圖6.6 典型行業生命週期階段簡圖

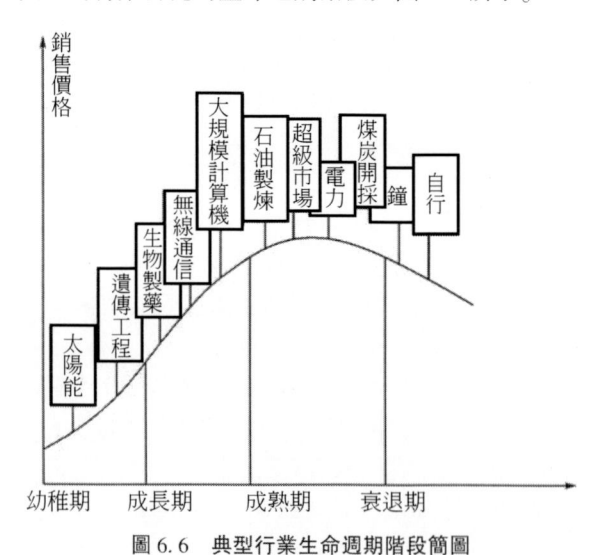

小卡片：行業的生命週期四個階段示例

（1）網路產業正處於產業生命週期的初創階段。由此便可以知道以下投資信息：如果打算對該產業進行投資的話，那麼只有為數不多的幾家企業可供選擇；投資於該產業的風險較大；投資於該產業可能會獲得很高的收益。

第六章　證券投資基本分析

(2) 生物制藥產業處於成長階段的初期,通信產業處於成長階段的中期,PC(計算機)產業處於后期。由此可知生物制藥產業將會以很快的速度增長,但企業所面臨的競爭風險也將不斷增長;而通信、PC 產業在增長速度上要低於生物制藥產業,但競爭風險則相對較小。

(3) 公路橋樑收費、超級市場和公用電力等產業已進入成熟期階段。這些產業將會繼續增長,但速度要比前面各階段的產業慢。成熟期的產業通常是盈利的,而且投資的風險相對較小,當然,一般來說盈利不會太大。

(4) 鐵路、紡織、鋼鐵冶煉已進入衰退期中。由此可知,對這些產業投資的收益率較低,投資者要避免對進入衰退期產業的投資。

總之,從長期看每個行業都有產生、發展與衰落的生命週期。一般行業處於初創期時盈利少,風險大,股價較低;成長期時,行業總體股價水平上升,個股價格波動較大;穩定期,公司盈利相對穩定,風險較小,股價比較平穩;衰退期,盈利普遍減少,風險較大,股價呈跌勢。投資者可根據投資偏好選擇投資品種,從做波段角度思考,選擇成長與穩定兩個時期的行業相對較好。最有價值的行業是正處於行業成長階段初期和中期的行業,擴張潛力大,增長速度快,投資風險小,這一時期最容易產生大牛股。

例:A 行業銷售額情況與國民生產總值情況如表 6.3 所示。

表 6.3　　　　　　　　A 行業銷售額情況與國民生產總值情況表

年份	A 行業 銷售額(10 億元)	年增長率(%)	國民生產總值(10 億元)	年增長率(%)	行業銷售額占國民生產總值的百分比(%)
1999	5.35		105		5.10%
2000	5.79	8.22%	112	6.67	5.17%
2001	6.29	8.64%	120	7.14	5.24%

運用行業增長情況分析 A 行業處於行業週期的何種階段?是否是週期性行業?

通過上表分析,1999—2001 年該企業處於經濟週期的階段;國民生產總值逐年增長且速度較快,國民經濟處於繁榮階段。由於該企業銷售額逐年增加,與國民生產總值同步,所以該行業是週期性行業。該行業銷售額增長率高於國民生產總值增長率,行業銷售額占國民生產總值比重逐年上升,所以 A 行業是增長型行業,處於行業週期的成長期。

三、影響行業興衰的主要因素

行業生命週期的四個階段雖然是行業發展的一種必然規律,但由於受多種因素的影響,行業的實際發展變化更複雜。這些影響因素主要有政府政策、社會影響、

技術發展、相關行業變動等。

(一) 技術進步對行業的影響

目前人類社會所處的時代正是科學技術日新月異的時代。不僅新興學科不斷湧現，而且理論科學朝實用技術的轉化過程大大縮短，速度大大加快，直接而有力地推動了工業的迅速發展和水平的提高。第二次世界大戰后工業發展的一個顯著特點是，新技術在不斷地推出新行業的同時，也在不斷地淘汰舊行業。如大規模集成電路計算機代替了一般的電子計算機，通信衛星代替了海底電纜等。這些新產品在定型和大批量生產后，市場價格大幅度地下降，從而很快就能被消費者所使用。上述這些特點使得新興行業能夠很快地超過並代替舊行業，或嚴重地威脅原有行業的生存。

(二) 政府的產業政策對行業的影響

國家產業政策主要通過財政政策和貨幣政策來實現，政府的影響作用是相當廣泛的。實際上，各個行業都要受到政府的管理，只是程度不同而已。政府的管理措施可以影響行業的經營範圍、增長速度、價格政策、利潤率和其他許多方面。當政府做出決定鼓勵某一行業的發展，就會相應增加該行業的優惠貸款量，限制該行業國外產品的進口，降低該行業的所得稅，結果這些措施對刺激該行業的股價上漲起到了相應的效果。相反，如果政府要限制某一行業的發展，就會對該行業的融資進行限制，提高該行業的公司稅收，並允許國外同類產品進口，結果該行業的股票價格便會下降。

政府實施管理的主要行業是：公用事業、運輸部門和金融部門。另外，政府除了對這些關係到國計民生的重要行業進行直接管理外，通常還制定有關的反壟斷法來間接地影響其他行業。

(三) 相關行業變動因素的影響

相關行業變動對股價的影響一般表現在以下三個方面：

(1) 如果相關行業的產品是本行業生產的投入品，那麼相關行業產品價格上升，就會造成本行業的生產成本提高，利潤下降，從而股價會出現下降趨勢；相反的情況在此也成立，比如鋼材價格上漲，就可能會使生產汽車的公司股票價格下跌。

(2) 如果相關行業的產品是本行業產品的替代品，那麼若相關行業產品價格上漲，就會提高對本行業產品的市場需求，從而使市場銷售量增加。公司盈利也因此提高，股價上升；反之也正確，比如茶葉價格上升，可能對經營咖啡製品的公司股票價格產生利好影響。

(3) 如果相關行業的產品與該行業生產的產品是互補關係，那麼相關行業產品價格上升，對本行業的銷售帶來消極的影響。如石油價格上漲會使汽車銷售量減少。

(四) 社會傾向對行業的影響

現代社會的消費者和政府已經越來越強調經濟行業應負的社會責任，越來越注意工業化給社會帶來的種種影響。這種日益增強的社會意識或社會傾向對許多行業

已經產生了明顯的作用。例如，社會公眾對安全性的強烈要求促使汽車製造商加固汽車保險杠、安裝乘員安全帶、改善燃油系統、降低排氣污染等。而大眾環保意識的覺醒則推動了環保產業的迅速發展。

第四節　企業經營與財務分析

進行宏觀經濟分析可以幫助投資者瞭解整個國民經濟的運行情況，從總體上認知證券投資的宏觀環境，在此基礎上進行的行業分析可以幫助投資者明確投資的方向。而要選擇具體的公司作為投資對象，則更要進行深入的公司研究。

企業因素一般只影響特定企業自身的股票價格，企業因素主要包括經營狀況與財務狀況，因此企業經營與財務分析是基本分析中不可缺少的重要環節。證券投資能否獲得預期的收益取決於企業業績，因而企業經營狀況及其財務分析就顯得格外重要。通過分析上市公司的獲利能力、償債能力、資本結構等財務狀況是確定一家公司投資價值的基礎。本節的內容包括企業概況分析和企業財務分析兩大部分。

一、企業概況分析

企業概況分析也就是企業基本素質分析，對上市公司基本面的分析，主要分析公司的發展前景、公司的競爭能力和公司經營管理能力。

(一) 公司的發展前景分析

公司的股票價格會因公司發展前景的變化而波動。公司具有良好的發展前景，投資者就會看好公司的未來發展趨勢，便會買進並持有這種公司的股票，該公司股票價格便會看漲；反之，該公司股票價格便會看跌。公司發展前景的好壞可以從以下幾個方面進行分析：

1. 公司募集資金的投向

公司通過發行股票、公司債券或向銀行貸款所募集的資金，主要是用於項目投資。投資者應關注上市公司項目投資的計劃，以及上市公司項目投資的進展情況。如果上市公司具有良好的投資項目，並且投資進展順利，則上市公司的投資項目便會成為公司利潤的新增長點，公司的未來利潤有望不斷增長，公司便具有了良好的成長性。

2. 公司產品類別與更新換代

公司產品是消費資料還是生產資料，一般而言，生產資料受經濟波動的影響比消費資料更直接，也更迅速；公司產品是必需品還是奢侈品，必需品需求比較穩定，而奢侈品需求則具有較大的波動性；公司產品是有形產品還是無形產品，無形產品是指第三產業的產品，對公司人力資源優勢要求更高。

市場上的商品已由稀缺轉而變成過剩，這就對公司生產的商品提出了更高的要求，公司生產的產品質量要好，款式要新。因此，公司必須加強科技投入，開發新產品，提高產品的質量，牢牢地在市場上佔有領先和主導地位，這樣的公司便會有良好的發展前景。

（二）公司的競爭能力分析

公司競爭能力的強弱，也會引起公司股價的漲跌。

1. 公司是否市場的領導者

在一個行業中，上市公司在行業中的地位，將決定該公司競爭能力的強弱。如果某公司為該行業的領頭羊，其產品在市場上占主導地位，其他同行業的企業都無法與其抗衡，則該公司的競爭能力就較強，在行業中有較強的號召力，因而該公司的股價將相對穩定或穩步上揚。具體分析公司在行業中的競爭地位一般應從以下幾個方面入手：

（1）科技開發水平。這是決定公司競爭地位的首要因素。對公司科技水平高低的評價可以分為評價技術硬件部分和軟件部分兩類。前者的評價主要是注重富含科技含量的機械設備情況；后者的評價主要是注重生產工藝技術、工業產權、專利設備製造技術和經營管理技術，給企業創造了多少經濟效益等。

（2）產品與市場開拓能力和市場佔有率。這就要看重點產品、拳頭產品和主導產品的生命週期。優秀公司市場佔有率必須是長期穩定並呈增長趨勢的，巨大而穩定的市場份額是公司的立身之本，也是公司的利潤之源。

（3）新產品的開發程度。在科學日新月異的今天，只有不斷進行產品開發、技術改造的企業才能立於不敗之地。一個企業在新品開發上的靜止，相對於其他企業就是落後。一個企業在項目的投資上應該是一些項目已投產並產生效益，一些項目正在建設，一些項目正在規劃，這樣才能保證企業連續的獲利能力。同樣，企業的產品開發也應具有可持續的開發戰略。

另外還應從公司的經營模式和公司的發展潛力方面對公司在行業中的競爭地位進行分析。

2. 公司產品的市場需求

公司與同行業中其他公司相對比，其產品價格和質量在市場上都佔有優勢，在市場上有較好的信譽，市場需求旺盛，公司股價亦會不斷上漲。如公司產品銷售困難，資金週轉不靈，公司股價就會下降。

3. 原材料價格變動

如果公司所需原材料價格大幅上揚，公司產品成本就上升，就會引起產品價格上漲，公司就會競爭不利，並可能導致公司產品市場需求下降，造成公司經營效益下降，從而引起公司股價下降。

（三）公司的經營管理能力分析

一個企業的興衰與企業管理層的能力、素質和開拓精神有密切的聯繫，很多時

第六章　證券投資基本分析

候對企業的投資實際上是對管理層的認同。上市公司的經營管理水平如何，也會引起股價的波動。公司的經營管理能力，反應在公司的總體形象如社會責任形象、社會知名度、員工的素質和精神面貌、產品的市場形象以及公司領導人的公眾形象等。

研究企業主要管理人員的素質是非常必要的，因為企業家的素質和能力是推動公司發展、決定企業興衰的關鍵因素。優秀的企業家必須有洞察市場、預見未來、制定科學的經營方針的戰略才能。他們操控下的公司的生產經營環境、公司所倡導的員工精神面貌、公司文化氣氛以及公司的經營方針和未來發展戰略等，都會給公司樹立獨特的企業形象。

經營管理好的上市公司，投資者普遍較看好，投資時有一種安全感，因而這種公司股票受到投資者的青睞和追捧。

二、企業財務分析

股價的基本分析還包括對公司的財務狀況進行分析，財務分析是企業分析的主要內容。公司的財務狀況好壞主要通過公司定期公布其主要的財務報表得以反應。公司財務報表是關於公司經營活動的原始資料的重要來源。上市公司必須遵守財務公開的原則，定期公布財務報表。財務報表主要有：資產負債表、利潤表和現金流量表。因此，投資者必須瞭解和熟悉企業財務分析的主要手段。

（一）企業財務報表分析對象

根據公司法的有關規定，上市公司必須按規定定期向社會公眾公布財務報表，這些公布的財務報表主要包括資產負債表、利潤表和現金流量表三種。財務報表分析的主要對象也就是這三張財務報表。

1. 資產負債表

資產負債表是反應企業在某一特定日期的財務狀況的會計報表。特定日期是指截止到某天（通常為各會計期末）。財務狀況是指資產、負債及所有者權益狀況。它能夠提供企業在某一特定日期資產、負債和所有者權益的全貌，是企業的主要會計報表之一。資產負債表提供了企業在資產、負債和股東權益各方面的實力狀況等企業經營活動基礎的信息，同時也反映了企業的規模和發展潛力等信息（見表6.4）。

表6.4　　　　　　　　資產負債表（簡表）項目釋義（大意）

資產負債表項目	釋義	資產負債表項目	釋義
資產	企業占用資金的分佈情況	負債及所有者權益	企業資金的來源情況
庫存現金	用於經營日常支付的資金	短期借款	銀行信用籌資
應收帳款	被客戶占用的資金	應付帳款	商業信用籌資

表6.4(續)

資產負債表項目	釋　義	資產負債表項目	釋　義
存貨	庫存原料、半成品、庫存商品占用資金	長期負債	一年以上的負債籌資
長期投資	被投資方占用一年以上的企業資金	資本	權益籌資
固定資產	對內的投資房屋設備等占用資金	留存收益	經營分配形成的內部籌資
資產總計	投資活動結果	權益總計	籌資活動的結果

2. 利潤表

利潤表又稱損益表，是反應企業一定期間經營成果的會計報表。經營成果是按權責發生制原則和配比原則確認計算的營業收入、費用，根據「收入－費用＝利潤」原理計算出的各個層面的利潤，如營業利潤、利潤總額、淨利潤等。利潤表反應的是一個會計期間企業收支及利潤情況，故利潤表是動態報表，它的各個項目指標反應的是時期數。例如，反應某年1月1日至12月31日經營成果的利潤表，它反應的就是這一年的經營成果情況（見表6.5）。

表6.5　　　　　　　利潤表（簡表）項目釋義（大意）

損益表項目	釋　義
一、營業收入	反應企業經營活動收入
減：營業成本	反應企業經營活動成本
營業稅金及附加	反應企業經營活動稅金
銷售費用	反應企業經營活動費用
管理費用	反應企業經營活動費用
財務費用	反應企業籌資活動費用
加：投資收益	反應企業投資活動收益
二、營業利潤	反應企業全部經營活動利潤
加：營業外收入	反應企業投資和其他非經營活動收益
減：營業外支出	反應企業投資和其他非經營活動損失
三、利潤總額	反應企業全部活動總利潤
減：所得稅費用	反應企業全部活動費用（交給政府）
四、淨利潤	反應企業全部活動淨利潤（屬於所有者）
五、每股收益	反應企業衡量普通股的獲利水平及投資風險

第六章 證券投資基本分析

3. 現金流量表

現金流量表，是反應企業一定會計期間現金和現金等價物流入和流出的報表。現金流量表是企業的主要財務報表之一（見表 6.6）。該表從三方面反應企業的財務活動情況，有著極其重要的作用。一是通過現金流量表能夠真實反應出企業現金流入和流出的原因；二是現金流量表能夠說明企業的償債能力和支付股利的能力；三是現金流量表能夠分析出企業投資和理財活動對經營成果的影響。

表 6.6　　　　　　現金流量表（簡表）項目釋義（大意）

現金流量表項目	釋　義
經營現金流入	經營活動現金淨流量：沒有投資與籌資等業務時，現金淨流量完全依靠經營活動產生
經營現金流出	
經營現金流量淨額	
投資現金流入	投資活動現金淨流量：公司投資業務產生
投資現金流出	
投資現金流量淨額	
籌資現金流入	籌資活動現金淨流量：公司籌資業務產生
籌建現金流出	
籌資現金流量淨額	

（二）財務報表的分析方法

實踐中常用的財務分析方法主要有：比較法、比率分析法和因素分析法等，這裡主要介紹前兩種方法。

1. 比較法

俗話說有比較才有鑑別。比較分析法是財務報表分析的基本方法之一，是通過財務指標與性質相同的指標評價標準進行數量上的對比，揭示企業財務狀況、經營情況和現金流量情況的一種分析方法。其主要作用在於揭示指標間客觀存在的差距，並為進一步分析指出方向。用於比較的信息既可以是絕對數，也可以是相對數。比較分析法是財務報表分析中最基本的分析方法，實踐中應用很廣。

按比較標準的不同，比較法又分為三種形式：

（1）實際指標同計劃或定額指標比較。該比較法可以揭示實際與計劃或定額之間的差異，瞭解該項指標的計劃或定額的完成情況。

（2）本期指標與前期指標比較。這裡的前期可以是上年同期或歷史最好水平時期。該比較法可以確定前後不同時期有關指標的變動情況，瞭解企業的生產經營活動的發展趨勢和經營管理工作的改進情況。

（3）本企業指標同國內外先進企業指標比較。該比較法可以找出與先進企業之間的差距，推動本企業改善經營管理。

需要注意的是，應用比較分析法對同一性質指標進行數量比較時，要注意所用指標的可比性，必須在指標內容、期間、計算口徑、計價基礎等方面相同、可比。

例如：某企業利潤表中反應2006年的淨利潤為50萬元，2007年的淨利潤為100萬元，2008年的淨利潤為160萬元。根據前後不同時期有關指標的變動情況，瞭解到企業的利潤連續三年是逐漸遞增的，經營業績越來越好。

2. 比率分析法

比率分析法是指運用同一張會計報表的不同項目之間、不同類別之間或兩張不同會計報表的有關項目之間的比率關係，從相對數角度計算確定變動程度，從而確定財務活動變動程度的一種分析方法。

（1）構成比率。構成比率又稱結構比率，它是某項財務指標的各組成部分占總體比重，反應部分與總體的百分比關係。計算並比較構成比率，可以瞭解某項經濟指標的構成情況，以便考察總體組成部分的變化情況，例如流動資產占資產總額的比率等。通過構成比率可以瞭解這些構成比率是否合理。

（2）相關比率。相關比率是以某個項目和與其有關但經濟性質又不同的項目加以對比所得的比率，然后進行各種形式的比較，反應有關經濟活動的相互關係，例如資產負債率等。

（3）動態比率。動態比率是某項經濟指標不同時期的數額對比求出動態比率，以考察該項經濟指標的發展變化趨勢和增減速度。

動態比率又分為定基動態比率與環比動態比率。定基動態比率是以某一時期的數額為固定基期數額而計算出來的動態比率。其計算公式為：

$$定基動態比率 = 分析期數額 / 固定基期數額$$

環比動態比率是以每一分析期的前期數額為基期數額而計算出來的動態比率。其計算公式為：

$$環比動態比率 = 分析期數額 / 前期數額$$

需要注意的是，採用比率分析法時應考慮對比項目的相關性（比率指標的分子分母必須具有相關性）、對比口徑的一致性（分子分母的口徑一致）、衡量標準的科學性。

例如：某企業利潤表中反應2006年的淨利潤為50萬元，2007年的淨利潤為100萬元，2008年的淨利潤為160萬元。

從增減變動率分析：2007年較2006年相比淨利潤增長率為：$(100-50) \div 50 \times 100\% = 100\%$；2008年較2007年相比淨利潤增長率為：$(160-100) \div 100 \times 100\% = 60\%$。雖然企業的利潤連續三年是逐漸遞增的，但增長率卻是下降的，即增長的速度在放慢。

需要指出的是，在證券投資中對財務報表的分析側重於變動趨勢的分析，即根據公司一定時期的連續財務報表，比較各期有關項目的變化情況，以反應企業財務狀況的變化情況及基本趨勢。

第六章　證券投資基本分析

（三）企業財務指標分析

匯總在財務報表上的各種財務指標，彼此都是相互聯繫的，這些聯繫關係，通常可用指標之間的對比關係表示出來。這些指標主要有：

1. 評價企業償債能力的財務指標

（1）資產負債率。資產負債率是指企業負債總額與企業全部資產的比率。資產負債率反應在總資產中有多大比例是通過借債來籌集的。有人認為，公司的資產負債率應控制在50%左右為宜。一般情況下，資產負債率越小，表明企業長期償債能力越強。但如果該指標過小則表明企業對財務槓桿利用不夠。計算公式為：

$$資產負債率＝負債總額／資產總額 \times 100\%$$

（2）流動比率。流動比率是企業流動資產與流動負債的比值，可以反應公司的短期償債能力的高低。一般情況下，流動比率越高，反應企業短期償債能力越強，債權人的權益越有保證。通常情況下，生產類上市公司合理的最佳流動比率是200%。計算公式為：

$$流動比率＝流動資產／流動負債 \times 100\%$$

運用流動比率時，需要注意以下方面：①流動比率高，企業不一定有足夠的現金或存款用來償債。比如，流動比率高也可能是存貨積壓、應收帳款增加且收款期延長以及待處理財產損失增加所致。②從企業經營角度看，過高的流動比率通常意味著企業閒置現金的持有量過多，必然造成企業機會成本的增加和獲利能力的降低。③流動比率是否合理，不同企業以及同一企業不同時期的評價標準是不同的，不能生搬硬套。

（3）速動比率。速動比率是企業速動資產與流動負債的比值。一般情況下，速動比率越高，反應企業流動資產中可以立即用於償付流動負債的能力就越強。正常的速動比率為100%，低於100%的速動比率被認為是短期償債能力偏低。計算公式為：

$$速動比率＝速動資產／流動負債 \times 100\%$$

速動資產，是指流動資產減去變現能力較差且不穩定的存貨、預付帳款、一年內到期的非流動資產、待處理流動資產損失和其他流動資產等之後的余額。實踐中常用的計算公式是：

$$速動資產＝貨幣資金＋交易性金融資產＋應收帳款＋應收票據$$

由於該指標剔除了存貨等變現能力較差且不穩定的資產，因此，比流動比率能夠更加準確可靠地評價企業的短期償債能力。

需要注意的是：①速動比率也不是越高越好。速動比率高，儘管短期償債能力較強，但現金、應收帳款占用過多，會增加企業的機會成本，影響企業的獲利能力。②儘管速動比率較之流動比率更能反應出流動負債償還的安全性和穩定性，但並不能認為速動比率較低的企業的流動負債到期絕對不能償還。如果存貨流轉順暢，變現能力較強，即使速動比率較低，只要流動比率高，企業仍然有望償還到期的債務

證券投資

本息。

(4) 現金流動負債比率。

現金流動負債比率＝經營現金淨流量/流動負債

一般認為，現金比率維持在 0.25 以上，說明公司有比較充裕的直接償付能力。該指標越大，表明企業經營活動產生的現金淨流量越多，越能保障企業按期償還到期債務。該指標過大，表明企業流動資金利用不充分，獲利能力不強。

2. 評價企業盈利能力的財務指標

(1) 總資產報酬率。總資產報酬率是企業息稅前利潤與平均資產總額的比率，反應企業總資產綜合利用效果。計算公式是：

總資產報酬率＝息稅前利潤/平均資產總額×100%

其中：

息稅前利潤＝利潤總額＋利息支出＝淨利潤＋所得稅＋利息支出

平均資產總額＝（年初資產總額＋年末資產總額）/2

(2) 淨資產收益率。淨資產收益率是企業淨利潤與平均淨資產的比率，也稱為股東權益報酬率、淨值報酬率，反應了股東權益的收益水平，是企業盈利能力指標的核心，也是整個財務指標體系的核心。用淨資產收益率評價企業業績，可以直觀地瞭解其淨資產的運用帶來的收益。該指標通用性強，使用範圍廣。其計算公式為：

淨資產收益率＝淨利潤/平均淨資產×100%

平均淨資產＝（年初淨資產＋年末淨資產）/2

（註：淨資產＝資產－負債＝所有者權益）

比率越大，投資者投入資本獲利能力越強，是上市公司能否配股的重要依據。

(3) 營業淨利率。營業淨利率反應每 1 元的營業收入帶來的淨利潤有多少，表示公司營業收入的盈利水平，因此，公司營業淨利率越高越好。

營業淨利率＝淨利潤/營業收入×100%

(4) 營業收入利潤率。營業收入利潤率，簡稱營業利潤率，是營業利潤與營業收入的比率。它考核了主營業務和非主營業務的盈利能力以及成本費用，扣除了非經常性損益因素，綜合反應企業具有穩定和持久性的收入和支出因素，所揭示的企業盈利能力具有穩定和持久的特點。其計算公式如下：

營業利潤率＝營業利潤/營業收入×100%

（註：上述公式中的分子和分母均為時期指標，所以，不需要使用平均值。）

(5) 成本費用利潤率。成本費用利潤率是利潤總額與成本費用總額的比率，反應企業成本費用的獲利水平。

成本費用利潤率＝利潤總額/成本費用總額×100%

（註：成本費用總額＝營業成本＋營業稅金及附加＋銷售費用＋管理費用＋財務費用）

評價企業盈利能力的各項財務指標數值越大越好，指標數值大說明企業的盈利

第六章　證券投資基本分析

能力強。

（6）盈餘現金保障倍數。

$$盈餘現金保障倍數=經營現金淨流量/淨利潤$$

一般來說，企業當期淨利潤大於零時，盈餘現金保障倍數應當大於1。該指標越大，表明企業經營活動產生的淨利潤對現金的貢獻越大。

3. 評價企業營運能力的財務指標

評價企業營運能力就是評價資產的週轉速度，通常用週轉率來表示。週轉率，是企業在一定時期內資產的週轉額與資產平均余額的比率，反應企業資產在一定時期的週轉次數。週轉次數越多，表明週轉速度越快，資產營運能力越強。

（1）總資產週轉率。

$$總資產週轉率（週轉次數）=營業收入/平均資產總額$$

總資產週轉率高，反應企業全部資產在一定時期的週轉次數多，表明全部資產的週轉速度越快，總資產營運能力越強。

【案例6.1】某企業2008年營業收入為2400萬元，流動資產平均余額為300萬元，固定資產平均余額為500萬元。假定沒有其他資產，則該企業2008年的總資產週轉率是多少？

總資產週轉率=營業收入/平均資產總額，因為有「假定沒有其他資產」假設，所以平均資產總額=流動資產平均余額+固定資產平均余額，2008年的總資產週轉率=營業收入/（流動資產平均余額+固定資產平均余額）=2400/（300+500）=3.0。

（2）應收帳款週轉率。

$$應收帳款週轉率（週轉次數）=營業收入/平均應收帳款余額$$

應收帳款週轉率反應了企業應收帳款變現速度的快慢及管理效率的高低。應收帳款的週轉次數越多，表明應收帳款的週轉速度越快，應收帳款資產營運能力越強。比如企業收帳迅速、帳齡較短等，一般適用於同行業公司之間的對比分析。

注意：公式中的應收帳款包括會計核算中的「應收帳款」和「應收票據」等全部賒銷帳款在內。

【案例6.2】某企業本年營業收入為40,000元，應收帳款週轉率為2，期初應收帳款余額2500元，則期末應收帳款余額為多少元？

根據應收帳款週轉率的計算公式：

$$應收帳款週轉率=營業收入/平均應收帳款余額$$

即：應收帳款週轉率=營業收入/（期初應收帳款余額+期末應收帳款）×1/2

故：2=4000/（2500+期末應收帳款）×1/2

期末應收帳款=1500（元）

（3）存貨週轉率。

$$存貨週轉率（週轉次數）=營業成本/平均存貨余額$$

證券投資

這是反應企業銷售能力的強弱、存貨是否適當和資產流動性的一個指標，也是衡量企業生產經營各環節中存貨營運效率的一個綜合性指標。一般來講，存貨週轉率越高越好，存貨週轉率越高，表明其變現的速度越快、週轉額越大，資金占用水平越低，但是不同行業之間差異較大。

(4) 資產現金回收率。

$$資產現金回收率 = 經營現金淨流量 / 平均資產總額$$

4. 幾個上市公司專用指標

(1) 市盈率。該指標是指普通股市價與普通股每股淨利潤之比：

$$市盈率 = 普通股市價 / 普通股每股淨利潤$$

市盈率是考察股票投資價值的靜態參考指標。20倍市盈率的股票表示：如果每年每股的盈利保持不變，把歷年的盈利全部用於派發股息，需要20年才能收回投資成本（這裡未考慮企業的成長性和同期的銀行利率等因素）。

不同時空環境下，市盈率標準不同。一般認為介於5~20倍之間正常，如過低，投資者對公司前景看淡，過高有投資風險。一般而言，市盈率越低越好，市盈率越低，表示公司股票的投資價值越高；反之，則投資價值越低。然而，也有一種觀點認為，市盈率越高，意味著公司未來成長的潛力越大，也即投資者對該股票的評價越高；反之，投資者對該股票的評價越低。應該說，在進行證券投資時，脫離公司的獲利能力和股本擴張能力，孤立地談論市盈率的高低，這對投資者選股是沒有多大參考價值的。

【案例6.3】有A、B兩只股票，它們每股稅后利潤都為0.50元。A股的股價是12元，據測算每年盈利可遞增8%；B股股價是20元，據測算每年盈利可遞增50%。請問：

① A、B這兩只股票現在的市盈率是多少？

② 如果這兩只股票，每年盈利增幅都保持不變，在它們7年之後，各自市盈率降至15倍時，A、B這兩只股票的股價應該是多少？

③ A、B兩只股票，誰最有投資價值？為什麼？

解答：

① 目前A股市盈率是24倍，B股市盈率是40倍。

② 在7年之後，當A、B股票每年盈利增長幅度仍保持不變，市盈率降至國際安全線15倍時，A股的股價是11.90元，B股的股價是85.43元。

③ 目前A、B兩只股票中，A股市盈率最低，B股市盈率最高，但B股每年盈利增幅遠大於A股票。當這兩只股票7年后市盈率降至15倍時，只有B股的股價超過7年前原來的價格，股價漲幅近100%，而A股票價格低於7年前的價格，這說明B股成長性最好，從中長期投資角度看，B股最具投資價值。

第六章　證券投資基本分析

小卡片：市盈率的作用

①可以作為投資者選擇股票和選擇股票買賣時機的參考指標；
②可以作為證券分析人員判斷股市行情發展趨勢的重要依據；
③上市公司可以根據市盈率確定新股發行的價格和配股價格；
④證券管理部門制定股市政策時，往往把市盈率作為判斷股市發展狀況的重要指標；
⑤市盈率還是國際通用的衡量各國股市泡沫大小的一個重要指標。

（2）每股收益。每股收益也稱每股淨利潤或每股盈餘，反應企業普通股股東持有每一股份所能享有的企業利潤或承擔的企業虧損。每股收益的計算包括基本每股收益和稀釋每股收益。

$$每股收益＝淨利潤／總股數$$

不能將不同上市公司的每股收益直接比較，因為不同上市公司的股票價格可能不同。

（3）每股股利。該指標是指普通股股利總額與普通股股份數之比：

$$每股股利＝普通股股利總額／普通股股數$$

每股股利反應的是上市公司每一普通股獲取股利的大小。每股股利越大，則公司股本獲利能力就越強。影響每股股利的因素除了公司的獲利水平外還有公司的股利分配政策。

（4）每股淨資產。該指標是指股東權益總額與發行在外的股票股數之比：

$$每股淨資產＝股東權益總額／發行在外的股票股數$$

可以根據每年淨資產的變動情況瞭解企業發展趨勢和獲利能力。每股淨資產越高，說明公司股票的含金量越高。

（5）每股經營活動現金淨流量。該指標是指經營活動現金淨流量與總股本之比，用來反應企業支付股利和資本支出的能力。計算公式為：

$$每股經營活動淨現金流量＝經營活動淨現金流量／總股本$$

一家公司的每股現金流量越高，說明這家公司的每股普通股在一個會計年度內所賺得的現金流量越多；反之，則表示每股普通股所賺得的現金流量越少。一般而言，該比率越大，證明企業支付股利和資本支出的能力越強。

【案例6.4】紅光公司有關資料如表6.7所示。

表6.7　　　　　　　　　紅光公司有關資料表　　　　　　　　單位：元

項　目	2007年	2008年	2009年
淨利潤		4000	4180
營業收入		30,000	33,000

表6.7(續)

項　目	2007年	2008年	2009年
年末資產總額	30,000	33,000	38,000
年末股東權益總額	21,500	25,000	28,000
年末普通股股數	20,000	20,000	20,000
普通股平均股數		20,000	20,000

假定2008年、2009年每股市價均為4.8元。

要求：分別計算2008年、2009年的如下指標（要求所涉及的資產負債表的數均取平均數）：營業淨利率、總資產週轉率、平均每股淨資產、每股收益、市盈率。

（1）營業淨利率。

2008年營業淨利率＝淨利潤/營業收入＝4000÷30,000＝13.33%

2009年營業淨利率＝淨利潤/營業收入＝4180÷33,000＝12.67%

（2）總資產週轉率。

2008年總資產週轉率＝營業收入/平均資產總額

　　　　　　　　＝30,000÷[(30,000+33,000)÷2]＝30,000÷31,500＝0.95

2009年的總資產週轉率＝營業收入/平均資產總額

　　　　　　　　＝33,000÷[(33,000+38,000)÷2]＝33,000÷35,500

　　　　　　　　＝0.93

（3）平均每股淨資產。

2008年平均每股淨資產＝平均所有者權益/普通股平均股數

　　　　　　　　＝23,250÷20,000＝1.16

2009年平均每股淨資產＝平均所有者權益/普通股平均股數

　　　　　　　　＝26,500÷20,000＝1.33

（4）每股收益。

2008年每股收益＝淨利潤/普通股平均股數＝4000÷20,000＝0.2

2009年每股收益＝淨利潤/普通股平均股數＝4180÷20,000＝0.21

（5）市盈率。

2008年市盈率＝每股市價/每股收益＝4.8÷0.2＝24

2009年市盈率＝每股市價/每股收益＝4.8÷0.21＝22.86

特別需要注意的是，投資者希望瞭解的是公司的動態情況，而通過會計報表得到的數據和比率都是相對靜態的概念，因此，橫向對比與縱向對比是我們正確理解財務報表的重要方法。橫向對比是指行業內不同公司之間的比較，縱向對比是指同一公司不同時期之間的比較。

第六章　證券投資基本分析

三、證券投資基本分析的評價

（一）基本分析的優點

基本分析主要是能夠比較全面地把握證券價格的基本走勢，優點有：

（1）它注重宏觀環境的分析，對長期投資者十分重要。因為宏觀環境對股票供求關係的影響是長期的、潛在的，主要影響股票價格的長期趨勢。

（2）有助於投資者進行個股選擇。上市公司的行業狀況、利潤、資產淨值、前景等直接反應了個股情況，對此進行基本分析，有助於投資者進行個股選擇。

（3）應用起來比較簡單。在掌握基本分析相關知識之後，能夠較為容易地做出相關判斷並指導投資行為。特別地，基本分析由於重視股票的投資價值和宏觀經濟形勢，所以在高價區易發出做空的決定，是較為理性的行為，可以避免其高價套牢。但也往往會在非理性的市場中喪失一段好行情，可能失去較大部分的投資利潤。

（二）基本分析的缺點

基本分析主要是預測的時間跨度相對較長，雖然對選股很重要，但對把握整個股市的近期走勢幫助不大，對短線投資者的指導作用比較弱。有人認為，選股時對基本因素的考慮約占80％，而在預測股市近期大勢時，對基本因素的考慮不超過5％。同時，預測的精確度相對較低，比如對何時是最佳的進貨時機很少有現成答案。如果相關部門對上市公司監管不力導致上市公司信息披露不完整或不客觀，那麼基本分析便成冗余，投資者會傾向於用技術分析等方法進行證券買賣。

特別地，從國家相關職能部門的監管到上市公司的公司治理來看，A股市場是在不斷地發展和完善中，基本分析相關理論的實踐應用還需具體問題具體分析。如經濟週期理論，A股市場目前還不能具備國民經濟晴雨表的作用，股價與相關經濟指標的關聯性、規律性也還不夠明顯。另外，由於基本分析還依賴財務報表的客觀性和真實性，如果遇上財務數據造假，則分析結論應用於投資實踐不僅不能賺得投資收益，更可能使投資者遭受巨大損失。1994年6月在A股上市的銀廣夏公司，曾因其驕人的業績和誘人的前景而被稱為「中國第一藍籌股」。2001年8月，《財經》雜誌發表《銀廣夏陷阱》一文，銀廣夏虛構財務報表事件被曝光，其股價從每股30多元一直跌到2元多，投資者損失慘重。所以規範證券公司的行為、防範證券公司的風險，加強對證券公司的監督管理是非常重要的。

（三）基本分析法適用範圍

基本分析主要適用於選擇長期投資的股票、相對成熟的市場——以業績為投資取向的市場，以及預測精確度相對不高的領域。

使用基本分析投資成功的一個條件是必須以長期投資為目標，不為股價的短期波動而改變。另外，在確定了股票的合理值後要敢於逆向操作，充分利用市場中其他參與者非理性行為為投資盈利創造機會。

證券投資

小卡片：證券投資分析有關資料

資料一　證券投資分析的信息來源

一般說來，進行證券投資分析的信息主要來自以下四類渠道：公開渠道、商業渠道、實地調查、其他渠道。但絕大多數投資者廣泛使用的是公開渠道。

公開渠道主要是指通過各種書刊、報紙、出版物以及電視、廣播、互聯網等媒體公開發布的信息。如《中國證券期貨年鑒》、《中國經濟年鑒》、《中國統計年鑒》、《世界銀行報告》、《中國證券報》、《上海證券報》、《證券時報》、《證券市場週刊》、中央電視臺第二套「證券之夜」、中國證監會網站、中國證券業協會網站、國務院發展研究中心網站、和訊網站、證券之星網站、各類搜索引擎等。

資料二　上市公司總體財務分析評價

第一，A股上市公司財務總體評述。

根據A股上市公司及證券交易所公開發布的數據，運用BBA禾銀系統和BBA分析方法，篩選出同期可比的公司樣本數據，對其進行綜合分析，我們看到，2006年A股上市公司（不包括截至4月30日未披露年報上市公司）總體財務狀況有了明顯的提高和改善。

2006年，股權分置改革取得成功，上市公司股權激勵機制的引入，使我國證券市場體制發生了深刻的變革，市場結構和體制進一步完善。上市公司經營管理、盈利能力有了明顯的提高。IPO制度的恢復以及大型國有企業陸續上市，使我國上市公司的代表性明顯提高，更能夠體現出國民經濟發展「晴雨表」的作用。

第二，資產總量暴增，資產質量明顯提高。

2006年度A股上市公司總資產增加了97.49%，增加額為116,264.04億元。其中，固定資產增加了3380.34億元，占總資產增加額的2.9%，這一比率之所以過低，原因有：①2006年下半年，中國銀行、中國工商銀行、中國人壽、中國平安超級大盤股上市，這些上市公司權重非常大，同時，其流動資產基數也非常大，因此導致固定資產增加額與流動資產增加額相比顯得非常小；②與國家減少固定資產投資的政策有一定的聯繫，說明2006年人民銀行的緊縮性貨幣政策取得了很好的效果，有效地抑制了固定資產投資增長的速度，對抑制通貨膨脹、降低CPI指數起到了積極作用。

2006年流動資產增加107,099.90億元，占總資產增加額的92.12%，而在2006年中期，流動資產合計還僅僅為20,553.53億元，說明流動資產在下半年陡然增加，之所以出現這樣的情況，同樣是受下半年中國銀行、中國工商銀行、中國人壽等金融股陸續上市的影響。

存貨增加了1767.10億元，同比增長24.41%，2005年這個數字為20.11%，存貨增長速度略有提高。考慮到2006年國內國際各種原材料價格均有不同程度的上

第六章 證券投資基本分析

漲,以及部分企業為了規避原材料價格持續上漲風險而提高原材料的庫存,2006年度庫存同比增加22.99%,屬於合理範圍。

從中我們可以看出,2006年度A股上市公司中虧損公司的數量為168家,而在2005年度虧損公司的數量則高達232家,同比減少了64家。同時據BBA系統顯示,在2005年虧損的上市公司中,有155家扭虧為盈。淨利潤大於6000萬元的上市公司數量為547家,同比增加了120家。淨利潤大於1億元的上市公司數量達到387家,同比增加了95家。這些數字說明2006年A股上市公司的整體質量有了明顯提高。

第三、收入明顯增加,盈利能力大大提高。

從上述可以看出,2006年A股上市公司主營業務收入增長了48.92%,增加了11,754.37億元,而主營業務成本同比增長38.28%,比主營業務收入增長率低10.64%,因此主營業務利潤增長率高達74.55%。這些數字說明2006年上市公司努力擴大生產經營規模的同時,成本控制能力有了明顯的提高。

2006年A股上市公司三項費用增長過快,營業費用增長率高達123.23%,管理費用增長率高達72.99%,最低的財務費用也增長了44.25%。其中財務費用增長比較正常,2006年上市公司把握契機,充分利用財務槓桿擴大生產經營引起財務費用增加。但是營業費用和管理費用增長率這樣高,上市公司需要在這方面進一步加強。

2006年A股上市公司創造了4535.28億元的營業利潤,較2005年增加1355.60億元,同比增長達到42.63%。同時由於資本市場行情轉好,投資回報率提高,上市公司對外投資收益暴增,增長率達到850.13%。受上述因素綜合影響,全部A股上市公司的淨利潤達到3627.28億元,同比增加了1720.72億元,增長率達到89.79%。

第四,「二八」現象明顯,兩極分化將進一步拉大。

根據已公布的2006年A股上市公司年報的數據,由BBA系統統計得出,占全部上市公司總數20%的上市公司,創造了3546.6億元的淨利潤,占2006年實現盈利的A股上市公司淨利潤總額的88.84%,占全部A股上市公司淨利潤總額更是高達97.78%。

可以看出,雖然2006年上市公司整體質量和盈利能力有了明顯的提高和改善,但兩極分化情況突出,「二八」現象越來越明顯地表現出來。可以預見,隨著大型央企整體上市、資產注入步伐的加快,以及優質藍籌公司的迴歸,A股上市公司「二八」現象將會繼續,甚至會出現「一九」現象。這與成熟市場的情況非常相似。

這些優質上市公司也會越來越受到市場的關注,隨著市場主體結構的變化、投資者的成熟,這20%的優質公司市場表現會越來越好。盈利排名前五位的公司分別是中國石化、中國工商銀行、中國銀行、寶鋼股份和中國人壽,共實現主營業務收入19,181.4億元,淨利潤1638.9億元,占A股上市公司淨利潤總額的45.18%,中國石化、中國工商銀行、中國銀行、寶鋼股份和中國人壽在中國A股市場的地位

證券投資

可見一斑。

第五，主要財務指標對比分析。

2006年A股上市公司流動比率減少0.12，速動比率略有提高，形成這種現象主要是因為金融類上市公司流動負債的基數大，同時沒有存貨。考慮到金融企業負債經營的特點，我們認為A股上市公司的整體清償能力處在合理的範圍內。

同時2006年下半年，大量大盤藍籌公司IPO上市，對全部A股上市公司的清償能力指標或多或少都有一定程度的負面影響。考慮到2006年IPO上市的新公司，以金融股、鐵路股等大市值國企為主，同時其權重非常大，必然對整體清償能力指標有所影響，但同時也應該看到，這些企業的經營特點決定了我們不能用平常的角度去審視它們的清償能力。

我們認為，分析的重點應該放在經營效率和盈利能力上。我們可以看到，股東權益週轉率提高了0.22，達到了2.06。淨資產收益率高達10.40%，提高了1.87個百分點。毛利率為24.62%，提高了5.8個百分點。成本費用利潤率達到9.98%，提高了1.32個百分點。每股收益0.24元，同比提高了0.04元。可以說，2006年全部A股上市公司的經營效率和盈利能力還是讓投資者非常滿意的。

成長能力方面，淨利潤增長率高達88.54%，淨資產收益率也高達55.46%，給2006年的牛市打了一針強心劑，讓整個市場不僅在2006年一路高歌，給2007年的中國股市也帶來高度發展的預期。

第六，A股上市公司投資價值分析。

根據2006年報業績，經由BBA分析評價系統計算，截至2007年4月30日，全體A股市盈率為47.35倍，已經略高於其合理投資價值。而淨利潤排名前300的上市公司，加權平均市盈率則在39倍左右，相對來說風險比較小，還是具有一定投資價值。而且仔細對比我們發現，滬深300成分股與排名前300的上市公司非常一致。

雖然2006年國內A股市場累積漲幅巨大，但是宏觀面的有利因素將繼續發揮積極影響，上市公司盈利質量不斷提高，不過，推動股價上揚的主要因素將從目前的盈利增長與估值修正轉變為主要依賴盈利增長推動。因此，追逐成長、深入研究個股投資價值的重要性越發突出。投資者應該堅信價值投資理念，理性投資，以上市公司內在價值作為投資判斷的主要依據。從總體財務狀況、盈利能力、發展能力、經營效率、營運風險、獲取現金能力等方面對上市公司進行深入的分析，以現狀結構分析、多個報告期比較分析判斷上市公司財務狀況、經營狀況的未來發展趨勢，這樣方可找到投資價值大、投資風險小的股票。2007年人口紅利、人民幣升值、產業競爭優勢、A股市場制度性變化（例如股改、股權激勵）、流動性充足等因素依然影響中國A股市場。我們對2007年A股市場依然保持樂觀態度。

資料來源：佚名.上市公司總體財務分析評價 [N].上海證券報，2008-03-30.

第六章　證券投資基本分析

資料三　有人說股票投資「看大勢者賺大錢」

專家們都認為，整天泡在營業大廳裡的人是賺不了大錢的。真正賺大錢的人，大勢要看得準，首先要成為一個關注並熟悉國際、國內宏觀形勢的人。

許多人在股市中掙了不少錢，但從國內外的歷史來看，並不是所有的人都能掙錢。根據不完全統計，真正能掙錢的只有三種人。

第一種人是做宏觀的，也就是根據國家宏觀政策研判大勢。

這種人需要很寬廣的知識面，需要比較高深的宏觀經濟知識。《十年一個億》一書中的神人X先生，從1400元做到3億元資產。

他在2002年判斷股市要低迷，便果斷地退出股市，避免了股市的暴跌，而在2005年年底認為股市要回升，便全倉買入。他只買指數基金，賺的是宏觀的經濟增長。現在大家都能看出，在所有的基金中，指數基金的漲幅是最高的，遠高於其他基金。這種操作需要很高深的知識，也需要很好的耐性，並不是所有人都能操作的。

第二種人是做中觀的。

所謂中觀，即行業。眾所周知，大多數行業是有生命週期的，如前幾年鋼鐵、汽車、能源都曾經有過低迷，而現在都明顯地復甦了。做中觀就是準確地把握行業的週期，在行業復甦的開始進入，在行業衰退的初期選擇退出。

但這種操作難度也非常大，因為一個人要想掌握一個行業的生命週期需要幾年甚至十幾年的時間。所以，一個人要想很好地把握行業運作是非常艱難的問題。但一個人做不到的事情，團隊的力量可以做到，比如基金公司和管理諮詢公司就可以做到這一點。

第三種人是做微觀的。

微觀就是選擇企業，分享企業的成長。相對於前兩種人，做微觀的更多一些，如美國的巴菲特、彼得‧林奇等。這些人主要選擇一些穩健或者高成長的企業長期持有，如巴菲特持有可口可樂股票幾十年了，從來沒有賣過，這些股票在幾十年的時間裡給他帶來的收益已經以百倍甚至千倍計算。

在中國，最著名的神話是萬科最大的個人股東劉元生，他自萬科發行股票當日就買入股票。在16年的時間裡，他持有萬科股票的資產已經從400萬元增長到現在的接近30億元，增值7000倍。

因此，要想在股市中掙錢，關鍵還得跟上面三種人學習，就是掌握宏觀、中觀和微觀基本面，知道企業的運作情況，根據企業和宏觀經濟的走勢來運作，才能使自己立於不敗之地。

第七章 證券投資技術分析

在證券投資常用的兩種分析方法中，基本分析側重於分析與政治、經濟與行業發展相關聯的企業經營業績、財務狀況、業務發展潛力，以判斷證券價格的高低，而技術分析則是依據歷史股價、數據，運用各種圖表、指標等分析手段對證券價格的發展趨勢做出預測估計，以判斷證券買賣的時機，以此作為投資決策的依據。

第一節 證券投資技術分析概述

技術分析自19世紀末產生以來，經過不斷的充實、完善與發展，已逐漸形成一個較為完整的體系。隨著證券市場的成熟與不斷壯大，技術分析越來越成為眾多投資者不可缺少的一種分析工具。

一、技術分析的基本假設與要素

（一）技術分析的含義

技術分析是對證券市場的市場行為所做的分析，是依據過去與現在的證券市場相關數據，運用數學和邏輯上的方法，運用圖表、形態、指標等分析手段，歸納總結出典型的行為，以期預測證券市場未來的變化趨勢。

市場行為包括價格的高低、價格的變化、發生這些變化所伴隨的成交量，以及完成這些變化所經過的時間。顯然，技術分析相關結論是經驗總結的結果，因此技術分析是建立在相關的合理假設之上的。

第七章　證券投資技術分析

(二) 技術分析的基本假設

1. 市場行為涵蓋一切信息

市場行為是進行技術分析的基礎。技術分析者認為，市場的投資者在決定交易行為時，影響證券價格的所有因素，包括內在的和外在的都反應在市場行為中，因此，只要研究市場交易行為就能瞭解目前的市場狀況，而無須關心背后的影響因素具體內容。

該假設的合理性在於，任何一個因素對市場的影響最終都體現在價格的變動上；相反，如果某因素出來后，價格沒有變動，那就說明該因素不是市場的影響因素，投資者更不用去管它。如果有多種因素作用於市場，那麼市場的反應就應該是這些因素共同作用的結果。做技術分析應該關心這些因素對市場行為的影響效果，而不用考慮這些因素的具體內容是什麼。

2. 證券價格沿趨勢移動

這是進行技術分析最根本、最核心的因素，「趨勢」概念是技術分析上的核心。換言之，只有股票價格運動有趨勢，技術分析才能尋找趨勢，否則技術分析沒有存在的依據。這個假設認為若忽略證券價格的微小變動，則證券價格的變化在一段時間內會呈現趨勢變動。即價格雖然上下波動，但價格的變動是有一定的規律的，終究是朝一定的方向前進的，價格有保持原來方向的慣性。因此，技術分析法希望利用圖形或指標分析，盡早確定目前的價格趨勢及發現反轉的信號。

如果價格一直是持續上漲或下跌，那麼，今后一段時間，如果不出意外，趨勢的運行將會繼續，直到有反轉的現象產生為止。如果能運用技術分析工具找到價格變動規律，就能對證券投資活動進行指導，「順勢而為」也就成了證券市場中的一條名言。

3. 歷史會重演

《聖經》裡有一句話說：「已發生的，還將發生；已做的，還將做；同一太陽下沒有新鮮事。」歷史會重演的假設是從統計和人的心理因素方面考慮的。證券投資都是一個追求盈利的行為，不論是過去、現在還是未來，這個動機都不會改變。人在追求盈利過程中表現出來的貪婪與恐懼等情緒不會變。因此，在這種心理狀態下，人類的交易將趨於一定的模式，而導致歷史重演。投資者一旦用某種方法在某一場合盈利了，下一次再碰到類似的場合，他就會按同一方法進行操作；相反，如果用某種方法在某一場合失敗了，那麼再碰到類似的場合就不會按以前的方法操作。所以，過去價格的變動方式，在未來可能不斷發生，值得投資者研究，並且利用統計分析的方法，從中可以發現一些有規律的圖形，整理一套有效的操作原則。值得投資者注意的是，歷史不會絕對重演，而只是相對重演或局部重演。

(三) 技術分析的要素

技術分析的要素包括價格、成交量、時間與空間，簡稱價量時空四要素。這四個因素的具體情況和相互的關係是進行正確技術分析的基礎。

證券投資

1. 價格和成交量是市場行為最基本的表現

市場行為最基本的表現就是成交價和成交量。過去和現在的成交價和成交量涵蓋了過去和現在的市場行為。在某一時點上的價和量反應的是買賣雙方在這一時點上共同的市場行為，是雙方的暫時均衡點。隨著時間的變化，均衡會發生變化，這就是價量關係的變化。技術分析就是利用過去和現在的成交量、成交價資料，以圖形分析和指標分析工具來解釋、預測未來的市場走勢。一般說來，買賣雙方對價格的認同程度通過成交量的大小得到確認，認同程度大，成交量大；認同程度小，成交量小。

雙方的這種市場行為反應在價與量上就會出現一條規律：價增量增，價跌量減。如果價增量不增，說明價格得不到買方確認，願意出價購買者減少，價格的上升趨勢就將會改變。如圖7.1（圖的上半部顯示股價，下半部顯示成交量）之A線所示：到A線之前價格（這裡是指數，下同）不斷創新高，而成交量不僅沒有創新高，還在萎縮，因而新高價格沒有得到買方認同，價格會下跌。

相反，價跌量不跌，成交量萎縮到一定程度就不再萎縮，說明賣方不再認同價格繼續往下降，價格下跌趨勢就將會改變。如圖7.1之B線所示：到B線之前的價格一路下滑，成交量卻沒有再創新低，說明賣方不認同這種價格的下降了，價格會逆轉向上。成交價、成交量的這種規律關係是技術分析的合理性所在，因此，價、量是技術分析的最基本要素。技術分析方法都是以價、量關係為研究對象，用以預測未來價格走勢，以期投資獲利。

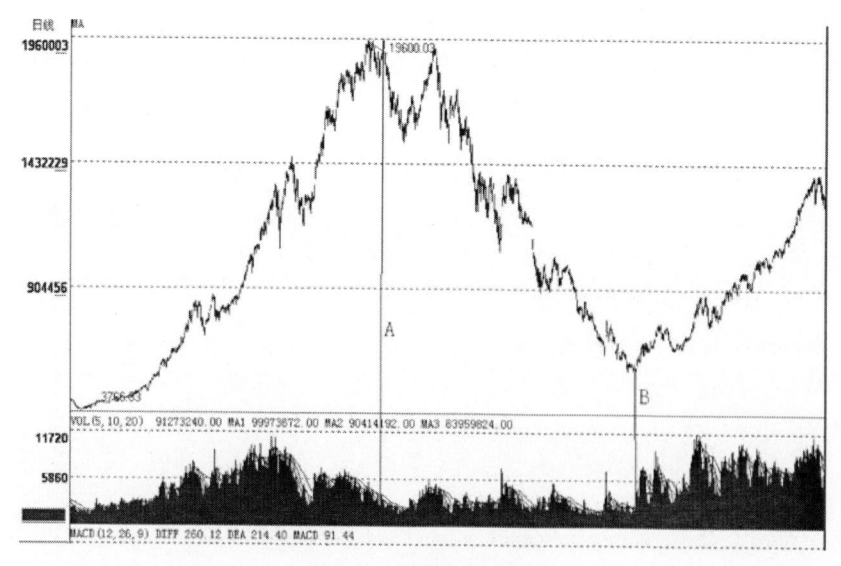

圖7.1 價量關係示意圖

2. 時間和空間體現趨勢的深度和廣度

儘管價量是技術分析最基本的要素，但價量變化的幅度卻離不開時間與空間的

第七章　證券投資技術分析

衡量。因此時間與空間同樣是技術分析的基本要素。時間在進行行情判斷時有著很重要的作用，因為已經形成的一個趨勢在短時間內一般不會發生根本改變；同時已經形成的一個趨勢又不可能永遠不變，經過了一定時間又會有新的趨勢出現。顯然，時間是針對價格波動的時間跨度進行研究的理論。

把時間考慮進來后，技術分析可歸結為：對時間、價、量三者關係的分析，在某一時點上的價和量反應的是買賣雙方在這一時點上共同的市場行為，是雙方勢力的暫時均衡點，隨著時間的變化，均衡會被打破，建立新的均衡，這就是價量關係的變化。

空間在技術分析中，其實可以理解成價格的一個側面，或是價格的一個度量。它就是指價格波動能夠達到的範圍或限度。有了空間概念，我們能更好地研究與把握價格的漲跌與變化規律。

例如，圖7.2 顯示的是深證成指 K 線圖，圖中柱體等構成的曲線表示的是股價走勢；豎線（黃金週期線）就是以時間的某種規律在 K 線圖上作圖，由計算機軟件根據人工指令自動畫的線，在豎線相應的位置可看出價格的變化，這些規律被發現後如能正確應用，則價格趨勢確有時間之窗效應；同樣，橫線（即黃金回擋）對價格的漲跌可能起支撐或壓製作用，對股價的變化極點有著較為明顯的提示，顯然空間是值得期待的又一個基本要素。

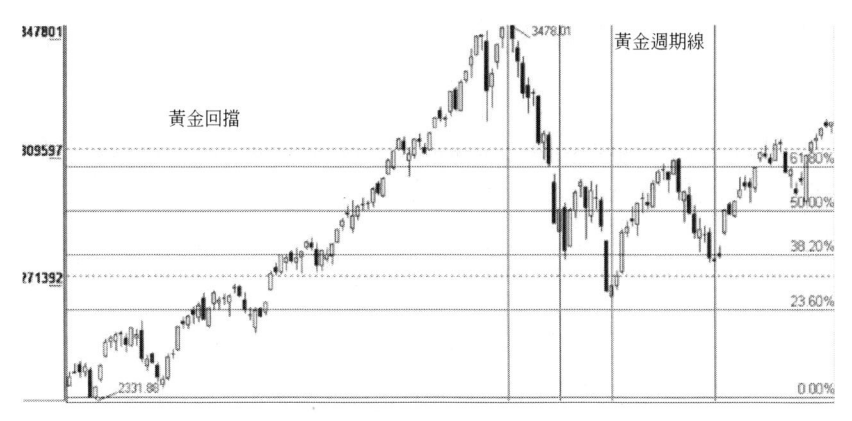

圖7.2　時間（黃金週期線）與空間（黃金回擋）規律示意圖

二、技術分析的理論基礎——道氏理論

(一) 理論來源

道氏理論由美國人查爾斯·亨利·道（1851—1902年）創立，是現今技術分析（圖表走勢派）的理論基礎，在道氏去世後，由威廉·P. 漢密爾頓等人總結出來，道氏本人從未使用過「道氏理論」這個名詞。為了顯示市場總體變動情況，查爾斯·亨利·道與愛德華·瓊斯還創立了至今仍然被廣泛使用的著名的道瓊斯指數。

157

證券投資

(二) 主要原理

道式理論的核心在於價格平均指數與趨勢問題的判斷，有四個主要的結論。

1. 市場價格指數可以解釋和反應市場的大部分行為

市場行為是指證券的交易價格、成交量或漲跌家數、漲跌時間長短等。市場價格指數可以解釋和反應市場的大部分行為，即對影響證券價格的因素具體是什麼不必做過多的關心，只需關心這些因素對市場行為的影響效果。

道氏理論假設大部分股票永遠都跟隨基本市場大勢。這個市場大勢可能是長期升勢，或者長期跌勢，大部分股票的趨勢都相差不多。市場長期升勢時，大部分股票會一齊升；反之，一齊下跌。每一位證券投資者希望、失望的情緒變動，他們的投資知識與經驗，他們所收集到的諸如財經政策、證券市場擴容、機構違規、領導人講話等一切利好與利空信息，都會反應在股票的收盤價中，反應在股票平均指數中。因此，市場指數本身就是一個充滿變數與規律的研究對象，如果能把握一個大概規律，就可以適當地預期未來發生事件對其產生的影響。

大盤平均指數要研究趨勢，證券投資也要順應趨勢，順勢而為，不要逆勢而動，這是最為重要的。在主力資金堅決做多前，在放巨量突破壓力位之前都要謹慎做多，上升通道中順勢做多。下降通道中謹慎抄底，輕倉和持幣為主，錢在主動權就在，主動權在就能去尋找最合適的戰機。在順應趨勢的情況下投資，就要以價值投資結合主力投資方向為主，不能看到市場上每天都有漲停板就每天買股票。

2. 市場波動的三種趨勢

道氏理論斷言，股票會隨市場的趨勢同向變化以反應市場趨勢和狀況。股票的變化表現為三種趨勢：主要趨勢、中期趨勢及短期趨勢。

(1) 主要趨勢，也叫基本趨勢、長期趨勢，指股價廣泛的、全面的上升或下跌的變動情形，持續一年或以上，大部分股票將隨大市上升或下跌，通常漲跌幅度超過20%。主要趨勢上升即為牛市，又稱多頭市場、看漲市場；反之，則為熊市，或稱空頭市場、看跌市場。

主要上升趨勢（多頭市場）通常劃分為下面三個階段（主要下跌趨勢分析類似，此處省略）：

第一階段，有遠見的投資者在自己深入分析的基礎上發現股市上漲的前景，開始買進悲觀投資者拋售的股票，使股價徐徐上漲。此時，股票交易並非很活躍，股價處於橫向盤整階段，但階段末期成交量已開始增加。這一階段可稱為累積階段。

第二階段，隨著經濟前景進一步明朗化，大多數公司經營業績已經明顯好轉，股價在大升小跌中穩步上漲，成交量也顯著增加。這一階段可稱為上漲階段。

第三階段，上漲階段的末期，隨著利好消息不斷傳來，股市顯示大好局面，股價上升很快，成交量大幅增加，市場參與熱情高漲，此時如果股票價格開始下降，則表明股票價格已經走過頂峰，進入新的累積期。

(2) 中期趨勢，也稱次級趨勢，指發生在主要趨勢之中，與主要趨勢運動方向

第七章　證券投資技術分析

相反的行情。持續期一般在3周到3個月，價格變動幅度為基本趨勢的1/3至2/3。在牛市中，它是中級的下跌行情，中級下跌末期是投資者購買的時機；在熊市中，它是中級的上升行情，中級上升末期是投資者賣出的時機。

（3）短期趨勢，也稱為日常波動，指不超過3周以內的短暫波動，只反應股票價格的短期變化，在三種趨勢中最易被人操縱而無法把握。因此，道氏認為它無多大分析意義。次要趨勢通常由三個或三個以上的短期趨勢所組成。

3. 交易量在確定趨勢中起重要的作用

在確定趨勢時，交易量應在主要趨勢的方向上放大。即當價格順著大趨勢發展的時候，成交量也應相應逐漸增加。在上升趨勢中，價格上漲時，成交量應該逐漸增加；價格調整下跌時，成交量應減少。而在一個下降趨勢中，剛好相反，價格下跌時，成交量增加；而當價格逆市小漲時成交量卻呈現萎縮。

當然，判定市場處於哪種趨勢，最終結論性信號只由價格的變動產生，成交量的分析是第二位的，僅僅是在一些有疑問的情況下提供參考。

4. 收盤價是最重要的價格

收盤價是指某種證券在證券交易所一天交易活動結束前最后一筆交易的成交價格。因為收盤價是全天多空雙方交戰的最終結果，反應的是當天最新信息下的市場行為，是當日行情的標準，又是下一個交易日開盤價的參考依據。所以投資者對行情進行分析時，一般都採用收盤價作為計算依據。現在世界各地的證券市場平均價格指數都用收盤價來計算。

（三）道氏理論的運用

道氏理論作為技術分析的根基，對於價格運動的描述最為經典。道氏理論認為，市場不會永遠朝某一個方向運動，價格總是難以預測的，但無論怎麼變化，都擺脫不了一定的軌道，其運行過程中留下了一系列的高點和低點，形成波峰和波谷，順著這些峰和谷，就表現為上升或下降的方向，那麼，隨著時間的延續，若干個依次遞降、遞升或橫向延伸的峰、谷就構成了市場的趨勢。

道氏理論的運用是比較簡單的，僅依賴工業指數及鐵路指數來觀察市場股價變動，且道氏理論強調這兩種指數的互證。所謂互證，就是兩種股價平均數發生某種相聯繫的變動。當兩種股價平均數朝同一方向變動時，一種平均數被另一種平均數證明，則次級趨勢和主要趨勢便會產生。即道氏理論是借助於兩種平均數來預測和判斷股價的趨勢，只有當兩種平均數的變動出現互證時，主要趨勢和次級運動才能被肯定。假定這兩種指數變動是反方向的，即沒有發生互證，也就不能說明次級趨勢和主要趨勢的形成，但也不能證明它們還沒有形成，此時的道氏理論是失效的或稱無用的。道氏理論的互證思想使得它對行情研判的準確性大大提升，可借助此思想指導投資者進行其他技術分析活動。

（四）道氏理論的不足

道氏理論只是以一種技術性的方式指示主要趨勢的走向，但是它對價格運行的

159

特徵描述過於精練，用趨勢就代表了價格運動的全部特徵，因此存在著不足。人們對道氏理論的批評主要如下：

（1）不能選股。道氏理論不能給投資者提示應購買股票的種類，它不能告訴你該買進何種股票。

（2）不能判斷短期趨勢。道氏理論的不足還在於對大的形勢判斷有較大的作用，對於每日每時都在發生的小的波動則顯得無能為力，對於中短期趨勢的轉變也幾乎不會給出任何信號。道氏理論對中、短期交易幫助甚少。

（3）信號可能失誤。道氏理論也會出錯，因為其可靠程度還取決於人們對它的理解和解釋。有資料表明，從1920年到1975年，道氏理論成功預測了道瓊斯工業股指數和運輸股指數所有大幅動作中的68%、標準普爾指數大動作的67%。此結果雖然也算成績斐然，但畢竟還不是百分之百的正確，信號可能失誤。

（4）信號滯后。信號滯后是道氏理論明顯的不足。道氏理論強調工業指數與鐵路指數這兩種指數的互相驗證，才能對主要趨勢走向給出預測，但這樣的預測在一輪新的主要趨勢開始后的短期內未必是清楚和正確的，因此常常錯過最佳時機。等到信號完全明朗時，市場已經漲了不少，道氏分析結論主要趨勢仍然看漲，但可能市場已處於高位的危險階段，所以有時甚至不知道該不該買進。因此，信號的滯后性導致了道氏理論的可操作性有所降低。如圖7.3所示，根據道氏理論進行的實際買賣可能失去部分收益，因為根據道氏理論抓住的是上升階段的中間部分，即實際買入與實際賣出的價差部分，而沒有得到可能買點與可能賣點的更大價差。

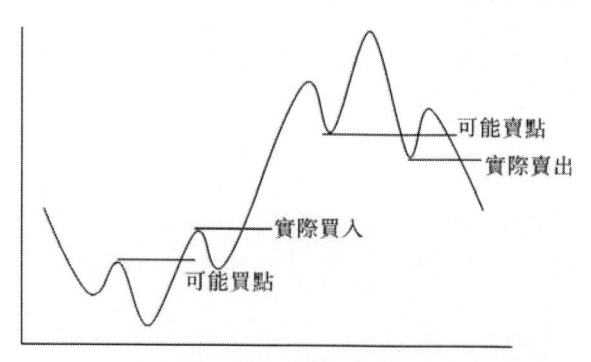

圖7.3 根據道氏理論進行的實際買賣可能失去部分收益

小卡片：關於道氏理論的應用

有時會有這樣的評論：「道氏理論是一個極為可靠的系統，因為它在每一個主要趨勢中使交易者錯過前三分之一階段和后三分之一階段，有的時候也沒有任何中間的三分之一階段。」或者乾脆就給出一個典型實例：1942年一輪主要牛市以工業指數92.92開始而以1946年212.5結束，總共漲了119.58點，但一個嚴格的道氏理論家不等到工業指數漲到125.88是不會買入的，也一定要等到價格跌至191.04

第七章　證券投資技術分析

時才會拋出,因而盈利最多也不過 65 個點或者不超過總數的一半,這一典型事例無可辯駁。

但是,對這一常見的反駁的回答是:「您去找這樣一個交易者,他在 92.92 點(或退一步,在這一水平上下 5 個點的範圍內)首次買進股票,然后在整輪(100%)牛市的年份中一直持有頭寸,最終在 212.50 點處(或者在這一水平 5 個點的範圍內)賣出。」歡迎讀者們去試。事實上,您會發現,即便要找出一打干得像道氏理論一樣出色的人也很困難。

由於它包括了迄今為止過去 60 年每一輪牛市及熊市所有的災難,一個較好的回答就是,詳細研究過去 60 年中的交易記錄,我們有幸徵得查理·道爾頓先生的同意將其計算結果複製如下。

　　……

投資者只需在道氏理論宣告一輪牛市開始時買入工業指數的成分股,一直持有到道氏理論宣告一輪熊市來臨時拋出。這樣,1897 年的一筆 100 美元的投資從理論上講,這一計算結果可以表明這樣的情況:一筆僅 100 美元的投資於 1897 年 7 月 12 日投入道瓊斯工業指數的股票,此時正值道氏理論以一輪牛市出現,這些股票將在,並且只有在道氏理論證明確認的主要趨勢中一個轉勢時,才會被售出或再次買入。到 1956 年就變成了 11,236.65 美元。在這一期間投資者買賣各 15 次,或者說平均每兩年交易一次這一交易記錄並非完美無缺,有一筆交易虧損,還有三次收入再投資的價格高於前一賣出價,但是我們不需要對此做任何辯護。同時,這一記錄並未考慮佣金和印花稅。但是,它也沒有包括投資者在這一期間因持股而應得的紅利。不用說,后者將會使資金增加許多,為了說服那些信奉「只需買入好股票,然后把它們擱起來」的人,我們將上述記錄與「只買賣一次」的策略所能達到的最好結果——在這 50 年中,只在工業指數最低點時買入一次,同樣也只在指數最高點時賣出一次做比較:在 1896 年 8 月 10 日指數達到(這一期間的)最低點 29.64 點時投入的 100 美元,到這一期間的最高點——60 年后的 1956 年 4 月 6 日的 521.05 點——只增值到 1757.93 美元。這與直接按照道氏理論操作的結果 11,236.65 美元相去甚遠。

資料來源:(美)羅伯特·雷亞. 道氏理論 [M]. 劉志剛,譯. 北京:地震出版社,2008.

三、技術分析方法的內容

技術分析方法在實踐中有不同的技術分析流派,這些技術分析流派從不同的方面理解和考慮證券市場,在投資實踐中被廣泛使用。它們有一個共同的特點,即都經過證券市場的實踐考驗,其相關應用理論在市場實踐中都是在不斷地發展與完善,並且它們既可單獨運用,互不干擾,也可相互參照,組合使用。技術分析方法的內

容包括了指標法、切線法、形態法、K線法、波浪理論五大類方法。

(一) 指標法

指標法是技術分析指標法的簡稱，是指在某個時點按一定的方法（公式）對證券市場的相關原始數據進行計算，計算的結論數字稱為技術指標值。將一定時期內不同時點的指標值繪製成圖表，並根據這樣的圖表對市場行情進行研判。

常用的技術指標包括平滑異同移動平均線 MACD、隨機指標 KDJ、相對強弱指標 RSI、乖離率 BIAS、布林線 BOLL、心理線 PSY、能量潮 OBV，等等。

每一個技術指標都是從一個特定的方面對股市進行觀察，通過公式計算產生的技術指標數值，這樣就可以對行情的研判進行定量的分析，這樣使具體操作時的精確度得以大大提高。這樣的指標就能反應股市的某個特定方面的深層內涵，這些內涵僅僅通過原始數據是很難看出來的。

(二) 切線法

切線法是按一定方法和原則在由股票價格數據所繪製的圖表中畫一些直線（切線），然后根據這些直線的情況推測股票價格的未來趨勢。其主要有趨勢線、黃金分割線、甘氏線、角度線、布林線，等等。使用切線可以判斷行情的反彈點和反轉點，股價到達切線時一般會向相反方向反彈；如果沒有反彈，那麼就會衝破切線，經過一定時間仍然不回頭，則可驗證行情會繼續前行。

切線法的畫法尤其是畫切線時選取的參照點（數據）很重要，不同的畫法下，行情研判指導準確性大不相同。

(三) 形態法

技術形態分析法，就是在價格圖表（包括 K 線圖、分時圖等）中運用常見的幾何圖形對行情趨勢進行評估和預測的方法。技術分析形態的基本原理是技術形態主要通過價格波動形成特定的形態，已經被實踐證明行之有效，對后市的走勢有一定的研判價值。不同的市場情況下構成的形態不同，因而不同的形態也有著不同的判斷含義。其主要的形態有雙重頂，雙重底，頭肩頂，頭肩底，圓弧頂，圓弧底，三角形，V 型，等等。

(四) K 線法

K 線法是通過繪製 K 線圖，研究若干天 K 線的組合情況，推測股票市場多空雙方力量的對比，進而判斷股票市場多空雙方誰占優勢的方法。K 線圖是股票技術分析中最重要、最常用的圖表，是進行其他各種技術分析都離不開的圖表。

(五) 波浪理論

如果說道氏理論告訴了我們什麼叫大海（大趨勢），那麼波浪理論則可以指導我們在大海中衝浪。艾略特波浪理論和道氏理論一樣，是一種具有深刻投資哲學的理論體系。波浪分析派的創始人是美國人艾略特。拉爾夫·納爾遜·艾略特（Ralph

第七章 證券投資技術分析

Nelson Elliott）揣摸出了股市行為理論，認為波浪理論是對道氏理論的必要補充。波浪理論就是把行情的上漲與下跌曲線按時間與形態分成不同的浪，這些浪的變化又遵循某種規律，按規律即可研判行情趨勢。與其他技術分析流派相比，它的最大的優勢在於能提前較長時間預計到行情的底部和頂部，其他技術分析流派則要等到看到新的趨勢后才知道確實是到底部或頂部了。存在的不足應該是：波浪理論本身不難掌握，但實踐應用中則成為一種難以被充分理解，特別是難以精通的技術分析工具，在使用中存在不少的誤區，很少有人能正確熟練運用並取得大的投資收益。

四、技術分析方法應用時應注意的問題

（1）技術分析不宜單獨使用，必須與基本分析結合起來使用。從理論上看，技術分析法和基本分析法分析股價趨勢的基本點是不同的。基本分析法的基點是事先分析，側重解決的是「應該購買何種股票」的問題。技術分析的基點則是事後分析，僅從股票的市場行為來分析股票價格未來變化趨勢的方法，即對股票價格每日漲跌的變化情況進行分析，以判斷股票價格未來的變化趨勢，從而決定買賣的最佳時機。也就是說，技術分析側重解決的是「應該何時買賣股票」的問題。但歷史的重演很難做到絕對重演，用技術分析研判行情並不可靠。因此進行股票投資，在運用技術分析作趨勢判斷和預測的同時，不應忽視對基本因素的分析，應將基本分析與技術分析結合起來，這樣才會提高行情研判的準確性。

（2）某種技術分析方法不宜單獨使用，要使用多種技術分析方法綜合研判。在進行技術指標的分析和判斷時，也經常用到別的技術分析方法的基本結論。由於技術分析方法本身的局限性，不管是用哪一種技術分析方法進行預測都可能出錯。同時使用多種技術分析方法相互驗證后的研判結論準確性會得到提高。如果在運用指標法中的 MACD 等指標時，再結合形態法中的頭肩形、雙重頂等形態，或者結合切線理論中支撐線和壓力線等分析手法，那麼預測結論相對就要準確得多。

（3）除了學習技術分析理論知識，更應注重理論與實踐相結合。技術指標是經驗性的機械指標值，不能生搬硬套，要理論與實踐相結合。不同的股票有不同的股性，在不同的時間段同樣的股票有不同的表現。技術分析方法應用的準確性也就各不相同。因此，需要在不同的時期將不同的方法對應不同的股票加以仔細研究，總結其歷史表現，對照現在情形，選擇最有效的技術分析方法進行行情研判，才會收到預期的技術分析效果。

第二節　證券投資技術分析主要理論

一、K 線理論

K 線，俗稱陰陽燭，起源於日本德川幕府時代的米市交易中，經過 200 多年的演進，開始滲入期貨市場、外匯市場及證券市場，並充分地表現出其極強的測市功能。

（一）K 線的基本形狀和種類

1. K 線的基本形狀

K 線由上下影線和中間實體組成。中間的矩形部分是實體，實體的上下端為開盤價和收盤價，實體上方的直線為上影線，上端點是最高價實體，下方的直線為下影線，下端點是最低價。K 線分陰線和陽線兩種，收盤價大於開盤價為陽線，反之為陰線。在股票軟件的 K 線圖中，一般用紅色表示陽線，綠色表示陰線。教材中則往往用空心實體圖表示陽線，而用實心實體圖表示陰線，如圖 7.4 所示。

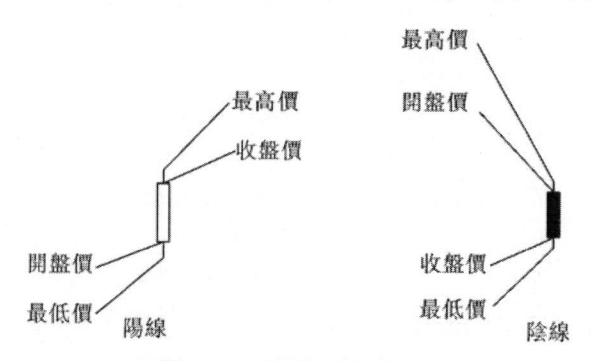

圖 7.4　K 線基本形態圖之一

圖 7.4 是 K 線基本形態圖。左邊 K 線反應某個交易單位時間內的交易概況，其中的四個價格對股市的行情研判非常重要，分別為：開盤價、收盤價、最低價、最高價，因為收盤價大於開盤價，所以是陽線。同樣，右邊的 K 線，因為其收盤價小於開盤價，所以是陰線。

2. K 線的基本形狀種類

將 K 線中的 4 個價格分別取不同的值，則 K 線基本形狀可分為 12 種。其中 2 種上影線和下影線都有（見圖 7.4）、2 種沒有上影線（見圖 7.5 中的 A、B）、2 種沒有下影線（見圖 7.5 中的 C、D）、2 種上影線和下影線都沒有（見圖 7.5 中的 E、F）、4 種沒有實體（見圖 7.5 中的 G、H、I、J）。

第七章　證券投資技術分析

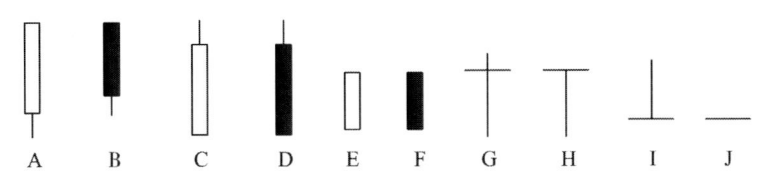

圖 7.5　K 線基本形態圖之二

(二)　單根 K 線的含義

從單獨一根 K 線對多空雙方優勢進行衡量，主要依靠實體的長度、陰陽和上下影線的長度。

1. 從實體長度來看

陽線實體和陰線實體的長度分別表示的是股票指數上漲或下跌的強弱度。當陽線實體長度逐漸往上增長時，表示指數增長的力量逐漸增強；而當陽線實體的長度逐漸縮短時，表示股票指數增長的力量在漸漸減弱。當陰線實體長度逐漸往下增長時，表示指數下跌的力量逐漸增強；而當陰線實體長度逐漸縮短時，表示指數下跌的力量在漸漸減弱。

2. 從上下影線來看

當上影線長時，市場拋壓重，空方力量大；當下影線長時，市場多方力量較強，將股價從底部向上抬高很多。

圖 7.6 反應了全天的價格走勢，每時每刻的成交價與成交量在分時圖中顯示得非常清楚。全天股價振幅不大，開盤價 7.05 元、收盤價 7.22 元、最高價 7.40 元、最低價 6.91 元。

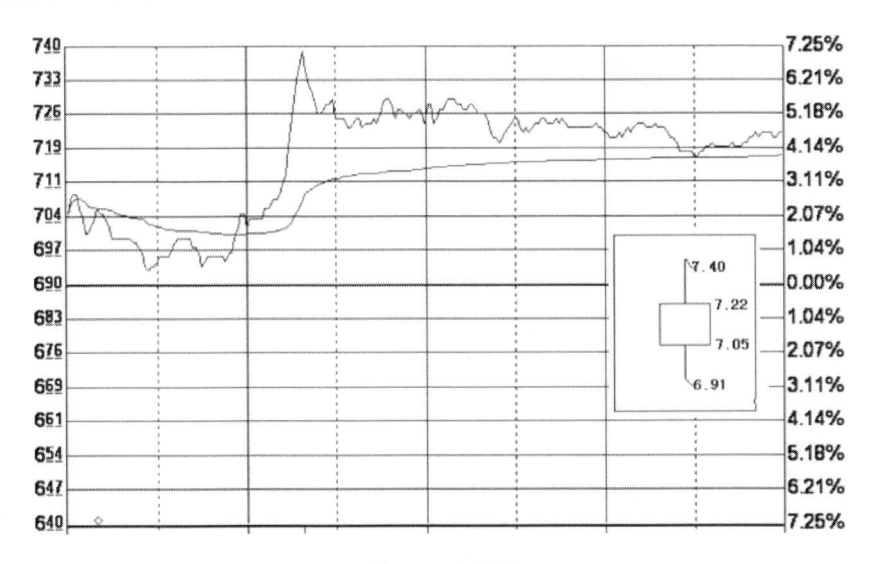

圖 7.6　分時圖

證券投資

將上面的分時圖反應到 K 線圖中，即圖 7.7 中的 A 點位置單根 K 線，由於全天股價振幅不大，所以 K 線的實體較短，上下影線也都較短。

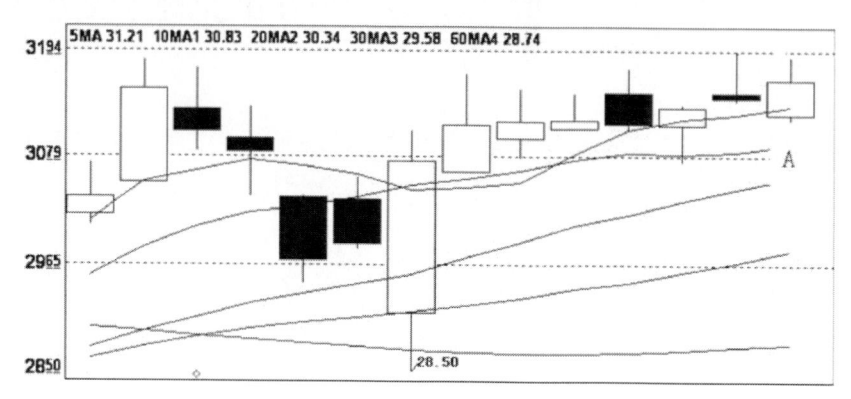

圖 7.7　K 線圖

3. 單根 K 線含義的分解說明

我們已經知道，一般情形下的上影線越長，下影線越短，陽線實體越短，越有利於空方占優，不利於多方占優；上影線越短，下影線越長，實體越長，越有利於多方占優，而不利於空方占優。上影線和下影線相比的結果，也影響多方和空方取得優勢。上影線長於下影線，利於空方；相反，下影線長於上影線，利於多方。

（1）陽線。

其一，有上下影線的陽線（見圖 7.4 中的陽線）：此 K 線形態最為常見。多空雙方互不相讓，價格下跌到過最低也上漲到過最高，最終多方勉強勝利，顯示行情只是稍微偏多。

其二，沒有上影線的陽線，即收盤光頭陽線或稱下影陽線（見圖 7.5 中的 A）：股價雖跌到過最低，但最終還是被拉回來，收盤時漲至最高價，說明股價上升力強，顯示行情可看漲。

其三，沒有下影線的陽線，即開盤光腳陽線或稱上影陽線（見圖 7.5 中的 C）：開盤價即全天的最低價，股價漲到過最高，但還是被空方壓了下來，但下方多方反擊力量強，最終收出陽線，說明多方力量還是比空方力量強。但如果有較長的上影線則表明上方拋壓較重，還是謹慎為妙。

其四，沒有上下影線的陽線，即光頭光腳陽線（見圖 7.5 中的 E）：代表強烈的漲勢。如果實體較長，是大陽線，則顯示股價低開高收，說明多方力量十分強大。如大陽線出現在盤整行情的末端，則后勢更可能上漲。如圖 7.8 中出現大陽線之后行情上漲。

第七章 證券投資技術分析

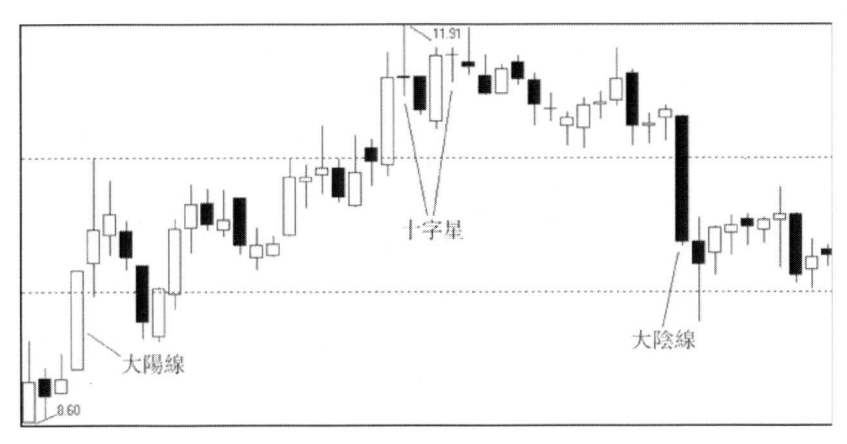

圖7.8 大陽線、大陰線、十字星圖例

(2) 陰線。

其一，有上下影線的陰線（見圖7.4中的陰線）：同陽線類似，所不同的是最終空方勉強勝利，顯示行情只是稍微偏空。

其二，沒有上影線的陰線，即下影陰線也稱收盤光頭陰線（見圖7.5中的B）：開盤價即全天的最高價，行情疲軟，但下方有較強的承接盤，力道與多方比較還是較弱，顯示股價趨降。

其三，沒有下影線的陰線，即上影陰線也稱開盤光腳陰線（見圖7.5中的D）：股價雖漲到過最高，但最終還是被拉了下來，且收盤時跌至全天最低價。先漲後跌，後市看淡。

其四，沒有上下影線的陰線，即光頭光腳陰線（見圖7.5中的F）：代表強烈的跌勢。如果實體較長，是大陰線，其含義與大陽線剛好相反，說明空方力量十分強大，如大陰線出現在一段上漲行情的末端，則後勢更可能下跌。如圖7.8中出現大陰線之後行情下跌。

(3) 沒有實體的K線，即十字K線形態。

其一，十字線，也稱十字星（見圖7.5中的G）：買賣雙方力量相當，暫時平衡，漲跌難以判斷。如果上下影線較長，稱為大十字星，說明多空雙方爭奪激烈，股價趨勢可能就此轉變。小十字星則只顯示交易清淡。如圖7.8中出現兩個十字星後行情轉變。

其二，T字線（見圖7.5中的H）：買賣方都有力量相當的表現，但買方力量後來顯現，行情偏多式的暫時平衡。

其三，倒T字線（見圖7.5中的I）：與T字線類似，但賣方力量後來顯現，行情偏空式的暫時平衡。

其四，一字線或稱一字星（見圖7.5中的J）：開盤價、最高價、最低價、收盤價均在一個價位上，在一個交易日中沒有起伏。有三種可能性：①漲停板價位上，

167

證券投資

表明買方力量極強；②跌停板價位上，表明賣方力量極強；③非漲停、跌停價位上，多空雙方除了以開盤價成交外，沒有其他的價格成交，表明交投異常清淡。

（三）K 線圖

單獨一根 K 線的含義不能孤立看待，還與它在 K 線圖中所處的相對位置有關，看一段時間內的 K 線圖，其含義才更加明確。

將每個交易時間的 K 線按時間順序排列在一起，就組成該證券價格的歷史變動情況，這就叫作 K 線圖。如圖 7.7 就是中國平安在 8 月 5 日到 10 月 22 日這段時間裡的 K 線圖。

1. 日 K 線圖

一根 K 線記錄的是證券在一個交易單位時間內價格變動的情況，交易單位時間的選擇在證券交易軟件中一般稱為「週期選擇」，可選 5 分鐘、15 分鐘、日、周、月、季、等等，分別稱為 5 分鐘 K 線圖，15 分鐘 K 線圖，日 K 線圖，等等。如果圖 7.9 中選擇的週期為日，那麼就是日 K 線圖，開盤價就是交易當天開盤的成交價格，收盤價就是交易當天收盤時的成交價格。

圖 7.9 是中國平安（股票代碼 601318）的日 K 線圖局部。左邊橢圓圈裡正中間的一根 K 線記錄的是陽線，是 2009 年 8 月 20 日這一天交易的概況，其中關鍵的四個價格非常清晰，分別為：開盤價 49.00，收盤價 51.82，最低價 48.31，最高價 52.50。收盤價大於開盤價，所以是陽線。同樣，右邊橢圓圈裡正中間的一根 K 線記錄的是 2009 年 9 月 28 日這天的 K 線圖，是陰線，四個價格分別為：開盤價 51.62，收盤價 49.38，最低價 48.98，最高價 52.00，收盤價小於開盤價，所以是陰線。

圖 7.9 中國平安日 K 線圖

2. 周 K 線圖

如果週期選擇為周，得到的就是周 K 線圖。圖 7.10 中所示的 A 豎線與 B 豎線之間部分就是中國平安在 8 月 6 日到 10 月 23 日這 12 周時間的 K 線圖。周 K 線圖比

第七章 證券投資技術分析

日 K 線圖概括的時間長，反應的趨勢更穩重，方向性更明確。從圖 7.9 日 K 線與圖 7.10 周 K 線的 A 線與 B 線之間部分的對比可以看出，兩個圖示價格都是先降後升，但周 K 線就不像日 K 線那樣波動大，其方向性更清楚。

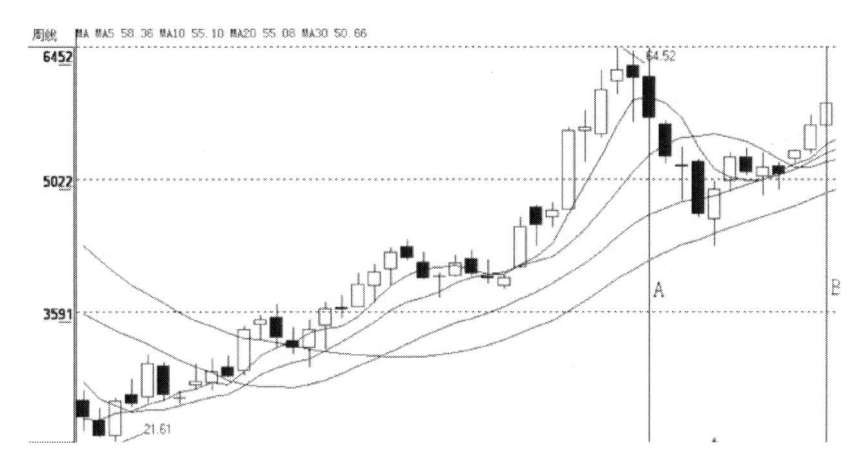

圖 7.10　中國平安周 K 線圖

3. 不同週期的 K 線圖比較

月 K 線圖又比周 K 線更勝一籌。選擇週期越長，方向性越明確。如圖 7.11 所示，四幅圖分別反應中國人壽的日 K 線、周 K 線、月 K 線、季 K 線圖。

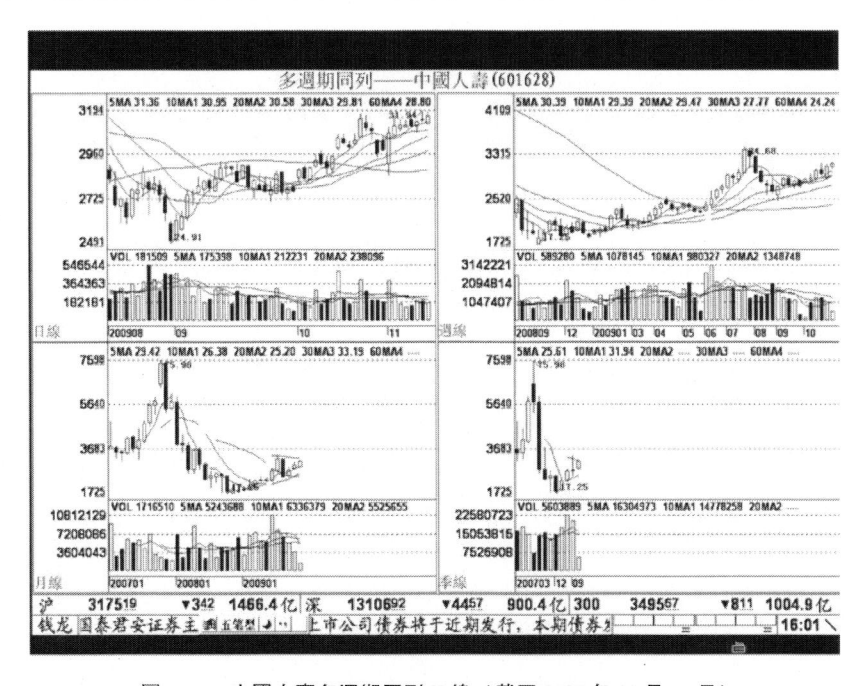

圖 7.11　中國人壽多週期同列 K 線（截至 2009 年 11 月 11 日）

169

(四) 組合形態

將多根 K 線按不同規則組合在一起，就稱為 K 線組合。廣義的 K 線組合包含的 K 線可以是單根的也可以是多根的。單根 K 線上面已作介紹，這裡介紹的是狹義的 K 線組合，即多根 K 線組合形態情形。多根 K 線組合形態情形非常複雜，難以窮盡，但掌握其原理后進行組合 K 線圖的分析難度也不大。

1. K 線組合分析原理

用 K 線組合研判行情的關鍵在於看這些 K 線的位置。后一天的 K 線如果相對於前一天的 K 線位置偏高，那麼行情是可以看漲的。位置越偏高，看漲趨勢也越肯定。兩根 K 線的組合研判如此，多根 K 線組合同樣如此。信息量越大，越易看出未來趨勢，因此，K 線多的組合研判結論比 K 線少的組合研判結論更加可靠。另外，莊家也幾乎不可能控制一段時間的行情，做得不好反而會在這段時間中留下蛛絲馬跡。因此 K 線組合分析意義更大。

2. K 線組合示例

不論是示意下跌的還是示意上漲的 K 線，組合很多，下面僅舉較為經典的幾例加以說明。

(1) 見頂示意下跌的 K 線組合。

第一，頂部大陰線：見頂墓碑，多頭葬身之地，見圖 7.12。

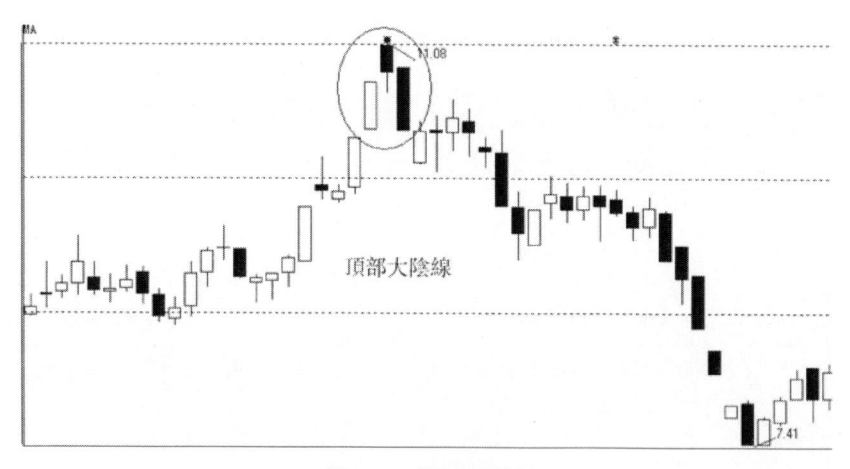

圖 7.12 頂部大陰線

第二，黃昏之星：K 線頂部的十字星，出現在上升行情的末端。其特徵是開始是一根長陽線，加強了上升趨勢。第二天價格向上跳空出現新高，交易發生在小的範圍內，收盤同開盤接近持平。第三天價格跳空低開，收盤更低，反轉趨勢形成。如圖 7.13 中的三根 K 線所示。

第七章　證券投資技術分析

圖 7.13　黃昏之星

第三，頂部陰包陽：又稱穿頭破腳，或稱懷抱線，是強烈的反轉信號，見圖 7.14。

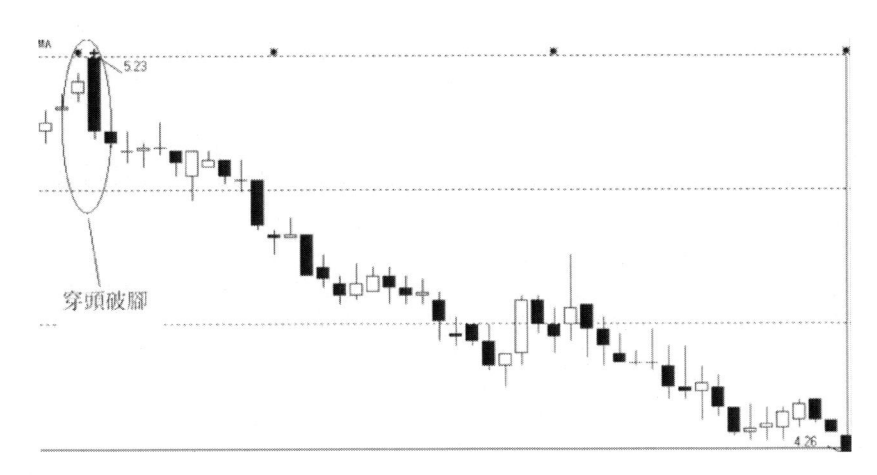

圖 7.14　頂部陰包陽

第四，平頂：見頂賣出信號，后市看跌，見圖 7.15。

171

圖 7.15 平頂

　　第五，三只烏鴉：又稱暴跌三杰，強烈向淡的轉勢信號，殺傷力特別強。其特徵是：連續三天長陰線；每天的收盤出現新低；每天的開盤在前一天的實體之內；每天的收盤等於或接近當天最低。

　　圖 7.16 不滿足「每天的收盤出現新低」的特徵，因為第三天沒有創出新低——如果將第三天與第四天兩根陰線疊加在一起，則此特徵就滿足了；也不滿足「每天的收盤等於或接近當天最低」特徵，因為三根陰線都有一定長度的下影線。圖中共有三只烏鴉，后市更應看跌。

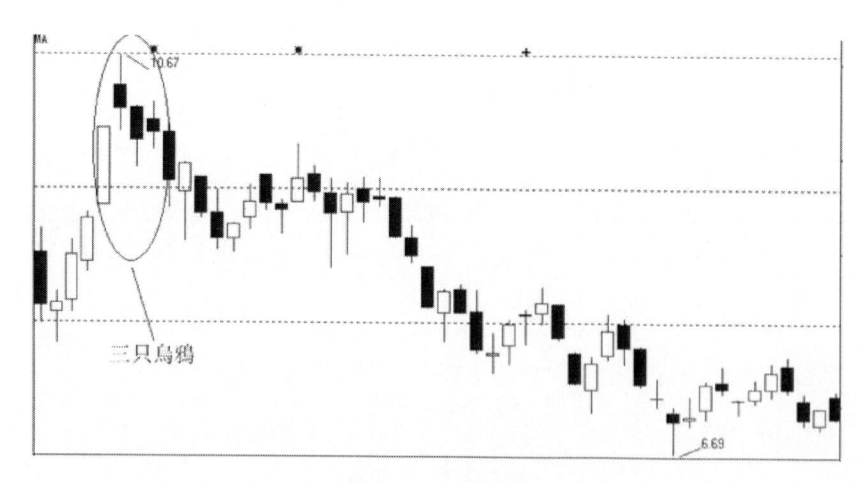

圖 7.16 三只烏鴉

　　第六，兩陰夾一陽：典型的頭部特徵，后市看跌，見圖 7.17。

第七章　證券投資技術分析

圖 7.17　兩陰夾一陽

第七，島形反轉：行情先直上后直下，暴跌的徵兆，可靠性較高，見圖 7.18。

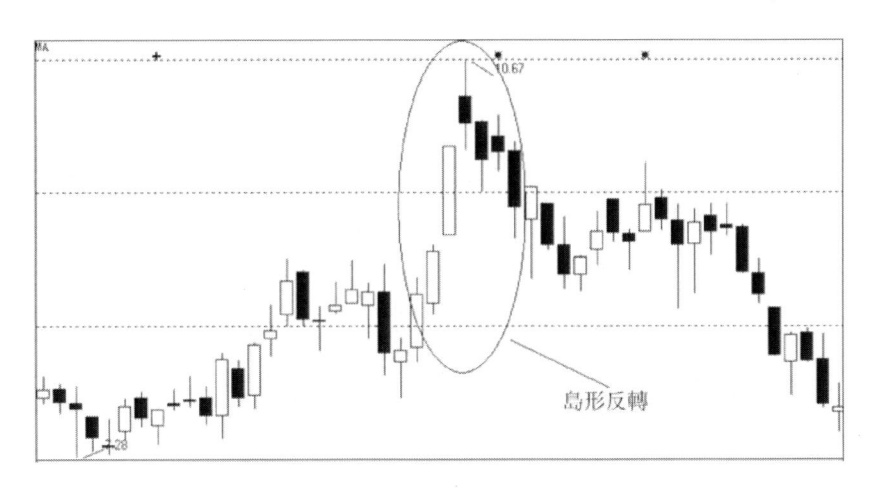

圖 7.18　島形反轉

（2）見底示意上漲的 K 線組合。

第一，希望之星：也稱黎明之星，是見底信號，后市看漲。其特徵是開始是一根長陰線，加強了下降趨勢。第二天價格向下跳空出現新低，交易發生在小的範圍內，收盤同開盤接近持平。第三天價格跳空高開，收盤更高，反轉趨勢形成，見圖 7.19。注意：圖 7.19 中的黎明之星不滿足「第三天價格跳空高開，收盤更高」的條件。

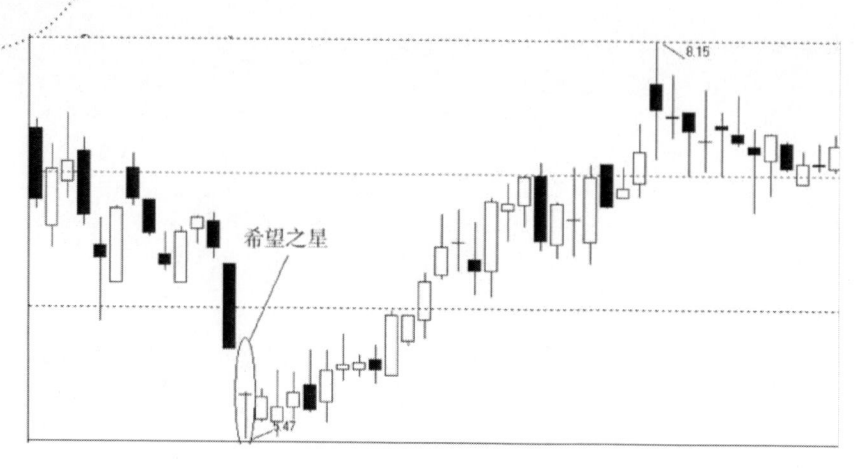

圖 7.19　希望之星

第二，曙光初現：見底信號，見圖 7.20。

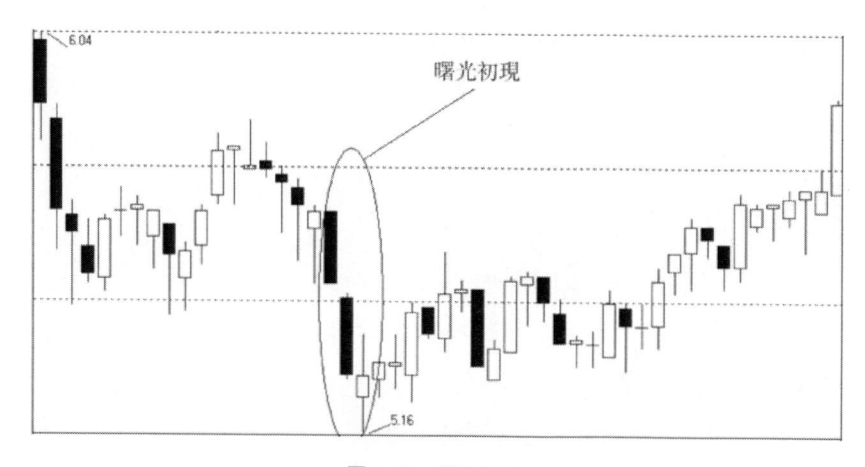

圖 7.20　曙光初現

第三，平底：最低價均是 8.47 元，就稱為平底，是見底信號，后市看漲，見圖 7.21。

第七章 證券投資技術分析

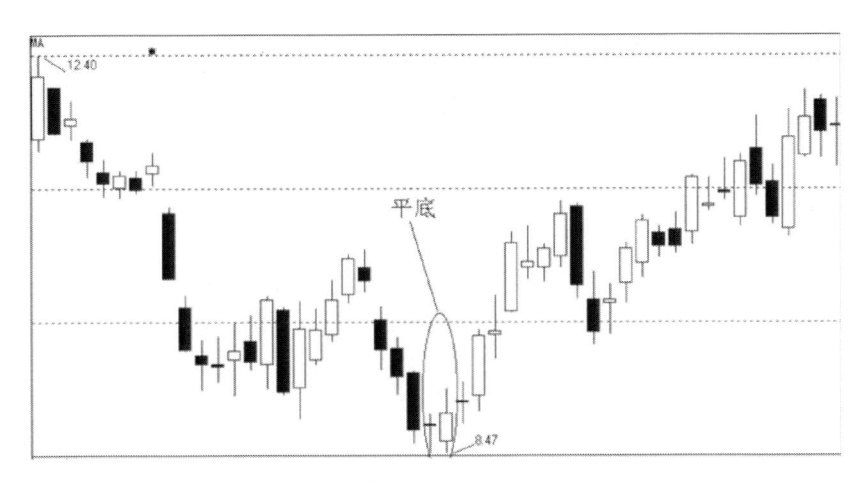

圖 7.21 平底

第四，紅三兵：買入信號，后市看好，見圖 7.22。但需注意：紅三兵要仔細辨認。如果是連續跳空三陽線，三級跳，則上漲可能到了末端，應是離場信號；另外，如果是三個大陽線的組成，則也需要小心。

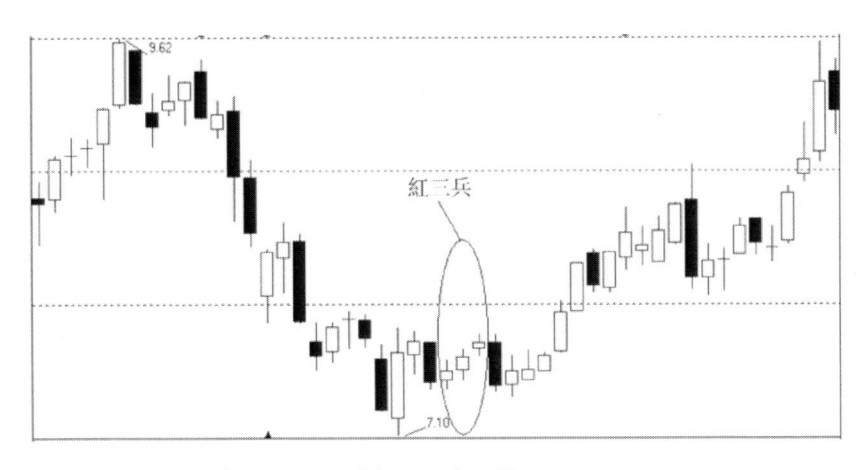

圖 7.22 紅三兵

第五，兩陽夾一陰：見底信號，可靠性較大，見圖 7.23。在兩陽夾一陰出現之前底部還出現了紅三兵，雙重見漲信號。

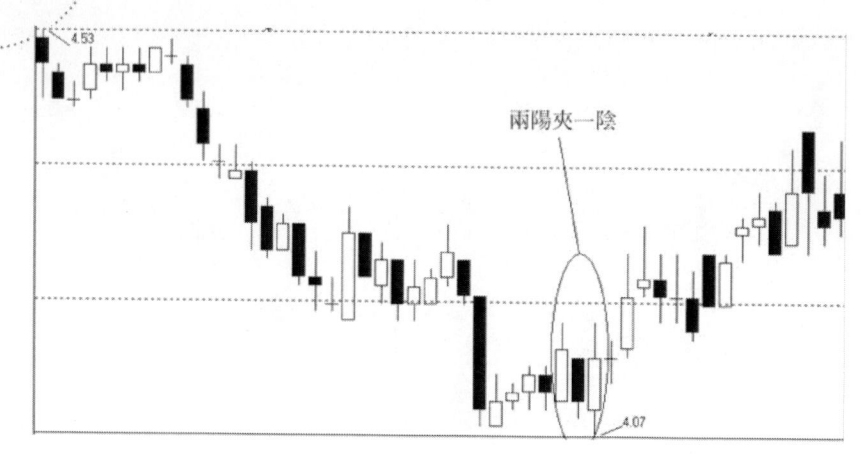

圖 7.23　兩陽夾一陰

第六，底部陽包陰，或稱穿頭破腳，亦稱懷抱線：是見底轉勢信號。圖 7.23 中兩陽夾一陰的三根 K 線，只看后面兩根，第三根陽線完全包住了第二根陰線，是轉勢信號，不再另作圖。

第七，刺穿線：形成於下降趨勢中的長陰線實體保持了下降的含義，第二天的跳空低開進一步加強了下降含義，然后，市場反彈了，且收盤高於長陰線實體的中點。陽線穿入陰線的幅度越大，反轉的幅度越大，如圖 7.24 所示。

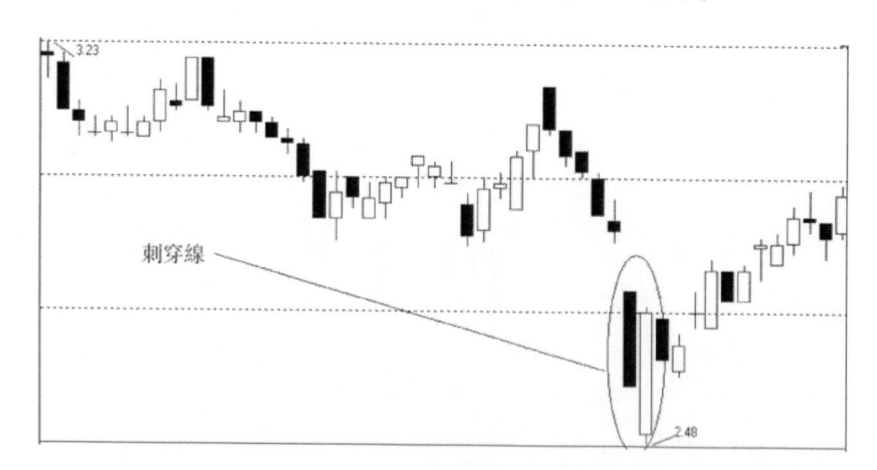

圖 7.24　刺穿線

(3) 持續組合形態：既是上升形態、又是下跌形態的 K 線組合。

第一，孕育線：又稱身懷六甲，見底見頂的轉勢信號，見圖 7.25、圖 7.26。

第七章　證券投資技術分析

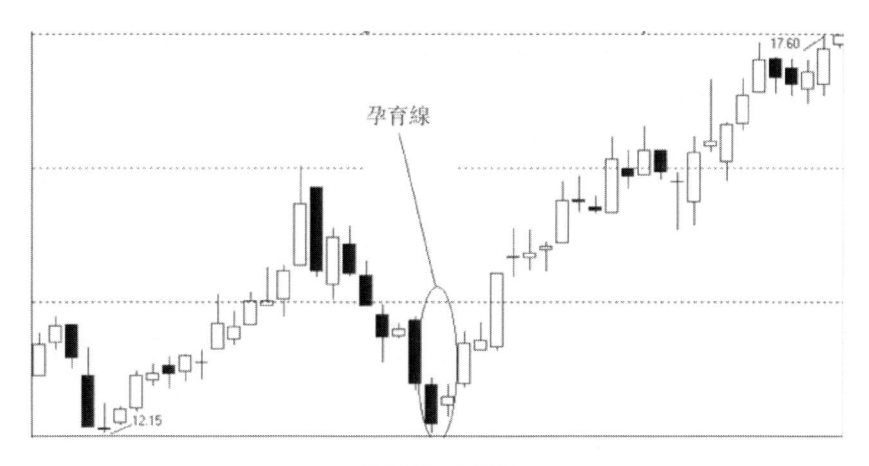

圖 7.25　孕育線

圖 7.26　孕育線

孕育線的特徵：長實體之前有趨勢存在，圖 7.25 之前是下降，圖 7.26 之前是上升。第一天的長實體的顏色反應市場的趨勢方向，圖 7.25 長實體是綠色，反應下降，圖 7.26 長實體是紅色，表示上升。長實體之后是小實體，它的實體被完全包含在長實體的實體區域之內，且它們的顏色相反。

如果第二天的小實體為十字胎或十字星，也是見底見頂的反轉信號，且轉勢信號更強，見圖 7.27、圖 7.28。

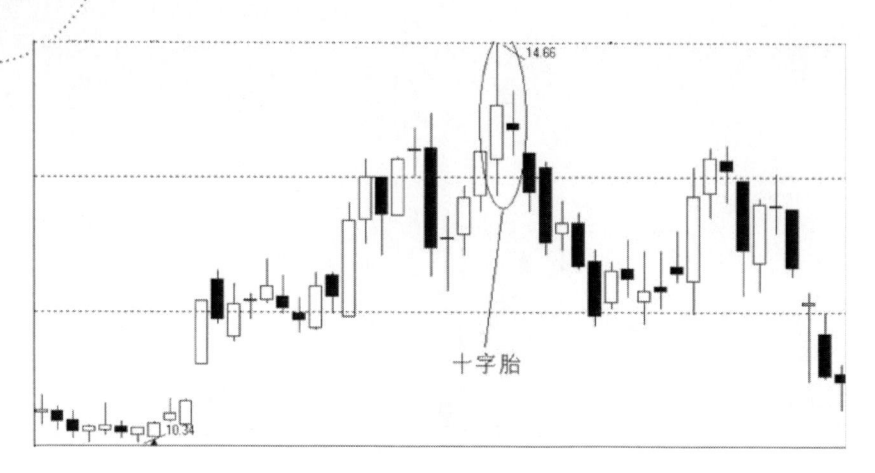

圖 7.27　孕育線中的十字胎

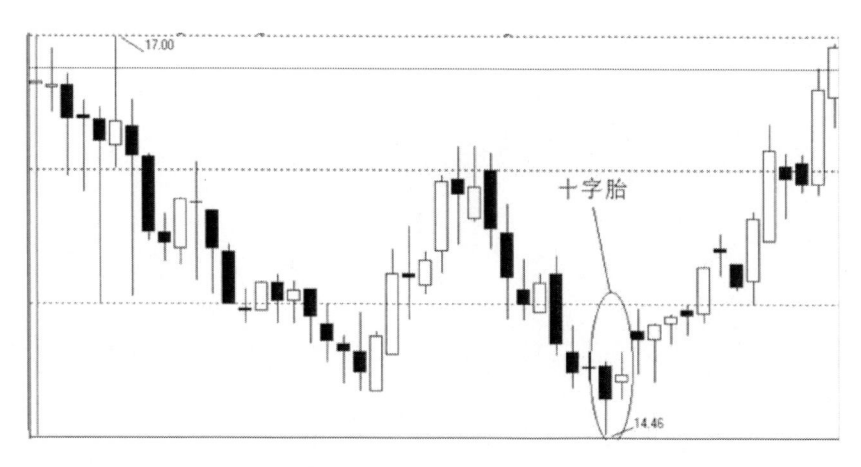

圖 7.28　孕育線中的十字胎

第二，上升三法與下降三法。

上升三法：長陽線形成於上升趨勢中，之后是一群抵抗原趨勢的小實體。這些反向的 K 線一般是陰線，但更重要的是這些小實體都在長陽線的最高和最低範圍內。最后一根 K 線的開盤價高於前一根 K 線收盤價，且收盤價出現新高，維持了原來的趨勢，見圖 7.29。

第七章　證券投資技術分析

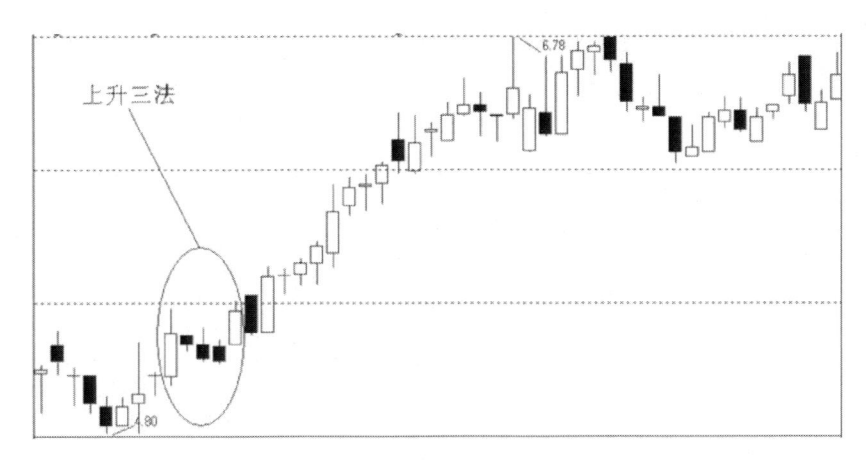

圖 7.29　上升三法

K線組合的圖形很少找到完全標準的圖形，不太標準的圖形則較為常見，如圖7.30 中的上升三法就不是標準圖形。

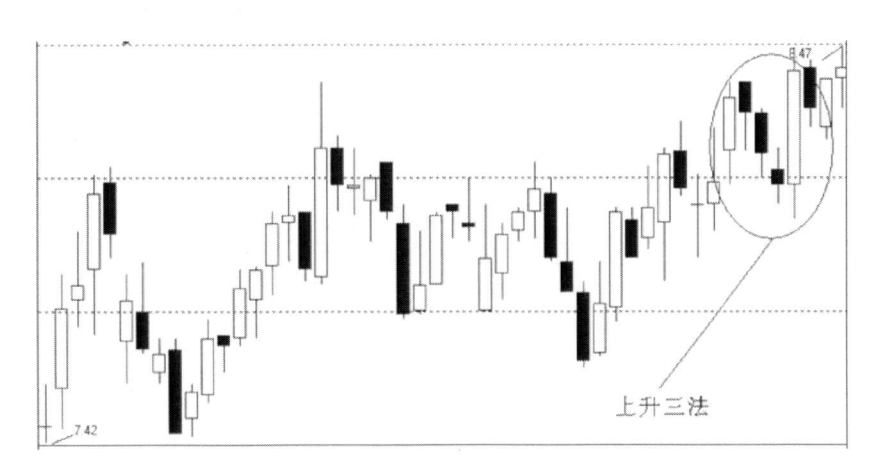

圖 7.30　不夠標準的上升三法

下降三法：與上升三法含義正好相反，是下降趨勢經過停頓后繼續下降的組合形態，見圖 7.31。

證券投資

圖 7.31 下降三法

要特別注意下降三法的靈活運用。如圖 7.32 所示，下降趨勢經過四天的停頓，然后繼續下降，且繼續下降的第二天創了新低。與標準下降三法不同：一是比標準的停頓三天多一天；二是將繼續下降的兩天合併起來看創了新低，不是標準中提到的一天；三是四天停頓的高低價略有些突破第一天的高低價。

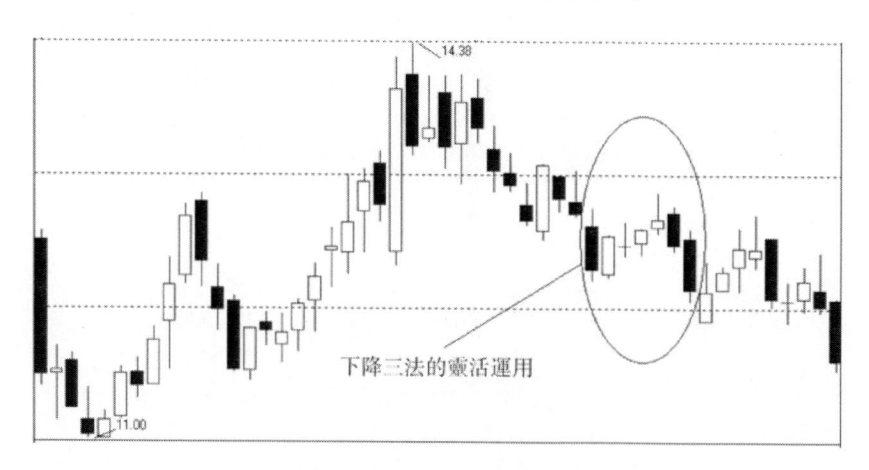

圖 7.32 下降三法的靈活運用

同樣，圖 7.33 中的下降三法也不是標準圖形。

第七章　證券投資技術分析

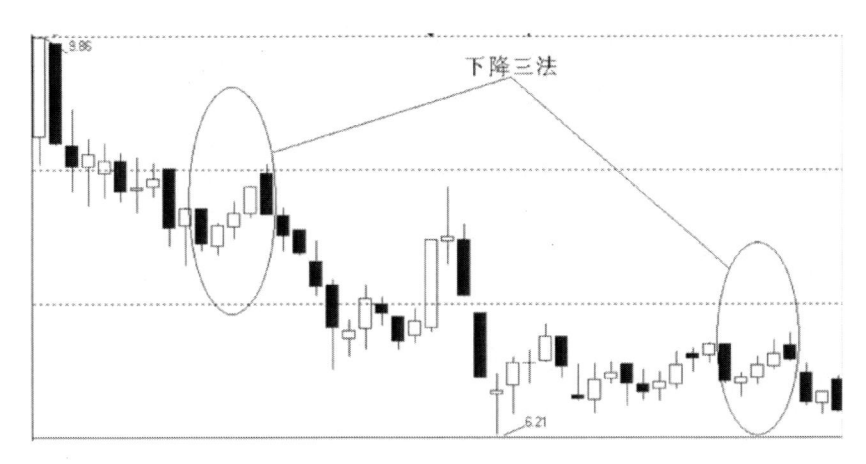

圖 7.33　不夠標準的下降三法

（五）運用 K 線理論應注意的問題

用 K 線描述市場直觀易懂，深受廣大投資者的喜愛。但 K 線的含義及常見的 K 線組合形態只是過去曾經出現過的經驗總結，並沒有經過科學論證。因此，在應用 K 線時要注意的問題有以下三點：

（1）K 線分析的錯誤率比較高。只要對比過去的市場表現就會知道，一些常見的 K 線組合併不能起到相應的提示作用，甚至行情最終走向反面，用 K 線組合來研判后勢行情走向的成功率並不是很高。故根據 K 線組合進行行情研判必須謹慎使用。

（2）K 線分析方法必須與其他方法相結合。因為 K 線分析的錯誤率較高，所以 K 線分析方法在行情研判中只能作為戰術手段，不能作為戰略手段，必須與其他方法結合。用其他分析方法做出買進或賣出的決定，再輔以 K 線組合以決定具體的行動時間和價格。

（3）根據實際情況，不斷修改調整組合形態。K 線分析的結論在空間和時間方面的影響力不大，只在一定的時空範圍內有參考價值。市場行情千變萬化，投資實踐中要根據實際情況，不斷修改調整組合形態。另外，在實際操作時，可以靈活使用 K 線及 K 線組合，不強調完全滿足以上所介紹的 K 線組合形態，因為完全一致的情況是不多見的，否則可能失去一些市場機會。

因此，必須深刻地理解 K 線及其組合形態的真正含義。與其他技術分析方法一樣，K 線分析是靠我們的主觀印象建立的，沒有絕對正確或絕對不正確的分析，適合的就是最好的。

二、切線理論

順勢而為是明智的，但「勢」在何方？切線理論試圖從趨勢分析角度探尋規律。切線就是將股價曲線中兩個或兩個以上的高點或低點連成直線。

切線理論就是用切線作為參照工具，在后期行情研判中以期反應股價的運行趨勢，指示股價的阻力與支撐位置，確定股價運行的空間和範圍。

（一）趨勢分析

1. 趨勢的定義

這裡所說的趨勢，是指股票價格的波動方向，或者說是股票市場運動的方向。如果確定了一段上升或下降的趨勢，則股價的波動必然朝著這個方向運動。

市場變動不是朝一個方向直來直去，中間肯定要出現曲折，從圖形上看就是一條曲折蜿蜒的折線，每個折點處就形成一個峰或谷，見圖7.34。由這些峰和谷的相對高度和時間長短，我們就可以看出趨勢的方向。

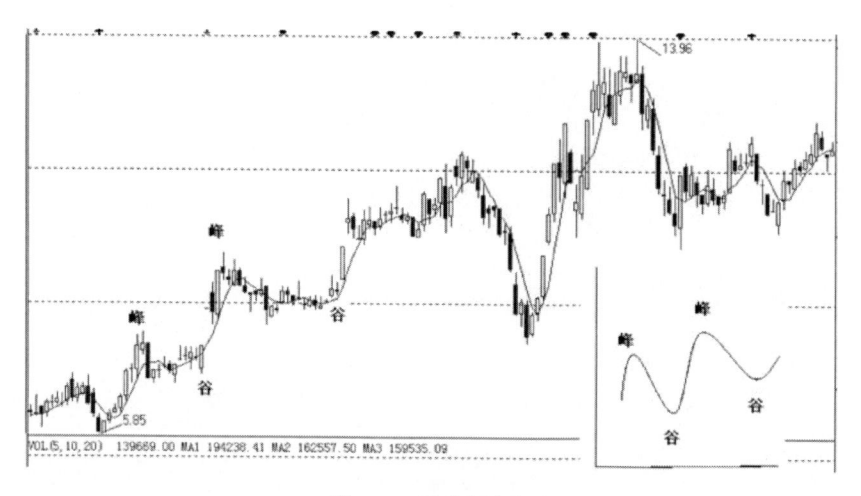

圖7.34　波峰與波谷

畫任何趨勢線必須選擇兩個有決定意義的高點或低點，連接一段時間內價格波動的高點和低點就能畫出趨勢線。在一個上升趨勢中將價格波動的各個谷即價格低點用一條直線連接起來，就會形成一條向上的上升趨勢線。在行情趨勢沒有改變前，股價會保持上行的趨勢運行，見圖7.35。

第七章　證券投資技術分析

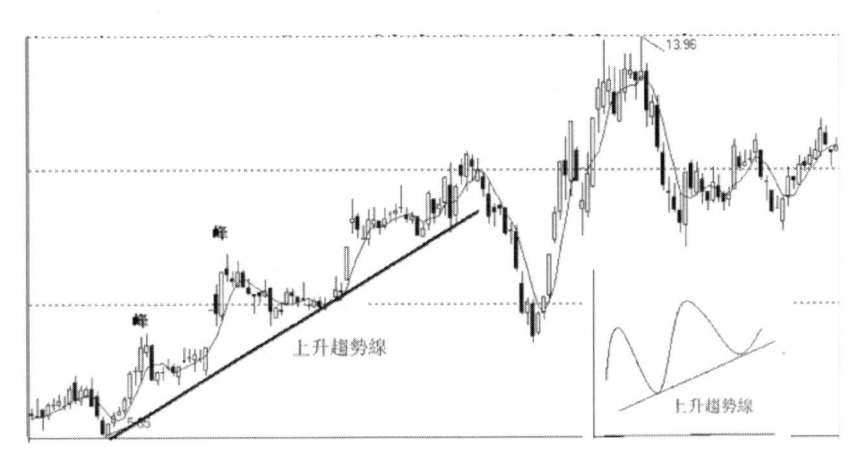

圖 7.35　上升趨勢線

在下降趨勢中將價格波動的峰，即各個高點用一條直線連接起來，就會形成一條向下的下降趨勢線，在行情趨勢沒有改變前，股價會保持下降的趨勢運行，見圖 7.36。

圖 7.36　下降趨勢線

2. 趨勢的方向

（1）上升方向，如果后面的峰和谷都分別高於前面的峰和谷，則趨勢就是上升方向，如圖 7.35 所示。

（2）下降方向，如果后面的峰和谷都分別低於前面的峰和谷，則趨勢就是下降方向，如圖 7.36 所示。

（3）水平方向，也就是無趨勢方向。如果后面的峰和谷與前面的峰和谷相比，沒有明顯的高低之分，幾乎呈水平延伸，就是無趨勢方向，如圖 7.37 所示。

183

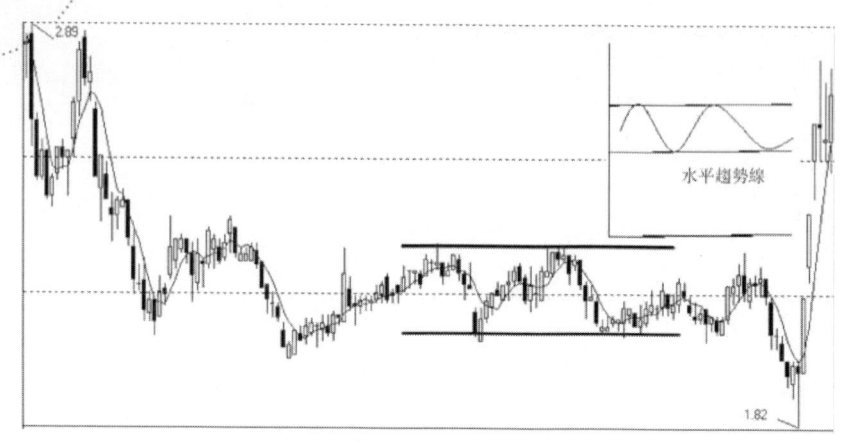

圖7.37　水平趨勢線

3. 趨勢的類型

按道氏理論，我們可依據時間的長短和波動幅度的大小將趨勢分為主要趨勢、次要趨勢和短暫趨勢。主要趨勢是趨勢的主要方向，主要趨勢是價格波動的大方向，一般持續的時間比較長、幅度大，趨勢提示更可靠；次要趨勢是在主要趨勢的過程中進行的調整；短暫趨勢又是對次要趨勢的過程中所進行的調整。

選擇分析週期越長，行情的方向性越明確。如果把季K線反應的趨勢看成主要趨勢，那麼月K線、周K線反應的趨勢就是次要趨勢，日K線反應的趨勢就是短暫趨勢。如圖7.38所示，多週期同列K線圖也就同時反應了短暫趨勢、次要趨勢、主要趨勢。

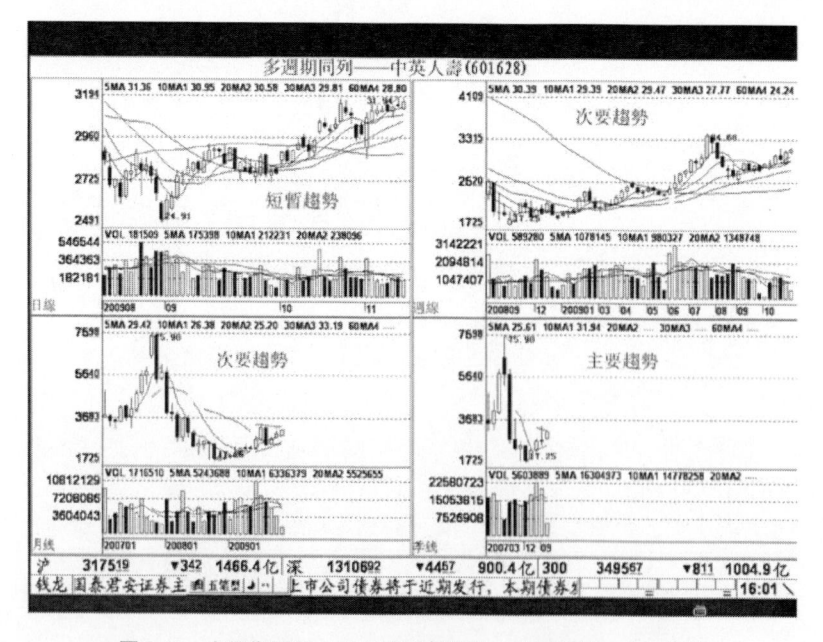

圖7.38　多週期同列K線反應短暫趨勢、次要趨勢、主要趨勢

第七章 證券投資技術分析

(二) 支撐線和壓力線

1. 支撐線和壓力線的定義、理論依據與畫法

支撐線又稱為抵抗線。當股價跌到某個價位附近時，股價停止下跌，甚至有可能還有回升，這是因為多方在此買進造成的。支撐線起阻止股價繼續下跌的作用。這個起著阻止股價繼續下跌或暫時阻止股價繼續下跌的價位就是支撐線所在的位置。

壓力線又稱為阻力線。當股價上漲到某價位附近時，股價會停止上漲，甚至回落，這是因為空方在此價位拋出造成的。壓力線起阻止股價繼續上升的作用。這個起著阻止或暫時阻止股價繼續上升的價位就是壓力線所在的位置。

不管是什麼樣的行情都有支撐線或壓力線，見圖 7.39 和圖 7.40。

圖 7.39　支撐線與壓力線

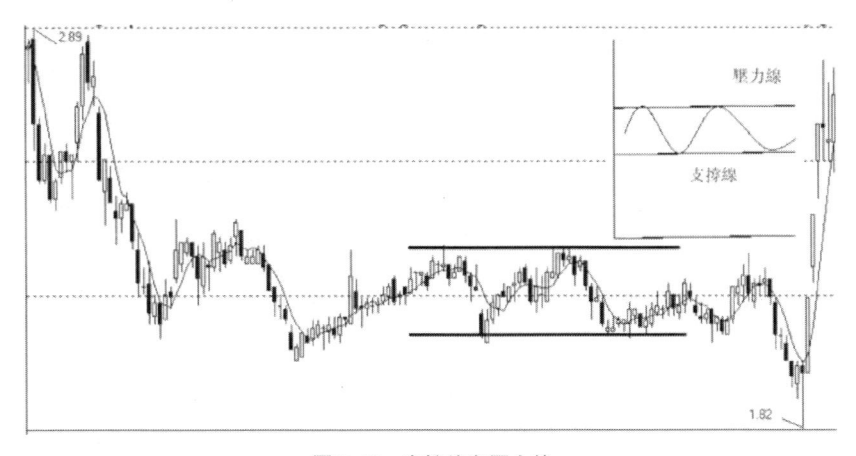

圖 7.40　支撐線與壓力線

支撐線能支撐住股價不跌破或暫時不跌破支撐線，壓力線能壓制住股價不向上突破或暫時不向上突破壓力線，其理論依據還沒有科學定論。但多數人認為其理論依據與投資者的心理因素密不可分。當股票下跌到支撐線位置時，投資者們就會預

期股價會被支撐，不會再跌，該反彈了。因此人們在此價位上傾向於願買不願賣，買多賣少，股價就升起來了，也就得到了支撐的效果；相反，當股票上升至壓力線一帶時，賣多買少，股價就會跌下來，壓力效果顯現。除非，多空雙方的一方力量強大，股價猛烈上漲或下跌，才能改變投資者的心理價位暗示，認同新的價格變動趨勢。

畫支撐線壓力線的方法較多，常用的方法是選擇前期的高點、低點和成交密集區對應的價格畫直線。

2. 支撐線和壓力線的作用

支撐線和壓力線的作用就是阻止或暫時阻止價格向一個方向繼續運動。只要畫出恰當的趨勢線，股價運行的大方向仍然會是趨勢線的方向，這就給行情研判提供了較為明晰的參照。需要注意的是，如果畫出的支撐線和壓力線在當前已知的支撐和壓力點中有較大成交量，且持續較長時間，那麼這樣的支撐和壓力線對今後股價的影響也就大；反之亦然。

如果股價運行力量較大，突破了特定的趨勢線，就意味著原有行情趨勢可能已結束，多空轉換了。投資者也就要採取相應的投資行為，買進或賣出股票了。具體分析如下：

（1）當股價跌破支撐線時，是賣出信號，如圖7.41所示。沒有跌破前，支撐線會對每一次股價的回落起支撐作用，即股價跌至支撐線處會掉頭向上，延續股價原有的趨勢。

圖7.41　支撐線被股價突破是賣出信號

（2）當股價向上突破壓力線時，是買入信號，如圖7.42所示。沒有突破前，壓力線會對每一次回升起阻力作用，即股價升至壓力線處會就掉頭向下，延續股價原有的趨勢。

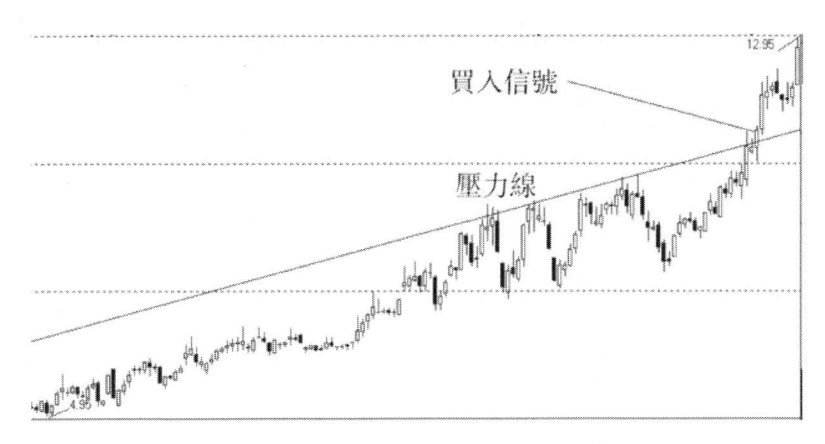

第七章 證券投資技術分析

圖 7.42 壓力線被股價突破是買入信號

(3) 價格隨著支撐或壓力趨勢線移動時間越久，此趨勢線越是可靠。即趨勢線支撐或壓力作用發揮越久，趨勢線越值得依賴，趨勢越是明確。圖 7.41 與圖 7.42 都是三次起到支撐或壓力作用。

(4) 股價的上升與下跌到了末期，會有加速上升或加速下跌現象。因此，股價運行趨勢改變的頂點或底部，大都加速脫離趨勢線控制，遠離趨勢線而去。圖 7.41 支撐線被股價突破是賣出信號和圖 7.42 壓力線被股價突破是買入信號，都是在突破原有趨勢線後分別加速下跌和加速上漲。

3. 支撐線和壓力線的相互轉化

支撐線和壓力線的角色不是一成不變的，它們是可以相互轉化的。支撐線被突破后股價就在該線的下方運行，這個支撐線就會成為今后股價運行的壓力線；同樣，壓力線被突破后該壓力線就成了支撐線。關於突破，一般認為，穿過支撐線或壓力線越遠，突破的結論越正確。稍微有些突破后又迴歸原有狀態就不是真正的突破，或稱假突破。

圖 7.43 中的 A 點受到-23.60% 線的支撐，即該線是支撐線。而這條線在被突破以後，它就變成了壓力線，股價在以後的 B 點和 C 點都受到了壓制。

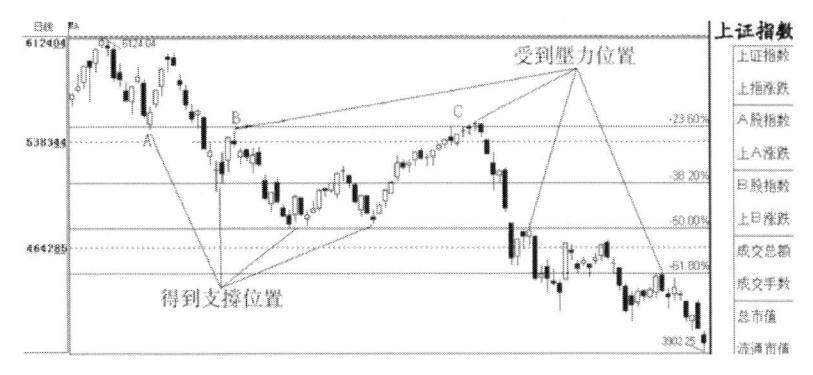

圖 7.43 支撐線和壓力線的相互轉化

187

4. 支撐線和壓力線的修正

既然支撐線和壓力線都是人為而成，主要理論依據是人的心理因素，人為因素起著很大的作用。隨著時間的推移，可能已經畫好的支撐線或壓力線被股價突破，不再起支撐或壓力作用，則需要重新畫支撐線和壓力線，這就是支撐線和壓力線的修正。修正以後的支撐線與壓力線如原來的一樣，為投資者進行買入賣出提供了一些依據。

如圖7.44所示，原壓力線AC線在C處被向上突破，運行至B高點後回調，原壓力線AC線已經不能再起到趨勢線的作用了，所以必須修正。依據近期兩次高點A、B點畫直線，形成新的壓力線，即修正壓力線AB線。后期走勢中修正壓力線AB線在D點處確實起到了壓力的作用，股價又調頭向下了。

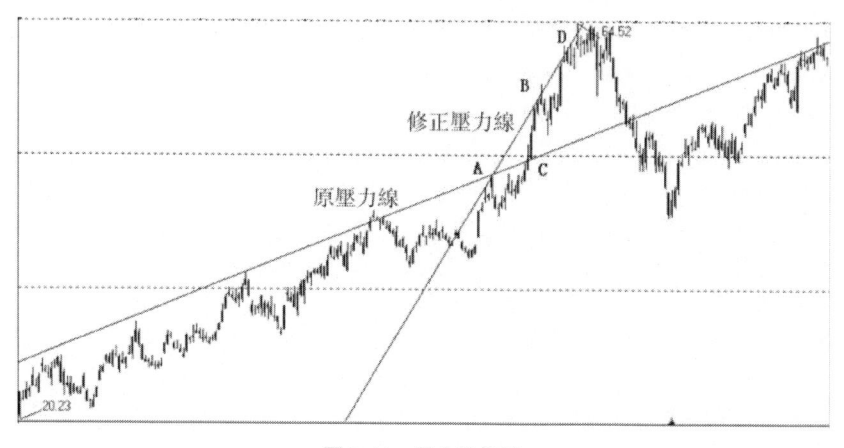

圖7.44　壓力線修正

(三) 軌道線

軌道線又稱通道線或管道線，是基於趨勢線的一種支撐壓力線。在得到一條趨勢線后，通過第一個峰和谷就可以畫出這條趨勢線的平行線，這兩條平行線就稱為軌道線，見圖7.45。

不管是突破壓力趨勢線還是支撐趨勢線，往往是趨勢反向的開始，但對軌道線的突破卻往往是趨勢加速的開始。如圖7.45中的A點就是開始突破的加速點。

另外，股價在軌道線運行中要注意，如果在股價的波動中未觸及軌道線，離得很遠就開始掉頭，說明股價可能會是趨勢改變的信號，如圖7.45中的遠離上軌線的B點處開始掉頭，是較為危險的信號。

圖 7.45　軌道線圖：截至 2009 年 11 月 13 日的中國平安 K 線圖

（四）黃金分割線和百分比線

黃金分割線和百分比線這兩種切線是水平切線，分別是由一組按黃金分割比例或一定百分比比例作為線線間距離的水平直線構成，在股價運行至某時段時，在一組水平切線中只有一條被確認為支撐線或壓力線。

斜的支撐線和壓力線隨著時間的推移，支撐位和壓力位也會不斷地變化。向上斜的切線價位會變高，向下斜的切線價位會變低。因為是水平切線，沒有這樣的變化，但它們有其優點，就是有幾條不同價位的水平直線，即同時提供了好幾條支撐線和壓力線，並期望這幾條直線中最終確有一條能起到支撐和壓力的作用。

1. 黃金分割線

畫黃金分割線其實是一個古老的數學方法。對它的各種魔力般的表現，數學上至今還沒有明確的解釋，在實踐中它卻能發揮人們意想不到的神奇作用。

畫黃金分割線的第一步是記住若干個特殊的數字：0.191、0.382、0.5、0.618、0.809、1.618、2.00、2.618、4.236。其中，0.382. 0.618. 1.618. 2.618 最為重要，價格極容易在由這四個數產生的黃金分割線處產生支撐和壓力。

以大智慧軟件為例，看如何在 K 線圖中畫出黃金分割線。先在 K 線圖中找到最高點與最低點，它們是一段上升行情結束，調頭向下的最高點；一段下降行情結束，調頭向上的最低點。這裡的高點和低點都是指一定的範圍，是局部的。而且要選擇離預測區域時間最近的一段行情。如何選擇這樣的波段有人為因素，只要我們能夠確認一個趨勢（無論是上升還是下降），則這段行情的高點與低點就可以作為進行黃金分割的點，這兩個點一經選定，就可以畫出黃金分割線了。作圖的原理是在最高點與最低點間的距離分別乘以黃金分割的幾個特殊數字就得到一組數值，用這組數值畫水平直線就得到了一組黃金分割線。

在大智慧軟件中，在 K 線圖界面下選擇「分析」菜單下的「畫線工具」，並在畫線工具子菜單下選擇「黃金回擋」，然后鼠標指在 K 線圖上最近一段行情的最高

證券投資

點，按住左鍵不放，向下拖到這段行情的起點即最低點處，這樣就得到了一組黃金分割線，在 0 到 100% 之間用四條線分割，這四條線的系統默認比例分別為 23.60%、38.20%、50%、61.80%。下降是負值，上升是正值。

例如，在上證指數的上升大波段 3404.15 點至 6124.04 點之間用大智慧軟件的「黃金回擋」畫出黃金比例線，如圖 7.46 所示。

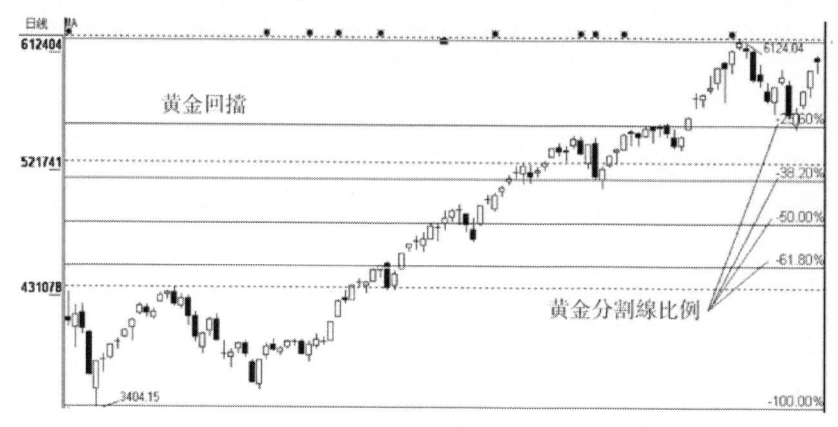

圖 7.46　黃金分割線畫圖（大智慧軟件製作：黃金回擋線）

圖 7.47 為黃金分割線的支撐、壓力效果檢驗，此圖中的黃金分割線是圖 7.46 中畫出來的，上證指數從最高點 6124.04 回落至 23.60% 線時得到支撐后向上，然后又二次回落至 38.20% 線時又得到支撐，隨后反彈至 23.60% 的壓力線后第三次回落，至 50% 線得到支撐，在稍微突破 50% 線后第四次回落至 50% 線再受支撐，較強反彈至 23.60% 壓力線后被壓回，第五次回落至 61.80% 支撐線附近向上，三天后被 50% 壓力線壓回，等等。這些已經說明，在之前的上漲大波段中畫出的黃金分割線，在隨后的趨勢中這些線確能起到支撐或壓力線的作用，有一定的指導意義。

圖 7.47　黃金分割線的支撐、壓力效果檢驗（大智慧軟件製作）

第七章 證券投資技術分析

2. 百分比線

與黃金分割線類似，將某個趨勢的最低點和最高點之間的區域進行等分得到的一組水平直線就是百分比線。等分的位置就是百分比線的位置，是未來支撐或壓力可能出現的位置。分位點的位置一般是下面的分數：1/8、1/4、3/8、1/2、5/8、3/4、7/8、1/3、2/3。一般認為，1/2、1/3、2/3 這三條線相對更為重要，其中 1/3、2/3 比較接近黃金分割比例。

與黃金分割線比例類似，軟件可以直接作圖。

在大智慧軟件中，在 K 線圖界面下選擇「分析」菜單下的「畫線工具」，並在畫線工具子菜單下選擇「百分比線」，然后鼠標指在 K 線圖上最近一段行情的最高點，按住左鍵不放，向下拖到這段行情的起點即最低點處，這樣就得到了一組百分比線，在 0 到 100% 之間軟件默認百分比例分別為 1/4、2/4、3/4，即大智慧默認百分比線在 0 到 100% 之間加了三條水平直線，其位置分別是 25%、50%、75%。用大智慧軟件在上升大波段 3404.15 點至 6124.04 點之間分割出百分比線，如圖 7.48 所示。

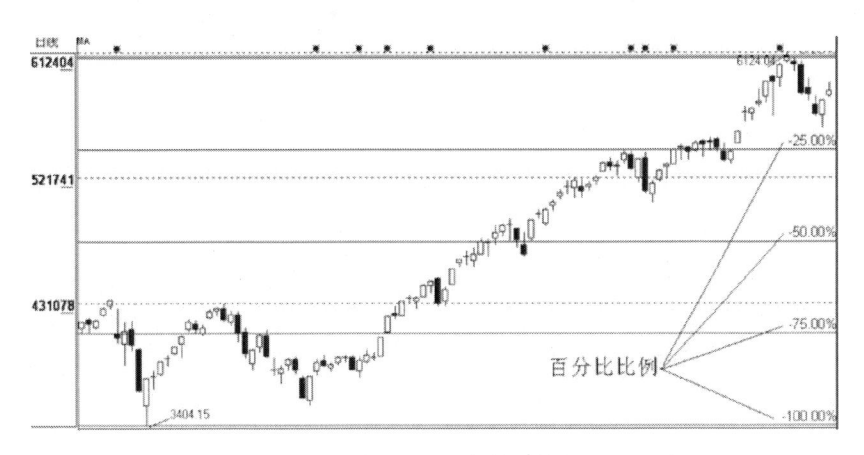

圖 7.48　百分比線畫圖（大智慧軟件製作：百分比線）

圖 7.49 百分比線的支撐、壓力效果檢驗表明，隨著時間的推移，之前畫出的百分比線逐漸顯示出其支撐與壓力作用，效果還是不錯的。

圖7.49　百分比線的支撐、壓力效果檢驗（大智慧軟件製作：百分比線）

（五）切線理論的不足

切線理論提供了可能的支撐位與壓力位，在沒有突破支撐或壓力位時，行情可能會在支撐線上或壓力線下運行，一旦有效突破，一般會產生新一輪行情，這些理論對投資者有一定的提醒作用。但切線理論仍有不足，其不足主要有兩點：

（1）切線所提供的支撐線和壓力線的位置是人為選擇后畫的，有了人為因素參與，具體在實踐中使用時就有一個判斷和選擇的問題，有一定的隨意性。

（2）支撐線和壓力線有時能起到支撐或壓力的作用，但有時起不到作用，即股價在這些支撐或壓力線附近就有突破或不突破兩種可能，令人難以研判行情。

三、形態理論

股票形態理論分析是技術分析的重要組成部分，它通過研究價格所走過的軌跡，即通過對市場橫向運動時形成的各種K線形態進行分析，並且配合成交量的變化，分析和挖掘出曲線所體現的多空雙方力量的對比，推斷出市場現存趨勢的未來走向，判斷行情是延續還是反轉。

運用K線理論時選擇的參考K線就是近期的單根K線或數根K線，參考點少，由此K線組合所得出的行情研判指導時間較短，最短的預測行情甚至只有一兩天。而形態理論在K線圖上選取的參照點即K線組合包含的K線根數更多，也就包含更多的過去的價格信息，因此其預測的時間更長，形態理論因此而彌補了K線理論的不足。

（一）價格移動的規律和兩種形態類型

1. 價格移動規律

多空雙方力量大小決定了價格的移動，根據多空雙方力量對比可能發生的變化，可以知道價格的移動應該遵循如下規律：

（1）價格移動的方向由多空雙方力量對比決定，價格應在多空雙方取得均衡的

第七章　證券投資技術分析

位置上下來回波動；

（2）價格波動的過程是不斷地尋找平衡和打破平衡。原有的平衡被打破后，價格將尋找新的平衡位置。即，持續整理，保持平衡——打破平衡——尋找到新的平衡——再打破新的平衡——再尋找更新的平衡。

2. 價格移動的兩種形態類型

按未來價格走向劃分，可以將價格形態分為反轉突破形態和持續整理形態。前者打破平衡，后者保持平衡。

（1）反轉突破形態表示市場經過一段時期的醞釀后，改變原有趨勢向相反方向發展的形態。反轉突破形態包括頭肩頂和頭肩底、雙重頂和雙重底、三重頂（底）形態、圓弧形態、喇叭形、V形反轉等。

（2）持續整理形態是市場順著原有趨勢的方向繼續發展的形態。持續整理形態包括三角形態、矩形形態、旗形和楔形等。

雖然對形態的類型進行了分類，但是這些形態中有些是不容易區分其究竟屬於哪一類的，因此有些分類不是絕對的，在應用中要注意甄別。例如，一個三重頂（底）形態，在一個更大的範圍內可能會被認為是矩形形態的一部分；一個三角形形態有時也可以被當成反轉突破形態，儘管多數時間我們把它當成持續整理形態。這些需要投資者在長期實踐中對各種價格曲線的形態進行綜合分析，真正掌握其內涵，以利靈活運用形態研判后市。

（二）反轉突破形態

判斷反轉突破形態的時候，以下幾點是必須要注意的：第一，市場行情事先必須有明確的趨勢存在，或是上升的或是下降的，這是所有反轉形態存在的前提，只有明確這一點才能研判反轉還是不反轉的問題。第二，現行趨勢即將反轉的第一個信號常常是某一條重要的支撐線或壓力線被突破，換言之，某一條重要的支撐線或壓力線被突破是反轉形態突破的重要依據。第三，某個形態形成的時間越長，規模越大，則反轉后帶來的市場波動也就越大。第四，交易量是向上突破的重要參考因素。向下突破時，交易量可能作用不大。亦即交易量在驗證向上突破信號的可靠性方面，更具參考價值。第五，頂部形態所經歷的時間通常短於底部形態，但其波動性較強。底部形態的價格範圍通常較小，但其醞釀時間較長。

1. 頭肩形態

頭肩形態是最常見也最可靠的一種形態。頭肩形態包括頭肩頂和頭肩底，頭肩頂和頭肩底一共出現三個頂或底，也就是三個局部的高點或局部低點。中間的高點（低點）比另外兩個都高（低），稱為頭，左右兩個相對較低（高）的高點（低點）稱為肩。下跌的深度借助頭肩頂形態的測算功能進行預測。從突破點算起，價格將至少要跌到與形態高度相等的距離。形態高度是從頭到頸線的距離。

（1）頭肩頂形態。頭肩頂形態的形成過程大體上是這樣的：①股價經過長期上升后，成交量大量增加，隨后持股者獲利回吐，出現股價下跌。下跌時成交量往往

證券投資

比先前的最高價成交量減少許多，由此形成左肩。②股價回升，成交量大部分比左肩少（有時也可能出現大量換手），但價格卻超越左肩頂部，隨後成交量萎縮，股價呈現整理下跌，跌回至左肩低點附近，形成頭部。③股價第三次上升，但此時成交量大多比左肩和頭部少，漲勢不再凶猛，上升的最高點低於頭部的最高點，大多僅漲至左肩頂點附近即告下落，形成右肩。再回升時，股價也僅能達到頸線附近，再成為下跌趨勢，此回升后再轉下稱為回抽。經回抽確認（回抽不是必需的程序）后的頭肩頂形態就全部完成了。④股價跌破頸線，即該形態被跌破后，行情轉為下跌趨勢，如未經過長時間徹底整理，股價再回升時，也難以超過頸線。如果短時間內就回升至頸線以上，則頭肩頂形態宣告失敗。

頭肩頂形態的特徵：①一般情形下，右肩高點或與左肩等高，或比左肩略低，即頸線或水平或略微向下傾斜。②一般情況下，成交量從左肩到右肩是遞減的。③突破頸線不一定要大成交量的配合，但以后再繼續下跌時，成交量會放大。④跌破頸線，再經回抽確認后，趨勢是下跌。下跌的深度至少是跌去形態的高度即從頭到頸線的垂直距離。

如圖 7.50 所示，水平的直線就是頸線，頸線與右邊股價相交處就應該是最後的賣出時機，因為一旦跌破頸線，就可能還會跌去形態高度即從頭到頸線的距離。

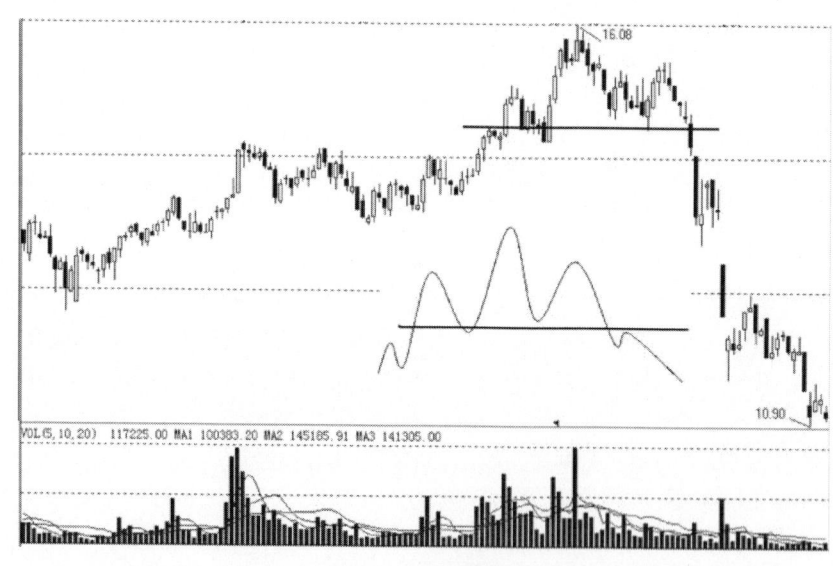

圖 7.50　頭肩頂

（2）頭肩底形態。頭肩底形態與頭肩頂形態上下互為倒轉，與頭肩頂形態分析結論相似。但需注意頭肩底形態對成交量有特殊的要求，在向上突破頸線時需要有成交量的配合，否則頭肩底形態的可靠性可能降低。如圖 7.51 所示，在向上突破頸線時的確有大成交量的配合，故頭肩底形態構建成功。

第七章　證券投資技術分析

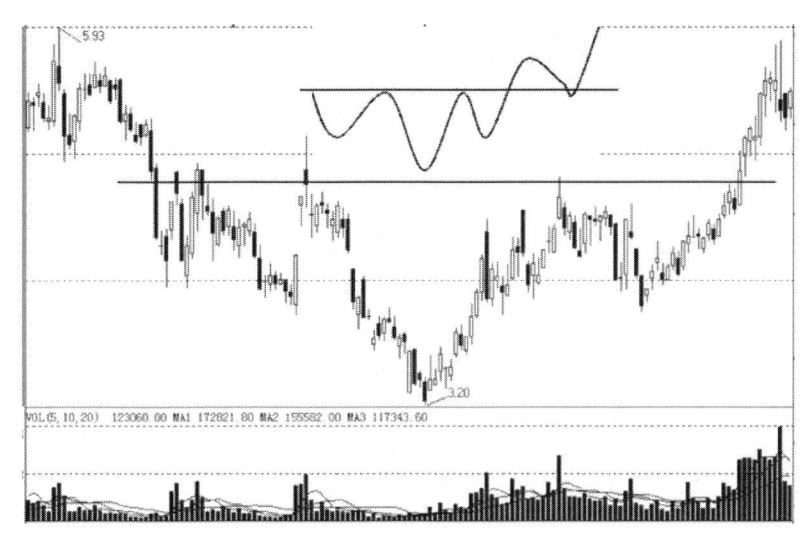

圖 7.51　頭肩底

（3）複合頭肩形態。複合頭肩形態與標準的頭肩形態相比可能是兩個左肩，或是兩個頭，或是三個右肩，或是它們的組合。對它們的分析與標準頭肩形態類似，一旦構成複合頭肩形態，其買或賣信號也是較為可靠的。在投資實踐中完全標準的頭肩形態（包括其他技術形態）是不多見的。

2. 雙重頂和雙重底

雙重頂和雙重底就是 M 頭和 W 底，是極為重要的反轉突破形態，這種形態在實踐中經常看到。雙重頂底一共出現兩個頂和底，也就是兩個基本相同高度的高點和低點，見圖 7.52。

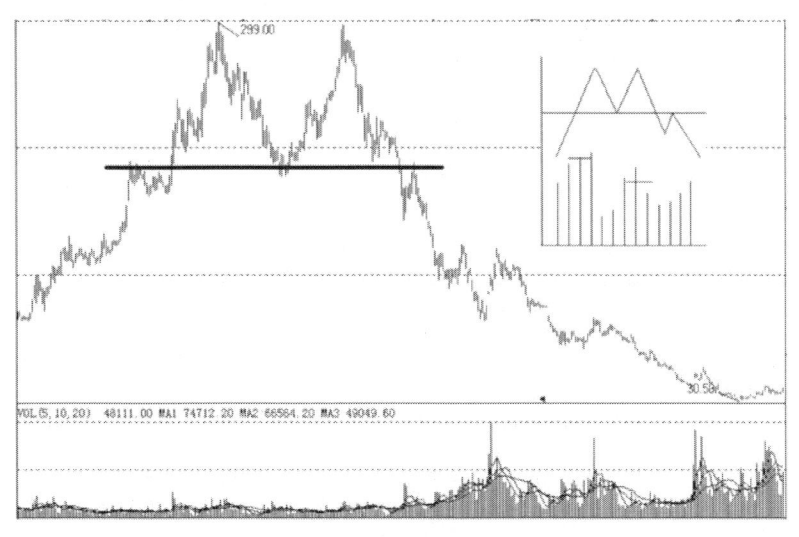

圖 7.52　雙重頂

(1) 雙重頂形態。股票價格上升到某一價格水平時，出現大成交量，股價隨之下跌，成交量減少；接著股價又升至與前一個價格幾乎相等之頂點，成交量再隨之增加卻不能達到上一個高峰的成交量，再第二次下跌，這就形成了雙重頂形態。

雙重頂的市場含義：股價持續上升為投資者帶來了相當的利潤，於是他們沽售，這一股沽售力量令上升的行情轉為下跌。當股價回落到某水平，吸引了短期投資者的興趣，另外較早前沽出獲利的亦可能在這個水平再次買入補回，於是行情開始回覆上升。但與此同時，對該股信心不足的投資者會因覺得錯過了在第一次的高點出貨的機會而馬上在市場上出貨，加上在低水平獲利回補的投資者也同樣在這水平再度賣出，強大的沽售壓力令股價再次下跌。由於高點兩次都受阻而回，令投資者感到該股沒法再繼續上升（至少短期該是如此），假如越來越多的投資者沽出，令股價跌破上次回落的低點（即頸線），於是整個雙頭形態便告形成，雙頭形態是一個轉向形態。當出現雙頭時，即表示股價的升勢已經終結。

操作要點提示：

①雙重頂形態要求兩個高點位置要基本相同，一般認為左高與右高的高度相差不超過3%。向下突破頸線時不一定有大成交量的配合（但日後繼續下跌時成交量會較大）。

②M頭形成以後，有兩種發展可能：一是股價未突破頸線又回頭向上，就演變成下面要介紹的矩形形態；二是股價突破頸線的支撐位置繼續向下，此時的雙重頂反轉突破形態才算成功。

③雙重頂形態得到確認后，不僅有向下運行的定性結論，還有定量的測算功能，即測算完成雙重頂形態最小下跌距離，至少達到波谷與波峰之間的垂直距離，也就是說從突破點算起，價格將至少要跌到與形態高度（從頂點到頸線的垂直距離）相等的距離。

④在個別情況下，雙重頂可能不是反轉信號，而是整理形態，如果兩個頂點（底點）出現時間非常近，在他們之間只有一個次級下跌，大部分屬於整理形態，將繼續朝原方向進行股價變動。相反，兩個頂點產生時間相距甚遠，中間經過幾次次級上升（或下跌），反轉形態形成的可能性較大。實戰中，只要有M頭雛形出現，還是謹慎為妙。

(2) 雙重底形態。關於雙重底，除了成交量要求有所不同外，其他與雙重頂相同。雙重底向上突破頸線時要有大成交量的配合，否則可能不是真正有效的突破，在研判行情時必須注意這點。雙重底形態見圖7.53。

第七章 證券投資技術分析

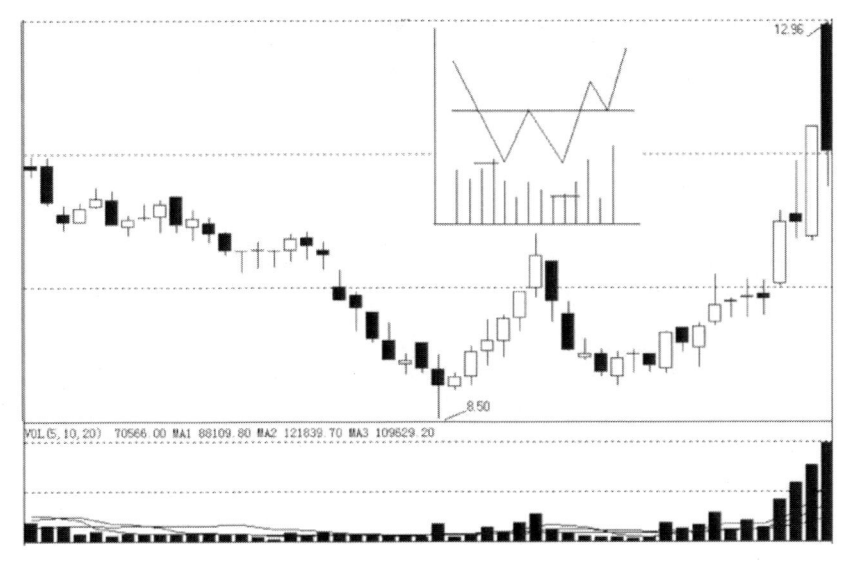

圖 7.53 雙重底

3. 三重頂（底）形態

它是由三個一樣高或一樣低的頂和底組成。顯然，三重頂（底）是二重頂（底）形態的擴展。形態上看類似於頭肩頂（底），也類似於矩形形態。特別要指出的是，三重頂（底）從本質上看就是頭肩頂（底）形態，因此，前面講到的頭肩頂（底）的相關方法也適用於三重頂（底）形態。

三重頂（底）形態是一種造頂與盤底較長過程的一種形態，最易使投資人迷惑不解。沒有耐心的投資人在形態沒有完全確定時，便急於跳進跳出；在遇到未如意料的走勢時，又急於殺出或搶進。等到大勢已定，股價正式反轉上升或下跌，仍照預期方向進行，此時投資人信心已動搖，開始猶豫不決，眼看一段大行情溜掉，該買未買，該賣未賣，或失去重大收益，或造成重大損失。

三重頂（底）形態特徵主要有：①三重頂（底）形態比頭肩形態更易變成持續整理形態。②三重頂（底）之峰頂與峰頂或谷底與谷底的間隔距離與時間不必相等。③三個頂點與三個谷底的股價不必完全相同（有人認為高低最大差距達3％內有效）。④三重底形態完成，一般情形下有成交量配合的要求。三重頂的第三個頂，成交量非常小時，即顯示出下跌徵兆；所不同的是，三重底在第三個底部完成而股價上升時，成交量大量增加，即表示股價將會突破頸線而上升，最終完成三重底的形態。⑤買賣時機。未跌破或突破三重頂（底）頸線前，形態並未得到確認，此時不是買賣時機。直到三重頂（底）完成后，突破頸線上升下跌時，這才是買賣時機。⑥與頭肩形、雙頂雙底形一樣，三重頂或三重底的最小跌幅或漲幅，是從頂部的最高價或底部的最低價至頸線的垂直距離。

圖 7.54 是三重頂形態。圖中不夠標準之處是第二個谷較第一個谷深度更大，實

197

踐中還是要盡量用標準形態加以選擇應用。圖7.55是三重底形態。

圖7.54 三重頂

圖7.55 三重底

4. 圓弧形態

　　股票價格在一段時間的走勢看起來像一段弧線，將各個價格高點用折線連起來，得到的是一條弧線，覆在價格之上。同樣將各個價格低點連在一起也能得到一條弧線，托在價格之下。圓弧形在實際中出現的機會較為少見，但是一旦出現則是絕好的機會，因為它轉勢的可靠性大，而且它的反轉深度和高度是不可測的。

第七章 證券投資技術分析

(1) 圓弧頂。圓弧頂是指股價或股指呈現出圓頂走勢,當股價到達高點之后,漲勢趨緩,隨后逐漸下滑,是見頂圖形,預示后市即將下跌,見圖 7.56。

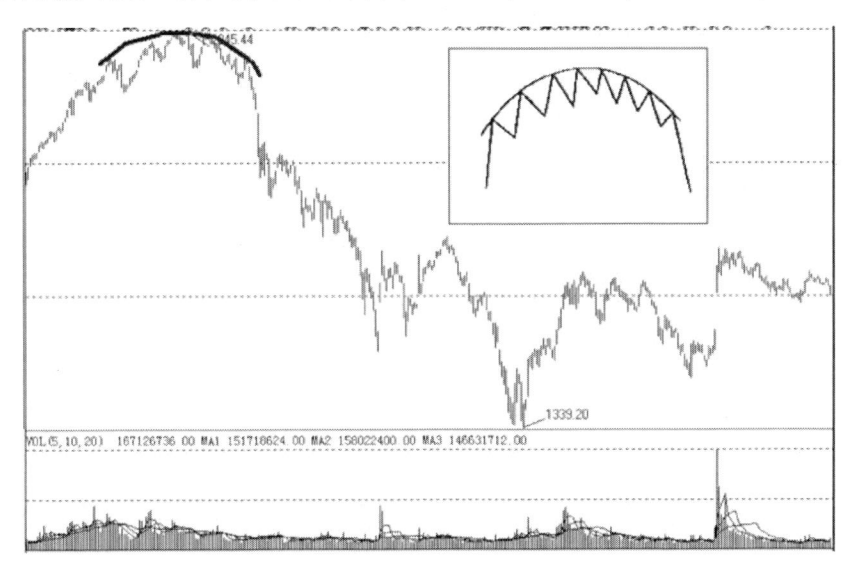

圖 7.56 圓弧頂

當股價變動進入上升行情時,上漲初期,多頭快速拉升股價,表示其實力強勁,漲升一段后,多頭開始遇阻力,而使股價上升速度減緩,甚至下跌,多頭由主動而變為被動,最后力竭,快速下跌。

整個形態完成耗時較長,常與其他形態複合出現。市場在經過初期買方力量略強於賣方力量的進二退一式的波段漲升后,買力減弱,而賣方力量卻不斷加強,中期時,多空雙方力量均衡,多空間形成拉鋸戰,此時股價波幅很小,后期賣方力量超過買方,股價開始回落,當向下突破頸線時,股價將出現快速下跌。

圓弧形態形成的假想:大戶所為造成圓弧形態。例如大戶手中的股票很多,不可能一下全部拋完。前期由於漲勢還在,在大戶開始拋售時股價仍能慣性上行,但上行力度已隨著大戶的拋售減弱,逐漸形成左半邊圓弧;大戶拋售仍繼續,直到市場開始緩緩下行接近頸線,大約形成右半邊圓弧;大戶接近拋完手中股票時,他們才會大幅打壓,股價於是深跌。

圓弧頂形態有如下特徵:

①由於圓弧頂形態耗時較長,不像其他圖形有著明顯的賣出點,一旦形成形態,行情會在短時間內爆發性下跌,很少有中間停頓或反抽現象,因此投資者要及早退出。

②成交量一般呈先遞減后遞增,在股價升至頂部時顯著減少,在股價下滑時成交量又開始稍放大,在突破后可能會出現巨大的成交量。成交量的形態會呈圓底形狀或 V 形。

199

③圓弧頂的形成時間越長，可靠性越強。

④頸線被突破后的最小跌幅一般是圓弧頸線到圓弧頂最高點之間的垂直距離。但一般情況下，跌幅遠不止圓弧頸線到圓弧頂最高點之間的垂直距離這麼多，有時可達300%以上。

⑤圓弧頂多出現於績優股或大戶操控的股票之中，績優股由於持股者心態相對穩定，多空雙方力量很難出現急遽變化，股價趨勢容易走成圓弧頂形態。大戶操作的股票，主要原理則是主力在高位慢慢派發而成。

（2）圓弧底。圓弧底的形態分析與應用要點和圓弧頂相同，只是方向相反而已，不再贅述。圖7.57是一大圓弧底。根據前面的分析，圓弧形態的形成時間越長，可靠性越強，從圖中可以看出突破頸線后漲幅驚人。

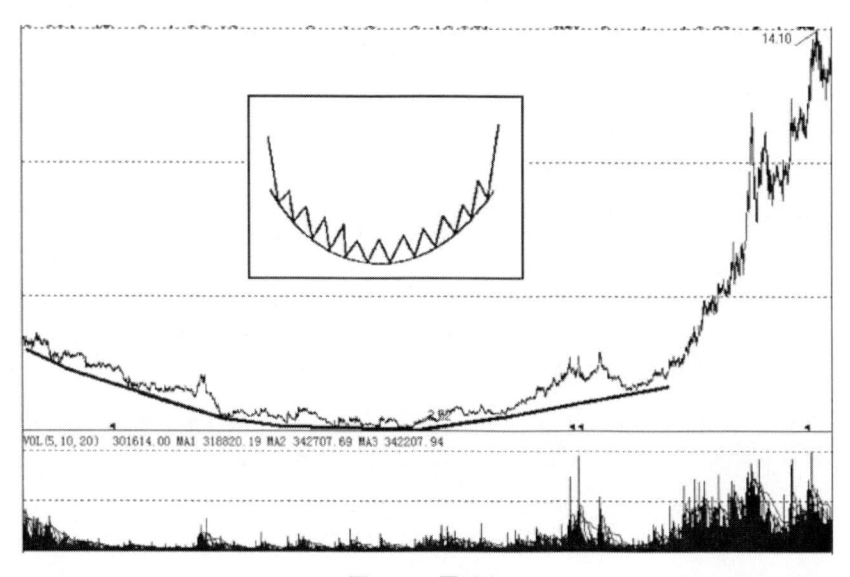

圖7.57　圓弧底

5. 喇叭形

股價經過一段時間的上升后下跌，然后再上升、再下跌；上升的高點較上次為高，下跌的低點亦較上次的低點為低。整個形態以狹窄的波動開始，然后向上下兩方擴大。如果我們把上下的高點和低點分別連接起來，就形成了喇叭形，如圖7.58所示。

其實這種形態往往跟人們瘋狂的追漲殺跌投資情緒有很大關係，正是由於這種不理性的投機行為才使股票價格大起大落，振幅越來越大，直到跌破下邊的支撐線轉為下跌為止。因此它絕少在跌市的底部出現，原因是股價經過一段時間的下跌之後，投資意願薄弱，因此在低迷的市場氣氛中不可能形成這類形態。這類形態通常發生在主要頂部過程中。

第七章 證券投資技術分析

要點提示：

（1）一個標準的喇叭形應該有三個高點、兩個低點。這三個高點越來越高，中間的兩個低點則越來越低。當股價從第三個高點回跌，其回落的低點較前一個低點為低，即跌破下邊的支撐線時，形態成立了。圖7.58中的右上角標準圖形中顯示出三個依次上升的峰，以及兩個依次降低的谷。當第二個谷被向下穿越後，形態完結。

（2）喇叭形態也有可能會向上突破。如果股價以高成交量向上突破，它顯示上升的趨勢仍會持續。這是因為當喇叭形向上衝破時，顯示市場激動的投機情緒進一步擴大，投資者已完全失去理性控制，瘋狂地不計價高追入。只有當多方力量消耗完後，股價才會大幅跌下來。

（3）喇叭形態沒有頸線，也沒有標準的形態規模，當然也就沒有定量的預測，即最少跌幅沒有相應的估計方法，但一般來說，跌幅都很大。

（4）喇叭形態與投機情緒密不可分，因此一般出現在投機意願較強、氣氛活躍的行情之中。

（5）喇叭形態期間有不規則的大成交量，否則難以真正形成喇叭形態。

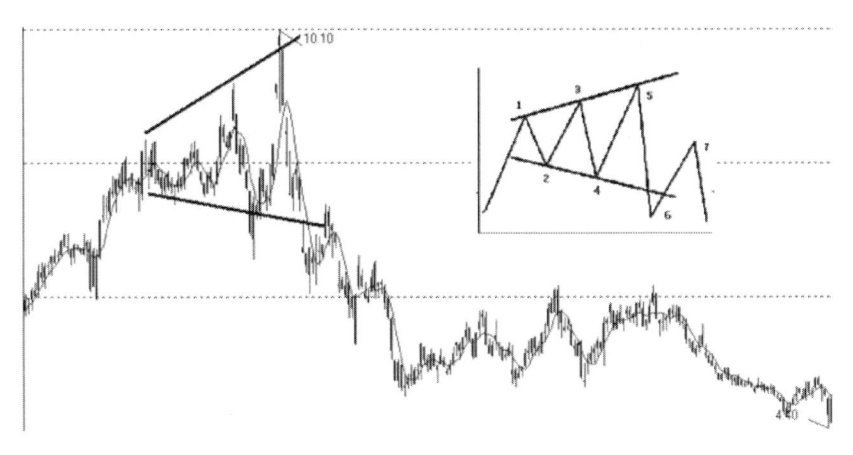

圖7.58　喇叭形

6. V形反轉

V形反轉出現在劇烈的市場動盪之中，底和頂只出現一次。V形沒有試探頂和底的過程。V形反轉事先沒有徵兆，在我國大陸的股票市場，V形基本上是由於某些消息引起的，而這些消息我們是不可能都提前知道的，所以這樣的形態可遇而不可求。因為形態過於簡單，也不利於判斷確認，往往是等到形態確認后，行情可能已經到末尾了。

V形趨勢有一個重要特徵，就是在行情的轉折點必有大的成交量的配合。成交量的堆集形態與股價趨勢形態相反，是中間高兩頭低的形態。圖7.59為V形反轉，圖7.60為倒V形反轉。

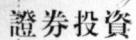

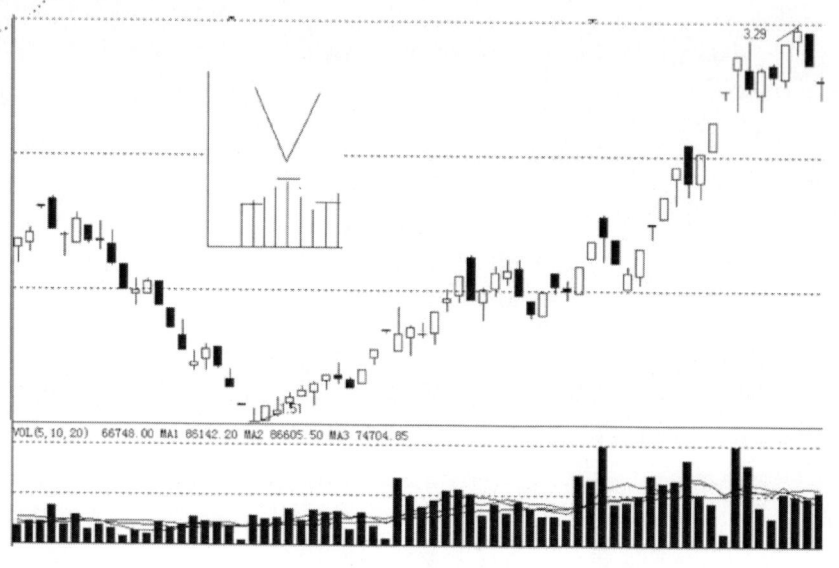

圖 7.59　V 形反轉

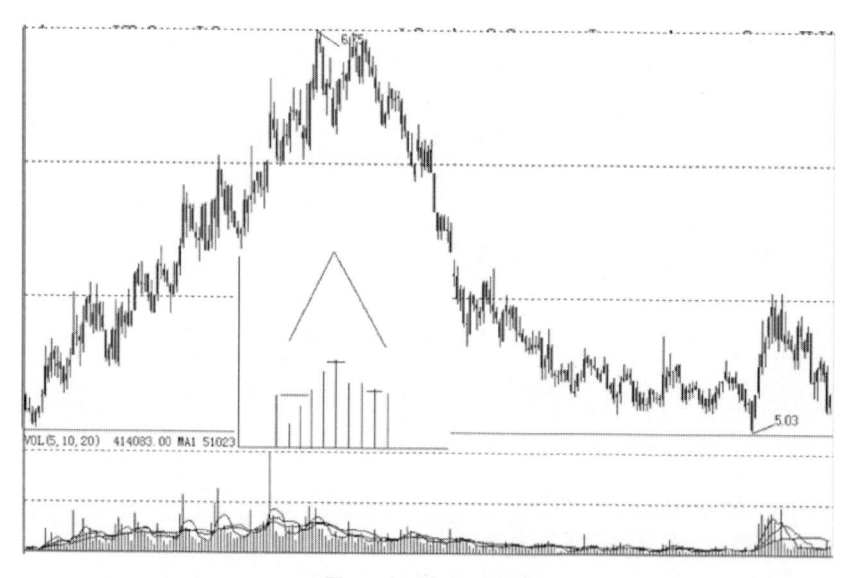

圖 7.60　倒 V 形反轉

（三）持續整理形態

我們已經知道持續整理形態是市場順著原有趨勢的方向繼續發展的形態，后市走勢與上面的反轉形態剛好相反。持續整理形態包括三角形態、矩形形態、旗形形態和楔形形態等。

1. 三角形態

三角形態屬於持續整理形態。三角形主要分為三種：對稱三角形、上升三角形

和下降三角形。對稱三角形有時又稱為正三角形或等邊三角形，后兩種合稱直角三角形。對稱三角形發生在一個大趨勢進行的途中，它表示原有的趨勢暫時處於休整階段，之後還要沿著原趨勢的方向繼續行動。由此可見，見到對稱三角形后，今后走向最大的可能是原有的趨勢方向。對稱三角形被突破有測算功能。

（1）對稱三角形。對稱三角形屬於整理形態，即價格一般會繼續原來的趨勢移動。它在一個明確的上升或下跌行情中出現，由一系列的價格變動所組成，其變動幅度逐漸縮小，即價格的高點越來越低，低點越來越高，呈股價收窄的圖形（見圖7.61）。把股價的高點和低點分別以直線連接起來，就形成一對稱的三角形。

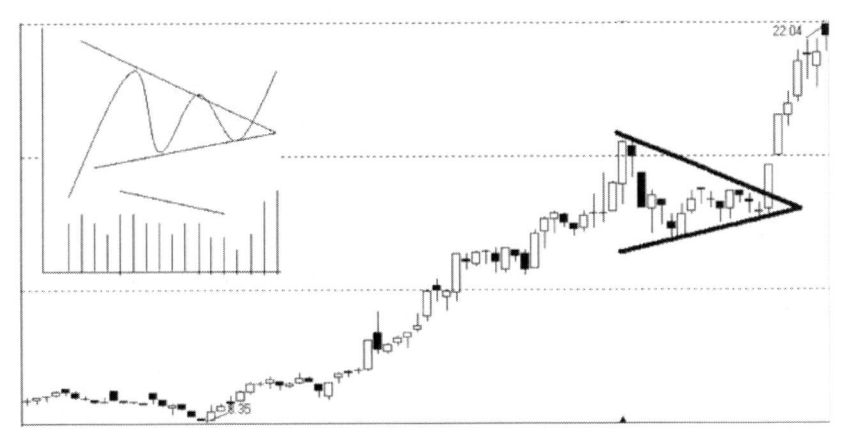

圖 7.61　對稱三角形

對稱三角形成交量呈遞減之態，因為多空力量對后市研判猶豫不定，大多處於觀望態度；當價格突破三角形態方向明朗后，成交量隨之而變大。

要點提示如下：

①對稱三角形完成后的上升或下跌是另一次極佳的買進或賣出的時機。如果價格向上衝破阻力線，又得到了大成交量的配合，那此時就可買入；相反，若價格往下跌破，不一定要有成交量的配合，即在低成交量之下跌破，也是一個賣出時機。

特別注意：當股價在對稱三角形內向上突破又沒有量的配合，多為假突破，操作要小心。

②股價突破三角形的位置有講究。一般認為，突破位置應在三角形橫向寬度的1/2~3/4，如果沒有在這個位置突破，很可能三角形態構建失敗。如果在超過3/4位置突破，其有效性反而不強，指導投資實踐意義減弱。

③對稱三角形也可以大致定量測算后市漲跌的幅度，簡單地講，從突破點算，股價至少要漲或跌到與形態高度相等的距離。

④對稱三角形態大多出現於整理形態，但不絕對，有時會是反轉形態。有人認為成為反轉形態的機會為1/4左右。所以操作中注意股價突破三角形態的方向很重要。

(2) 上升三角形。上升三角形是一種以上升為趨勢的整理形態。相較於其他三角形，上升三角形有更強烈的上升意識。

上升三角形形態的上端阻力線大致上是一條水平直線，而支撐線則是向右上傾斜的直線，這意味著股價波動幅度越來越小，股價的低點逐漸抬高，下跌空間越來越小，所以最終突破的方向是向上的，見圖7.62。

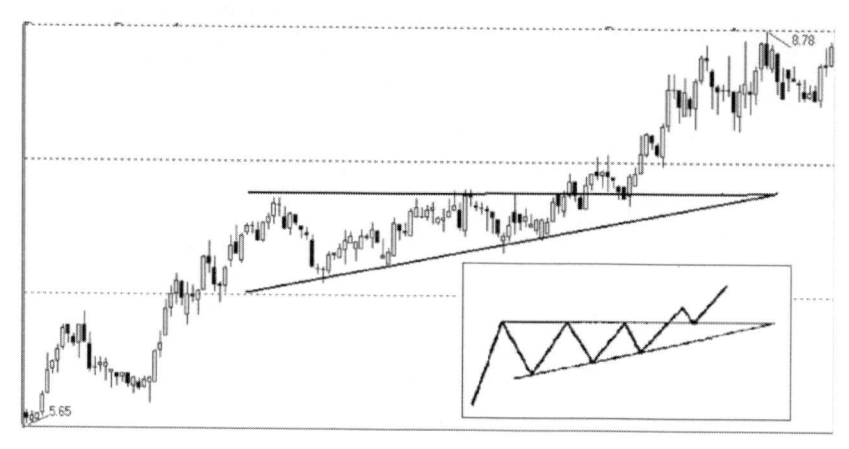

圖7.62　上升三角形

要點提示：

①上升三角形表示股價要上升，雖不絕對，但相反情況出現的概率應該不到1/5。因此，若下跌趨勢末期出現上升三角形盤局，表示股價即將反轉上升，可買進。

②這種形態的成交量變動情形與對稱三角形一樣，當價格波動移向尖端時，成交量縮小，當股價突破而上升時成交量應當擴大，成交量若沒有在突破上限時增加，需留意是一個假突破，不久會再回至原先的形態內。

③上升三角形突破后，股價變動的最小幅度至少為三角形的高，即三角形的頂點與底邊的垂直距離。

(3) 下降三角形。下降三角形和上升三角形正好反向，是看跌的形態。當上升趨勢末期出現下降三角形，表示股價即將反轉下跌，必須及早賣出，減少損失。當股價下跌突破下降三角形時，即使成交量沒有擴大，也不影響它的有效性，可以依賴。其他分析與上升三角形完全相同，見圖7.63。

第七章　證券投資技術分析

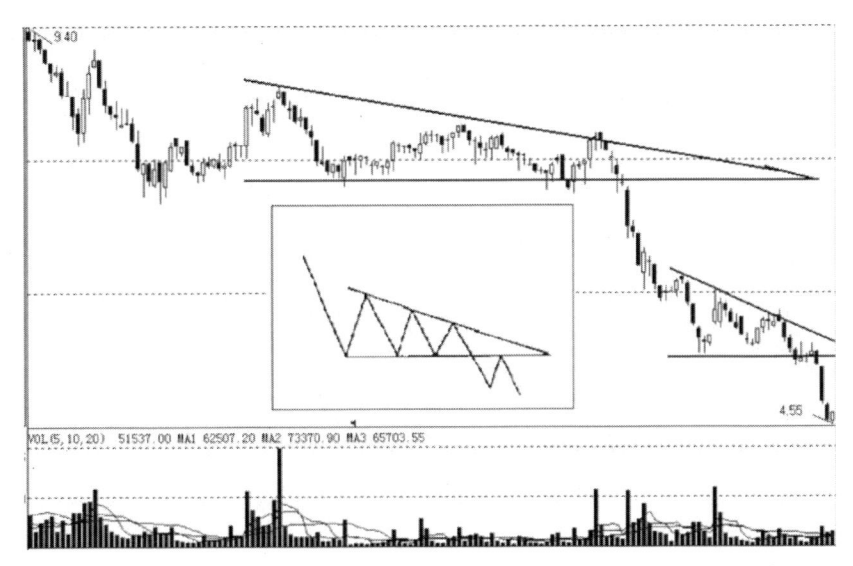

圖 7.63　下降三角形

特別注意，圖 7.64 上升行情末端的下降三角形是反轉的形態走勢。此時的三角形不再屬於整理形態，而是反轉形態，此種情況的發生率不高。

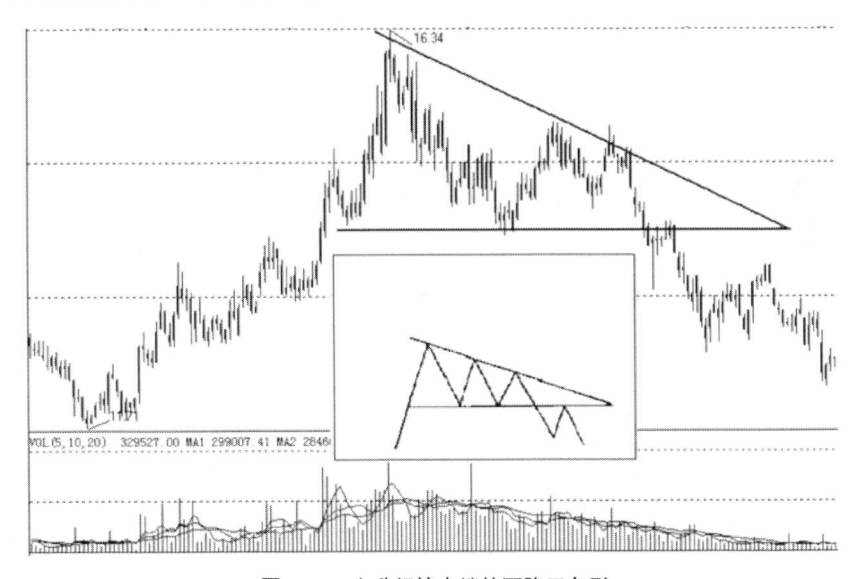

圖 7.64　上升行情末端的下降三角形

2. 矩形形態

矩形是整理形態，也稱箱形整理。矩形在其形成的過程中極可能演變成三重頂底形態。矩形的變動之上限與下限皆呈水平狀，成交量變動則隨著形態的發展越來越小，向矩形上方突破時亦需有大成交量配合，向下突破則不一定出現大成交量。

205

(1) 形態特徵：股價在兩條平行、橫向的直線之間上下波動，上行到上端直線位置就回落，下降到下端直線位置就回升。這是多空雙方互不相讓的結果，多方在股價下跌到某價位時就買進，空方則相反，在股價漲到某價位時就賣出，時間一長，他們的買入和賣出價位就分別連接成兩條水平直線，形成矩形形態，見圖 7.65。

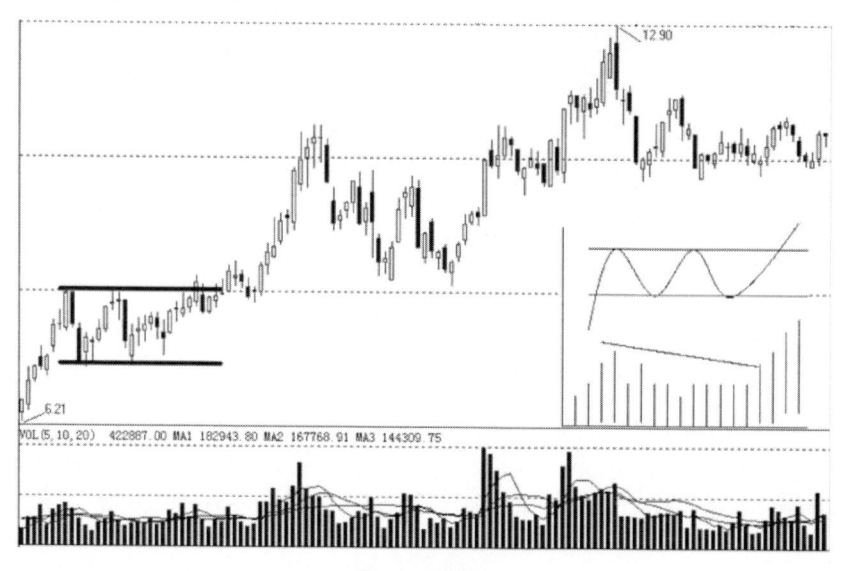

圖 7.65 矩形

(2) 形態說明：矩形整理一般發生在上升或下降的趨勢運行之中。在上升過程中，多方將股價拉升到一定位置，其進攻能量有所下降，暫時中斷拉升過程，但多方也不會讓股價大幅滑落；同時，空方也無力從根本上改變多方控制的上升趨勢，只能暫時打壓股價到一定的位置，由此形成股價反覆上上下下。利用這種箱形整理，多方既可以積蓄力量發動新的攻勢，又可以消化掉部分在前期上漲中累積的獲利盤，提高市場持股成本；反之亦然。因此，在矩形整理之後，股價一般會按原趨勢方向進行突破，再度上升或下落，見圖 7.65。

(3) 形態應用：中長線投資者在上升趨勢沒有改變跡象而出現矩形整理時，一般可以放心持股；反之，對下降趨勢中的矩形整理，可耐心等待更低的買點。短線投資者可以利用箱體特徵，低買高賣，進行波段操作而獲利。尤其是在矩形初期採取高賣低買、快進快出容易獲利。

一旦突破，漲跌幅度至少是上限至下限間的差價。

雖然矩形形態大多為整理形態，少數為反轉形態，但還是可能發生，且在底部發生反轉次數比頂部要多。操作時要格外小心。

3. 旗形形態

旗形形態就像一面掛在旗杆上的旗幟，通常出現在市場極度活躍、股價近乎上線上升或下降、急速而又大幅的市場波動中。價格經過一連串緊密的短期波動后，

第七章 證券投資技術分析

形成一個稍微與原來趨勢呈相反方向傾斜的平行四邊形，看起來就像是一面旗幟。旗形走勢分為上升旗形和下降旗形。圖 7.66 為上升的旗形。

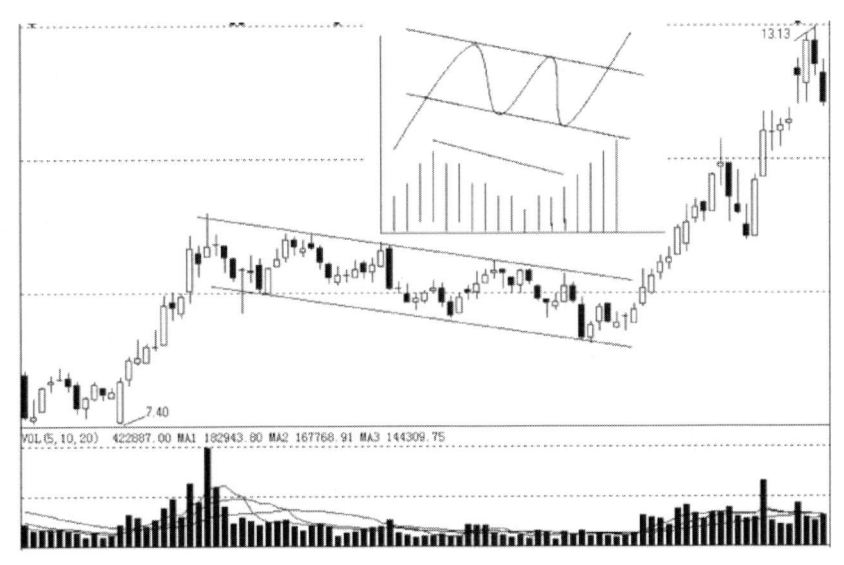

圖 7.66 上升的旗形

要點提示如下：

（1）當價格經過陡峭的飆升后，接著形成一個緊密、狹窄和稍微向下傾斜的價格密集區，把這密集區的高點和低點分別連接起來，便可畫出兩條平行而下傾的直線，由左上方向右下方傾斜，這就是上升旗形。當價格出現急速或垂直的下跌后，接著形成一個波動狹窄而緊密、稍微上傾的價格密集區，像是一條上升通道，由左下方向右上方傾斜，這就是下降旗形。

（2）形態完成后價格便繼續向原來的趨勢移動，上升旗形將又向上突破，而下降旗形則往下跌破。上升旗形大多數在牛市末期出現，因此暗示升勢可能進入尾聲階段；而下降旗形則大多數在熊市初期出現，顯示大市可能作垂直式的下跌，因此形成的旗形細小，大約在三四個交易日內完成。但如果在熊市末期出現，形成的時間較長，且跌破后只可作有限度的下跌。

（3）旗形的持續時間不能太長，否則會使原有的趨勢能力下降。有人認為持續時間應該不超過三周。

（4）旗形也能量化測算后市空間，旗形被突破后，至少要上漲或下跌平行邊形的高度，大多數情況是走到旗杆的高度，即平行四邊形的形成之前的那一波漲幅或跌幅。也就是說，四邊形處在之前與之後整個漲幅或跌幅的中間位置。

（5）在旗形區域，成交量遞減，到了旗形末端，股價突然急遽上升，成交量跟著增加。下降旗形股價向軌道下界線突破時也需成交量放大，這一特徵明顯區別於其他整理形態的下跌突破時成交量不一定增加的情況。

4. 楔形形態

楔形整理可以看成旗形整理的變形，將旗形形態中的平行四邊形變成三角形即是楔形，也稱楔形旗。楔形旗是由兩條相同方向移動且收攏的直線而成，而這兩條直線在較短時間內形成一個扁長的三角形。與三角形不同處是兩條趨勢線同時上傾或下跌，一個上升楔形的兩條界線都由左向右上傾（顯然，楔形在上升與下降的命名上與旗形是相反的）。

同樣，楔形也分為上升楔形和下降楔形。上升楔形是股價在下跌後產生的強烈技術性反彈走出的一波較小的反彈整理行情。特點是反彈的股價折線圖是一浪高過一浪，但最終突破旗形后會加速下跌。圖7.67為下降楔形。

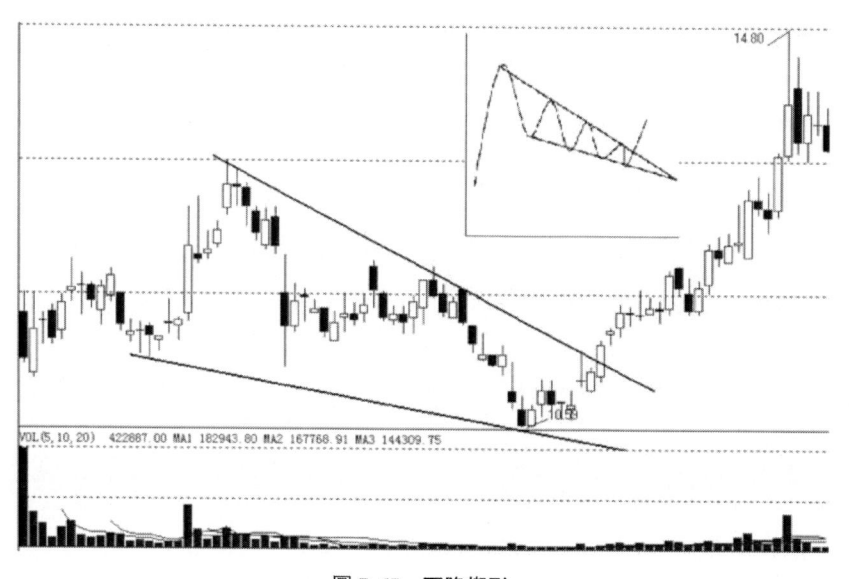

圖7.67 下降楔形

與旗形一樣，楔形是持續整理形態。楔形較常出現在一個漲勢或跌勢的中心位置，即上漲中的中段整理及下跌過程中的反彈逃命波，成交量大多數在整理過程中逐漸減少，而在突破或跌破后量能又顯著放大。

楔形偶爾也會出現在頂部或底部而作為反轉形態。如果楔形整理產生一種趨勢已經持續了相當長時間，漲跌幅度已很大的時候，即產生一種趨勢的頂部或底部時，就可能會轉變為反轉形態。

（四）缺口

缺口是指證券價格在快速大幅波動中沒有任何交易的一段真空區域，通常又稱為跳空。缺口的出現往往伴隨著向某個方向運動的一種較強動力，缺口的寬度實際上就表明了這種運動的強弱。若行情走勢向形成缺口的反方向變化，則缺口很可能會被填補，填補缺口一般稱為缺口的回補或封閉。

缺口包含的價格區域會成為日后較強的支撐或阻力區域，不同的缺口其支撐與

第七章　證券投資技術分析

阻力效果不同。

缺口分普通缺口、突破缺口、持續性缺口與消耗性缺口四種，見圖 7.68。從缺口發生的部位大小，可以預測走勢的強弱，確定是突破后延續原有走勢，還是已到趨勢的盡頭。它是技術分析中的一個重要手段。

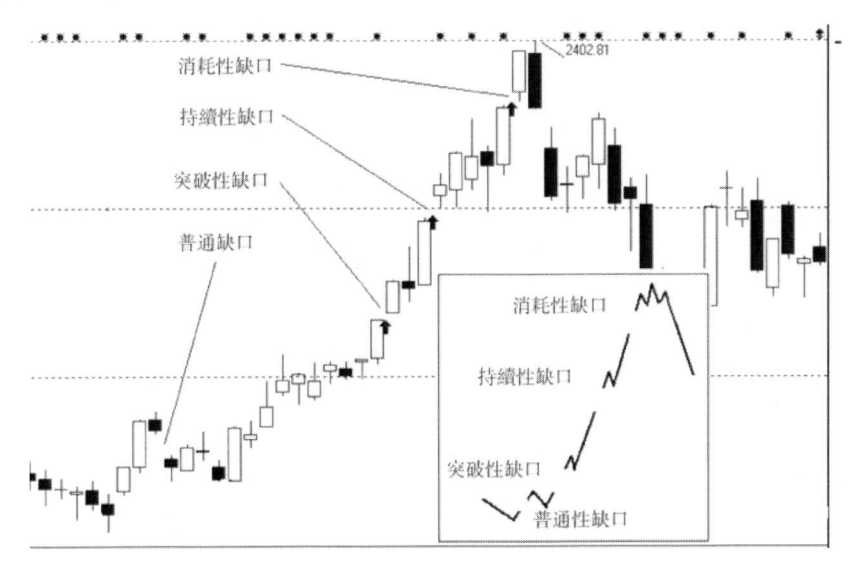

圖 7.68　普通缺口、突破性缺口、持續性缺口、消耗性缺口

1. 普通缺口

普通缺口是指沒有特殊形態或特殊功能的缺口，它可以出現在任何走勢形態之中，但更多的情況下是在密集的交易區域中出現。因此，許多需要較長時間形成的整理或轉向形態如三角形、矩形等，都可能有這類缺口形成。反之，當發現發展中的三角形和矩形有許多缺口，就應該增強它是整理形態的信念。

普通缺口的特徵是經過 3 個交易日一般就會完全填補，而且因很少有主動的參與者，成交量也就很小，因此普通缺口的支撐與阻力作用很小。投資者可利用普通缺口短期內必補的特點，在上跳形成的缺口上方賣出證券，待回補后買回來；相反，在下跳形成的缺口下方買入證券，待回補后再賣出，可獲得一定的價差收益。

2. 突破缺口

突破缺口（或突破性缺口）是指證券價格向某一方向急速運動，遠離原有形態所形成的缺口。突破缺口蘊含著較強的動能，因而常常表現為激烈的價格運動。突破缺口的分析意義極大，它一般預示行情走勢將要發生重大的變化，而且這種變化趨勢將沿著突破方向發展。但需結合成交量進行研判，如果突破時成交量明顯放大，且缺口未被封閉或未被完全封閉，則這樣的突破缺口可信度高，不滿足這兩個條件的缺口就可能是假突破缺口。

突破缺口具有下述特點：①突破缺口打破了原有的平衡格局，使行情走勢有了

明顯的發展方向。②突破缺口的股價變動劇烈、成交量明顯增大。③突破缺口出現后一般都會再出現持續性缺口和消耗性缺口的形態。④突破缺口一旦形成，較長時間內不會被封閉。

突破缺口對投資指導極具參考價值。一旦確認突破缺口，應該立即採取買入或賣出行動。

3. 持續性缺口

持續性缺口是在證券價格向某一方向有效突破之后，由於運動急速而在途中出現的缺口，因而也稱為中途缺口。它具有下述特點：①持續性缺口短期一般不會被封閉。②持續性缺口能衡量證券價格未來的變動方向和距離。它的市場含義非常明顯，表明證券價格運行趨勢不變，並且這種運行距離也可以測算，大致等於突破缺口至持續性缺口之間的距離，即持續性缺口處於突破性缺口與消耗性缺口的中間。③持續性缺口具有較強的支撐或阻力作用。

投資者可在持續性缺口確認以后，在上漲中出現持續性缺口后立即買入，在下跌中出現持續性缺口后立即賣出，顯然是最為明智的決策。

4. 消耗性缺口

消耗性缺口一般發生在行情趨勢的末端，若一輪行情走勢中已出現突破缺口與持續性缺口，那麼隨后出現的缺口就可能是消耗性缺口。它具有下述特點：①消耗性缺口的產生一般伴隨巨大成交量。這是與消耗性缺口最大的不同之處。②消耗性缺口在短期內必會封閉。用此特點可簡單判斷是否是消耗性缺口，如短期內回補封閉則是消耗性缺口。③消耗性缺口是一種表明市場將要轉向的缺口形態。

顯然，一旦確認消耗性缺口，如果是上漲中消耗性缺口的則賣出股票，下跌中的消耗性缺口則買入股票。

要發現有缺口的股票也可借助軟件自動搜索功能。如在大智慧軟件中的「功能」菜單下選擇「智能選股」，在對話框中選擇「公式組」頁簽，並選擇「條件選股」的子菜單「形態特徵選股」，雙擊之后再選擇「跳空缺口選股」即可。

（五）應用形態理論應注意的問題

儘管形態分析技術相對成熟，但不同角度看同一個形態可能會有不同的解釋。因此，前面講到的一些投資建議只能作為輔助手段，投資者必須結合其他方法進行行情研判方能進一步提高研判的準確性。

建議在進行實際操作的時候，應用形態理論要等到形態已經完全明朗后才行動，當然，這樣做可能使得到手的利益不充分，但相對風險要小些，這樣做可能算是在收益與風險之中的權宜之計，是相對保守的投資策略。

第七章　證券投資技術分析

四、波浪理論

(一) 波浪理論的形成歷史及其基本思想

1. 波浪理論的形成歷史

美國證券分析家拉爾夫・納爾遜・艾略特利用道瓊斯工業指數平均（Dow Jones Industrial Average, DJIA）作為研究工具，發現不斷變化的股價結構性形態反應了自然和諧之美。根據這一發現他提出了一套相關的市場分析理論，用來解釋市場的行為，並特別強調波動原理的預測價值。艾略特認為，股票價格的波動具有一浪跟著一浪週期循環的規律性，任何波動都有跡可循，投資者可根據波動的規律來預測價格的未來走勢，指導投資。這就是久負盛名的艾略特波段理論，又稱波浪理論。

波浪理論最初是由艾略特首先發現並應用於證券市場，但他在世時並沒有得到社會的廣泛承認。直到20世紀70年代，柯林斯的專著《波浪理論》出版后，波浪理論才得到廣泛注意。

2. 波浪理論的基本思想

艾略特最初發明波浪理論是受到價格上漲下跌現象不斷重複的啟發，以週期為基礎，把週期分成時間長短不同的各種週期。他指出，在一個大週期之中可能存在小的週期，而小的週期又可以再細分成更小的週期。每個週期無論時間長與短，都是以一種相同的模式進行。這個模式就是波浪理論的核心：上升（或下降）5個過程、下降（或上升）3個過程組成8個過程為一個完整週期。

與波浪理論密切相關的理論除了經濟週期以外，還有道氏理論和弗波納奇數列。艾略特波浪理論中的大部分理論是與道氏理論相吻合的。但艾略特的波浪理論比道氏理論更優越的地方在於他不僅找到了股價的移動規律，而且還找到了這些移動發生的時間和位置。即波浪理論會告訴你目前的股價是處於一段行情的中途還是盡頭。顯然，波浪理論可更明確地指導操作。

艾略特波浪理論中所用到的數字都來自弗波納奇數列。這些神奇數字系列包括下列數字：1，2，3，5，8，13，21，34，55，89，144，233，377，610，987，1597……直至無限。

(二) 波浪理論的主要原理

1. 波浪理論考慮的因素

波浪理論考慮的因素包括三個方面：①價格走勢所形成的形態；②價格走勢圖中各個高點和低點所處的相對位置；③完成某個形態所經歷的時間長短。簡單地概括為：形態、比例和時間。其中，價格的形態是最重要的，即外形看起來一定要像「波浪」才能討論另外兩個因素——比例和時間。

2. 波浪理論價格走勢的基本形態結構

波浪理論認為，每一個上升或下降大浪，都可以分成八個子浪，當這八個子浪

完成后，一個上升或下跌週期（大浪）便宣告結束。然后再進入下一個大浪，周而復始。

如圖7.69所示：0~1、1~2、2~3、3~4、4~5分別為第一子浪至第五子浪，這五浪在總體上帶有逐波上行的特徵。第一、第三和第五浪稱為上升主浪，第二和第四浪是對第一和第三浪的調整浪。上述五浪完成后，緊接著會出現一個三浪的向下調整。之后的5~a、a~b、b~c，稱為a浪、b浪和c浪，這三個子浪則總體上帶有向下調整的特徵。

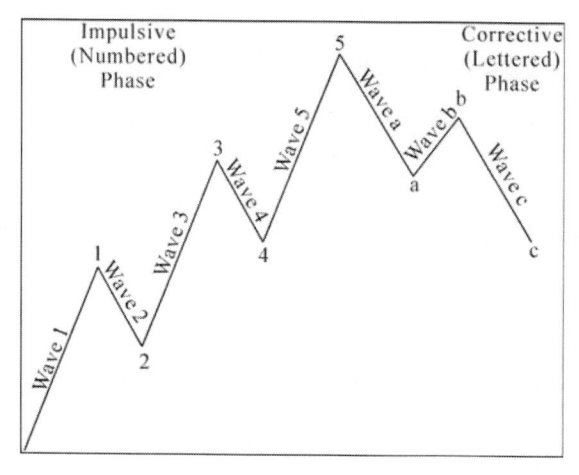

圖7.69 浪結構基本形態

3. 波浪的特徵

（1）波浪的基本特徵

① 推動波，屬於主要趨勢方向上的波，一般可細分為五個小一級次的波。而調整波，屬於與主要趨勢相反方向的波，不論其上升或下跌，均可細分為三個小一級次的波。

② 一個八波運動（五升三落）的結束，可視為一個週期的完成，而此八波運動將形成更大一級次的兩個波。

③ 時間的拉長或縮短可能改變波浪的長短，但並不會改變波浪的形態。

④ 波浪上升和下跌交替進行。

（2）各浪的特徵

第1浪。第1浪出自於空頭市場末期，市場買方力量尚不強大，因而往往回擋的幅度很深，但第1浪通常上升迅猛，行情較短。

第2浪。第2浪以下跌形態出現，使市場誤以為熊市尚未完結，因而調整幅度很大，幾乎吃掉第1浪的升幅。

第3浪。第3浪是最具爆發力的上升浪，運行時間及上升幅度一般為最長的一個波浪。行情走勢激烈，市場熱氣沸騰，各種阻力點位或者關卡，均可輕鬆而過。

第七章 證券投資技術分析

技術分析顯示強烈的買進信號，第3浪經常出現「延長」形態。

第4浪。第4浪為下跌調整浪，通常以較複雜的形態出現，但無論如何，第4浪的底不能低於第1浪的頂。

第5浪。第5浪的升幅通常小於第3浪，且經常出現失敗的情況，第5浪中漲幅最大的是三、四線低價股，如「雞犬升天」。此時市場情緒高漲，但已孕育危機。

第a浪。a浪以下跌形態出現，已宣告上升行情的完結，但大多數市場人士仍認為上升還將繼續，此時僅為回擋。a浪中的技術分析往往出現背離信號。

第b浪。b浪以上升浪形態出現，是多頭最后的逃命機會，但卻很容易使人誤以為是一波新的上升行情而慘遭套牢。

第c浪。c浪是破壞力極強的下跌浪，其跌幅之深，跌幅延續時間之長，往往超出了市場的預期。

4. 波浪理論的要點

(1) 在1.3.5推動浪中，第3浪不可以是最短的一個浪。

(2) 第2浪不能低於第1浪的起點。

(3) 第4浪不能低於第1浪的頂點。

(4) 常見回吐比率為0.382，0.50，0.618。

(5) 波浪理論中最重要的是波浪的形態，其次是比率與時間。

(三) 波浪理論的應用及應注意的問題

僅從理論上看波浪理論是非常優秀的理論，因為它可以告訴我們現在所處的行情時空，這是其他技術分析理論無法提供的。例如，我們確定了所處位置是五浪末尾后，我們就知道隨后而來的是三浪的調整，這類信息對投資者來說是非常有用的。

但其最大的不足是應用上的困難，也就是學習和掌握的困難。面對同一個形態，不同的人對浪有不同的數法。另外，波浪理論也沒有考慮成交量方面的影響。因此，波浪理論從根本上說是一種主觀上的分析工具，毫無客觀準則。而市場運行卻是受情緒影響而並非機械運行。波浪理論套用在變化萬千的股市會十分危險，如果出錯，則可能導致投資災難。

每一個波浪理論家包括艾略特本人，很多時候都會受一個問題的困擾，就是一個浪是否已經完成而開始了另外一個浪。有人看是第一浪，換人看卻是第二浪，甚至會出現今天看是第一浪，明天看卻更像第二浪。而數浪只要差之毫厘，則投資決策失之千里，看錯的后果十分嚴重。

圖7.70為波浪理論應用示例。

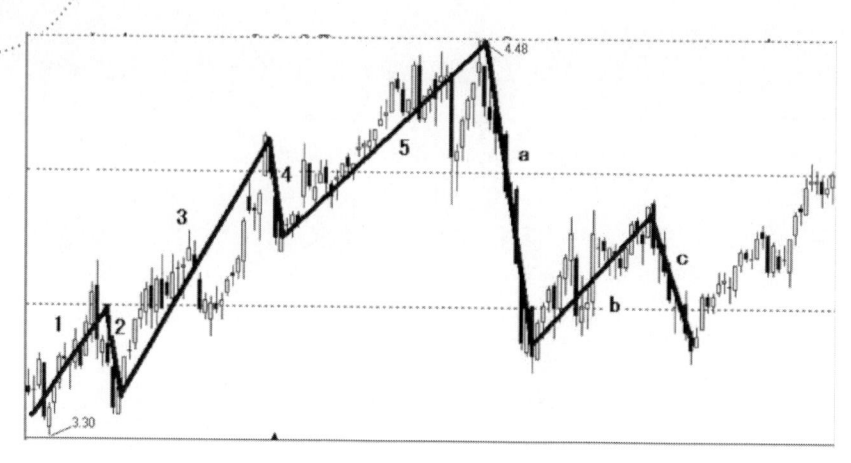

圖 7.70　波浪理論 8 浪應用示例

五、量價關係理論

（一）成交量和股價趨勢：葛蘭碧九大法則

葛蘭碧在對成交量與股價趨勢關係研究之後，總結出下列九大法則：

（1）價格隨著成交量的遞增而上漲，為市場行情的正常特性，此種量增價升的關係，表示股價將繼續上升。

（2）在一個波段的漲勢中，股價隨著遞增的成交量而上漲，突破前一波的高峰，創下新高價，繼續上揚。然而，此段股價上漲的整個成交量水準卻低於前一個波段上漲的成交量水準。此時股價創出新高，但量卻沒有突破，則此段股價漲勢令人懷疑，同時也是股價趨勢潛在的反轉信號。

（3）股價隨著成交量的遞減而回升，股價上漲，成交量卻逐漸萎縮。成交量是股價上升的原動力，原動力不足顯示出股價趨勢潛在的反轉信號。

（4）有時股價隨著緩慢遞增的成交量而逐漸上升，漸漸地，走勢突然成為垂直上升的噴發行情，成交量急遽增加，股價暴跌暴漲；緊隨著此波走勢，繼之而來的是成交量大幅萎縮，同時股價急速下跌。這種現象表示漲勢已到末期，上升乏力，顯示出趨勢反轉的跡象。反轉所具有的意義，將視前一波股價上漲幅度的大小及成交量增加的程度而言。

（5）股價走勢因成交量的遞增而上升，是十分正常的現象，並無特別暗示趨勢反轉的信號。

（6）在一波段的長期下跌形成谷底后，股價回升，成交量並沒有隨股價上升而遞增，股價上漲欲振乏力，然后再度跌落至原先谷底附近，或高於谷底。當第二谷底的成交量低於第一谷底時，是股價將要上升的信號。

（7）股價往下跌落一段相當長的時間，市場出現恐慌性下跌，此時隨著日益放

第七章 證券投資技術分析

大的成交量，股價大幅度下跌；繼恐慌性賣出之后，預期股價可能上漲，同時恐慌性賣出所創的低價，將不可能在極短的時間內被再次突破。因此，大量恐慌賣出之后，往往是（但並非一定是）空頭市場的結束。

（8）股價下跌，向下突破股價形態、趨勢線或移動平均線，同時出現了大成交量，是股價下跌的信號，明確表示出下跌的趨勢。

（9）當市場行情持續上漲數月之后，出現急遽增加的成交量，而股價卻上漲無力，在高位整理，無法再向上大幅上升，顯示了股價在高位大幅振蕩，拋壓沉重，上漲遇到了強阻力，此為股價下跌的先兆，但股價並不一定必然會下跌。股價連續下跌之后，在低位區域出現大成交量，而股價卻沒有進一步下跌，僅出現小幅波動，此即表示進貨，通常是上漲的前兆。

（二）漲跌停板制度下量價關係分析

很多投資者存在追漲殺跌的意願，而漲跌停板制度下的漲跌幅度是明確的，在股票接近漲跌幅限制時，很多投資者可能挺身追高或殺跌，形成漲時助漲、跌時助跌的趨勢。漲跌停板的幅度越小，這種現象就越明顯。目前 ST 板塊的漲跌幅限制在 5%，因而它的投機性非常強，漲時助漲、跌時助跌的現象最為明顯。

在一般情況下，如果價升量增，我們會認為價量配合好，漲勢形成或會繼續，可以追漲或繼續持股；如上漲時成交量不能有效配合放大，說明追高意願不強，漲勢難以持續，應不買或拋出手中股票。但在漲跌停板制度下，如果某只股票在漲停板時沒有成交量，那是賣主想今后賣出好價，不願意拋出，所以才沒有成交量。然而，當出現漲停后中途打開，而成交量放大，說明想賣出的投資者增加，買賣力量發生變化，下跌就有望了。

類似地，價跌量縮說明空方惜售，拋壓較輕，后市可看好；若價跌量增，則表示跌勢形成或繼續，應觀望或賣出手中的籌碼。但在漲跌停板制度下，若跌停，買方寄希望於明天以更低價買入，現在不買，因而成交量小，此時的跌勢反而不止；相反，如果收盤仍為跌停，但中途曾被打開，成交量放大，說明有主動性買盤介入，跌勢有望止住，盤升有望。

也就是說價量關係在漲跌停板制度下，與一般常態情況下的研判是不同的。具體說來，漲跌停板制度下的價量關係分析基本判斷如下：

（1）漲停或跌停量小，將繼續上揚或下降。漲停量小，將繼續上揚；跌停量小，將繼續下跌。

（2）漲停或跌停中途被打開的次數越多，時間越久，成交量越大，越有利於反轉。即漲停反轉下跌的可能性越大，跌停反轉上升的可能性越大。

（3）漲停或跌停關門的時間越早，次日繼續原來方向的可能性越大。即漲停次日漲勢可能性越大，跌停次日跌勢可能性越大。

（4）封住漲停或跌停的成交量越大，繼續原來方向的概率越大。封住漲停板的買盤數量大小和封住跌停板的賣盤數量大小能說明買賣盤力量大小。這個數量越大，

繼續當前走勢的概率越大，后續漲跌幅度也越大。

不過，也要注意莊家借漲跌停板制度反向操作。即他們可能故意以漲停價掛巨量買單，讓賣者惜售，買者跟風想買進，然后他們暗中撤銷買單，再悄悄分批賣出他們手中的股票。他們想要吸貨時，採取相反的方法進行操作，利用漲跌板制度大賺散戶的錢。

掌握一定的量價關係規律后，對判斷行情走勢或適量參與漲跌停板的股票操作都有重要的指導意義。

第三節　證券投資技術分析主要技術指標

一、技術指標方法簡述

（一）技術指標法的含義和本質

1. 技術指標法的含義

所謂技術指標分析，即對一定時期的股市交易原始數據進行處理，測算出相應的數據，制成相應的圖表，並根據其數值判斷股市或股價的強弱狀態，預測股市或股價進一步走勢的方法。原始數據指的是開盤價、最高價、最低價、收盤價、成交量和成交金額，有時還包括成交筆數。

由於原始數據是已經發生的實際數據，因此計算出來的各種指標客觀性很強，只要指標公式設計科學，指標結論可信度就高。

2. 技術指標法的本質

每一個技術指標都是從一個特定的方面對股市進行觀察。通過一定的數學公式產生技術指標，這個指標就反應股市的某一方面深層的內涵，這些內涵僅僅通過原始數據是很難看出來的。

技術指標最大的特點就是可以進行定量的分析，使操作精確度得以提高。例如，股價下跌了以后會漲，但跌到什麼程度才可以買進？只是憑之前講到的定性分析方面的知識是不能解決這個問題的。但技術指標裡面的乖離率、KDJ等技術指標卻在很大程度上能幫助解決這一難題。儘管這樣解決的問題不能保證完全正確，但至少能在我們採取行動前從數量方面給我們以幫助。

（二）技術指標的分類

不同的角度有不同的分類。以技術指標的功能分類可將常用的技術指標分為趨勢型指標、超買超賣型指標、人氣型指標和大勢型指標四大類。

（三）技術指標法與其他技術分析方法的關係

其他技術分析方法都有一個共同點，那就是只重視價格，不重視成交量。如果單純從技術的角度看，沒有成交量的信息，別的技術方法都能正常運用，不影響相

第七章 證券投資技術分析

關的分析研究。最多只是很籠統地說一句，須有成交量的配合。但沒有成交量這個極為重要的因素，分析結論可信度就會大大降低。

技術指標由於是用數理方法測算，能考慮很多的因素，但凡能夠想到的需要，幾乎都能用技術指標表現出來，實踐中有很多不同種類的指標，很多軟件還提供了非常方便的自編指標功能就是例證。這一點優勢是別的技術分析方法無法比擬的。

在進行技術指標的分析和判斷時，也經常用到別的技術分析方法的基本結論。例如，在使用 KDJ 等指標時，要用到形態學中的頭肩形、頸線和雙重頂之類的結果以及切線理論中支撐線和壓力線的分析手法。由此可以看出全面學習技術分析的各種方法是很重要的，只注重一種方法，對別的方法無知或知之甚少是不利於提高行情分析質量的。

(四) 應用技術指標應注意的問題

技術指標會隨著股價的變動而變動，不是股價隨著技術指標的變動而變動。技術指標的本質也就是一些數據或一種工具而已，如何利用數據對股市進行預測關鍵還是在人。因此必須搞清應用技術指標應注意的問題。

(1) 每種工具都有自己的適應範圍和適用的環境。有時有些工具的效果很差，有時效果就好。人們在使用技術指標時，常犯的錯誤是機械地照搬結論，而不問這些結論成立的條件和可能發生的意外，造成投資損失。當然，也要防止走向另一個極端，認為技術分析指標一點用也沒有而棄之不用。不會使用指標與指標沒有用絕對是不同的兩個概念，要區別開來。

(2) 單一的技術指標都有局限性，技術指標必須結合其他的技術指標才能避免片面。每種指標都有自己的盲點，也就是指標失效的時候，這時也需要我們去考慮用別的技術指標。為了提高行情研判的準確性，實踐中盡量多用幾個互補性技術指標進行綜合分析，在任何時候都會有一些指標能對投資行為提供有益的指導。客觀上這種幫助有時可能不大，但有參照總比沒參照強，有一定的操作思路操作起來就不會盲目。

因此，多瞭解幾個技術指標是非常有必要的，每個指標在預測大勢方面有不同的表現。通常辦法就是以四五個技術指標為主，其他指標為輔。隨著實戰效果的檢驗，這幾個指標也可以進行不斷地變更。

二、主要的技術指標

(一) 趨勢型指標

1. 移動平均線 (MA)

MA 是用統計處理的方式，將若干天的股票價格加以平均，然后連接成一條線，用以觀察股價趨勢的一種技術指標。

MA 最基本的思想是消除偶然因素的影響，另外還有一點平均成本價格的含義。

其目的是在取得某一段期間的平均成本，以 MA 配合每日收盤價的線路變化分析某一期間多空的優劣形勢，以研判股價的可能變化。一般來說，現行價格在平均價之上，則多方力量較大，行情看好；相反，行情價在平均價之下，則賣壓較重，行情看淡。

(1) MA 計算公式。

$$MA(N) = (C_1 + C_2 + \cdots + C_n) \div N$$

其中：C_n 為第 n 日的收盤價，n=1，2，…，n，N 為移動平均線的時間週期。

例：計算 5 日移動平均線。

表 7.1　　　　　　　　　5 日移動平均線的計算表

日　期	收盤價	5 日 MA
1	10.00	
2	10.50	
3	10.90	
4	11.25	
5	12.01	10.93
6	12.56	11.44
7	13.20	11.98
8	14.10	12.62
9	15.30	13.43
10	16.40	14.31

(2) MA 的分類。根據計算時期（參數取值）的長短，移動平均線又可分為短、中、長期移動平均線三類。通常的種類劃分如下：

將 5 日、10 日線稱為「短期移動平均線」，用以觀察市場的短期趨勢；

將 30 日、60 日線稱為「中期移動平均線」，用以研判中期趨勢；

將 13 周、26 周的周線稱為「長期移動平均線」，用以研判長期趨勢。

由於短期 MA 更貼近當前股價行情，更能反應行情漲跌，所以又被稱為「快速 MA」，相對地看，中、長期 MA 被稱為「慢速 MA」。

(3) MA 的特點。

①追蹤趨勢。MA 能夠表示價格的趨勢方向，並追隨這個趨勢。MA 消除了價格在升降過程中出現的小起伏，小起伏會導致有時不太看得清方向。因此，可以認為，MA 的趨勢方向在一定程度上代表了價格波動的方向。原始數據的股價圖表則不具備這個保持追蹤趨勢的特性，計算成 MA 之后趨勢明朗些了。

②滯后性。在股價原有趨勢發生反轉時，由於 MA 的追蹤趨勢的特性，MA 的行動往往過於遲緩，調頭速度落后於大趨勢。這是 MA 的一個極大的弱點。等 MA

第七章　證券投資技術分析

發出反轉信號時，股價調頭的深度已經很大了。即趨勢是明確了不少，但發出信號太遲。

③穩定性。從 MA 的計算方法就可知道，要比較大地改變 MA 的數值，無論是向上還是向下，都比較困難，必須是當天的股價有很大的變動。因為 MA 的變動不是一天的變動，而是幾天的變動，一天的大變動被幾天一分攤，變動就會變小而顯不出來。這種穩定性有優點，也有缺點，在應用時應多加注意，掌握好分寸。穩定性與滯后性是有一定關聯性的。

④助漲助跌性。當股價突破了加入 MA 時，無論是向上突破還是向下突破，股價有繼續向突破方面再走一程的願望，這就是 MA 的助漲助跌性。

⑤支撐線和壓力線的特性。由於 MA 的上述四個特性，使得它在股價走勢中起支撐線和壓力線的作用。MA 被突破，實際上是支撐線和壓力線的被突破，從這個意義上就很容易理解后面將介紹的葛蘭維爾法則。

MA 參數的作用就是加強加入上述幾方面的特性。參數選擇得越大，上述的特性就越大。比如，突破 5 日線和突破 10 日線的助漲力度完全不同，10 日線比 5 日線的力度大，因此改過來也要難一些。

使用 MA 得考慮兩個方面。第一是價格與 MA 之間的相對關係。第二是不同參數的 MA 之間同時使用。

（4）MA 的應用法則：葛蘭維爾法則（簡稱葛氏法則）。

在移動平均線的應用上，最著名的莫過於技術分析大師葛蘭維爾的「移動平均線八大買賣法則」，它是以證券價格（或指數）與移動平均線之間的偏離關係來作為研判的依據，八大法則中有 4 條是買進法則、4 條是賣出法則，見圖 7.71。

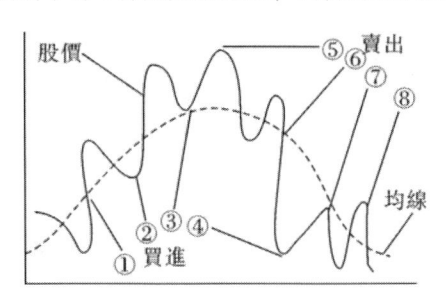

圖 7.71　葛蘭維爾法則

葛氏法則如下：

①當平均線從下降逐漸轉為走平或上升，而股價從平均線下方突破平均線，此為買進信號（如圖 7.71 中①點所示）。

②當股價雖跌破平均線，但平均線仍持續上升，為買進信號（如圖 7.71 中②點所示）。

③當股價線連續上升遠離平均線，股價突然下跌卻並未跌破平均線且立刻反轉

219

上升，是買進信號（如圖7.71中③點所示）。

④當股價突然暴跌，跌破平均線，且遠離平均線，則極有可能止跌反彈，為買進時機（如圖7.71中④點所示）。

⑤當股價突然暴漲，突破平均線，且遠離平均線，則極有可能回擋調整，為賣出時機（如圖7.71中⑤點所示）。

⑥當平均線從上升逐漸轉為盤局或下跌而股價向下跌破平均線，為賣出信號。（如圖7.71中⑥點所示）。

⑦當股價線在平均線之下，股價上升並未突破平均線且又開始下跌，是賣出信號（如圖7.71中⑦點所示）。

⑧當股價雖然向上突破平均線，但又立即向平均線回跌，此時平均線仍持續下降，為賣出信號（如圖7.71中⑧點所示）。

要掌握葛氏法則以上八點內容，結合MA的趨勢思想和前面已學過的支撐和壓力的理論就比較容易了。

圖7.72是葛蘭維爾法則在K線圖中的應用示例。同圖7.71中的編號意義相同，1、2、3、4種情形為買進，5、6、7、8種情形為賣出。

圖7.72 葛蘭維爾法則的運用

(5) MA的組合應用。

①黃金交叉與死亡交叉。其實，每天的股價實際上是1日的MA。股價相對移動平均線實際上是短期MA相對於長期MA。從這個意義上說，如果只面對兩個不同

第七章 證券投資技術分析

參數的 MA，則我們可以將相對短期的 MA 當成股價，將較長期的 MA 當成 MA，這樣，上述法則中股價相對於 MA 的所有敘述，都可以換成短期相對於長期的 MA。換句話說，5 日線與 10 日線的關係，可以看成是股價與 10 日線的關係，也就可以運用葛氏法則了。

短期移動平均線向上突破長期移動平均線時為買進信號，此種交叉稱為黃金交叉；反之，為賣出信號，交叉稱為死亡交叉。死亡交叉和黃金交叉，實際上就是向上向下突破支撐或壓力的問題，因此死亡交叉和黃金交叉是很好理解的。

②長、中、短期移動平均線的組合使用。實踐中，常將長期 MA（250 日）、中期 MA（50 日）、短期 MA（10 日）結合使用，用它們的相互關係來判斷股市趨勢。下面分兩種情況加以討論：

第一種情況。當三種移動平均線的移動方向趨於一致時：在經過長時間下跌的空頭市場中，股價與這些均線的排列關係，從下到上依次為股價、10 日線、50 日線和 250 日線。若股市出現轉機，股價開始回升，10 日線最先跟著股價從下跌轉為上升；股價繼續升，50 日線才開始向上方移動。股價再升，250 日平均線才最後向上方移動，這也就意味股市的基本趨勢已轉變為多頭市場。

若股市僅出現次級移動，股價上升數星期或兩三個月，使得短期均線和中期均線向上移動；當次級移動結束后，股價再向下運動，平均線則先是從短期均線、再從中期均線依次向下移動。在多頭市場中，情形則恰恰相反。

第二種情況。當三種移動平均線的移動方向不一致的情況：當股價進入整理盤旋后，短期平均線、中期平均線很容易與股價纏繞在一起，此種情形表示整個股市缺乏方向，靜待多方或空方打破僵局，使行情再度上升或下跌才能判明方向。

中期平均線向上移動，股價和短期平均線向下移動，這表明股市仍是上升趨勢。只有當中期均線亦有向下反轉的跡象，則上升趨勢才改變向下。同樣，中期平均線仍向下移動，表明下跌趨勢並未改變。只有當中期均線向上反轉時趨勢才改變向上。

(6) 移動平均線的評價。移動平均線是實際中最常用、最基本的一類技術指標，它的分析原理、方法對其他的技術指標的分析都有著重要的作用。但 MA 在盤整階段或趨勢形成后的中途休整階段，以及局部反彈或回落階段，容易發出錯誤的信號。在其他情形中也可能出現錯誤提示，要謹慎使用。

2. MACD（指數平滑異同移動平均線）

指數平滑異同移動平均線是利用快速移動平均線和慢速移動平均線，在一段上漲或下跌行情中兩線之間的差距拉大，而在漲勢或跌勢趨緩時兩線又相互接近或交叉的特徵，通過雙重平滑運算后研判買賣時機的方法。

(1) MACD 的計算公式。MACD 是由正負差（DIF）和異同平均數（DEA）兩部分組成，DIF 是核心，DEA 是輔助。

DIF 是快速平滑移動平均線與慢速平滑移動平均線的差。在實際應用 MACD 時，常以 12 日 EMA 為快速移動平均線，26 日 EMA 為慢速移動平均線，計算出兩條移

證券投資

動平均線數值間的離差值（DIF）作為研判行情的基礎，然后再求 DIF 的 9 日平滑移動平均線，即 MACD 線，作為買賣時機的判斷依據。

$$EMA12 = 前一日 EMA12 \times 11 \div 13 + 今日收盤指數 \times 2 \div 13$$

$$EMA26 = 前一日 EMA26 \times 25 \div 27 + 當日收盤指數 \times 2 \div 27$$

$$DIF = 今日 EMA12 - 今日 EMA26$$

$$今日 DEA（MACD）= 昨日 DEA \times \frac{8}{10} + 今日 DIF \times \frac{2}{10}$$

理論上，在持續的漲勢中，12 日 EMA 線在 26 日 EMA 線之上，其間的正離差值（+DIF）會越來越大。反之，在跌勢中，離差值可能變負（-DIF），其絕對值也越來越大；而當行情開始回轉時，正或負離差值將會縮小。MACD 正是利用正負離差值與離差值的 9 日平均線的交叉信號作為買賣行為的依據。

此外，在股票分析軟件上還有一個指標叫「柱狀線」（BAR），它是 DIF 值減去 DEA 值的差再乘以 2：

$$BAR =（DIF-DEA）\times 2$$

（2）MACD 的應用法則。

第一，以 DIF 和 DEA 的取值和這兩者之間的相對取值對行情進行預測。其應用法則如下：

① DIF 和 DEA 均為正值時，屬多頭市場。DIF 向上突破 DEA 是買入信號；DIF 向下跌破 DEA 只能認為是回落，作獲利了結，見圖 7.73。

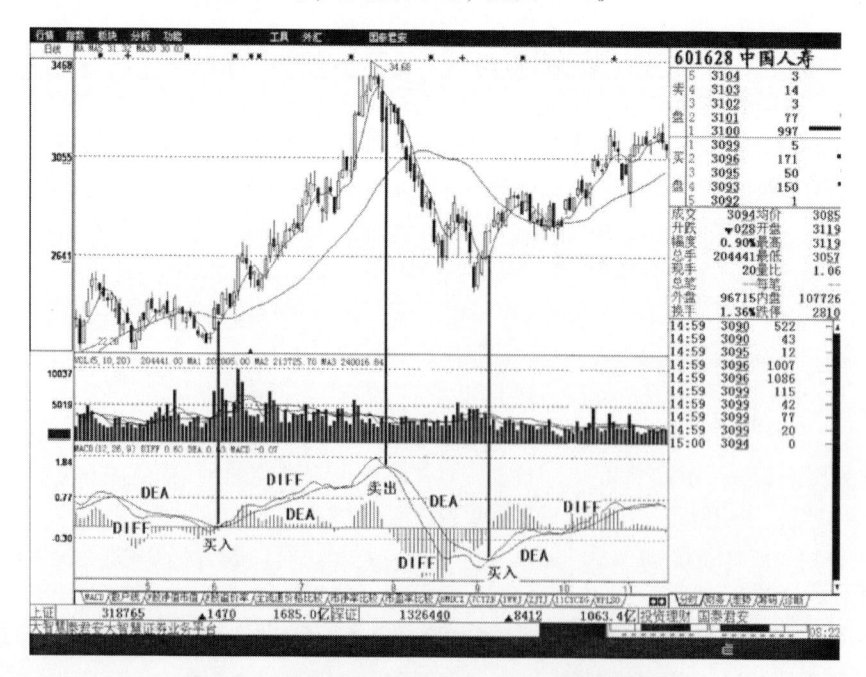

圖 7.73　MACD 應用法則：DIF 和 DEA 的相對取值

第七章 證券投資技術分析

② DIF 和 DEA 均為負值時，屬空頭市場。DIF 向下突破 DEA 是賣出信號；DIF 向上穿破 DEA 只能認為是反彈。

③當 DIF 向下跌破 0 軸線時，為賣出信號，即 12 日 EMA 與 26 日 EMA 發生死亡交叉；當 DIF 上穿 0 軸線時，為買入信號，即 12 日 EMA 與 26 日 EMA 發生黃金交叉。

另外，當 BAR 橫軸下面的綠線縮短的時候買入，當橫軸上面的紅線縮短的時候賣出。

在市場沒有明顯趨勢而進入盤整時，MACD 的失誤率極高。還有，對未來價格的上升和下降的深度與廣度，MACD 不能提出有幫助的建議。

第二，指標曲線形態及交叉。與市勢的 M 頭（或三頭）以及 W 底（或三底）形態相仿，高檔區 DIF 兩次以上下穿 DEA 可能大跌；低檔區 DIF 兩次以上上穿 DEA 可能大漲。這兩處交叉若再與價格走向相背離，則可信度極高，見圖 7.74。

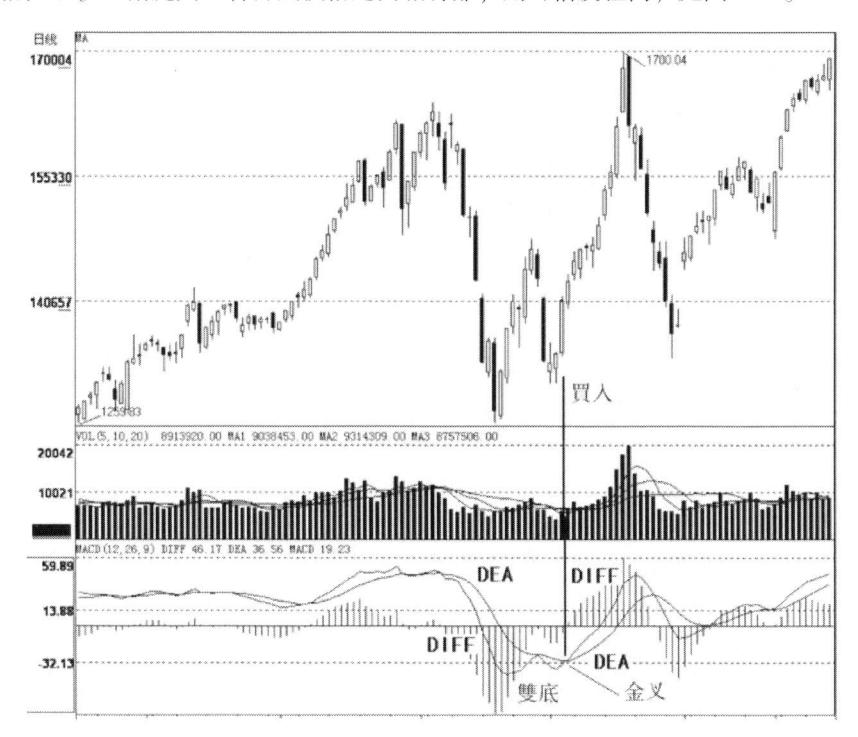

圖 7.74　MACD 應用法則：指標曲線形態及交叉

第三，指標背離原則。如果 DIF 的走向與股價走向相背離，則此時是採取行動的信號。當股價走勢出現 2 個或 3 個近期低點時，而 DIF（DEA）並不配合出現新低點，可做買；當股價走勢出現 2 個或 3 個近期高點時，而 DIF（DEA）並不配合出現新高點，可做賣，見圖 7.75。

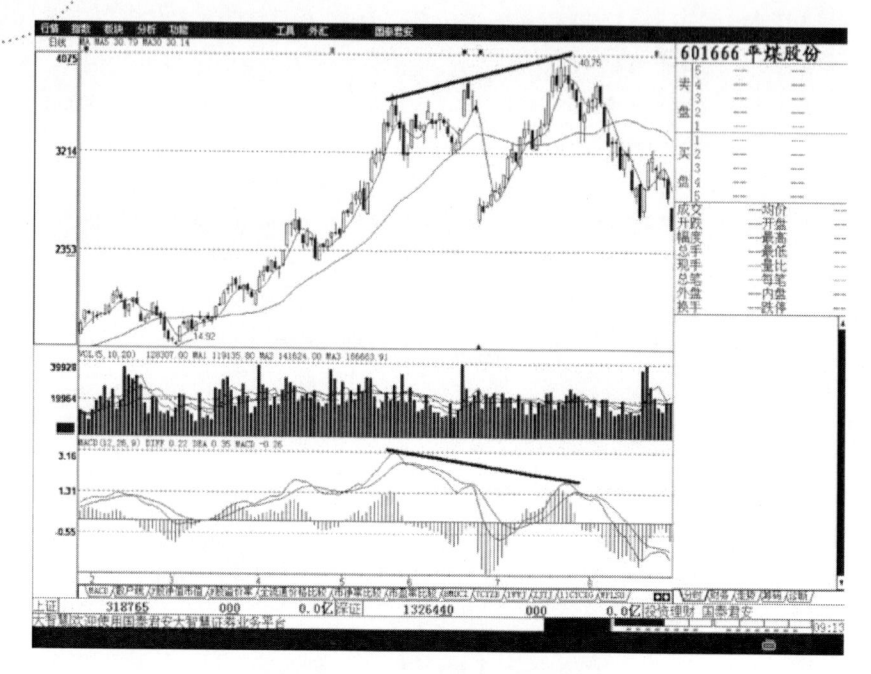

圖 7.75　MACD 應用法則：指標背離

MACD 的優點是除掉了移動平均線產生的頻繁出現買入與賣出信號，避免一部分假信號的出現，用起來比移動平均線更有把握。

MACD 的缺點與移動平均線相同，在股市沒有明顯趨勢而進入盤整時，失誤的時候較多。另外，對未來股價上升和下降的深度不能提供有幫助的建議。

（二）超買超賣型指標

1. 威廉指標（WMS%）

這個指標是由拉里·威廉於 1973 年首創，取值的大小表示市場當前的價格在過去一段時間內所處的相對高度，進而指出價格是否處於超買或超賣的狀態。它是投資者常用的指標之一。

威廉指標全名為「威廉氏超買超賣指標」，屬於分析市場短線買賣走勢的技術指標。它是 N 日內市場空方的力道（H–C）與多空總力道（H–L）之比，是一個隨機性很強的波動指標，為投資者提出有效的短期投資信號。

（1）WMS% 的計算公式。威廉指標計算原理是通過分析一段時間內股價高低價位和收盤價位之間的關係，來量度股市的超買超賣現象。

$$WMS\%R = \frac{H-C}{H-L} \times 100$$

其中，H 為計算期內之最高價；L 為計算期內之最低價；C 為當天收盤價。

公式中，計算期一般選 14 日或 20 日，也有人取值 6、12、26 等，分別對應短

第七章　證券投資技術分析

期、中短期、中期的分析。

該公式表示：當日的收盤價在過去的一段時間（如 14 天或 20 天或其他）全部價格範圍內所處的相對位置。顯然，$0 \leqslant WMS\%R \leqslant 100$。由於 WMS%R 以研究空方力道為主，這與其他相似的振盪性指標以研究多方力道為主恰好相反，因此，WMS%R 處於 80 以上為超賣區，處於 20 以下為超買區。

（2）WMS% 的應用法則。

第一，從 WMS%R 的取值大小方面考慮。WMS% 的取值介於 0~100 之間，可以以 50 為中軸線將其分為上下兩個區域。簡單地說，WMS%R 是高吸低拋。注意：不是高拋低吸。

當 WMS%R 低於 20（是經驗數值，可調整為 10 或其他數值），即處於超買狀態，行情即將見頂，應當考慮賣出。

當 WMS%R 高於 80（是經驗數值，可調整為 90 或其他數值），即處於超賣狀態，行情即將見底，應當考慮買入。

特別是，在盤整行情中，WMS% 的準確性相對較高，其他行情則要差些。這是 WMS% 指標的一個特點。另外，由於其隨機性強的緣故，若其進入超買區時，並不表示價格會馬上回落，只要仍在其間波動，則仍為強勢。當高出超買線（WMS%R = 20）時，才發出賣出信號。超賣區情況亦然。

第二，從 WMS% 曲線撞頂（底）的次數和形態方面考慮。

如果 WMS% 連續幾次撞到或接近撞到頂部 100（或底部 0），局部將形成雙重或多重頂（底）、頭肩頂或頭肩底，此時則是買入（或賣出）的信號。

如果 WMS% 撞頂和撞底次數的原則是，一般至少 2 次，至多 4 次。如果發現 WMS% 已經是第 4 次撞頂或撞底，採取行動的可靠性就較大了。

特別注意：有些股票行情分析軟件如大智慧軟件，為照顧投資者使用習慣，將 WMS% 曲線上下顛倒，此時就需注意是高拋低吸了，見圖 7.76。

第三，從 WMS% 曲線形態與股價的背離方面考慮。如果 WMS% 的走向與股價走向相背離，則此時是採取行動的信號。當股價走勢出現 2 個或 3 個近期低點時，而 WMS% 並不配合出現新低點，可做買；當股價走勢出現 2 個或 3 個近期高點時，而 WMS% 並不配合出現新高點，可做賣，見圖 7.77。

$$RSV（未成熟隨機值）= \frac{C_T - L_T}{H_T - L_T} \times 100$$

其中 C_T 為第 T 日收盤價，L_T 為 T 日內最低價，H_T 為 T 日內最高價。

RSV 值始終在 1~100 間波動。

$$當日 K 值（\%K_t）= 當日 RSV \times \frac{1}{3} + 前日 K 值 \times \frac{2}{3}$$

$$當日 D 值（\%D_t）= 當日 K 值 \times \frac{1}{3} + 前日 D 值 \times \frac{2}{3}$$

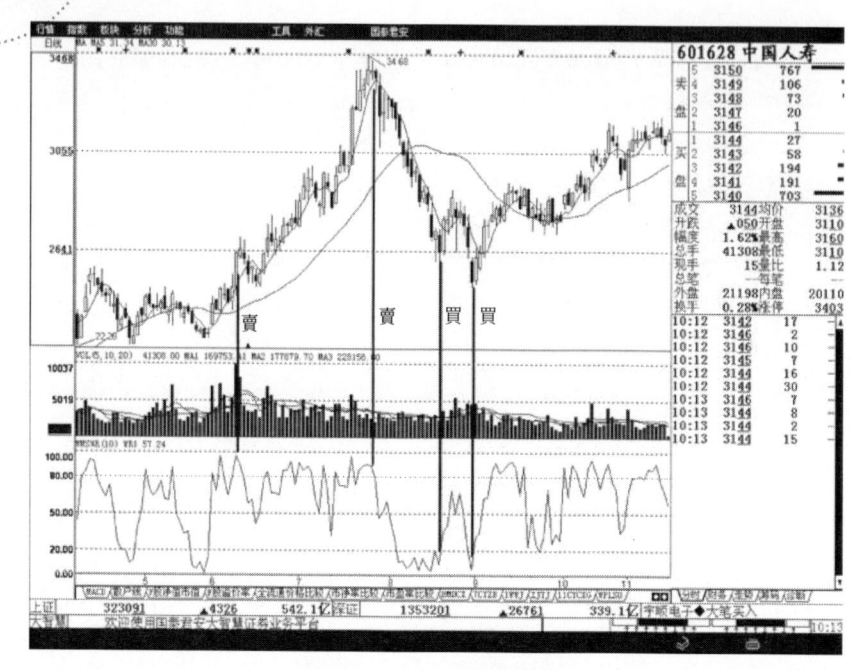

圖 7.76　WMS%應用法則

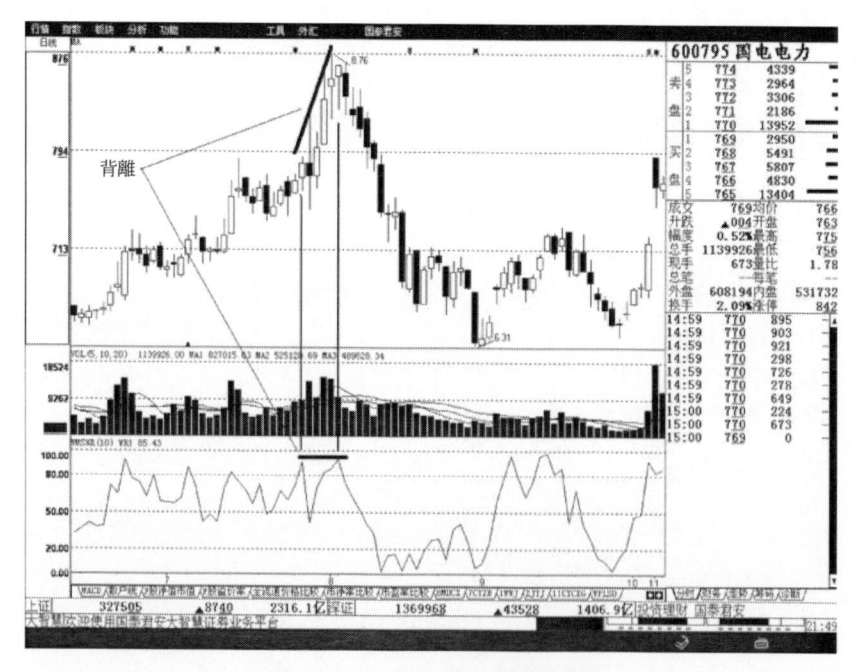

圖 7.77　WMS%指標與股價背離

第七章　證券投資技術分析

2. KDJ 指標

KDJ 也是隨機指標，是由萊恩首創的，是常用指標之一。它在圖表上是由%K 和%D 兩條線所表示，因此也簡稱「KD 線」。

（1）KDJ 的計算公式。KDJ 的測市思想是通過計算當日或最近數日的最高價、最低價及收盤價等價格波動的真實波幅，來反應價格走勢的強弱和超買超賣現象、在價格尚未上升或下降之前發出買賣信號的一種短期測市工具。

其計算方法為：

計算初期，K、D 值的初值為 50，代替前一日 K、D 值。

應該說，KD 是在 WMS 基礎上發展的，因此它們有一些共同的特性。在反應股市價格變化時，WMS 最快，K 次之，D 最慢。K 與 D 比較則是 K 反應快但易出錯，D 反應慢但相對可靠。

KD 還附帶一個 J 指標，公式為：

$$J=3D-2K \text{ 或 } J=3K-2D$$

KDJ 本質上是一個隨機性的波動指標，故計算公式中的 T 值通常取值較小，以 5 至 14 為宜，可以根據市場或商品的特點選用。不過，將 KDJ 應用於周線圖或月線圖上，也可以作為中長期預測的工具。

（2）KD 指標應用法則。KD 指標其實是兩個技術指標和兩條曲線，主要從以下五個方面考慮其應用問題：KD 取值的大小、KD 曲線的形態、K 與 D 指標的交叉、KD 指標的背離、J 值的大小。

第一，從 KD 的取值大小考慮 KD 的取值範圍 0~100，KD 都在 0~100 的區間內波動，50 為多空均衡線。如果處在多方市場，50 是回擋的支持線；如果處在空方市場，50 是反彈的壓力線。80 以上為超買區，20 以下為超賣區，見圖 7.78。

第二，從 KD 指標曲線的形態考慮。當 KD 指標在較高或較低的位置形成了頭肩形和多重頂（底）時，是採取行動的信號。注意，這些形態一定要在較高位置或較低位置出現，位置越高或越低，結論越可靠、越正確，見圖 7.79。

第三，從 KD 指標的交叉考慮。K 從下向上與 D 交叉為黃金交叉，買入；K 從上向下與 D 交叉為死亡交叉，賣出。對這裡的 KD 指標交叉還附帶很多的條件：①交叉的位置應該比較低或比較高。即 K 線在低位上穿 D 線為買入信號，K 線在高位下穿 D 線為賣出信號。②相交的次數越多越好，高檔連續兩次以上向下交叉確認跌勢，低檔連續兩次以上向上交叉確認漲勢。③右側相交比左側相交好。但投機性太強的個股則不太適宜使用 KD 值作判斷，見圖 7.80。

第四，從 KD 指標的背離考慮。當 KD 處在高位下降並形成兩個依次向下的「峰」，而價格還在上漲，並出現兩個上升的「峰」，這就構成頂背離，是賣出的信號。與之相反，KD 處在低位上升，並形成兩個依次升高的「谷」，而價格下跌出現兩個依次下降的「谷」，這就構成底背離，是買入的信號。背離的買賣信號可信度高，見圖 7.81。

圖 7.78　KD 指標應用法則之一：KD 取值大小

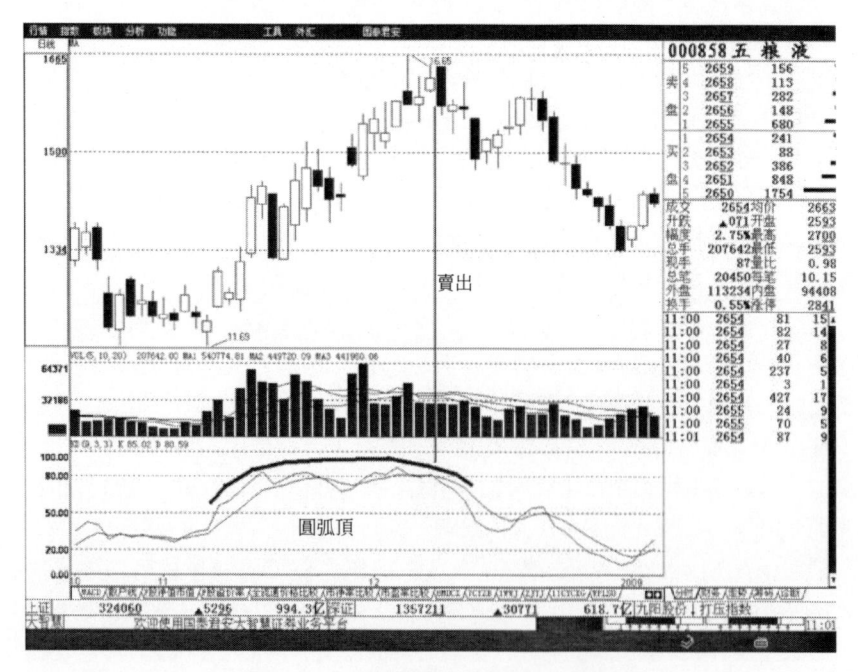

圖 7.79　KD 指標應用法則之二：形態

第七章　證券投資技術分析

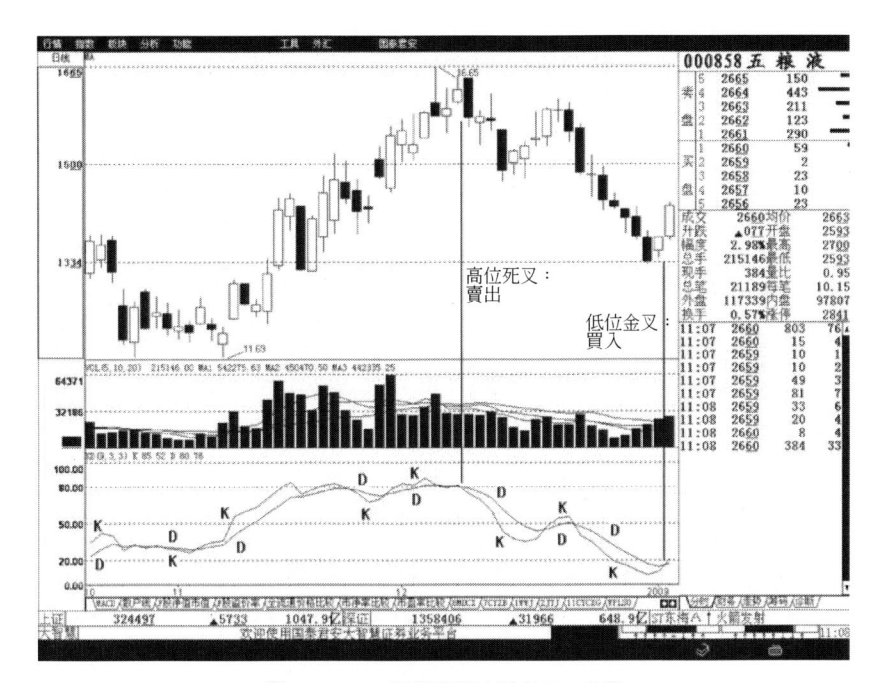

圖 7.80　KD 指標應用法則之三：交叉

圖 7.81　KD 指標應用法則之四：背離

第五，從J值大小考慮。J值可以大於100或小於0。J指標值為依據KD買賣信號是否可以採取行動提供可信判斷。通常當J值大於100或小於0時被視為採取買賣行動的時機。當J大於100，賣出；當J小於0，買入，見圖7.82。

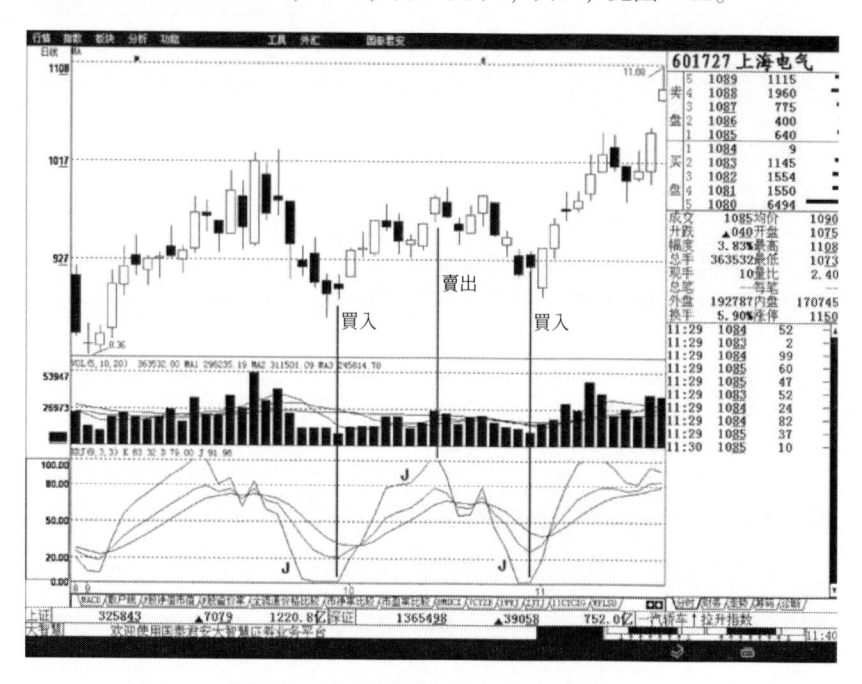

圖7.82 KD指標應用法則之五：J值大小

3. 相對強弱指標RSI

RSI是根據證券市場供求關係平衡的原理，通過比較一段時期內收盤指數的漲跌大小來分析測量多空雙方買賣力量的強弱程度，從而判斷未來市場趨勢的一種技術指標。RSI的發明者是威爾斯·懷爾德（Welles Wilder）。RSI指標是常用的指標之一。

（1）RSI的計算公式。RSI的測算思想是通過比較一段時期內買方總力量占買賣雙方總力量的比重來分析測量多空雙方買賣力量的強弱程度。

RSI用收盤價或收盤指數的漲數大小，即當日收盤價或指數高於上日收盤價或指數的差數作為買方力量，將N日內的漲數之和作為買方總力量A；同樣，用收盤價或收盤指數的跌數大小總和作為賣方總力量B。則計算公式為：

$$RSI(N) = \frac{A}{A+B} \times 100$$

其中，A與B的具體計算步驟如下（假設N=5）：

第一步，計算價差。取得連續6個交易日的收盤價（包括當天在內），以每個交易日收盤價減去上一個交易日的收盤價，就得到5個差額。這5個差額中可能有正有負。

第七章 證券投資技術分析

第二步，計算總上升波動 A、總下降波動 B 和總波動 A+B。

$$A = 5 \text{ 個價差的數字中正數之和}$$

$$B = 5 \text{ 個價差的數字中負數的絕對值之和} \times (-1)$$

顯然，RSI 的取值在 0 到 100 之間，直線下跌是 0，直線上漲是 100。RSI 的參數是選擇的交易日的天數，一般可取 5 日、9 日、14 日，等等。

(2) RSI 的應用法則。

第一，從 RSI 取值的大小判斷行情。$0 \leq \text{RSI} \leq 100$，RSI>80 為超買；RSI<20 為超賣；RSI 以 50 為中界線，大於 50 視為多頭行情，小於 50 視為空頭行情。分界線和極弱與弱的分界線是相對的，只是對分界線的大致描述。實踐中也可能規定 RSI>70 為超買等。

第二，不同參數的兩條或多條 RSI 曲線的聯合使用。參數小的 RSI 被稱為短期 RSI，參數大的被稱為長期 RSI，短期 RSI>長期 RSI，屬多頭市場；短期 RSI<長期 RSI，屬空頭市場。

第三，從 RSI 的曲線形態上判斷行情。RSI 在 80 以上形成 M 頭或頭肩頂形態時，視為向下反轉信號；RSI 在 20 以下形成 W 底或頭肩底形態時，視為向上反轉信號，見圖 7.83。

圖 7.83　RSI 指標應用法則：形態

第四，從 RSI 與價格的背離判斷行情。當 RSI 與股價出現背離時，一般為轉勢的信號。代表著大勢反轉，此時應選擇正確的買賣信號。RSI 處於高位，並形成下

降的兩個峰，與此同時，價格則是上升的兩個峰，這就形成頂背離，這是比較強烈的賣出信號；與這種情況相反的是底背離，應該買入，見圖7.84。

圖7.84 RSI指標應用法則：背離

4. 乖離率（BIAS）

乖離率是依據葛蘭維移動平均八大法則派生的一項技術指標，其主要功能是通過測算股價與移動平均線出現的偏離程度，從而得出股價在劇烈波動時因偏離移動平均趨勢而造成的可能回檔或反彈，以及股價在正常範圍內移動而繼續原有趨勢的可信度。

BIAS的原理是價值規律起作用，離得太遠了就要回頭，價格與需求的關係是產生這種向心作用的原因。

（1）計算公式。

乖離率是表現當日指數或個股當日收盤價與移動平均線之間的差距。其公式如下：

$$BIAS = (C_t - MAN) \div MAN$$

其中，C_t為當日指數或收盤價，MAN為移動平均價。

乖離率分正、負乖離率兩種，當股價在平均線之上為正，反之為負。當股價與平均線一致時，乖離率為0。

（2）應用法則。

第一，乖離率數值大小。一般而言，正乖離率越高，則短期獲利回吐的可能性

第七章　證券投資技術分析

越大，是賣出信號；負乖離率越高，則短期回補的可能性越大，是買進信號。對於乖離率達到何種程度為正確買入點和賣出點，目前並無統一標準。

有資料認為：在一般行情情況下，當 BIAS（5）>3.5%、BIAS（10）>5%、BIAS（20）>8% 以及 BIAS（60）>10% 時是賣出時機；當 BIAS（5）<-3%、BIAS（10）<-4%、BIAS（20）<-7% 和 BIAS（60）<-10% 是買入時機。從上面的數字中可看出，正數和負數的選擇是不對稱的，一般說來，正數的絕對值要比負數的絕對值大一些。這種正數的絕對值偏大是進行分界線選擇的一般規律。

但如果遇到由於突發的利多或利空消息產生的暴漲暴跌的情況，以上一般情況下的參考數字肯定不管用，應該考慮別的應急措施。有關人員的經驗總結，暴漲暴跌時：對於綜合指數：BIAS（10）>30% 為拋出時機；BIAS（10）<-10% 為買入時機。對於個股：BIAS（10）>35% 為拋出時機；BIAS（10）<-15% 為買入時機。

需要注意的是，一旦確定了 BIAS 的界限值是某個正數或負數，那麼 BIAS 一超過這個正數，就應該考慮拋出；BIAS 低於這個負數，就考慮買入。這個正數或負數與三個因素有關：① BIAS 選擇的參數的大小；②選擇的股票類型；③不同的時期，分界線的高低也可能不同。一般來說，參數越大，採取行動的分界線就越大。股票越活躍，選擇的分界線也越大。所以上述分界線的 BIAS 值不是絕對的，應視情況而定。圖 7.85 的 BIAS 分界線值就很大，24 天的 BIAS 值分別達到-21.50 和 22.08 才調頭。

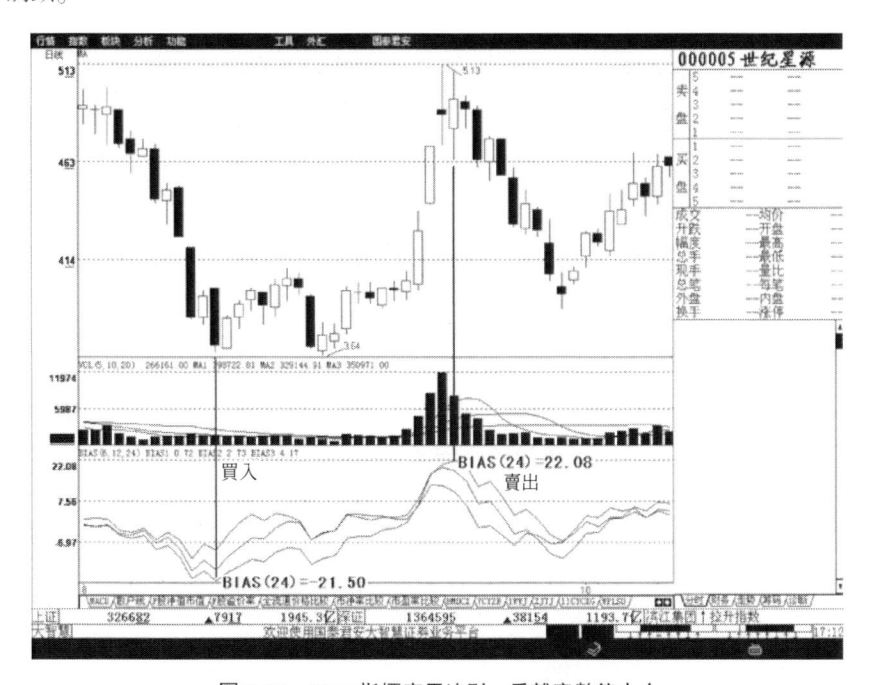

圖 7.85　BIAS 指標應用法則：乖離率數值大小

第二，從兩條 BIAS 曲線考慮。採用 N 值小的快速線與 N 值大的慢速線作比較觀察，若兩線同向上，升勢較強；若兩線同向下，跌勢較強。若快速線上穿慢速線為買入信號；若快速線下穿慢速線為賣出信號，見圖 7.86。

圖 7.86 BIAS 指標應用法則：從兩條 BIAS 曲線考慮

第三，背離。BIAS 形成兩個下降的峰，而價格卻在上升，則是拋出的信號；BIAS 形成兩個上升的谷，而價格卻在下跌，是買入的信號，見圖 7.87。

(三) 人氣型指標

1. 心理線 (PSY)

心理線是一種建立在研究投資人心理趨向的基礎上，將某段時間內投資者傾向買方還是賣方的心理與事實轉化為數值，並形成人氣指標的買賣股票的參數。

一方面，人們的心理預期與市勢的高低成正比，即市勢升，心理預期也升，市勢跌，心理預期也跌；另一方面，當人們的心理預期接近或達到極端的時候，逆反心理開始起作用，並可能最終導致心理預期方向的逆轉。心理線就是反應人們這種市場心態的一個數量尺度。它是利用一段時間內市勢上漲的時間與該段時間的比值曲線，來研判市場多或空的傾向性。

第七章 證券投資技術分析

圖 7.87　BIAS 指標應用法則：背離

PSY 的計算公式為：

$$PSY(n) = A/N \times 100$$

上式中，N 為天數，是 PSY 的參數；A 為在這 N 天之中價格上漲的天數。上漲和下跌以收盤價為準。收盤價如果比上一天高，則定為上漲天；比上一天低，則定為下降天。

PSY 的應用法則如下：

（1）PSY 取值在 25 至 75，說明多空雙方基本處於平衡狀況。50 為多空分界點。由計算式可知，0≤PSY≤100，而 PSY = 50 則表示 N 日內有一半時間市勢是上漲的，另一半是下跌的，是多空的分界點，以此將心理域割為上下兩個分區。投資者通過觀察心理線在上或下區域的動態，可對多空形勢有個基本的判斷。

（2）如果 PSY<10 或 PSY>90，就分別採取買入或賣出行動。PSY 值為 90 以上或 10 以下，逆反心理要起明顯作用，行情見頂或見底的技術可信度極高。

（3）PSY 的取值第一次進入採取行動的區域時易出錯。一般要求兩次或兩次以上。這是需要特別注意的。

（4）PSY 曲線在高位或低位形成雙頂或雙底是買賣的信號。

（5）如果股價與 PSY 曲線背離，即 PSY 形成兩個下降的峰，而價格卻在上升，則是拋出的信號；PSY 形成兩個上升的谷，而價格卻在下跌，是買入的信號，見圖 7.88。

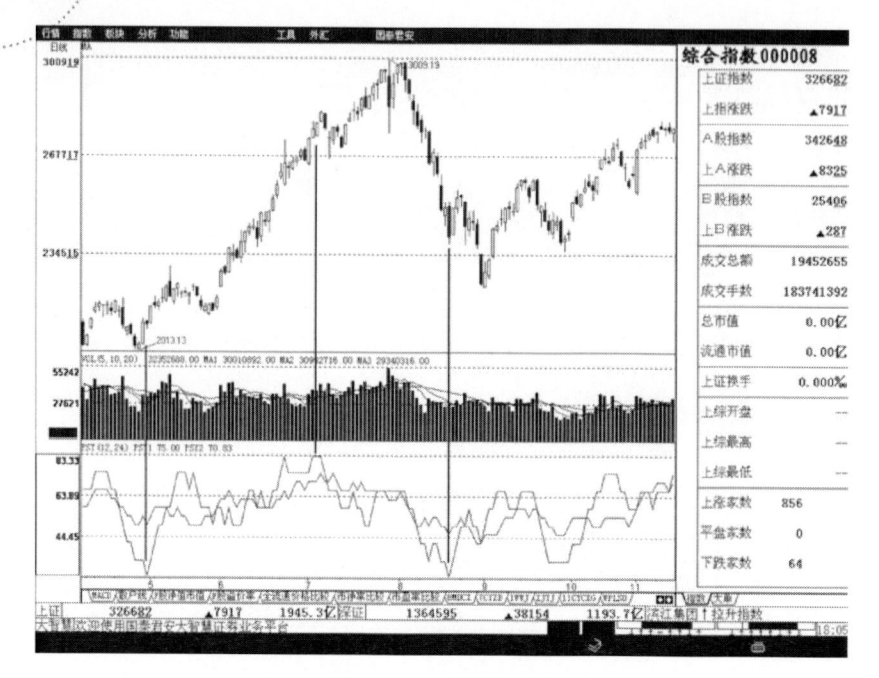

圖 7.88　PSY 指標示例

2. OBV（能量潮指標）

OBV 的英文全稱是 On Balance Volume，中文名稱直譯是「平衡交易量」，是由 Granville 於 20 世紀 60 年代發明的。

成交淨額 OBV 理論主要是通過統計成交量的變動，來研判市場人氣的斂散，以推測市勢的變化。OBV 的基本觀點為：先見量，后見價，量是價的先行指標。當投資者對股價的認同越不一致時，則成交量越大。正是這種成交量湧動的能量及人氣，將價推向新的位置。利用 OBV 比單獨使用成交量看趨勢更清楚，見圖 7.89。

OBV 的計算公式很簡單，首先假設已經知道了上一個交易日的 OBV，公式表示如下：

今日的 OBV＝昨日的 OBV＋sgn×今天的成交量

其中，sgn 取值＋1（如果今收盤價≥昨收盤價），或 −1（如果今收盤價＜昨收盤價），或 0（如果今收盤價＝昨收盤價）。從公式可知當 sgn＝＋1 時，其成交量計入了多方；當 sgn＝−1 時，其成交量計入了空方。

這裡的成交量單位是成交股票的手數。

OBV 的應用法則和注意事項如下：

（1）OBV 不能單獨使用，必須與價格曲線結合使用才能發揮作用。

（2）OBV 曲線的上升和下降對確認價格的趨勢有著很重要的作用。價升 OBV 升，價跌 OBV 跌，則可確認當前的升或跌趨勢。

第七章　證券投資技術分析

圖 7.89　OBV 指標示例

當 OBV 在下降時，價格卻在上升，表示買盤已無力，為賣出信號；當 OBV 上升時，價格卻在下跌，表示低位接盤力道不弱，為買入信號。

（3）背離。在市場處於 M 頭或 W 底形態時，OBV 發出的價量「背離」信號在技術上的可信度較高。

（4）配合支撐線與壓力線。當研判市勢對支撐線或壓力線突破的有效性時，除了對突破幅度的估計外，OBV 是否能夠配合也是關鍵。

（5）股價進入盤整區后，OBV 突然增大，股價可能向上或向下突破，成功率較大。

此外，當 OBV 從下降轉為上升，或 OBV 在緩緩上升，有買入信號提示作用。當 OBV 從上升轉為下降，或是由累計正值轉為累計負值，或者 OBV 急遽暴漲，市場可能出現空翻多行情，若買力有竭盡之憂時，以賣出為宜。

（四）大趨勢指標：ADL（騰落指數）

ADL 也稱大勢型指標。大趨勢指標只適合於投資者研判大勢，而不可用於選股與研究個股。ADL 是將每日股票上漲家數減去下跌家數后所得的差累加形成曲線，並與綜合指數相互對比，對大勢的未來進行預測。其計算公式為：

$$今日\ ADL = 昨日\ ADL + N_A - N_D$$

其中，N_A 是今天所有股票中上漲的數量，N_D 是下降的數量，無漲跌者不計。這裡漲跌的判斷標準是以今日收盤價與上一日收盤價相比較。ADL 的初始值可取 0。

ADL 應用法則如下：

（1）ADL 的應用重在相對走勢，並不看重取值的大小。因為 ADL 的取值大小是沒有意義的。

（2）ADL 不能獨立運用，要與股價曲線結合使用才能發揮作用。

①當股價指數下跌，續創新低，而 ADL 下跌並創新低，則短期內大勢續跌的可能性較大；相反，股價指數上漲，續創新高，而 ADL 指數上升並創新高，則短期內大勢續漲的可能性較大。

②當股價指數連漲數日（一般是 3 天），ADL 卻出現下跌趨勢，表示大勢隨時可能回檔調整，此背離現象是賣出信號；當股價指數數日陰跌后，ADL 卻出現上升趨勢，表示大勢隨時可能回穩或上揚，此背離現象為買進信號，如圖 7.90 所示。

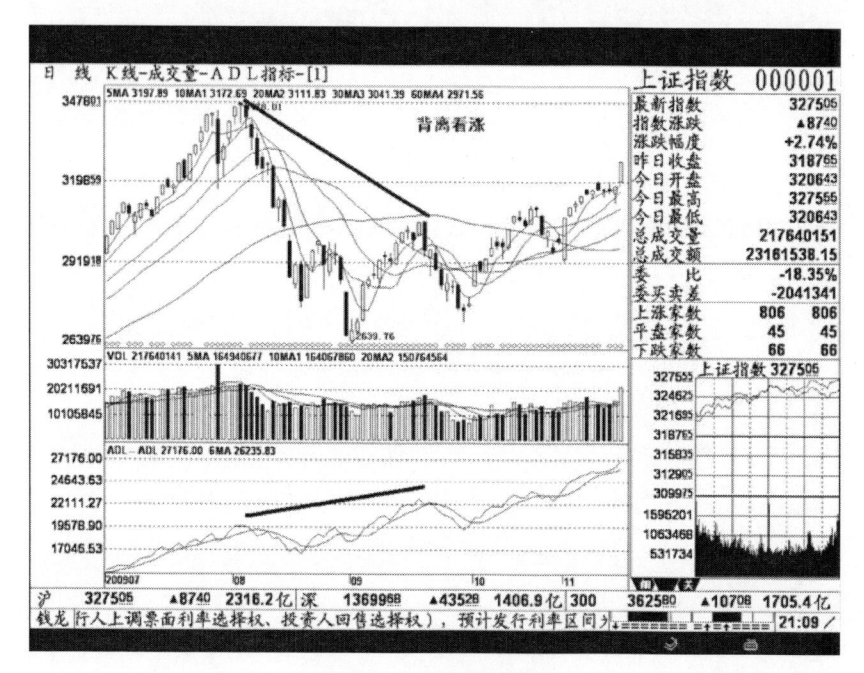

圖 7.90　ADL 指標：背離

③股市處於多頭市場，ADL 呈上升趨勢，其間如果急速下跌又立即扭頭向上，創下新高，則表示行情有可能再創新高，反之，表示新一輪下跌趨勢即將產生。

（3）形態學與切線理論相關內容同樣可以用於 ADL 曲線。

第八章　證券投資計劃

凡事皆應有計劃，證券投資也不例外。證券投資計劃就是證券投資者根據自己對風險的承受能力以及收益預期，在對投資環境和證券類型及證券品種等進行綜合分析與判斷的基礎上，選定投資對象，採取買賣的投資策略，選擇適當的方法營運資金，以期獲得風險和收益的最佳組合的主觀行為。可以想像，沒有計劃的投資難免會缺乏戰略指導性，投資活動的隨意性增大，在證券市場上難以取得持續性勝利。制訂證券投資計劃有助於投資者盡可能取得相應收益，盡力迴避相關投資風險，因而制訂投資計劃是必要的。

第一節　證券投資計劃擬訂

證券投資計劃擬訂是一個系列過程，要做好投資計劃的擬訂工作，投資者必須在進入證券投資這個領域之前就要研究掌握必要的證券知識，沒有相關知識就進行證券投資活動無異於賭博；在進入證券市場之前還應注意收集與整理擬投資對象的圖表等相關資料；不同的投資者自身的心理準備和資金、時間等條件不同，即他們的投資環境與條件不同，投資策略就會不同，投資計劃就也會有所不同。最後，依據證券投資計劃的不同類別和證券投資不同的計劃操作方法，選擇擬訂出最終的證券投資計劃。

一、研究證券知識

證券投資需要豐富的知識、聰穎的智慧、高超的技能。證券投資者想獲得成功，

證券投資

至少應該知道證券市場如何運轉，哪些因素如何影響股價變動，如何選擇某個企業的證券，如何分析預測股市的走勢，有哪些投資技巧與策略，有哪些證券交易的基本程序，有哪些相關的法令規章制度等。

（一）證券投資者應當把握證券投資的基本知識

這些基本知識包括證券有哪些種類；債券和股票是什麼性質的證券；如何閱讀證券行情表；證券市場是怎樣運行的，等等。許多投資者在證券市場中對自己所要投資的對象瞭解甚少，缺少對證券投資原理的認識，因而其投資行為往往帶有盲目性和投機性，這種投資者比謹慎的長期投資者承擔的風險要大得多。證券投資的知識累積是循序漸進的過程，掌握證券投資涉及的一些基本術語相當重要。

1. 牛市、熊市、鹿市和牛皮市

牛市是指買方力量強勁、股價連連上揚、股市普遍看漲的市場行情，亦稱多頭市場，其特徵是買多賣少、人氣旺盛、交易活躍、股價大漲小跌。

熊市是指賣方力量強勁、股價連連下挫、股市普遍看跌的市場行情，亦稱為空頭市場，其特徵是賣多買少、人氣低迷、交易清淡、股價小漲大跌。

鹿市是指股價跌宕起伏，股市前景不明的市場行情，其特徵是短線投資增多、市場人氣不穩、股價大起大落。

牛皮市是指股價起伏不大，股市前景曖昧的市場行情，其特徵是交易萎縮、觀望氣氛濃重、股價難以出現令人心跳的波動。

2. 利多、利空、利多出盡、利空出盡

利多即有利於多頭，亦稱利好，即有利於買方的各種因素及其信息，往往會使股價上揚。例如，國家經濟形勢看好、銀利利率下調、公司經營業績優良等。

利空指有利於空頭即賣方的各種因素及其信息，往往會使股價下跌，亦稱利淡。

利多出盡指在利多消息頻繁刺激下，股價連續上漲已至頂峰，即使再有利多消息刺激，股價也不會上漲甚至可能下跌。

利空出盡指在利空消息頻頻刺激下，股價連續下挫已達谷底，即使再有利空消息刺激，股價也不會下跌甚至可能上升。

3. 回擋、反彈、反轉和突破

回擋亦稱大漲小回，指多頭市場行情中，由於股價上升過快而出現暫時性的股價回跌，以調整價位和蓄勢再漲。

反彈指大跌小漲，即空頭市場行情中，由於股價下跌過快而出現暫時性回升，以調整價位和蓄勢再跌。

反轉指股市行情發生重大轉變，即由熊市變為牛市或由牛市變為熊市。

突破指牛皮市行情中出現的顯著性價格波動。當股價超過壓力線時，稱為「向上突破」；當股價超過支撐線時，稱為「向下突破」。

4. 短多、長多、死多與套牢

短多是指以做短線交易為主的多頭。

第八章　證券投資計劃

長多是指以做長線交易為主的多頭。

死多是指買進股票后不管股價上漲還是下跌絕不任意賣出的多頭。

套牢分為多頭套牢和空頭套牢。多頭套牢是指多頭預期股價會上漲，買進后卻下跌。當股價回升到下跌前的水平甚至高於這個水平時，多頭賣出持有股票即為解套。空頭套牢是指空頭預期股價會下跌，賣出后卻上漲。當股價上漲時，空頭錯過了低價位買進的機會，即為踏空。當股價上漲后因跌至以前的水平甚至低於這個水平，空頭買進股票即為空頭解套。

5. 盤整、盤檔、盤堅和盤軟

盤整亦稱為整理，是指股價經過一段時間的急速上升或下跌后，遭遇阻力或支撐，使股價暫時停止大幅度波動，而且只在某一價位區盤旋，以作為下次上升或下跌的準備。

盤檔亦稱為盤局，是對股價波動幅度很小的盤整態勢的一種描述，此乃多空雙方勢均力敵採取觀望態度而產生的現象。

盤堅亦稱為盤上，即股價在盤旋逐漸上漲。

盤軟亦稱為盤下，即股價在盤旋中逐漸下跌。

6. 打底、探底與底部

打底是指多空雙方經過反覆拉鋸戰后，多方在最低點附近為上漲行情築起支撐，因此亦稱為築底。

探底是指股價一再跌至最低價位。

股價在最低價位遇到支撐，即為底部。但是，底部有階段性底部和最終底部。當股價達到一個新的最低價位，稍事停頓便繼續下跌，即為階段性底部；當股價達到一個新的最低價位，便出現反轉行情，即為最終底部，亦是真正的底部。

(二) 證券投資者要熟悉和遵守投資的程序

證券投資者必須十分熟悉投資的程序，瞭解投資過程的每一個環節並嚴格遵循。當投資者決定在證券市場投資時，要取出儲蓄中的一部分資金，然后選擇哪種股票或債券，這更是一個複雜的決策活動，需要判斷當時的經濟形勢的變動趨勢，需要對此經濟形勢下各種行業的發展前途作出判斷，需要根據發行證券的公司財務力量、銷售狀況、產品結構和主要生產設備等來預測公司未來的收益和風險程度，最終做出正確的選擇；操作過程開始后，需要瞭解和嚴格遵守證券交易中的委託、成交、清算和交割等一系列程序，確保順利完成證券投資過程。

(三) 證券投資者需要熟悉和掌握各種投資技巧

投資者掌握各種投資技巧，如買賣時機的把握技巧、風險迴避技巧、最大獲利技巧等，有助於投資者在關鍵時刻化險為夷，取得最大效益，這些技巧將在第八章中詳細介紹。

證券投資

二、收集與整理資料

證券投資者通過搜集、整理、分析資料，逐步建立起對證券投資的感性認識，熟悉證券市場的運作程序，瞭解證券市場的行情趨勢，體驗證券市場信息和人氣狀況，感受證券市場的起伏波動，認識上市公司的經營狀況，確定進入股市的時機。

1. 證券資料的來源

（1）來自發行公司的公開資料：①公開說明書；②月度財務報表；③季度財務報表。

這類公開資料多經過註冊會計師或會計師事務所之類的機構審核，比較準確和客觀，有助於投資者瞭解發行公司的營運情況、財務狀況及盈利多少等，便於長期投資者作基礎分析。

（2）來自證券管理機構的發行資料：①證券統計要覽；②上市公司營業額總表。

（3）來自證券交易所的資料：①上市證券狀況；②上市公司獲利能力表；③證券交易資料；④上市公司財務資料簡報。

上述三類公開資料，具有較高的權威性和參考價值，多用統計圖表等給出整個股市的各類背景及原始資料，這可以使投資者站在整個股市全局的角度來綜合比較與分析。

（4）來自大眾傳播媒介收集的信息。通過報紙、廣播、刊物等大眾傳播媒介搜集關於證券市場、證券主管機構、證券交易所、證券公司、上市公司的新聞報導、法規、公告等一切信息。

（5）來自專家學者的論著。這類論著多是指導投資者瞭解整個證券市場結構，弄清買賣交易過程、各類證券特點、投資經驗訣竅及注意事項等基本知識。這對投資者充實專業知識、熟悉投資策略、增強操作能力等極有幫助。

獲得各方面資料之后，需要對資料進行甄別、整理與分析。資料通常分為兩大類別：基本面資料和技術面資料。基本面是指影響證券市場行情變化的各種基本因素。其中包括宏觀環境因素、景氣變動因素、產業發展因素、市場變化因素、公司運作因素以及其他各種因素。技術面指描述證券市場行情變化的各種記載、分析資料。其中包括價格變動的歷史記載、股價變動的週期循環、股價指數變動軌跡、成交量變化圖示、指數與個股價格移動平均線、證券評估等級、人氣指標與心理變動指標及其他各種技術分析資料。資料分析應以基本分析為后盾，以技術分析爭時機，以心理分析看市場。

2. 證券行情圖表的閱讀分析

及時經常地解讀證券行情圖表，是證券投資者的基本功和首先要做的工作。各國證券交易所的行情圖表詳略不同，內容有異，但基本格式和基本要素大同小異。

（1）股市大勢走勢圖。以股價平均指數為「數據」，在一個相對坐標圖上或是

第八章　證券投資計劃

電腦屏幕坐標上繪製而成。大多是從左到右沿時間軸方向的曲線，以顯示整個股市大勢的走向。

（2）個別股價走勢圖。以每個時點或時段的平均價格為「數據」繪製而成，以顯示某種股票的價格波動歷程及未來趨勢，較適宜作為投資者或投機者在交易前作決策時的資料資訊。

（3）成交值圖。以每日成交（總）值來繪製。其繪法也有兩種，其一為「點式」：把坐標點連接而成「成交趨勢線圖」；其二為「條形圖式」：用長短條形顯示成交值的增減變化。前者給投資者以「趨勢的觀念」，后者則提供「具體的形象」。

這些圖表大多使用計算機繪成，並使用磁盤把這些證券資訊資料儲存起來，以便隨時取出，作為自己投資決策的參考，或是作為指導投資人，來收取諮詢費。不過，投資者可以自己繪製對投資決策有參考價值的某些股價走勢及成交值圖。該類資料很好搜集，只要保存每天報紙上的行情表數據就行了。

三、投資環境與條件

投資者在安排證券投資計劃時，最重要的是客觀地評判自身風險承受能力的強弱，據此確定投資對象，把握投資方向，合理分配資金和安排時間，選擇投資策略，實現風險與報酬的最佳組合。據此，證券投資者在制訂證券投資計劃時，應考慮如下投資環境與條件：

1. 投資資金來源與穩定性

制訂證券投資計劃的前提是投資者必須擁有能自由調配使用的資金。因為證券投資過程是一個動態的連續過程，當股價變動，投資者增購股票時，需要有靈活的資金支配或有可靠的借款來源。而且，某些證券投資策略的實施，也須定期定量地投入資金。例如，定時定量投資計劃，就要求投資者有穩定的資金來源，否則投資計劃內的實施只好被迫中斷。因而，在擬訂投資計劃前：①應考慮個人收入的高低，計算扣除必要生活費后，還有多少收入可用來投資；②注意收入來源的穩定性或有無可能增加收入。

2. 對投資收益的依賴程度

有的家庭或個人生活負擔重，收不抵支，希望能依靠高利息的證券投資來改善生活，這種人對投資收益的依賴程度大，故應投資於收益穩定而又安全可靠的公債或公司債以及有穩定股息收入的藍籌股或績優股。而生活寬裕的家庭，則可投資於具有成長性的成長股。

3. 證券投資知識與經驗

證券投資者應當培養自己在證券投資方面的能力。證券知識的掌握和投資經驗的累積是能力的基礎。沒有知識的投資者，是盲目的投資者。如果投資者對證券投資和股票市場沒有相當的認識就大膽投入資金，雖不排除憑機遇撈上一把，但多數

證券投資

情況下對收益的期望很可能是水中撈月，甚至投入的資金如「一江春水向東流」。

4. 買賣證券的時間是否充裕

證券投資者搜集整理和分析證券資料、分析股價變動的因素、研究公司財務狀況特別是研究和經常注意公司財務狀況與股市價格變動的依存關係等，都需要有充裕的時間。沒有充裕的時間，投資者只能從事一些較安全的股票或其他證券買賣。

此外，還應考慮投資成本問題，如股票佣金和納稅問題。

5. 證券投資者的心理準備是證券投資的重要條件

證券市場表面上是有形資金之戰，實質上隱藏著無形的心理較量。心理準備包括兩部分：一是自身心理建設，二是心理分析能力的提高。

（1）加強自身的心理建設。

①形成正確的投資意識。投資者首先應該具備風險意識，無視風險的存在，當風險降臨時不應手足無措，若懼怕風險，就會裹足不前，永遠不會成功。其次，投資者應有自主意識。投資者廣泛收集資料和聽取專家意見的同時，應能獨立地判斷行情，做出投資決策。最后，投資者應有自律意識，堅決克服狂妄自大、三心二意、患得患失或貪婪等不良心理。

②保持良好的投資心態。首先，要輕松自如，臨危不亂，臨險不驚；其次，要沉穩冷靜；最后，要不貪不悔。

（2）提高市場心理分析能力。投資者可以根據買賣雙方力量的大小、買單與賣單的多少、人氣指標等，判斷投資大眾和主力炒手對股市前景的看法，即看漲還是看跌，由此預測市場上多數人的投資行為，並決定自己的行動路線。

投資環境包括外部投資環境和內部投資環境。上述分析屬於內部投資環境分析。外部投資環境包括政治因素、經濟因素、公司因素等，這些因素致使股票和債券的收益很不穩定，可以參見本書第六章證券投資基本分析。只有認真分析投資環境和瞭解個人的內部環境，才有可能制定出正確的證券投資策略，以獲得較大投資收益。

四、證券投資策略

由於各種證券的風險中既有絕對風險，又有相對風險，因此投資者不應把所有資金投放於一種證券上，而應選擇風險相關程度較低的多種證券，組成投資組合。按照投資目標分類，證券投資策略有兩種：收入型策略和增長型策略；按照投資對象分類，證券投資策略也有兩種：債券投資策略和股票投資策略。

（一）按照投資目標分類

1. 收入型策略

收入型策略強調本期收入的最大化，而不大重視資本利得的增長。收入型策略的投資對象大多是債券、優先股和支付股利較多的普通股。對於處於較高等級所得稅率的投資者，政府債券和免稅債券也是其理想的投資對象。

第八章　證券投資計劃

選擇收入型策略的投資者可選擇信用等級較高的公司債券、市政債券、國家公債、優先股等。為兼顧本期收入的最大化、穩定性和規則性，投資者可以把符合要求的股票和債券融合在一起，共同組成收入型的投資組合。為此，投資者可以購買紅利較高且較為安全的普通股。

在構築收入型投資組合時，投資者的目標是利用各種證券的風險可在一定程度上互相抵消的特點，通過適當的組合，使整個投資組合的風險最小化。譬如，投資者可以通過購買不同期限的證券來降低利率風險和市場風險，通過購買一些高質量的收入型證券來降低經營和違約風險；通過購買一些浮動利率債券或普通股來降低購買力和風險。

2. 增長型策略

增長型策略強調投資資金的增長，為此投資者寧肯犧牲近期的本期收入。增長型策略的投資對象是現金紅利較低但有升值潛力的普通股。在公司稅後利潤水平相同的情況下，公司支付的股利越多，可用於擴大再生產的資金就越多，公司的利潤水平就會大幅增加，因此股票價格的上漲幅度就越大。增長型投資策略的目標是使投資組合的未來價值盡量增大，因此其投資對象主要是增長潛力較大的普通股。選擇增長型股票主要標準有：①盈利和紅利的增長潛力較大；②盈利增長率較穩定；③紅利水平較低；④預期收益率較高；⑤風險較低。

在選擇增長型股票時，投資者利用基礎分析法，可深入分析各公司的產品需求狀況以及競爭地位、經營特徵、管理水平等情況，據此對各公司的盈利和紅利做出評價和預測，並根據各種股票的內在價值與市場價格的對比，選擇價值被低估的股票。

在構築增長型投資組合時，投資者應遵循多樣化原則消除各種證券的相對風險。為此，投資者應選擇適當種類的證券。一般說來，由 10 至 15 種證券構成的資產組合便能有效地分散風險。不過，投資者在構築增長型投資組合之前應預測市場行情變動方向。若投資者預測經濟將由危機轉為復甦，就應增大高風險的普通股在投資組合中所占的比重；相反，若投資者預測經濟將由繁榮走向衰退，就應增大投資組合中無風險的防禦性證券（如短期國庫券）所占的比重。

當然，有些投資者可能採取混合型策略，它既強調本期收入，又希望資本增長。混合型策略的投資對象是兼有收入和增長潛力的證券。

（二）按照投資對象分類

1. 債券投資策略

債券投資策略可分為債券投資的形象化策略和債券投資的收益化策略。形象化投資策略，就是以某種形象化形式描述的投資方法。較典型的投資方法有梯形投資法和槓鈴式投資法。而收益化策略是以債券的收益率高低作為劃分投資組合標準的方法。由於債券的收益與利率有關，有人又把收益化策略稱為利率化策略，其策略主要有利率預期法與利率轉換法。

（1）梯形投資法。梯形投資法是確定證券組合中證券期限結構的方法，又稱梯

證券投資

形期限方式。採用這種方法，投資者需將全部資金平均投放在各種期限的證券上。投資者先用資金購買市場上數量相同的各種期限的證券，當短期證券到期收回資金後，投資者再將它投放到長期證券上，這樣循環往復，使投資者隨時持有各種到期的證券，而且各種期限的證券數量相等。這種方法用坐標表示，圖形呈現等距階梯形，故稱為梯形投資法。

債券投資的梯形投資法是指將資金等額投資在期限不同的債券上，形成一個呈梯形狀態的期限結構。譬如，投資債券有短期融資券、1年期、2年期、3年期、4年期、5年期投資債券，由短期到長期，形成一個一檔比一檔長的梯形組合。操作過程中，可以將每期到期回收資金投入最長期限的債券，由此形成年年有到期回收資金、年年有梯形投資組合的投資格局。不過，投資者不必固守長期期限結構，當長期債券利率下降，而短期債券相對有利時可投資短期債券，形成一檔比一檔短的梯形結構。也就是說，從收益率出發，適時地相互轉換長檔期限結構與短檔期限結構。梯形投資法能保證獲得平均收益率，但投資方式不夠靈活，變現能力受到期限結構限制。

（2）槓鈴式投資法。槓鈴式投資法是指放棄中期債券而確保短期債券和長期債券的投資組合策略。由於投資者將資金全部投在短期債券和長期債券這兩頭，呈現出一種槓鈴式兩頭沉的組合形態，因而被稱為槓鈴式投資法。

長期債券的有利之處是收益率高、利率變化較少、價格起伏不大、債券增值和資本損失較小；缺點是流動性和靈活性較差，當投資者出現資金需求時，不能及時變現。短期債券的有利之處在於，它具有高度的流動性和靈活性，但收益率低。槓鈴式投資法把長期債券與短期債券結合起來，實現長短相濟、互補短長。需要指出的是，在槓鈴式投資法中，長期債券與短期債券的期限劃分，並無統一標準。有些銀行將3年以下或1年以下的作為短期債券，有些將7年以上或10年以上的債券作為長期債券。而且，短期債券和長期債券的比例也並不是平均分配的，可以是各占50%，也可以是四六開或者三七開等。槓鈴式投資法的特點是靈活性強，收益較高。但這是基於對市場利率的準確預測之上的。使用這種方法，需要對市場利率進行準確的預測，並隨時根據市場利率的變化來調整二者的比重。

（3）利率預期法。利率預期法是根據利率的預期變化而進行投資組合的一種方法。採用利率預期法的投資者，在債券市場上，認為銀行利率與債券價格呈反比例關係，若銀行利率下降，對債券需求就會增加，債券價格就會上升；若銀行利率提高，對債券需求就會減少，債券價格就會下降。同時，債券價格與債券收益率亦成反比，債券價格上升，其收益率就會下降；而債券價格下降，其收益率就會上升。根據上述規則，債券投資者就可以根據銀行存貸款利率的變化預期債券價格與債券收益的變化，從而做出正確的債券投資決策。若預期銀行存貸利率下降，債券收益亦會下降，此時投資者應在銀行利率下調之前，賣出債券，投資於其他保值商品或股市；若預期銀行存貸利率上升，債券收益率亦會上升，此時投資者應在銀行利率

第八章　證券投資計劃

上調之前，買入債券。採取利率預期法的投資者須注意的是銀行存款利率之間存在聯動關係，但調整時機並非完全同步，有時中央銀行先行調整貸款利率，但實際上預示存款利率將會調整。這有利於投資者作債券投資的相應決策。

（4）利率轉換法是指適時地將低利率債券轉換為高利率債券的投資方法。利率轉換法的關鍵是掌握轉換時機，有兩種方法可供參考：一是將年平均收益率折算成月平均收益率，如果持有債券獲得的收益率已超過月平均收益率，那就表明已獲得了高利率，再持有該債券可能會收益減少，因而可考慮轉換那些預期收益率較高的債券。二是將持有債券與打算買進的債券進行比較，如果持有債券最終收益率低於打算買進的債券，那就應該考慮打算買進的債券，因為債券票面利率是固定的，但最終收益率卻取決於債券交易。

2. 股票投資策略

為對付股票投資的風險，購買股票時可採用投資組合辦法。投資組合分為兩部分：一是保護性部分，它由價格不易變動的債券構成；二是進取性部分，它由價格容易變動的股票構成。每一部分在投資總額中的比例，取決於投資者的目標。如果目標為更多的獲利或取得較多利差收入，則進取性的部分比例應大些。由於使用這種投資方法首先要定好目標，並決定兩部分的比例，然後隨股票價格的變化不斷地進行調整，以保持原定比例不變，故稱之為不變比例策略。

可變比例策略是允許投資組合中進取性與保護性部分隨著證券市場價格的波動變化。可變比例策略的基礎是趨勢線，這種趨勢線代表某種價格，在這種價格之上，賣出股票；在這種價格之下，買入股票。而且在買賣股票時，相應地買賣債券。在確定趨勢線以後，還要以決策線為邊線，如圖 8.1 所示，當價格上漲，通過決策線 B 時，賣出 20% 的股票；相反，當價格下降通過決策線 C、D 時，分別買入 20% 和 40% 的股票。當然，買進賣出的不一定是 20% 或 40%，投資者應在正確確定趨勢線的基礎上，通過對價格變化進行持續監測，並視具體情況而定。

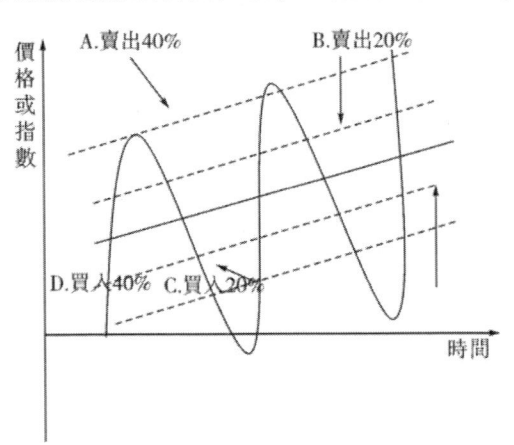

圖 8.1　某投資者可變比例投資策略

五、證券投資期限、數量和投資者類型

證券投資計劃的擬訂必須考慮投資期限、購買證券數量和投資者類型等問題，這些關係到投資收益、風險等。

1. 按照投資期限劃分的投資計劃

按照投資期限劃分，證券投資計劃可分為短期投資計劃、中期投資計劃和長期投資計劃。

短期投資計劃指投資者持有股票時間很短，可能只有三五天，有時甚至幾小時的投資計劃。投資對象通常是價格波動大的股票，投資者關心的是股票的漲落差，其投資收益完全來自買進賣出股票的價差，該計劃的投機因素比較大。

中期投資計劃指投資者持有證券的時間少則數月、長則一年的投資計劃。投資對象可以是各種債券或優先股股票，也可以是普通股股票或各種有價證券的結合。投資收益包括買進賣出的價差及股息收入等。中期投資計劃需要考慮的因素比較多，操作起來比較複雜，但關鍵是對證券品種的選擇和買賣時機的把握。

長期投資計劃指投資者買進證券後長期持有，少則一年以上，多則十幾年甚至終生持有的投資計劃。投資對象主要是成長股、優先股或長期債券等。投資收益主要是股息、紅利、債息等。長期投資計劃的實施，關鍵在於選擇一種合適的證券，要求對股份企業或發行者的情況十分瞭解。不過，投資者長期持有證券的目的可能是希望得到控股權等。

個人投資者需要在不同的時期根據不同情況制訂不同的投資計劃。而且，通常是針對不同的證券制訂不同的投資計劃，中、長、短的投資同時存在，但較多的還是中期投資計劃。

2. 按照投資者類型劃分的投資比例

根據投資者投機動機和對風險態度的不同，可把投資者分為三種類型：穩健的投資者、激進的投資者和溫和的投資者。穩健的投資者，以安全為主，以經常而固定的收益為其追求的目標；激進的投資者願意承擔較大的風險以獲得較多的收益和增值；溫和的投資者介於穩健和激進投資者之間。而按照投資者類型，可把證券投資劃分為穩健型投資計劃、激進型投資計劃和溫和型投資計劃。

穩健型投資計劃，是指投資者把投資的重點主要放在固定收益的證券、公債、企業債券以及優先股股票上的投資計劃。穩健型投資計劃適合於具有低風險傾向的穩健型投資者。

激進型投資計劃，是指投資者把投資的重點主要放在可變收益的普通股股票上，特別是放在那些股價波動比較激烈和幅度比較大的股票上的投資計劃。激進型投資計劃適合於具有高風險傾向的激進型投資者。

溫和型投資計劃，是指投資者把投資的重點放在固定收益與變動收益兩種類型

第八章 證券投資計劃

證券的組合上的投資計劃。投資者既選擇債券、優先股股票這樣的固定收益證券，又買賣普通股股票這樣的變動收益證券。溫和型投資計劃適合於心態介於低風險傾向和高風險傾向之間的溫和型投資者。

3. 按照購買股票數量的決策方案劃分投資計劃

在投資前，應當根據市場環境決定投資品種、長短線的比例、操作手法等操作計劃。投資者可能會想出幾種方案，究竟哪種方案較好？當無法對未來狀況進行概率估計或預測時，可採用未確定性決策的決策方法。根據投資者決策購買股票數量甘冒風險的程度，可將證券投資計劃劃分為最大冒險計劃、最小冒險計劃和最小后悔計劃。

（1）最大冒險計劃。購買股票最大冒險計劃是一種甘冒最大風險以獲取最大範圍收益的一種方法。它是從若干種自然狀態的各方案的最大收益中，選取最大收益中的最大值所對應的方案為最優方案，然后加以採納，因此這種計劃又叫大中取大計劃或最大風險計劃。

【案例 8.1】某公司的經營狀況有好、中、差三種，投資者購買股票的方法有大批購買、中批購買和小批購買。現將其組合結果列表如表 8.1 所示。

表 8.1　　　　　　　　　某投資者最大冒險計劃　　　　　　　　單位：元

購買方案 \ 自然狀態	收益值 好	收益值 中	收益值 差	最大收益
大批購買	18,000	12,000	-8000	18,000
中批購買	13,000	9000	4000	13,000
小批購買	9000	7000	5000	9000
最大收益中最大值				18,000
擬採用方案				大批購買

在諸多方案的最大收益值中的最大值為 18,000 元，故應大批購買。採用這種決策計劃，投資者需要具備足夠的勇氣和冒險精神。一般來說，採用大中取大計劃的投資者常常是根據市場信息判斷市場可能發展的趨向，先機買入，若實際股市走勢與預期股市走勢相吻合則股市波動越大，其資本利得越大；相反，若兩者不一致，則其投資額越大，市場價格波動越大，其損失越慘重。因而股市行情看得準與不準便是這些投資者是否能成功的關鍵。

這種選擇中，以出現最好情況並獲得最大收益為決策前提，具有較強的賭博性質，因此要求投資者具備相當的冒險精神和強健的心理素質。採用這種方案的人多屬資本雄厚、能承受起一定風險的短期投資者。

（2）最小冒險計劃。購買股票的最小冒險計劃是把風險降低到最小收益的一種計劃。其方法是先從諸多方案中找出不同自然狀態下的最小收益值，再從最小收益

值中選擇一個收益最大的方案，然后予以採納。最小冒險計劃是一種比較穩妥的決策計劃，它是投資者避免投資風險的最佳方案。採用這種方案的投資者在資本少的人中居多，且以長期投資者居多。例 8.1 中，大批購買的自然狀態中，最小收益為 -4000 元；中批購買的自然狀態中，最小收益值為 2000 元；小批購買的自然狀態中，最小收益為 3000 元，在三種方案中最小收益值的最大值為 3000 元。所以，擬採用方案是小批購買。最小冒險計劃能夠最大限度地拋除風險因素，減少了因投資冒風險而引發的賺取暴利和家破人亡的發生概率。

（3）最小后悔計劃。最小后悔計劃就是力圖使后悔降到最小限度，即把由於採用不同方案與公司不同經營狀況所造成的收益差額而引起的后悔值降到最小的一種計劃，換一個角度講，就是當股份公司經營狀況好時投資者選擇了保守方案，或者當股份公司經營狀況很差時投資者卻選擇了最冒風險的方案，因而投資者喪失了一定的收益而后悔。採用最小后悔計劃就是用來避免產生后悔的一種投資計劃。這種計劃適合於喜歡穩定收益也喜歡冒小風險獲得相對高收益的投資者。

【案例8.2】如表 8.2 所示，在多種方案的最大后悔值中的最小后悔值為 600 元，所以，選中批購買的計劃。

表 8.2　　　　　　　某投資者的最小后悔計劃　　　　　　　單位：元

購買方案\自然狀態	收益值 好	收益值 中	收益值 差	最小后悔
大批購買	100	200	800	800
中批購買	600	500	400	600
小批購買	900	300	0	900
最大后悔值中最小后悔值				600
擬採用方案				中批購買

第二節　證券投資計劃操作方法

除必須瞭解證券投資計劃擬訂的相關知識外，制訂證券投資計劃還需要投資者掌握相關的計劃操作方法。所謂計劃操作方法，也稱固定模式操作法，它是指在一定時間內按照某種確定的模式，定期地或在該模式要求的條件成立時，根據預定方案買賣證券，進行程式化操作的投資方法。計劃操作法本身又有多種，其中最為主要的是趨勢投資計劃和公式投資計劃，以下介紹的是其中較常見的幾種。

第八章　證券投資計劃

一、趨勢投資計劃

趨勢投資計劃，是指投資者根據市場變化的大體趨勢來制訂的投資計劃，是一種具有簡單性、機械性、普遍性和肯定性的長期投資計劃。其基本前提是認為股市中一種趨勢一旦形成便會持續一段較長的時間，因此，只有當有信號表明這一趨勢正在改變，才改變其投資地位。

趨勢投資計劃中，最有名的是哈奇計劃。哈奇計劃法又稱百分之十計劃投資法或 10% 轉換法，是趨勢投資計劃的典型代表。該計劃由西方金融奇才哈奇發明，直到其逝世後才由倫敦金融新聞公布。這一方法的操作方式非常簡單：投資者首先根據自己的投資目標，在股市處於中長期上升趨勢時，審慎地選擇和買入一組股票。此後將其所購股票價格，每週末計算一次平均價，每月底將各周的平均價相加，求出每月的平均價；如果本月的平均價較上月最高點下降了 10%，便全部賣出股票，不再購買，一直等到其出賣股票的平均價，由最低點回升了 10%，再行購買。

哈奇計劃法可歸結為兩點：①假定股價的中長期趨勢性變動是週期性的，即具有波段性，漲則跟進，以賺差價，在上漲行情中任何一點買入都是正確的，除了最高點；跌則撤出，以減免損失，在下跌行情中任何一點賣出都是正確的，除了最低點。②追漲殺跌只適用於變化幅度較大的趨勢，而不適合於日常的振蕩，因此，以 10% 的變動幅度來濾除日常振蕩引導投資地位的改變。10% 只是哈奇的經驗數值，具體應用時還應當由市場實際及投資人選擇的趨勢的長短來調整。

採用這種方法的最大特點是等時局的變動已經經歷一段時期，大勢已定時才進行操作，投資者無須過多關注股價日常的小規模波動，每月只需做幾次分析計算，且只有當股價波動已達到相當幅度（10%）時，才需要採取買賣行動。顯然，這是一種適用於中長線投資的、按計劃操作的方法，且這種方式在不太完善的市場上應謹慎採用。

小卡片

美國人哈奇在 1882—1935 年間，共 44 次改變投資計劃，所保持股票的期限，短者 3 個月，長者達 6 年，投資資金由 1 萬美元增加到 440 萬美元。然而有人做過如下的計算：1993 年 2 月 22 日在深圳股市價值 1 萬元的股票，按照 10% 轉換法操作，到 5 月份將 5 次變換角色，共損失 83 點指數（按收盤指數計算），折算成股票價值，1 萬元只剩下 7600 元；如果從起點一路持有，直到第 5 次變換角色的同一時點才賣出，1 萬元尚可保存 8495 元。此例並無否定哈奇轉換法之意，而是要說明，機械的操作策略必須建立在對市場性質有相關的基本分析和認識之上，並由大趨勢決定策略方案及其取捨。

資料來源：股市研討——證券投資顧問四 [EB/OL]. http://blog.tianya.cn/blogger/post_show. asp?　BlogID＝901129&PostID＝9841319.

二、公式投資計劃

公式投資計劃法是指按照某種固定公式來進行股票和債券組合投資的方法,是現代證券投資策略中的一種重要形式。

採用投資組合的方法,可以減少整體股票投資的風險。投資組合的構成可以簡單地分為兩部分:一是防禦性構成部分,其主要是由價格相對穩定的債券組成,也可以由多種優先股和價格相對穩定的績優股組成;二是進取性構成部分,其主要由各種普通股組成,可以是具有成長性的成長股,也可以是具有投機性的投機股。

公式投資計劃的著眼點不在於股票市場價格波動的長期或主要趨勢,而在於利用股市行情的短期趨勢變化來獲利。投資者在採用公式投資計劃時不必對股市行情走勢作任何預測,只要股價水平處於不斷的波動中,投資者就必須機械地依據事先計劃好的方案買賣股票。

(一) 分級投資計劃

分級投資計劃又稱等級投資計劃,這是公式投資計劃中最簡單的一種。當投資者選擇普通股為投資對象時,採取這種計劃的第一步,就是將股價波動幅度劃分為若干個等級。如確定在現有價格基礎上上升或下跌 5 元為一個等級。通常是股價每下降一個等級,就買進一定量的股票;股價每上升一個等級,就賣出一定量的股票。這樣,投資者可以使他的平均購買價格低於平均出售價格。其中,每個等級幅度,投資者可根據市場價格波動情況靈活確定。譬如價格波動較大的市場,可確定波動幅度 4%、3% 等作為一個等級;價格波動較小的市場,可確定波動幅度 1% 等作為一個等級。假設某投資者以 4 元之差作為等級變動幅度,如果他在 100 元、96 元、92 元,分別買入 200 股,並在 96 元、100 元、104 元價位分別賣出 200 股,那麼在這總數為 200 股的買賣中,他所獲差價利益為 2400 元。

按照分級投資計劃法進行買賣股票,投資者可以不必顧及投資時間的選擇。但是,分級投資計劃的採用必須保證最後一次賣出的價格應高於第一次買入的價格,才能獲取淨收益。它的適用範圍是價格波動相對較小的股票市場。如果股價處於持續上升或持續下降的態勢,這種計劃不適用,因為在持續上升的多頭市場中,投資者由於分次出售而失去本來可以得到的最大利潤;相反,在持續下跌的空頭市場中,投資者要連續不斷地按照分級的標準來加碼購買,就會失去出售機會,越套越深。如股價繼續下滑,回升無期,這時投資者要停止再購買。一旦市況下降到平均成本以下,且反彈無望,投資者應售出持有股票,以免遭受更大的損失。

需要說明的是,在股價上升時只賣出部分而不是全部持股,或在股價下跌時只買入有限的股票,主要是考慮到今後還可能有更好的價位變化,以及控制風險。另外,投資者如果要採用這一方法,還應當保留充足的后續資金,以便在買入行情出現時可及時行動。

第八章　證券投資計劃

(二) 定時定量投資計劃

定時定量投資計劃又稱平均資金投資計劃，這種投資計劃的操作方法是：在市場走勢較為正常的時期，選擇某種具有長期投資價值、同時價格波動性也較為明顯的股票，在事先確定的較長一段時間內，不論該股票價格的升降，定期投入確定數量的資金購買該股票，直至到期後再清倉賣出。

實施這種投資計劃有兩個步驟：第一步，選擇具有長期投資價值的股票，並且這種股票價格具有較大的波動性；第二步，投資者選擇一個投資期間，可以長一些，也可以短一些，在投資期間必須以相同的資金定期購買股票，不論股價怎樣變化都必須持續投資，這樣可以使投資者的每股平均成本低於每股平均價格。

該投資計劃的優點是，投資者只定期投資而不必考慮投資時間的確定問題，這適合股市新手買賣股票；其缺點是它難以使投資者獲得巨額利潤，要求投資者有穩定資金來源，如果股價持續下跌，則必然發生虧損。應用此法概率盈利的根本性原理在於，假設股票常態漲跌幅度相當，股票價格上漲時所購進的股票數量少，股票下跌時所購進的股票數量多，則在一般情況下可以使平均買進成本低於市價，故能獲利。

【案例8.3】某投資者選擇這樣一種普通股為投資對象，投資期限5個月，每月定期投資5000元，如表8.3所示。

表8.3　　　　　　某投資者平均平均資金投資計劃之一

月份	本期購進金額（元）	本期購進股數（股）	每股市價（元）	累計購進股數（股）	所購股票價格總額（元）
1	5000	500	10	500	5000
2	5000	417	12	917	11,000
3	5000	500	10	1417	14,167
4	5000	625	8	2042	16,333
5	5000	500	10	2542	25,417
合計	25,000	2542			25,417

由表8.3可清楚看出，股價變化K線圖形像一個完整週期的正弦曲線，從第2個月開始股價先超過首次買入價，然後又跌破首次買入價，且漲跌幅度相當，第5個月又回覆至首次買入價10元。假設不考慮交易稅費，如果5個月投資期滿投資者將股票全部以每股市價10元賣出，則得價款25,417元，獲利25,417-25,000=417（元），獲利率為417/25,000=1.67%。

假如上例中每股市價變化調整為如表8.4所示：

253

表8.4　　　　　　　　　某投資者平均資金投資計劃之二

月份	本期購進金額（元）	本期購進股數（股）	每股市價（元）	累計購進股數（股）	所購股票價格總額（元）
1	5000	500	10	500	5000
2	5000	417	12	917	11,000
3	5000	357	14	1274	17,833
4	5000	417	12	1690	20,286
5	5000	500	10	2190	21,905
合計	25,000	2190			21,905

由表8.4可清楚看出，股價變化K線圖形像一個週期正弦曲線圖的前1/4，從第2個月開始股價變化始終在首次購入價10元以上，第5個月又回覆至10元。假設不考慮交易稅費，如果5個月投資期滿投資者將股票全部以每股市價10元賣出，則得價款21,905元，獲利21,905 – 25,000 = – 3095（元），虧損率為3095/25,000 = 12.38%。

【案例8.4】某投資者每三個月固定投入500元購買股票，股價分別是10、9、8、7、6、5、6、7、8、9、10、11、12、13、14、15、14、13、12、11、10，即股價從10元買入，跌至5元再升到15元再跌至10元。不論股票漲跌都按固定金額500元買入相關數量的股票，共買入21次，花費21×500 = 10,500（元）。但股票總市值達到了11,510元（限於篇幅，未列計算過程），盈利率 =（11,510 – 10,500）/10,500 = 9.62%。

又假設還是10元買入，先升至15元，再跌至5元后再升至10元，即股價分別是10、11、12、13、14、15、14、13、12、11、10、9、8、7、6、5、6、7、8、9、10，不論股票漲跌都按固定金額500元買入相關數量的股票，共買入21次。花費21×500 = 10,500（元），股票總市值達到了11,510元，與上面相同，因此盈利率還是9.62%。

在此案例條件下，不論股價是先跌后漲還是先漲后跌，按定時定量投資均有接近10%的利潤。

從案例8.3和案例8.4不難看出，定時定量投資計劃並不能保證所有情形下都能盈利。首次買入后的各期買入股價如果相對於首次買入價跌多漲少或漲跌幅度相當，且最終賣出價大於或等於首次買入價，則按此方法操作就一定可以盈利。而且，波動幅度越大，盈利越多。這就是定時定量投資計劃的適用條件。

這種方法操作比較簡單，適合於廣大中小投資者。

（三）固定金額投資計劃與固定比率投資計劃

1. 固定金額投資計劃

固定金額投資計劃又稱常數投資計劃，是指投資者以一個確定的資金總額進行

第八章　證券投資計劃

投資的計劃。其特點是使股票的投資金額固定在一定數量上，即經常保持股票價值的常數，依據「逢低進，逢高出」的原則，股價上升時賣出，股價下降時買進。這樣不斷循環操作，投資者便可獲利。

在固定投資計劃中，投資者必須確定股票的適當固定金額，隨后確定適當的買賣時間。依據有兩個：其一是根據股價變動超過一定比率來確定買賣時間；其二是根據股價指數變動超過一定比率來確定買賣時間。應盡量避免在股價最高時入市，或在股價跌至谷底時清倉出貨。

從長期看，隨經濟週期性變動，在經濟復甦和繁榮時期，上市公司盈利上升，股價也上漲，而同時銀行存款利率上升，市場利率也上升，從而導致債券價格下降，因此，賣出股票，同時買進債券可獲價格差額。相反，在經濟衰退和蕭條時期股價下跌，而債券價格可能上升，從而賣出債券，購進股票，同樣也可獲利。應用此法概率盈利的根本性原理在於，在常態的漲跌幅度中，股票與債券價格下跌時購進，股票與債券價格上漲時賣出，在一般情況下可以使平均買進成本低於市價，因此盈利機會大於虧損風險。但固定金額投資計劃不適用於股價持續上升或者持續下降的股票。

【案例 8.5】某投資者以 1 萬元的固定金額進行投資，其中 5000 元購買股票，5000 元購買公司債券。如果股票升值到 6000 元，便將增值的 1000 元股票出售，收回所得價款；如果股票價值下降到 4000 元，便增購 1000 元股票。一般認為，在股票增值 25%時就應該賣出，股票價值下降 20%時應該買進。採用常數投資計劃時，應避開在股票價格的最高點進行，因為最高點不僅使投資者蒙受重大損失，而且當股價下降時也會缺乏資金來買進。

2. 固定比率投資計劃

固定比率投資計劃又稱定率法和不變比例計劃法。這是一種以股票和債券兩者為對象進行組合計劃操作的方法，是對股票投資風險的一種投資組合技巧。固定比率投資法的操作是將投資資金分為兩個部分：一部分是保護性的，主要由價格波動不大、收益較為穩定的債券構成；另一部分是風險性的，主要由價格波動頻繁、收益幅度相差較大的普通股票構成。這部分的比例一經確定，便不輕易變化，並且還要根據股市價格的波動來不斷維持這一比例。

這種計劃也稱耶魯投資計劃法，是固定金額投資計劃法的變形。它與固定金額投資計劃法的區別是：固定金額投資計劃法是要維持固定的金額，並不注意股票總額和債券總額在總投資中的比率，而固定比率投資計劃法則只考慮在一定的總投資額中維持債券金額與股票金額的固定比率。

這種操作手法，利用了債券（優先股）資產價格的相對穩定性特點，迴避了股價高估時的投資風險。應用此法概率盈利的根本性原理在於假設股票常態漲跌幅度相當，股票價格下跌時購進股票，股票上漲時賣出股票，因此而盈利。

【案例 8.6】某投資者將 10,000 元資金以 50%對 50%的固定比率分別購買股票

255

證券投資

和債券。當股價上漲，使他購買的股票從 5000 元上升到 8000 元時，那麼在投資組合中，其風險性部分的股票金額就大於保護性部分的債券金額，打破了原先確定的各佔 50% 的平衡關係，這樣投資者就要將股票增值的 3000 元，按各自的 50% 的比例再進行分配，即賣出 1500 元股票，並將其轉化為債券，使其繼續維持各佔 50% 的比例關係。相反，當投資者購買的股票從 5000 元下跌到 4000 元時，就要賣出債券 500 元以購買股票，使債券價格總額與股價總額仍然回覆到 50% 對 50% 的比例。

該例中，當股價總額與債券價格總額的比例被打破，且股價升漲幅度超過規定的 20% 時需進行調整，目的是使二者的比例保持為各佔 50%。應指出的是，固定比例是投資者事先確定的，它可以是 50%：50%，也可以是三七開或六四開。但比例一經確定則不要輕易再改變。比例的確定是否科學，有賴於投資者的預測分析能力，取決於投資者對前景的預期。如果投資者喜歡冒險，富於進取，則他投資於股票的份額就可能要大一些；如果投資者比較穩健，則他投資於債券的份額就可能很大，相應地投資於股票的份額就較小。

固定比率投資法的優點與固定金額投資法相類似，具有操作簡單、易於掌握的特點。採用固定比率投資法，即使股票損失慘重，但因債券的收益相對穩定，因此不至於把血本賠光。但由於固定比率一經確定就不宜輕易改變，因此，它是一種比較保守的投資策略，會喪失一些較好的投資機遇。

小卡片：

固定比率投資計劃法最早為耶魯大學所使用（1938 年）。當時資金總額共為 8500 萬美元，當時以 70% 的資金購買高級公司債券或一小部分優先股，餘下 30% 的資金購買普通股票。該計劃規定：一旦股票價格上升，即股票與債券的比例變為 40：60，便須賣出股票，使股票與債券（包括優先股）的比例降為 35：65。一旦股價下跌，使原有比率變為 20：80，便須購買股票，使股票與債券的比率變為 25：75。當股價上升，要等到兩者的比率增加到 40：60，才採取行動賣出股票。

資料來源：福建師範大學網路教育學院網路課程證券投資學 VEB 教程 [EB/OL]. http://www.fjtu.com.cn/fjnu/courseware/0437/course/_source/web/.

（四）變動比例投資計劃

變動比例投資計劃指投資者隨股票某種平均數的上升或下降而相應變動投資總額中股票和債券之間的比例，以獲取最大利潤的投資計劃。也就是說，這種投資方法是將投資資金分別投資在股票及債券上，並確定兩者之間恰當的比率，以後隨著股價的變動隨時調整股票在投資總額中的比率。同樣，應用此法概率盈利的根本性原理在於，股票價格下跌時多持有股票，股票上漲時少持有股票，在操作手法上實行低買高賣，因此而盈利。採用這種計劃時，須注意以下條件：①通過計算以往股價或股價指數的平均水平，確定出平均價值，如美國通常以過去十年道瓊斯股價指

第八章　證券投資計劃

數的平均值作為中央線；②確定持有股票的最大比例及最小比率，如最多為 70%，最少為 30%；③在持有股票的最大比率與最小比率之間，確定每一次股票買賣的點數；④確定在股票買賣的行動點上的股票與債券的比例。

【案例 8.7】在 1969—1977 年的 10 年，道瓊斯工業平均數的平均值為 800 點，投資者以此為中央線，並按 50%：50% 的比例分別投資於股票與債券。規定道瓊斯工業平均數每上漲或下降 10 點，股票在投資總額中所占比例調低 1% 或上調 1%，如表 8.5 所示。

表 8.5　　　　　　　　某投資者的變動比例投資計劃

道瓊斯平均指數	普通股（%）	債券（%）
1000	30	70
…	…	…
820	48	52
810	49	51
800（基準點位）	50	50
790	51	49
780	52	48
…	…	…
600	70	30

總之，趨勢投資計劃各種方法的運用要求輔以正確的估計形勢，如果對股市特別是作為投資對象的股票的價格變化趨勢判斷不正確，從而入市時機選擇錯誤（例如股價已處於歷史高位且一輪上升行情實際上已經終結時），就可能帶來嚴重的后果。

第九章　證券投資方法與技巧

　　如果說第八章證券投資計劃中固定投資操作方法比較適合缺乏投資技巧與分析能力的投資者以及新入市而缺乏經驗的投資者採用，那麼靈活的投資操作方法就比較適合那些具備一定投資分析能力、較有經驗的投資者運用。這類方法涉及很多的內容，主要包括證券投資的品種、時機選擇、投資技巧以及投資風險的控制等。

● 第一節　證券投資的目標和原則

一、證券投資的目標

　　明確投資目標是投資過程的第一步。證券投資目標因人而異，每個投資者的投資目標都存在一定差別。每個投資者的理想都是沒有風險地獲取最大的投資收益，但根據收益與風險均衡原理可知，這是不可能的。高收益總是伴隨著高風險，所有的證券投資參與者都必須在風險與收益間取捨。就像蹦極運動有人追捧有人怕一樣，投資者的追求目標是不一樣的。一般說來，證券投資的目標主要包括以下三個方面：

　　（一）取得收益

　　利用投資者所掌控的資金參與證券投資，以期取得盡量多的投資收益。不用多說，這是證券投資的首要目標。

　　由於資本的本性就是追求利潤，所以從理論上講，一切投資行為的目標都應該是追求收益最大化。但在實踐中，做到這一點既不可能也不現實。投資實踐的經驗證明，追求相對收益最大化才是切實可行又行之有效的投資目標。所謂相對收益最大化就是指相對於不同參照對象而言的收益最大化，包括相對於其他投資行業收益

第九章　證券投資方法與技巧

更高，即行業的相對收益最大化；在投資的股票市場或債券市場、一級或二級市場中選擇一類市場進入，相對於另一未進入的市場收益高，即市場的相對收益最大化；相對於投資的行情的漲跌趨勢有超平均水平（如指數）的表現，即行情的相對收益最大化。

（二）降低風險

為獲得不確定的證券投資預期效益必須承擔一定的風險，即企業證券投資預期收益率的不確定性。只有風險和效益相統一的條件下，投資行為才能得到有效的調節。以「冒最大的風險，求最大的收益」為投資目標是極不安全的，有違「趨利避險」的投資初衷。

在證券投資的過程中，投資者通過證券投資的靈活性與多樣性，以達到降低風險的目的。降低證券投資風險意義重大，在追求較高投資收益率的前提下，證券投資的過程其實就是風險的控制過程。

（三）補充資產流動性

資產流動性是指一種資產能迅速轉換成現金而對持有人不發生損失的能力，也就是變為現實的流通手段和支付手段的能力，也稱變現力。投資者在其包括房地產、黃金等投資在內的所有投資活動中，為了保持一定的資產流動性而參與證券投資，故補充資產流動性就成了他們的投資目標。

投資必須根據諸多情況選擇符合自身期望的特定投資目標，根據相應的投資目標來參與證券投資活動。有的投資者十分看重市場收益，為此甘願承受較大的風險；有的投資者則十分謹慎，希望把收益的獲取建立在穩定可靠的基礎上，甚至只是為了實現保值目標，因而不願意冒太大的風險。例如股票尤其是高新技術產業領域的股票，以及那些投機性較強、炒作力度較大的股票，則較適合前一類投資者的需要；債券特別是國債，由於風險很小，收益保障性很強，就更適合後一類投資者。而投資者應在充分考慮和確立自己投資目標的基礎上，進行比較權衡。

二、證券投資的原則

在投資過程中，為實現證券投資的目標，收到事半功倍的效果，投資者應堅持以下原則：

（一）效益與風險最佳組合原則

對於投資人來說，進行證券投資的目的是實現效用的最大化，這就要求證券投資必須力爭在某一風險水平上，去挑選預期收益率最大的證券或證券組合；或者在某一預期收益率水平上，去挑選風險最小的證券或證券組合。

（二）分散組合投資原則

分散投資就是將投資資金按不同比例投資於若干風險程度不同的證券，建立合理的證券組合，以便將證券投資風險降低到最低限度。證券投資是一種風險性投資，

證券投資

而分散風險則是減少證券投資風險之舉。證券投資分散化，雖不能完全消除風險，但卻不至於使投資全部受損。因此，建立科學有效的證券組合非常重要。

愛冒險的投資者可能將較大部分的資金投資於股票，但所投資的資金不應局限於一只股票上，為了降低非系統風險，投資者應選擇不同類型的幾種股票進行投資。而保守的、謹慎的投資者為降低投資風險，會更多地購買債券。

（三）理智投資原則

理智投資原則包括兩個方面的內容：一是要求證券投資應在分析、比較後審慎地投資，不能碰運氣式隨意投資；二是證券投資要量力投資，包括證券投資所需的財力、投資者的能力兩個方面。①財力。個人投資者所能進行投資的資金只是個人的全部收入中扣除家庭日常生活費用后剩餘的部分。證券投資屬於風險性投資，其價格的漲跌隨機性很大，起落的幅度也很難事先確定。所以投資者在決定買賣時要客觀地衡量自己所能承受的最大風險損失目標，以免導致過度損失影響了正常的工作和生活。②能力。從事證券投資的能力主要指證券投資的專業知識和投資經驗。商場如戰場，進行證券投資也是一場沒有硝煙的戰爭，投資者不打無準備之仗，投資者在入市前應掌握證券投資的基本因素分析、技術因素分析、證券交易的流程等相關知識。另外，投資者自身的精力與時間必須能滿足參與證券投資相應的活動。在注意提升能力的同時，還要清醒地認識自身能力，才能在投資活動中決策與能力相匹配的投資，做到進行真正的理智投資。

第二節　證券投資品種的比較與選擇

一、證券投資品種的比較

（一）債券投資與股票投資的比較

證券投資包括債券投資與股票投資，投資者投資時必須先在股票與債券之間選擇。債券屬固定收益證券，收益率在債券發行時就已確定；股票是非固定收益證券，股息收入隨發行公司盈利情況而定：盈利高時，股息亦高；盈利低時，股息亦低。在對剩餘財產和剩餘利潤的分配上，債券比股票有優先償還權。債券市場價格波動的幅度不大，股票市場價格波動幅度大，因而，投資債券獲取巨大的市場差價收益不太可能。

投資債券的風險主要有：①利率風險，即利率變動，導致債券價格變動的風險。在高利率時期，只要利率仍有上升空間，債券價格總是跌多於漲；在低利率時期，只要利率仍有下降的空間，債券價格總是居高不下，漲多於跌。②違約風險，即債務人未能及時償付債券的本金或利息風險，公司債券的違約風險大於政府公債。③購買力（通貨膨脹）風險，即到期本息購買力下降的風險。

第九章　證券投資方法與技巧

投資股票的風險主要有：①基本因素風險，包括經濟環境變化，等等；②行業風險，來自政策、法律或科技等因素變動而導致的風險；③企業風險，如企業經營可能失敗；④市場風險，如投資人心理變化導致股市大起大落，可能停牌，等等。

顯然，股票風險較大，債券風險相對較小。因為：第一，債券利息是公司的固定支出，屬於費用範圍；股票的股息紅利是公司利潤的一部分，公司有盈利才能支付，而且支付順序列在債券利息支付和納稅之后。第二，倘若公司破產，清理資產有余額償還時，債券償付在前，股票償付在后。第三，在二級市場上，債券因其利率固定、期限固定，市場價格也較穩定；而股票無固定期限和利率，受各種宏觀因素和微觀因素的影響，市場價格波動頻繁，漲跌幅度較大。

總之，股票是一種收益高、風險大的證券，債券是一種收益穩定、風險較小的證券。投資者選擇股票還是債券主要取決於其經濟實力、投資能力與經驗、承受風險能力及客觀需要、投資環境等。高風險應當與高收益聯繫在一起，因此，從理論上說，投資股票的收益也應當比投資債券收益高。但這是從市場預期收益率來說的，對於每個投資者則不盡然，特別是在我國股市尚不成熟的情況下，更是如此。

（二）不同種類股票之間的比較

投資者決定購買股票之后，還面臨著投資何種股票的選擇問題，因此又需要加以比較分析。特別要注意實值股、成長股等的比較判斷。

1. 實值股

實值股是以低於實際價值的價格交易的股票。其原因是公司的成本潛力或經濟狀況好轉的趨勢還未被投資者認清。判斷依據可以用市盈率的歷史比較。若目前的市盈率低於歷史上的最低市盈率，則該股價位可能偏低；也可以考察動態市盈率，即市盈率與每股盈利成長率的比較。每股的盈利成長將增加股票的實值，使股價上漲。比如說，靜態市盈率為 52 的上市公司假如成長性為 35%，保持該增長速度的時間可持續 5 年，則動態市盈率計算結果為 11.74 倍。兩者相比，相差之大，這樣就可以找到實值還沒有被發現的公司。

2. 成長股

成長股是指這樣一些公司所發行的股票：它們的銷售額和利潤額持續增長，而且其速度快於整個國家和本行業的增長。這些公司是具有發展前景行業的上市公司，通常有宏圖偉略，注重科研，留有大量利潤作為再投資以促進其擴張。因此，這些公司通常只支付較少的股利。許多成長股盈利的增長速度是其他大多數股票的 1.5 倍以上。另外，大多數發行成長股的公司其規模較小，發行成長股的公司必須要有持續成長的后勁，但高市盈率股並非成長股。

菲利普·費雪（Philip A. Fisher, 1907—2004），是現代投資理論的開路先鋒之一、成長股價值投資策略之父。在費雪的傳世名著《怎樣選擇成長股》裡，他對有關成長股的標準、如何尋找成長股、怎樣把握時機獲利等一系列重要問題進行了全面而詳盡的闡述。

3. 熱門股

熱門股是指交易量與交易週轉率高、流通性強、股價變動幅度大的股票。熱門股的形成主要受當時政治、經濟、社會、財政金融及投資者心理等因素的影響。成長股比其他股票更可能成為熱門股，且持續的時間較長。

特別要注意的是：①當熱門行業的股票炒高後，輿論一片看好時，高風險隨之而來，故熱門行業的股票一般有投機價值而沒有投資價值。因此這類股票只適宜做短線，而不能長期持有。②選熱門行業的股票，不是看其基本面，而主要是看它的技術形態，特別是其均線走勢如何。只有技術形態、均線走勢向好時才可買進；一旦技術形態、均線走勢變壞，要堅決斬倉離場。炒作熱門行業的股票，快進快出是主要操作手法。

總之，熱門股不會永遠「熱」，買賣熱門股必須注意市場時機。在價值發現之後又熱起來，這樣的股票才是值得投資的。

4. 季節股

季節股是指公司的經營情況與季節有很大關係的股票，這類股票的價格隨季節更替而波動，如空調器等家電公司股票。選擇季節股一般應在其淡季的時候買進，同時最好預先制訂其投資計劃。

5. 藍籌股

藍籌股是指具有穩定的盈余記錄，能定期分派較優厚的股息，被公認為業績優良的公司的普通股票，又稱為績優股或一線股。這類公司是經營管理良好的上市公司，一般在行業中處於領導地位，在行業景氣和不景氣時一般都有能力賺取利潤，風險較小。藍籌股在市場上受到追捧，因此價格較高。選擇藍籌股時，應注意：①業績判斷，主要借助財務分析。一般認為，每股稅後利潤在全體上市公司中處於中上地位，公司上市後淨資產收益率連續三年顯著超過 10% 的股票當屬績優股之列。②績優的動態性，應與整個經濟發展週期如蕭條或活躍等聯繫起來判斷。③與同行業其他公司進行比較，並結合本公司的實際盈利能力來分析。另外，如果藍籌股的股價已炒高，建議還是不要盲目追高，等價格跌回到價值以下再購買才是明智之舉。

小卡片：費雪總結的成長股的 15 個特徵

1959 年，費雪的名著《怎樣選擇成長股》一經出版，立時成為廣大投資者必備的教科書，該書隨即成為《紐約時報》有史以來登上暢銷書排行榜的第一部投資方面的著作。

在費雪的傳世名著《怎樣選擇成長股》裡，他對有關成長股的標準、如何尋找成長股、怎樣把握時機獲利等一系列重要問題進行了全面而詳盡的闡述。

費雪總結了成長股的 15 個特徵：這家公司的產品或服務有沒有充分的市場潛力，至少幾年內營業額能否大幅成長；為進一步提高總體銷售水平，發現新的產品增長點，管理層是否決心繼續開發新產品或新工藝；和公司的規模相比，這家公司

第九章 證券投資方法與技巧

的研發努力有多大效果；這家公司有沒有高人一等的銷售組織；這家公司的利潤率高不高；這家公司做了什麼事，以維持或改善利潤率；這家公司的勞資和人事關係是否很好；公司管理階層的深度是否足夠；這家公司的成本分析和會計記錄做得如何；是否在所處領域有獨到之處；它是否可以為投資者提供重要線索，以瞭解此公司相對於競爭者是不是很突出；這家公司是否有短期或長期的盈餘展望；在可預見的未來，這家公司是否會大量發行股票，獲取足夠的資金，以利公司發展，現有持股人的利益是否會因預期中的成長而大幅受損；管理階層是否只向投資人報喜不報憂，諸事順暢時口沫橫飛，有問題時或有叫人失望的事情發生時，則三緘其口；這家公司管理階層的誠信正直態度是否毋庸置疑。

(三) 債券不同種類的選擇

當投資者選擇債券投資時，需要比較債券的特性再選擇。

政府債券的優點是風險很小、流動性強、免交收益所得稅；缺點是投資收益相對低。金融債券流動性強，其投資收益比政府債券高，比公司債券低。而公司債券本金和收益的風險比較大，且交納收益所得稅，但公司債券的收益高於金融債券。

公司債券的選擇，如：延期償還債券在延期階段的利率高於市場利率；分期償還債券能得到本金償還再投資收益；浮動利率債券享有較公平合理的利率水平；分紅債券還可享受分紅的收益；可轉換公司債券使投資者能夠在股份公司盈利豐厚時轉換成公司的股東；附新股認購權的債券能獲得優先認股權收益等。

選擇債券的投資者有幾種理由：財力微薄且無股票投機能力；財力雄厚但投機能力不強，資金性質不宜冒險；抑或沒有股票市場，等等。此外，以穩定為著重點的投資者，傾向於選擇政府債券、金融債券和信譽優秀的公司債券；而金融機構和熟練的個人投資者，傾向於選擇既有風險，收益又好的公司債券進行投資。特別要注意的是投資者如選擇了公司債，經過 2008 年的雷曼公司債的教訓，投資者應該清醒地看到，除了看公司的信貸評級，更重要的是應用自己的常識去判斷公司債的質量再作投資與否的打算。

二、證券投資品種的選擇技巧

買賣哪種股票，始終是投資者投身股市后最重要的決策與選擇，選擇股票品種有多種多樣。合理地選擇投資對象，是最基本而又最關鍵的一項工作，也是整個投資過程中的難點之一。對於不同的投資者來說，投資對象優劣的判斷標準可能有很大的差別。一般而言，投資者在選擇證券時，需要結合諸多方面的情況加以考慮，主要包括如下一些內容：

(一) 根據基本分析結論選股

一個公司的經營業績和發展前景，受各種基本因素的影響。如國家產業政策，有些公司屬於國家確定的支柱產業或扶植產業，有些公司屬於限制發展的產業。只

證券投資

有分析了各項基本因素對上市公司的影響之後,投資者才可選擇股票品種。運用基本分析選股應重點關注如下情況:

(1) 考察公司所處行業的情況。有人提出,「挑選股票第一恪守及永遠恪守的原則應是行業,如果行業不景氣,那麼上市公司再好的微觀背景也難有作為;相反,如果行業發展迅速,上市公司又屬行業龍頭,那麼投資收益清晰可見」,不管這句話是否完全正確,就其強調選擇行業的重要性是沒有錯的。

買股票首先要選好行業,選好了行業,可一路乘風破浪;選錯行業,將跟著行業的不景氣,一路下跌。從選股角度來說,根據國家經濟形勢的變化,分析行業前景,選擇強勢股,這是股市操作中捕捉「黑馬」的一條重要原則。如果大勢要造就一批長線「黑馬」,它必然是從前景光明燦爛的行業中誕生的。在這方面,誰能領先一步抓住行業中的強勢股,誰就能騎上「黑馬」。

不同的行業有著不同的經營管理內容,也有不同的特徵。有些行業對經濟週期的變動較敏感,有些行業所受的影響則少一些。如汽車工業、建築業在經濟週期的變動中受到的波動則小一些。因此,避免市場風險的投資者可購買后一類行業的公司所發行的股票。

在行業發展的初創期,由於低利潤、高風險使人們極少關注這類行業,因而其股價偏低,投資者應對行業的性質和社會經濟形勢進行綜合分析,從而對該行業的未來前景作出正確預測,一旦發現其具有遠大前景就應逐漸加大投資。在行業成長期,行業的利潤很高,但風險也很大,股價容易大起大落。在行業成熟期,由於新企業很難進入該行業,所以行業利潤因壟斷而達到很高水平,而風險也相對較低,公司股票價格基本上穩定上升。但是各個行業穩定期的時間長短並不相同,一般來說,技術含量高的行業穩定階段歷時較短,而公用事業行業穩定階段持續的時間較長。在行業衰退期,該行業在國民經濟中的地位也逐漸降低。衰退行業的股票價格平淡或有所下跌,那些因產品過時而遭淘汰的行業,股價會受到非常嚴重的影響。

從行業的生命週期來看,最有價值的行業是正處於行業成長階段初期和中期的行業,其擴張潛力大、增長速度快、投資風險小,這一時期最容易產生大牛股。股票的價格運動是呈群體變化的。某個行業板塊某只股票呈現強勢,這時很可能會看到該行業中其他股票也會隨之走強,因此要緊緊盯住龍頭和第二大公司的股票。

當某行業領頭的股票處於強勢時,我們就選擇與其同屬一個行業而其股價未漲或漲幅不大的股票建倉;反之,當某行業領頭的股票轉為弱勢時,我們就少碰或不碰與其同屬一個行業的其他個股,對它們敬而遠之為好。如果你在選股時注意到這種跟隨式集體效應,你就可以找到不少投資機會,還可以避免選股不當造成的風險。

因此,一定要清楚國家目前產業政策的導向,關注經濟發展的階段不平衡性,關注有關稀缺資源、新材料、能源和信息等相關的產業信息。例如我國的通信行業,發展速度很快,且高於我國經濟增長速度,是朝陽行業之一,通信類的上市公司在股市中也就受到青睞。另外像生物工程行業、電子信息行業的個股,源於行業的高

第九章　證券投資方法與技巧

成長性和未來的光明前景也都受到追捧。

（2）考察公司在行業中的地位，投資者大體上可根據以下三個方面來判斷：

第一，公司規模。衡量公司規模可以從公司公布的有關資料上獲得，主要是固定資產額、公司註冊資本、公司信譽、公司控制的其他公司數、公司職工人數、分公司分佈地域等。不過，對一些新興的高技術產業公司，單純從公司規模分析，可能不準。

第二，公司歷史。歷史悠久的公司，在社會上影響大、知名度高、資本雄厚、技術水平較高、佔有的市場份額大，因而在同行業中很有競爭力，其股票的股利收入穩定優厚。不過，其股票購買價格可能較高。

第三，產品開發能力。公司對新技術的感受力，對產品的研製與開發，對新的市場形式的開拓能力，也是公司在同行業中地位的標誌。吸納新技術的能力是分析公司發展潛力的一個重要內容。

市場經濟的規律是優勝劣汰，無競爭優勢的企業，注定要隨著時間的推移逐漸萎縮及至消亡，只有確立了競爭優勢，並且不斷地通過技術更新、開發新產品等各種措施來保持這種優勢，公司才能長期存在，公司的股票才具有長期投資價值。

（3）分析公司的狀況。投資大師彼得·林奇說過，我們是投資公司不是投資股市。分析公司狀況主要看公司的經營管理水平、公司的內部環境。衡量公司經營管理水平主要通過公司的財務狀況分析進行，這裡先考察公司的經營環境。

第一，公司資信狀況。對發行公司的評估，是決定股票評級的基礎，是評級機構評判公司發行質量和股票投資風險的依據。因此，投資者可以依據公司股票的信用評級從側面瞭解公司的狀況。

第二，經營管理者的能力及職工素質。投資者必須瞭解董事會成員和經理人員的工作能力、事業心、道德品質及年齡結構、健康狀況等。

第三，科技開發及其被重視程度。公司擁有的科技能力，在一定程度上代表著公司未來的發展潛力與競爭力。重視公司的成長性近年來在國內外越來越流行，它關注的是公司未來利潤的高增長，而市盈率等傳統價值判斷標準相對顯得不那麼重要了，人們更為關注的是企業的科技開發情況。

第四，工藝設備及技術水平。一般來說，公司擁有的設備越先進，工藝流程越合理，技術水平越高，則公司的生產力水平越高，創造的產值越大，獲得的利潤越豐厚。

第五，公司成本控制。股票投資者一定要挑那些經營管理完善、成本控制好的公司進行投資。

第六，公司經營方式。一般來說，購買經營單一產品公司的股票比買多種經營公司的股票的風險更大些。因為經營單一產品的公司風險集中。但是，公司經營「過於多樣化」，也會帶來管理上和決策上的困難，因此，多種經營並非經營種類越多越好。此外，還有諸如公司的「拳頭產品」及公司的專利及特殊訣竅等也反應著

公司的實力。

　　總之，決定一家公司競爭地位的首要因素是公司的技術水平，其次是公司的管理水平，另外市場開拓能力和市場佔有率、規模效益和項目儲備及新產品開發能力也是決定公司競爭能力的重要方面。通過對公司狀況的分析，我們可以對公司的基本素質有比較深入的瞭解，在此基礎上，投資者根據投資動機和資金實力，明確自己對風險的態度，同時兼顧安全性、流動性和盈利性原則，對證券發行公司的每一種股票都加以詳盡的考慮，這對投資者的投資決策是很有幫助的。

　　(4) 公司的盈利能力。一般講，公司盈利能力強，預示著公司有好的成長性，投資者就有信心投資，股價就會上升；相反，發行公司盈利能力弱，甚至連股息都不能派發，公司股價就會下跌。為此，投資者就應瞭解發行公司的財務狀況，通過對各種財務比率的比較和分析，把握發行公司的盈利能力及相關狀況。

　　投資者選擇公司就是期望選擇到績優股的公司。投資者應該相信，只要是真正有投資價值的績優股，其股價下跌或在低位區徘徊都是暫時的現象，它最終會給股東一個滿意的答案。對於此類績優股，投資者應採取逢低吸納、越跌越買的策略，長期持有。另外，對一些前期已大幅炒作，而目前經營狀況處於相對穩定階段的績優股，要採取敬而遠之的態度，以觀望為宜。只有當這類個股出現大幅下跌時，才可適時加入。

　　判斷公司的盈利能力需要計算淨資產收益率等指標，並作不同口徑的各種比較。如果要分析利潤指標，則一定要看利潤是怎樣來的。如營業利潤占利潤總額的比率，尤其是主營業務利潤占利潤總額比率越高，說明公司業績可靠性越大、穩定性越強。這個指標也反應了上市公司專業化的程度，只有走專業化的道路才能使公司主業興旺，也能使公司有好的成長。因此，在沒有經過惡炒的前提下，主營業務一直保持較高增長率的公司最值得關注。對於該類公司的股票，投資者可在相對低位積極吸納，長期持有。

　　(5) 股票的市盈率。市盈率是衡量普通股價值的最基本、最重要的指標之一，市盈率是一項重要分析手段。一般說來，在每股盈餘相當的前提下，市盈率越低的股票越值得投資；如果市盈率較高，則不宜購買。但投資時應結合實際運用市盈率擇股。因為有些股票的市盈率低，是由於企業利潤增長快於股價上漲幅度，這時應以購進為宜；有些股票的市盈率低，是由於公司經營不善等原因被公眾周知造成股價降低速度太快，這是不宜購進的。

　　許多投資者通過對不同行業之間、同一行業不同公司之間的市盈率比較，尋找市盈率偏低的股票，從中獲取超額投資利潤。但投資大師彼得·林奇提醒我們，低市盈率股票並非就一定值得投資：「一些投資者認為不管什麼股票只要它的市盈率低就應該買下來。但是這種投資策略對我來說沒有什麼意義。我們不應該拿蘋果與橘子相比。因此能夠衡量道氏化學公司股票價值的市盈率並不一定適合沃爾瑪。」當然如果市盈率過高，又是因為市場炒高了股價導致的話，即使是一家好的公司，

第九章　證券投資方法與技巧

進行中長期投資也是有一定風險的。

關於市盈率指標的運用，彼得‧林奇給投資者的一個忠告是：「如果對於市盈率你可以什麼都記不住，但你一定要記住，千萬不要買入市盈率特別高的股票。」在選股的時候，一定先看該股的市盈率是否在一個比較合理的水平上。從理論上講，如果銀行一年期利率為 3.87%，除去 5% 的利息稅，實際利率約為 3.68%，據此推算 A 股的股票合理的市盈率應該在 27 倍左右，也就是說市盈率低於 27 倍的股票都是可以考慮投資的。反之，則不宜進行投資。另外，在運用市盈率判斷股價高估還是低估時，一定要進行充分、全面的比較：一是將行業市盈率與市場整體市盈率進行比較；二是將目標公司的市盈率與行業平均市盈率進行比較；三是將目標公司不同年份的歷史市盈率進行比較，方能得出客觀的結論。

（6）股票的市淨率。在同等價格條件下，投資者應選擇市淨率低的股票，因為其每股代表的公司資產額相對較大，安全邊際相對就較高。需要提醒的是，並非所有低市淨率的個股全都具有投資價值。用市淨率指標來作為估值標準也常常容易掩蓋一些問題。對於上市公司的淨資產要具體分析，有些淨資產是能夠幫助企業持續經營並創造利潤，有的淨資產則可能純粹是破銅爛鐵。對於金融類、證券類資產占比較大的個股，市淨率水平不能給得太高，因為這些資產已經在證券市場經歷過一次「放大效應」了。對於那些不能創造利潤的淨資產，例如過時的生產線、停止營業的廠房資產等，投資者自己測算時應該將這些資產剔除在外。用市淨率選股時，企業的盈利能力好才是前提。很多時候，企業前景好的股票，市淨率高一點也要好過市淨率低一些但經營前景差的股票。

（7）分析公司所屬類型。分清公司所屬的類型是股票選擇又一有力的武器。公司類型的區分一般是以企業產銷量和利潤的增長率為標準的，投資者從股票操作軟件中就能得到相關資料。美國投資專家彼得‧林奇據此將公司分為六大類型：發展緩慢型、穩健適中型、發展迅速型、週期起伏型、可能復甦型、資產隱蔽型。彼得‧林奇的劃分標準並不統一，前三類是按公司發展速度劃分的，后三類除資產隱蔽型外，是按經濟週期劃分的。這種區分確實對選擇股票具有參考意義。

第一，發展緩慢型。發展緩慢型公司是指產值和利潤增長率通常低於國民經濟增長速度的公司。投資者最好不要投資於這類公司的股票。

第二，穩健適中型。穩健適中型公司的增長速度介於發展緩慢和發展迅速型公司之間，其利潤增長速度通常在 10%～12% 之間。投資者投資於這種股票，要準備在較長的時期內獲得較大的收益，一般不會遭受重大的損失，其市場價格波動的總趨勢是穩定上升的。通常，在一個良好的有價證券組合中，投資者應該選擇一些穩健適中型的公司股票，它們在經濟衰退時期會保住投資者的財產。

第三，發展迅速型。發展迅速型公司是指增長速度大大高於國民生產總值增長速度的公司，通常是規模小、活力強、成長型公司。其年利潤率通常在 20%～25% 之間。投資這類公司的股票可能獲得十幾倍、數十倍股價上漲利潤，是值得關注的

證券投資

最佳股票。不過，由於這類公司通常也是資金和經驗不足的公司，也會有較大的投資風險，需要投資者在此基礎上進一步分析其資金實力和公司領導人的情況。

第四，週期起伏型。週期起伏型公司是指那些增長速度呈「擴展—收縮—再擴展—再收縮」格局的公司，如美國的福特汽車公司和 AMP 公司。這類公司若擺脫經濟衰退而進入生機勃勃的發展時期，股價上漲幅度會超過穩健適中型公司；若進入經濟蕭條或不景氣時期，投資於這樣的股票將會蝕本 50% 以上。投資這類公司的股票是一種高風險、高收益的投資，投資成功的關鍵取決於投資者是否能夠及時發現該公司擴展或蕭條的早期跡象，把握買進或賣出股票的時機。

第五，可能復甦型。可能復甦型公司是指那些經歷過失敗或蕭條，人們普遍認為無力東山再起，而卻可能重振雄風的公司。這類公司因其生產毫無增長而不屬於發展緩慢型；又因其蕭條時期太長而不屬於週期起伏型，如美國的克萊斯勒汽車公司就屬於這種類型。但這類公司一旦因某種機遇而復甦，其股價的上漲幅度是相當驚人的。投資者尋找這類公司有四種思路：一是尋找受援則生、無援則亡的公司；二是尋找突發小事故型公司；三是尋找破產大型公司中的經營良好的子公司；四是尋找重組后使股東獲得最大回報的公司。

第六，資產隱蔽型。資產隱蔽型公司是指那些除個別投資者外，大多數投資者都不知道或沒有注意到其實有資產的公司。這類公司的隱蔽性資產可能是一筆現金，也可能是房地產，精明而心細的投資者選擇這種股票為投資對象，可能會獲得巨額利潤。

上述各種類型的公司隨著時間的推移是可能相互轉換的，發展迅速型公司可能會轉變為穩健適中型公司和週期起伏型公司，進而也可能會演變為發展緩慢型公司。這種發展變化觀的樹立，對股票投資者來講也很重要。

總之，根據基本分析選股就是用價值發現思路選擇投資股票。這是華爾街最傳統的投資方法，也被我國大部分投資者所認同。價值發現方法的基本思路，是運用基本分析的方法，包括運用市盈率、市淨率等一些基本指標來發現價值被低估的個股。該方法由於要求分析人具有相當的專業知識，對於非專業投資者具有一定的困難。該方法的理論基礎是價格總會向價值迴歸。

（二）根據技術分析結論選股

根據股票的 K 線圖形、技術指標等表現，運用某些技術分析方法，仔細研究各種股票之后選股。以技術分析方法進行選股，通常一般不必過多關注公司的經營、財務狀況等基本面情況，而是運用技術分析理論或技術分析指標，通過對圖表的分析來進行選股。該方法的基礎是股票的價格波動性，即不管股票的價值是多少，股票價格總是存在週期性的波動，技術分析選股就是從中尋找超跌個股，捕捉獲利機會。

（1）根據技術圖表選股。根據技術圖表選股，也就是根據技術分析方法如指標法、切線法、形態法、K 線法、波浪類等方法以及波浪理論、缺口理論等理論來選

第九章　證券投資方法與技巧

股。比如利用其中的形態法選股，也就是判斷 K 線走勢是否形成了特殊圖形如頭肩底、雙重底、圓弧底、上升三角形、V 型等形態，如果形成那就可以作為購買對象加以進一步考察，最后再決定是否購買該股票。

通過技術分析就可能發現個股在同一個上升或下跌行情中的不尋常表現。如：有的股票抗跌能力強，當別的股價大幅下降時，它卻不跌反升或下跌幅度很小；有的股票在股市中充當龍頭股；有的股市中，一線股漲了，二線股漲，然后三線股再漲。如果發現了這種規律現象，投資者獲利甚豐。因此，在基本分析的基礎上，結合技術分析是選股的好方法。

（2）根據技術指標選股。根據技術指標選股，也就是根據均線、MACD、KDJ、BIAS、RSI、BOLL 等技術分析指標以決定是否購買某股票。各指標都有自己的應用法則，還有相應的時間等參數設置，在不同的趨勢中這些技術指標的提醒作用是不同的，需要投資者對所有實用指標融會貫通，方能對投資決策有幫助作用。有時某指標提示明確而正確，有時股價走勢則可能會走向反面，不能機械盲目地使用。指標有程度不同的滯后現象，實際應用中有時還會遇到莊家騙線等情況，投資者最好能結合其他方法加以判斷再行決斷。

（3）根據市場屬性選股。個股的市場屬性是指個股在特定時期的市場中流通，逐漸帶有市場賦予的較穩定的特徵。按照市場屬性，個股通常分為超跌低價股、冷門股、熱門股、黑馬股、問題股和龍頭股。

第一，超跌低價股。超跌低價股連續下挫，處於超跌，股價嚴重偏低。這種股票最大的特點就是介入的成本較低，因此后期使它翻一兩番，價格仍然不很高，市場容易接受。一旦發現這種股票可結合技術分析，在適當時機大膽買進。

第二，冷門股。冷門股每日成交量較小，價格波動也小，投資者應因時因地慎重抉擇。如果冷門股的內在素質確實很差，且發展前景未必看好，那麼投資者不可去碰；如果冷門股的內在素質的確不錯，且發展前景很好，只是目前被主力大戶和股市傳媒忽視了，那麼這類股票應大膽買進。這些股可以輕松吸到足夠低廉的籌碼。而真正的黑馬，往往產生於題材股、超低價股和冷門股。

第三，熱門股。熱門股股票市場屬性好，成交量大，價格波動大且交易活躍，許多熱門股很快就變成強勢股，股價可以在極短的時間內完成大幅飆升，主力大戶和散戶都對其倍加寵愛。有投資者詼諧地總結說這類股票群眾基礎好，易於做思想工作，因此易於拉升和派發。不過，熱門股成本總是太高，一般是炒作中途換莊得來的，因而倉位不會太重。投資熱門股，一定要重視其內在素質和真實價值，防止被騙落入主力大戶設計的陷阱。

如果換手率高，說明近期有大量的資金進出該股，流通性良好，可能就是一只熱門股。投資者可將近期每天換手率連續超過 2% 的個股，列入備選對象之中，這樣就可大大縮小選股範圍，然后再根據一些規則選出最佳品種。注意：要求換手率是持續放大，只有一天二天突然放大不能說明問題。另外，要把走勢形態、均線系

統作為輔助判斷。換手率高，有可能表明資金流入，也有可能為資金流出，關鍵是看處於多頭還是空頭。當然，從價量關係上看，一些熱門股上漲過程中保持較高的換手率，此時繼續追漲風險較大。

要較為全面地分析是否是熱門股或強勢股，可利用技術分析的四要素：量、價、時、空進行分析，抓住熱門股中的強勢股進行投資。在價、量、時、空四個要素中，符合強勢股特徵越多的個股就越有可能成為強勢股。

①價格。強勢股均線呈明顯的多頭排列，一般不跌破起支撐作用的均線，K線增長角度大於45度，甚至以60度以上的角度往上直拉。從K線形態上看一般是圓弧底、頭肩底或雙底、三重底等底部比較紮實的形態。

②成交量。強勢股在股價底部時的成交量一般是較長時間的萎縮低迷，在行情發動時，成交量突增，換手率增長到之前的幾倍甚至10倍以上。

③時間。在股市下跌較深、股價低迷、底部盤整接近尾聲之時，最先啓動行情甚至帶頭拉漲停板的個股可能就是下一波行情中的強勢股。強勢股從行情啓動購進到股價漲至不再上漲的頂點賣出一般用一週至一月時間不等。一般情況可以5日價格均線由升轉平或轉跌時賣票離場較為穩當。

④空間。一般而言，如果強勢股僅用一週或一週多一點的時間就完成一波大的上漲行情，則股價的上升空間應該在50%～60%之間。如果強勢股用兩週或兩週以上的時間拉升股價，則股價的上升空間甚至可以達到100%。

第四，黑馬股。黑馬股是指價格可能脫離過去的價位而在短期內大幅上漲的股票。其常使投資者在短期內獲巨額利潤。投資者如果能較早發現黑馬股，並大膽適時買入方可有豐厚的回報。

黑馬股不易被提前預測，如果是被大家都看好的股票那就很難成為黑馬。但並非黑馬股完全無規律可循。一般說來，黑馬股具有如下特徵：

①起點低。起點低表示股價還在相對的底部區域。也曾出現高起跑點的個股，但那是少數，絕大多數的大黑馬都是低價位起動的。判斷股價是不是處於低位，需要看周線指標及月線指標是否全部處於低位。日線指標處於低位並不能有效說明什麼，主力依靠資金實力可以比較輕鬆地將日線指標尤其是廣大投資者都熟悉的技術指標如KDJ、RSI等指標做到低位，只有周線指標與日線指標同時處於低位，該股才真正具備黑馬個股的潛在素質。例如巴菲特曾抓住一只黑馬中石油，當時的購買價也就是在1.6港元上下，也是屬於低的起跑點。

②有相關題材。公司雖然目前的每股盈余並不突出，但是有較好的概念、題材和想像，也就給人以好的發展前景想像。短線投機資金一旦搜集到低廉成本的籌碼，就會借助或有或無的消息大肆直拉漲停。這類公司大部分屬小型成長公司，一般具有「狂漲」的歷史與個性。需注意的是，要搶在題材醞釀之時加入，題材明朗之后退出。因為題材具有前瞻性、預期性、朦朧性和不確定性，題材只有處於朦朦朧朧的狀態，對投資大眾才有吸引力，股價才會上漲，而一旦題材的神祕面紗被揭開后，

第九章　證券投資方法與技巧

這個題材的作用也就到頭了，股價就要下跌，俗稱「見光死」。

③有上漲的動力。如果一只股票沒有上漲的動力出現，不會馬上爆發大行情。要成為黑馬的個股在股價低位常有成交量放大的跡象，如果在放量時股價基本保持不跌就更說明有資金正在乘機建倉，一般情況是主力機構所為，因為在下跌過程中的散戶一般是不敢輕易做多的。

第五，問題股。問題股指在公司財務狀況、盈利能力、償債能力、運作規範等公司素質方面存在重大不足，甚至還出現法律訴訟等不利情況的股票。問題股股票可能股價價位也很低，但缺乏發展空間，投資者應當避而遠之，盡量不要抱僥幸心理去抄所謂的底。

第六，龍頭股。龍頭股指的是某一時期在股票市場的炒作中對同行業板塊的其他股票具有影響和號召力的股票，它的漲跌往往對其他同行業板塊股票的漲跌起引導和示範作用。龍頭股並不是一成不變的，它的地位往往只能維持一段時間。選股就要買龍頭股，就是強者恒強的道理。非龍頭股與同板塊中龍頭股在盤中的走勢曲線變化規律非常一致，只不過龍頭股總是走在上面。

能作為龍頭的個股的公司一定在某一方面有獨特之處，在所處行業或區域佔有一定的地位。有的股雖有成為龍頭股的潛質，但沒有非常專業的地位，也很難成為實際的龍頭股。因此，要確認某股能否成為行業的龍頭股，還需要判斷該股在其所屬的行業或區域裡是否具有一定的影響力。

從選擇市場龍頭股的角度，顯然績優大盤股比較合適。因為大盤股對指數影響大，控制這類個股就能達到四兩撥千斤的作用，而小盤股就難以達到這樣的效果。在牛市中充當主流熱點板塊的領頭羊，一般都由中、大盤股擔當，因此，應傾向於挑選那些在市場已有表現，但還沒有大漲過並有市場潛力的大盤股或中盤股；在小級別的反彈行情或盤整市道中，小盤股才有可能在局部範圍裡擔當起短暫的領頭羊角色。應傾向於選擇一些市場潛力較大，並已走出底部的小盤股或中小盤股。

（4）根據板塊啓動與否選股。一般情況下，同一板塊內的股票一榮俱榮，找到剛啓動的板塊投資無疑是明智的。要判斷哪一個板塊啓動上漲，可以從以下幾個方面進行。以下的數據是參照數據，根據不同板塊不同時期需要靈活調整。①漲幅。如果在漲幅榜前 20 名中，某一板塊的股票個數占據了 1/3 以上，並且連續一段時期都出現這樣的情況。②成交量。如果在成交量前 20 名中，某一板塊的股票個數占據了 1/3 以上，並且連續一段時期都出現這樣的情況，這就可證明該板塊有主力資金在活動，可能開始啓動了。

但是，如果出現下面的情況，則要小心某一板塊是否已經漲到位，可能要下跌了：①漲幅。如果在漲幅榜前 20 名中，某一板塊的個股越來越少，已不足總數的 1/4。②成交量。如果在成交量前 20 名中，某一板塊的個股越來越少，已不足總數的 1/4。③上升空間。一般來說，主力從建倉到派發，至少要有 20% 的上升空間。如果漲幅太大，比如漲幅已超過 50%，甚至超過了 80%。

第三節　證券投資時機的選擇

確定證券買賣的時機對證券投資者來說至關重要，因為證券買賣時機的選擇正確與否，實際上已經決定了買賣的成敗。有投資者總結說「選股不如選時」，即在股市趨勢向好的時機進行投資，一般都會盈利；相反，在股市趨勢向下時進行投資，一般會虧損。另外，無論是哪一只股票，其趨勢總是有漲有跌，如果選擇投資的時機正確，在相對低位買進，在相對高位賣出，只要買賣時機正確，就能實現低買高賣，就能盈利。當然這句話是強調證券投資時機選擇的重要性，並不是說選股不重要。又有投資者總結說，在上升市道中，應以績優股、含權股為重點操作對象，因為此時股市上的資金充足，高價股炒作力量可能更為猛烈一些；在下跌市道中，要選擇強莊股、超跌股。強莊股是眾股皆跌它不跌，說明有資金支撐，一旦大盤企穩，可能走出鶴立雞群般的行情，超跌股則可等待物極必反的報復性反彈行情；在盤整市道中，則可選擇階段性熱門股為對象，採用短線炒作的辦法，在不斷換股中累積投資利潤。這樣的結論不一定完全正確，但同樣說清楚了一件事，選擇股票一定要結合證券投資時機加以考慮，選擇證券投資時機很重要。

這裡講的時機不是「時點」概念，一般人要在最高點賣出，最低點買入是很難的。因此，只要抓住大的時機，在次低點買入，在次高點賣出就足可以賺到令人滿意的錢了。不同的股個性不同，所以不必為喪失一個時機后悔，關鍵在於把握大勢。時機不是一律雷同，而是因人而異的。機構因數額巨大，一下子買賣很不容易，因此他們必須及早抓住機會，一路逐漸補進或賣出，而小戶投資者則不必如此，只要抓住一次較有利的機會即可，其他機會對他沒有意義。

一、確定證券買賣時機的方法：目標價位法

儘管證券買賣的時機一般不容易把握，特別是股票買賣時機瞬間即變，但證券市場的證券價格變動是有規律的。因此在證券市場的投資者，特別是中期和短期的投資者都會尋求一套確定證券買賣時機的方法，以便用來幫助判斷證券買賣的正確時機。雖然無法研究出一套適合每個人的買賣時機策略，但是如果能掌握一些基本方法，投資者可在實踐中結合自己的操作經驗，形成一整套行之有效的買賣時機策略。

選擇買賣證券時機最常用的辦法是確定各種股票目標價格。投資者先根據自己對各種證券內在價值的估計確定買進的目標價格，當證券價格跌到這個事先確定的價格水平時就買進該證券。買進證券后，再確定賣出的目標價格，當證券價格上升到這個價格時就賣出該證券。目標價位法主要用於從證券價格隨供求關係圍繞證券

第九章 證券投資方法與技巧

價值上下波動的變化中賺取差價收入。

一般來說，運用目標價位投資策略的投資者大多數都是運用基本分析的方法，通過對股票基本面的分析，包括對公司財務狀況、業績增長前景等因素的考慮，確定出一個他們認為合理的目標價位，然后就是希望該股票能夠達到這一目標價位。當然，目標價位法也可能採用的是技術分析方法，比如黃金分割線等方法。運用這種方法的要求較高：①投資者必須進行全面的基本分析以判斷出相對正確的目標買入或賣出價位；②投資者應具有很大的耐心等待市場供求關係變化；③投資者可以根據最新情況的變化調整目標價格。投資者根據目標價格買賣證券時，根據最新的財務報告等資料得知公司的情況發生重大變動，使原來確定的目標價格不再客觀，對原來的目標價格進行相應調增或調減是必要的。但是，調整目標價格不能過於頻繁，否則目標價位法的「目標」就變得缺乏目標指導性了。顯然，目標價位法的核心要求是投資者必須有較為高超的基本分析能力，在股票價格趨勢上有自己的獨到見解；否則，設立目標價位並用來指導投資實踐是比較危險的。因為你所設定的目標價位如果錯誤，可能買入目標價是高價，買進即套牢；也可能賣出目標價定得太高，在投資計劃期內根本就達不到。

其實，除了目標價位法之外，證券投資實踐中還有很多其他的方法。前面講過的基本分析與技術分析中很多的理論與方法對判斷股票的買賣時機都有直接或間接的幫助。

二、買進股票和賣出股票時機選擇

關於股票的買賣時機不是一個簡單的問題，是整個證券投資學研究內容的綜合應用。因為影響股票買賣時機的因素包羅萬象，從世界經濟政治到公司的經營政策的變化，從證券市場到個股的表現，從基本分析到技術分析，無一不關係到股票的買賣時機問題。例如，財政政策、貨幣政策影響：財政政策緊縮變為擴張，貨幣政策從緊變為寬鬆，銀行利率開始下調，可以買入；反之，應賣出。市場擴容政策影響：根據流通股市值曲線可知市場擴容政策的變化，一般而言，在擴容真空期時買進，在擴容高峰期時賣出。公司利潤影響：公司利潤持續增長買入，增長率下降賣出。市盈率：市場平均市盈率遠高於銀行利率的倒數時，賣出股票；反之，買進股票。此外，周邊股票市場及金融環境對股票買賣時機也有較大影響。以下僅從股票的市場表現和技術分析角度看股市買賣時機。

（一）買入時機的選擇

1. 在股價的漲升階段

這階段股價穩健上升，沒有明顯的反轉信號出現，投資者可買入並持有股票。

2. 在股價的盤整階段

如果股價在經過一段時間的盤整后，量縮價穩，則表明股價整理已近尾聲。不

273

少股票均有明顯的高檔壓力點和低檔支撐點可尋求，在股價不能突破支撐線之時，投資者可先進行試探性買入，在壓力線價位賣出，可賺短線之差。

　　3. 在股價的下跌階段

　　股市下跌一段時間，並在底部區域橫向整理，長期處於低潮階段，但已無大幅度下跌之勢，而成交量卻突然增加，可初步判斷股價下降趨勢到達末期，此為「做底」階段，就是長期投資者開始建倉的機會了。

　　在股票下跌階段，往往利空消息頻傳，經濟上各種悲觀論調全部出籠，經濟前景極為暗淡時。由於此時股票無人問津，投資風險較大，持有者慌忙賣出，這是買入良機。注意，如果此時股市中尚有一部分人持樂觀態度，說明時機不夠好，還有一定的下跌空間。只有當股市哀鴻遍野時，可以買進第一批股票；當股市處於整理階段時，就可買入第二批股票；當股市開始抬頭時可以買進第三批股票。分批購入進可攻而退可守，收益與風險兼顧。

　　4. 在股價的反彈階段

　　當股價持續大跌一段時期後，投資者可選擇跌幅較深的股票介入，但是，搶反彈時要把握承接股票的數量不能太多，持有時間不能太長，對股價反彈的高度及對獲取的差價利潤的期望值不要太高，一般是見好就收。

　　此外，技術分析上可將 K 線、均線與成交量指標作為參照，當有指標開始背馳、行情發展不清晰時，應多看少動。股價或股價指數的技術形態甚佳時，可配合成交量向上突破之際積極購進。成交量與股價相配合時，成交量增加，股價必上漲，如能在低檔時先入一步介入，獲利必豐。

　　(二) 賣出時機的選擇

　　人們常強調掌握賣的時機很重要，但有難度，他們常說會買是徒弟，會賣才是師傅。有人總結說股票投資成功關鍵並不在於你什麼時候買入，買入什麼樣的股票，而是在於你什麼時候賣出。

　　有不少投資者在證券分析上花了功夫，對大勢和個股也有較為正確的見解，但他們的投資成績卻並不能盡如人意。因為他們賣出的時機幾乎總是要犯兩方面的錯誤：要麼賣早了，一扔就漲，沒有能夠取得隨後的豐厚利潤；要麼就是賣遲了，以至於坐了電梯，股價上上下下，最後又回到買入點，甚至被套牢。無法把握賣股票的時機原因是多方面的，不能迴避的一個主要原因是人性的弱點。要麼是過分貪婪，漲了還想漲，結果是偷雞不成蝕把米，看著到手的利潤最後又變成了虧損；要麼就是過度恐懼，一有風吹草動立即賣出，錯過了賺取大利潤的時機。

　　1. 在股價的漲升階段

　　當市場股價上升到歷史最高水平時，股價漲勢到達末期，在高價區域形成盤整形態，就可逐步獲利並賣出股票，即「買低賣高」。但在實際執行中，投資者在股價上漲時信心增強，不知適可而止；而在股價下跌時「世紀末心理」濃厚，不知在股價跌至谷底前買進。

第九章　證券投資方法與技巧

2. 在股價的盤整階段

股價在一個固定價位區域內小幅波動，雖然量縮價穩，但是當此價位區域的下限被放量跌破，從技術分析角度可知整理形態失敗，緊跟著的是新一輪下跌，投資者可結合其他判斷，根據事先確定的停損點賣出股票，以防損失進一步擴大。

3. 在股價的下跌階段

如果股價長期下跌，遇到股價稍有反彈立即下跌，而且跌破重要的支撐線時，可判斷股價還要下跌，還沒有跌到位，此時投資者應該立即出貨。

4. 在股價的反彈階段

在股價一直處於長期下降的趨勢中，如果股市基本面沒有實質性的利好消息出現，股價的走勢就不可能出現反轉趨勢，此時出現的股價上升可判斷為反彈，每一次反彈行情的出現，投資者都應該立即出貨。

● 第四節　證券投資技巧

投資實踐中不少人都在總結投資成功的經驗與失敗的教訓，他們發現除了需要掌握基本分析、技術分析等必要的基礎知識外，還需要掌握一些證券投資的技巧。投資技巧是根據證券市場的規律以及投資人的諸多條件限制（如不知購進股票之後是漲還是下跌），兼顧收益與風險平衡後提出的一些操作思路或方法，有一定的借鑑意義。

一、順勢投資法

（一）順勢投資法概述

順勢投資法是證券投資者順著股價的趨勢進行股票買賣的操作技巧。順勢投資法要求投資者在整個股市大勢向上時，以買進股票持有為宜；股價趨勢下跌時，則賣出手中股票而擁有現金待機而動為好。大凡順勢投資者，不僅可達到事半功倍的效果，而且獲利的概率也大大提高。

採用順勢投資法必須確定的前提是，漲跌趨勢應明確且能夠及早確認，如果不明確且無法及早確認，則不必盲目跟從。需要指出的是，這種股價漲跌的趨勢是一種中長期趨勢，而不屬曇花一現的短期趨勢，如兩週之內的行情就屬於典型的短期趨勢。對於小額投資者來說，只有在股價走向的中長期趨勢中，才能順勢買賣而獲利。在股價走向的短期趨勢中，此種方法應謹慎用之，因為一方面，當股價被確認是短期漲勢時，可能已到跌勢邊緣，此時若順勢買進，極可能搶到高價而被套。另一方面，當股價被確認處於短期跌勢時，可能已接近回升之時，若這時順勢賣，也可能賣價是最低價，這也會使投資者失去應得收益。

證券投資

　　順勢投資法適合於小額投資者採用，小額證券投資者，絕不可能大程度地影響行情，更不可能操縱行情，只能跟隨股票走勢順勢而為。

　　對於順勢投資法，投資者還需注意的是：

　　（1）若進行長期投資，在長期趨勢的底段和中期段都可以買入，買入後持有到高段賣出，即可獲利。只要對長期趨勢預測正確，不管在股價到達高段前有多少中期性回擋，都要堅信股價還會反彈，等待到最后的賣出時機。無論股市處於上升趨勢中還是下跌趨勢中，價格都可能出現與大勢相反的暫時性的、反向的表現，如果為其所迷惑，看錯了股市變動的主流趨勢，就變成了事實上的逆勢操作。

　　（2）股價變動的短期趨勢最難預測，使得短期投資難度最大。若進行短期投資，投資者應盡量在中期上漲趨勢中進行短期買賣。這樣，一旦預測失誤，購入后股價不漲反跌，可以持有一段時間，等待股價的反彈。將短期投資中期化，就可減少損失以至獲利。

　　（3）必須把握先機，要注意觀察趨勢變動的反轉，及時操作。所謂趨勢，本身是個動態意義上的概念。順勢操作關鍵就是要盡可能早地發現趨勢的變動跡象，而不是在一種趨勢已快走到盡頭時再操作；否則，不僅難以獲利，還可能蒙受巨大的損失。

　　（二）順勢投資法投資策略

　　在股價變動的一個週期內，大體分為上升階段、下跌階段和盤局階段。對於股市變動的階段性，投資者的投資策略如下：

　　1. 適時買入

　　（1）淡季是進場時機。成交量的消長和股市行情的興衰有密切關係。一般說來，交易熱絡時期，多屬於行情的高峰階段，而交易清淡時，則為股價走勢的低潮時期。

　　（2）人氣、資金薈萃時。遊資湧進股市而人氣聚集時，股價大概就要邁開步伐了，資金、人氣的盛衰可以從成交量顯露出端倪來。

　　（3）總體的環境因素逐漸趨向有利的時候，尤其是經濟衰退到極點而復甦可望時，或政府已在擬定重大的激勵經濟措施時。

　　（4）行情在前進途中，停頓下來盤旋整理已達一段時間，籌碼消化得差不多了。

　　（5）重大利多因素在醞釀時或利空消息出盡時。

　　2. 適時賣出

　　（1）行情在高峰階段，成交量突然遞增，而股價卻未上漲，表現可能有買戶的籌碼流出來，在這種情況下，小戶投資者不妨將手中所持股票先行了結，再觀動靜。

　　（2）漲勢到達末期時。股價的漲勢已到末期，上升乏力，形成盤旋整理形態，而成交值難以放大，此時表示接手方面的力量已經不再具有「絕對優勢」，已成為和賣方力量「打成平手」的狀態。這時，長期投資者即可逐步適當獲利賣出了。

第九章 證券投資方法與技巧

（3）跌勢形成的初期。人氣、資金散失后，成交量逐日萎縮，市況一天不如一天時，行情大概不會有多大起色了，即為賣出時機。

（4）重大利空消息正在醞釀時或預期收益實現，主力趁機脫手時。

3. 遇到盤局不輕易動手

盤局就是股價未來趨勢不明。投資者，尤其是小額投資者，處於盤局中的做法，最好是現金為王，袖手旁觀股市的漲漲跌跌，等待趨勢明朗化后，再作進一步打算，少賺錢或不賺錢但本金還在，以后就有賺錢的機會，不要將證券投資最終做成賭博游戲。

二、保本投資法

這裡所說的保本投資的「本」和一般生意場上「本」的概念不一樣。不是保投資者用於購買股票的總金額，而是保投資總額中不容許被虧損淨盡的那部分數額。因此，由於不同投資者對投資風險的承受能力不同，所確定的保本數額可能具有很大的差異，有些投資者的「本」的比重可能比較高，而另一些投資者「本」的比重則較低。

這種方法適用於經濟景氣欠明朗，股價走勢與實質因素顯著脫節，行情變化難以捉摸時的股票投資。

採用此法最重要的不在於買進的時機選擇，而在於做出賣出的決策，因此，獲利賣出點和停止損失點的制定是採用保本投資法的關鍵。

1. 獲利賣出點

獲利賣出點即為股票投資人在獲得一定數額投資利潤時，毅然賣出的那一點，這個時候的賣出，不一定是將所有持股一口氣統統賣光，而是賣出其所欲保「本」的那一部分。

例如，如果某投資者心目中的「本」定為總投資額的50%，如2萬元中的1萬元是「本」，那麼，他的獲利賣出點即為所持股票市值總值達到其最初投資額的150%，即3萬元時，投資者可以賣出所有股票的1/3，即1萬元，也就是占總投資額50%比重的股票，先保其本。

股票投資者進行了此次保本以后，所持股票的市價總值，與其最初的投資總額仍然相同。此后，股票投資者可以再制定其欲保的第二次「本」，仍依上例，如果在進行了第一次保「本」之后，將其余所持股的「本」改訂為20%，也就是剩下的持股再漲20%即所持股票市值總值達到2.4萬元，則再賣掉1/6，即又將此一部分的「本」即0.4萬元保了下來，然后，再制定其所剩下的持股的「本」。以此類推，這樣，隨著行情的不斷上升，其持股的數量必然不斷逐減。不過，持股的市價總值卻一直不變，始終等於最初投資總金額。

需要指出的是，獲利賣出點的制定，是針對行情上漲所採取的保本投資的技巧。

證券投資

特別要注意的是，當股市看漲時，不要貪得無厭，延誤戰機，也不要在股價剛上升到某一個確定點時，就統統把股票拋售一空，因為行情可能會繼續看漲。

2. 停止損失點

停止損失點，就是當行情下跌到只剩下股票投資者心目中的「本」時，即予賣出，以保持住其最起碼的「本」。簡單地說，就是股票投資者在行情下跌到一定比例的時候，全身而退，以免蒙受過分虧損的做法。停止損失點是為了預防行情下跌而制定的，主要的功用在於避免投資損失過大。

例如，假設某投資者制定的「本」是其最初投資額2萬元的80%，那麼行情下跌到所持股票的市價總值只有1.6萬元即下跌了20%時，就是投資者採取停止損失點措施的時候了。

三、攤平投資法

攤平投資操作法是指投資者買進股票後，因股價下跌而處於虧損狀態時，選擇一個盡可能低的價位再加碼買進該股票，以衝低成本，等待反彈時再賣出，從而逐步減少虧損乃至轉虧為盈的投資操作方法。

買進股票後，如果遇到行情急遽變化，導致股票價格跌至買入價以下，拋出就會造成實際損失。在這種情況下，投資者只能繼續持有股票等待時機，俗稱套牢。被套牢的投資者都會感到十分苦惱，備受煎熬；殊不知即使股價此後再也漲不回購入時的價位，只要採用適當的方法，解套甚至盈利仍是做得到的，攤平投資操作法就是這樣一種有效的解套方法。

投資者運用攤平投資法有兩個前提條件：充裕的資金和下跌行情中存在回擋反彈上升機會。如果能在跌勢中準確地把握反彈機會，以攤平法介入的買進量，就可以降低持股成本，減少套牢股票的虧損幅度。同時，不斷地買進，也可增加買盤的力量，增加需求量，促使股價回升。

常用的攤平投資法是加碼攤平法。加碼攤平法是投資者將投資資金劃分為若干份（一般是三份），只投入一份，如果股價下跌，接著投入一份，如果股價又下降，再投入一份。其基本做法有兩種：平均加碼攤平法和倍數加碼攤平法。

（一）平均加碼攤平法

平均加碼攤平法是將投資資金分成三等份，分三次投入，每次投入相等的資金的方法。有以下三種情形：

(1) 第一次投入後，股價上升，賣出股票獲利了結。

(2) 第一次投入後，股價下跌，進行第二次投入。

例如，投資者以1萬元資金投入，即每股10元的價格買進某種股票1000股以後，股價出現急速跌落，當跌至每股8元時，再以1萬元的投資金額購進1250股，這樣購進股票的平均成本就只有8.89元了，當該股回升至每股8.89元時，即可夠

第九章 證券投資方法與技巧

本,超過 8.89 元則可獲利(忽略交易規則限制及所有的交易稅費,下同)。

(3)第一次投入後,股價下跌;第二次投入,股價繼續下跌;第三次投入,股價開始轉升,只要股價回升到第二次投入時的價位,即可保本獲利。

例如,投資者以每股 10 元的價格買進某種股票 1000 股以後,股價出現急速跌落,當跌至每股 8 元時,再以 1 萬元的投資金額購進 1250 股,第二次購入後,股價還出現跌落,當跌至每股 6 元時,再以 1 萬元的投資金額第三次購進 1667 股,這樣購進股票的平均成本就只有 (10,000+10,000+10,000)/(1000+1250+1667)= 7.66(元)了,當該股回升至每股 7.66 元時,即可夠本,超過 7.66 元則可獲利。

(二)倍數加碼攤平法

倍數加碼攤平法是第一次投入資金後,如果股價下跌,第二次加倍投入的方法。具體又有兩種操作法:一種是二段加倍攤平法;另一種是三段加倍攤平法。

二段加倍攤平法的操作是將投資資金分成三等份,第一次投入三分之一資金如果股價上升,則賣出獲利。如果股價下跌,第二次將剩餘的三分之二資金全部投入。

例如,投資者以 1 萬元資金投入,即每股 10 元的價格買進某種股票 1000 股以後,股價出現急速跌落,當跌至每股 8 元時,再以 2 萬元的投資金額購進 2500 股,這樣購進股票的平均成本就只有 8.57 元了,運用二段加倍攤平法比平均加碼攤平法下的每股 8.89 元還要低 0.32 元。

三段加倍攤平法的操作是將投資資金分成七等份,第一次投入七分之一的資金;如果股價下跌,第二次投入七分之二的資金;如果繼續下跌,將剩餘七分之四資金全部投入,經過三段投資,全部買進行為了結。

例如,投資者以 1 萬元資金投入,即每股 10 元的價格買進某種股票 1000 股以後,股價出現急速跌落,當跌至每股 8 元時,再以 2 萬元的投資金額購進 2500 股。第二次購入後,股價還出現跌落,當跌至每股 6 元時,再以 4 萬元的投資金額第三次購進 6667 股,這樣購進股票的平均成本就只有 (10,000+20,000+40,000)/(1000+2500+6667)= 6.89(元)。

由此可見,採用二段加倍攤平法和三段加倍攤平法時,在下檔攤平中加碼買進更多,可使上檔套牢成本降得更低。三段加倍攤平法效果尤為明顯。

運用這種方法進行操作時,至關重要的是確定好加碼攤平的價格。一般來講,其價位越近谷底,對投資者越有利。這是因為,較低的攤平價位,一方面可使投資成本下降,另一方面則可減輕加碼部分的投資風險。

此外,採用加碼買進攤平法還需要特別注意分析大勢走向,因為攤平採用的是越低越買,但如遇到空頭市場跌幅過深,則資金有可能長期套牢,這將會給投資者帶來沉重的心理負荷。因此,必須密切注意股市動向。

四、投資於低價股

「買低賣高」是最平常的炒股哲理,但怎樣才能選到低價股,則很有技巧。廣

義的「低價」，是指價格低於市場合理的標準。股價越低，漲價的幅度大多可望越高，一般低價股起步上漲，其漲幅至少二三成或達一倍以上。選擇低價股票主要有下面四種方法：

（1）選擇下跌已久、跌幅較大的股票。在股市裡，價位越高，跌得越重；低價越低，漲幅越大。因此，當一種股票下跌過重時，也會反彈上漲，這正是買入的好時機。由於此種股票的股價已下跌一大截，容易引起價位低的錯覺，從而反彈升高；原先高價位套牢的投資者也會積極買進，攤平成本，以求做高，這些原因使低位股票較容易大幅上升。

（2）選擇市盈率偏低的股票。市盈率等於市價除以稅后淨利潤。成熟的股票市場在多頭市場的正常狀況下，市盈率一般在12~15倍之間。在空頭市場裡，市盈率一般普遍降低，一般為6~8倍。如果某種股票的市盈率過低，則說明此種股票市價偏低，可能屬於低價股。

（3）選擇企業營運有轉機的股票。影響股價漲跌的最主要因素，是股份企業的營運業績，即經營情況。經營情況的好壞，直接表現為獲得利潤的多少，進而影響分配股息的多少，導致股價的上漲或下降。因此，股價下跌較大，如沒有人為操縱因素，主要是由經營利潤大幅衰退、業績不佳造成的。一旦其營運業績有轉機，出現成長的兆頭，應注意及時買進。待企業扭虧為盈或利潤大幅度上升後，股價會直線上漲，投資者收益豐厚。

（4）選擇有大戶套牢的股票。凡確定這樣的股票，應在一定價位時購入。如果有大戶或資金雄厚的主力在高價位套牢，只要一有機會，該大戶必設法低價買入，用以攤平成本，並積極拉升股價。因此，只要該股票的市價下跌，並與該大戶的成本尚有一定的幅度，可以視為低價股票予以購入。然后以該股票下跌的最低價與大戶的攤平成本的中間點為壓力點，作日後獲利賣出的目標參考價。

低價股票不漲則已，若有漲升，其漲升的幅度較其他股票高出許多。但是，高收益總是伴隨高風險，選擇低價股需要認真、耐心。

小卡片：投資計劃的兩大流派

在投資計劃方面主要有兩大流派，反應出兩種相反思路下的不同操作方法。

一種是持幣為主的趨勢投資派，大多為中短線操作。其策略如下：選擇股性、彈性強的熱門股，當確定股價走上升趨勢時跟進，獲利後立即拋出，不管股票數量，只要手中的錢能不斷增值就行。這種操作的要點是如判斷失誤則立即止損賣出，止損點設在虧損5%之內，這樣可以將風險控制在最低限度。這種方法的缺陷是，有可能在數次判斷失誤後將本錢輸光。

另一種是以持股為主的長線投資派。這種方法就是老老實實根據企業業績選股，一旦買入即長期持有股票，直到股價上升到持有者認為嚴重超值時才離場並耐心等待下一次機會來臨時再入市。這種方法可能會暫時輸錢，但不容易輸光錢，由於是

第九章　證券投資方法與技巧

靠死多頭賺錢，因此資金使用效率較低。但真正賺大錢的常常是長期投資者。

因此，投資技巧的核心內容是如何使用資金，提高資金的使用效率；關鍵是處理好持籌與持幣的比例。在制訂投資計劃時一定要弄清楚自己想如何做，不要既想這樣又想那樣，在邏輯上出現矛盾，這樣必然出錯。

第五節　證券投資風險控制

一、證券投資風險及類別

（一）證券投資風險

風險是指在特定的客觀情況下，在特定期間內，某一事件預期結果與實際結果間的變動程度。變動程度越大，風險越大；變動程度越小，風險越小。

證券投資的風險是指證券預期收益變動的可能性及變動幅度。

現代證券風險被認為是證券報酬的變動，這個變動既包括報酬的減少，也包括報酬的增加；衡量這個變動的方法就是計算證券報酬的方差或標準差。標準差越大，風險越大；標準差越小，風險就越小。與傳統的風險概念相比，現代的風險觀念其突出的優點是可用數學方法精確地衡量出風險的大小，有利於進行證券間的比較和選擇。

（二）證券投資風險類別

與證券投資相關的所有風險稱為總風險，證券投資總風險按照其影響範圍和能否避免可分為系統性風險和非系統性風險兩大類。

1. 系統性風險

系統性風險是指某種對市場上所有的證券都會帶來損失可能性的風險。系統性風險與市場的整體運動相關聯，因而對於投資者來說這類風險不容易分散，無法消除。然而，這種風險對各種證券的影響程度又是不一樣的，其程度大小可通過一項專門性的貝塔（β）系數來表示。這類風險主要有購買力風險、市場風險、利率風險、匯率風險、貶值風險和政治風險等。

（1）購買力風險，也稱通貨膨脹風險，指因通貨膨脹導致貨幣的購買力下降而給投資者帶來的損失。各種證券和銀行存款都會從該項風險中遭受損失，只是程度不盡相同。

對於債券、優先股等固定收益的證券，該項風險的影響尤為明顯，這些證券不能通過收益和本身價格的提高而對通貨膨脹帶來的損失做出補償；相反，卻因利率的上升而使本身價格下降，從而使投資者的資本遭受損失。對於普通股等非固定收益的證券，則可以通過股票收益、價格的提高而部分抵消風險。

避免與減少損失的辦法是防衛，如在通貨膨脹期間重點投資於短期債券，或投資於有保值功能的黃金、不動產、藝術品和其他有價值的商品。

證券投資

小卡片：標普 500 指數與金價的相關性

近來，國際金融市場持續劇烈動盪，次貸危機引發的美國股市大跌成為推動黃金價格出現急漲行情的關鍵。如果忽略資金的「水床效應」的話，我們或許能通過計算得出股市與金市相關程度的具體數值，並揭示二者之間的關聯性。筆者選取美國三大股指中最具代表性的標準普爾 500 指數作為研究對象，它是由美國 Mc Graw Hill 公司自紐約證交所、美國證交所及上櫃等股票中選出 500 只經股本加權後得到的指數。因為標普指數占紐約證交所股票總值的 80% 以上，所以與道瓊斯工業平均股票指數相比，前者具有採樣面廣、代表性強、精確度高、連續性好等特點，且在選股上考慮了市值、流動性及產業代表性等因素。

從數量分析結果來看，金價與標準普爾 500 指數的整體相關係數為 0.389，存在微弱相關關係。這種相關性不能代表二者之間的真實情況，因為從長期來看，金價與標普 500 指數的總體趨勢都是向上的，這在很大程度上不是由二者之間的關係決定的，而是在其他因素（黃金供需關係、政治因素、油價、經濟走勢等）的綜合影響下形成的。為了進一步排除其他因素的影響，下文將分階段討論兩者之間的相關性：第一階段從 1968 年到 1996 年，第二階段從 1997 年到 2002 年，第三階段是 2003 年以後至今。

從對 1968 年到 1996 年的數據分析中不難看出，這個階段的相關係數為 0.464，接近中度相關水平，比整體的相關性水平提高了 0.075。這個階段黃金價格出現了一次大的上漲，主要原因來自政治的動盪，而與美國股票指數的關係並不大。20 世紀 80 年代黃金價格曾漲到每盎司 875 美元，這主要是由於蘇聯入侵阿富汗和國際市場原油價格大幅上漲，引起了搶購黃金的風潮。在這個階段，隨著美國經濟的持續增長，美國標準普爾 500 指數一直保持上漲勢頭，雖然這期間由於政治動盪、石油危機問題出現了反覆。正是由於金價與標準普爾 500 指數都呈現上漲的態勢，它們之間的相關性表現為正相關，並且相關係數的數值維持在中度相關水平上。

1997 年到 2002 年間二者的相關係數為 -0.772。這說明在這個階段金價與標準普爾 500 指數變成了負相關關係，而且，這種負相關的程度較高。從 1997 年開始，西方各中央銀行有秩序地削減黃金儲備。在這一時期，美國經濟高速發展，出現了「新經濟」、高就業、低通脹，美元走強，黃金作為資產儲備的地位不斷下降。與此相反，全球證券市場卻呈現出蓬勃發展之勢，股市暴漲，各種債券層出不窮，黃金已不再像過去那樣有利可圖。在這個階段，金價與標準普爾 500 指數呈現出很高的負相關性，這不是由它們之間的相互影響造成的，而是在西方央行售金政策、政治動盪、原油價格等因素的共同作用下形成的。

最後，筆者將對 2003 年以後黃金價格與標準普爾 500 指數的相關性進行分析。在這個階段，二者之間的相關係數為 0.913，呈現出高度的正相關關係。為什麼會出現這一情況呢？自從「9‧11」以後，國際局勢開始動盪不安。恐怖主義和恐怖

第九章　證券投資方法與技巧

活動的觸角遍及世界各地，對國際社會的政治、經濟以及人們的日常生活造成了嚴重威脅；印巴緊張局勢不斷升級，威脅世界穩定；自美國攻打伊拉克之後，中東局勢一直動盪不安。一系列事件令投資者紛紛買入黃金以期避險。受不穩定的全球局勢的影響，黃金良好的價值儲藏功能使金市成為全球資金的避難所。因為持有黃金可有效抵禦系統性的政治、經濟和金融風險，所以黃金的價格一直攀升，並不斷創下近20年來的歷史新高。

資料來源：陳曉輝. 標普500指數與金價的相關性［J］. 投資與理財，2008（22）.

（2）市場風險。市場風險指持有的普通股因證券行市的變化而可能造成的資本損失。由於影響股市變動的因素是多種多樣的，如突發的戰爭、瘟疫、重要政治人物的疾患與死亡、政局的變動等，但更重要的是股票發行企業的經營狀況、通貨膨脹情況及投資者的心理狀況，因而企業本身很難控制股票價格的升降。

市場風險的影響面相當廣泛，幾乎所有普通股票的投資者都要受其制約。

（3）利率風險。利率風險指由於市場利率變動而給證券投資者帶來損失的可能性。利率的變動對證券的影響有兩種情況：一是當利率提高，而證券收益一定時，證券價格會因利率提高而下降。二是當利率下降時，原有較高利率的證券價格就可能上升，投資的資本便要增加。一般來說，利率風險對具有固定收益的證券影響更為顯著。防止或減少該風險所導致損失的方法有：購買短期債券；將持有債券保持到兌付日期，以避免資本損失；購買公債以取得減免稅收優惠；投資不同期限的債券等。

2. 非系統性風險

非系統性風險指對市場上某一單個或幾個證券造成損失可能性的風險，是與整個股票市場的動向無關的風險。

在股市中，單個股票價格同上市公司的經營業績和重大事件密切相關。公司的經營管理、財務狀況、市場銷售、重大投資等因素的變化都會影響公司的股價走勢。這種風險主要影響某一種證券，與市場的其他證券沒有直接聯繫，投資者可以通過分散投資的方法，來抵消非系統性風險。

非系統性風險的主要特徵是：① 它是由特殊因素引起的，如企業的管理問題、上市公司的勞資問題等。② 它只影響某些股票的收益。它是某一企業或行業特有的那部分風險。如房地產業投資，遇到房地產業不景氣時就會出現下跌。③ 它可通過分散投資來加以消除。由於非系統性風險屬於個別風險，是由個別人、個別企業或個別行業等可控因素帶來的，因此，投資者可通過投資的多樣化來化解非系統性風險。

這類風險主要有經營風險、財務風險、違約風險、道德風險、偶然事件風險等。

（1）經營風險。經營風險指的是由於公司的外部經營環境和條件以及內部經營管理方面的問題造成公司收入的變動而引起的股票投資者收益的不確定。經營風險的程度因公司而異，取決於公司的經營活動，很難準確預測。與公司的債券持有者

證券投資

相比，普通股票持有者處於一個風險大得多的地位。當公司經營情況不妙，收入迅速下滑時，公司在支付債務利息和到期本金後，可用於支付股息的收益已所剩無幾，從而導致股東們所得股息的減少或根本沒有股息，與此同時，股票的市場價格一般也會隨之降低，使股東們蒙受雙重損失。

（2）財務風險。財務風險是指公司因籌措資金而產生的風險，即公司可能喪失償債能力的風險。其主要表現為：無力償還到期的債務、利率變動風險（即公司在負債期間，由於通貨膨脹等的影響，貸款利率發生增長變化，利率的增長必然增加公司的資金成本，從而抵減了預期收益）、再籌資風險（即由於負債經營導致公司負債比率的加大，相應降低了公司對債權人的債權保證程度，從而限制了公司從其他渠道增加負債籌資的能力）。

形成財務風險的因素主要有資本負債比率、資產與負債的期限、債務結構等因素。一般來說，公司的資本負債比率越高，債務結構越不合理，其財務風險越大。投資者在投資時應特別注重公司財務風險的分析。

（3）違約風險。違約風險也稱信用風險，指不能按時向證券持有人支付本息而使投資者造成損失的可能性。造成違約風險的直接原因是公司財務狀況惡化。因此，投資者必須對發行債券的信用等級進行詳細的瞭解。違約風險主要針對債券投資品種，對於股票只有在公司破產的情況下才會出現。

（4）道德風險。道德風險主要指上市公司管理者的道德風險。上市公司的股東和管理者是一種委託代理關係，由於所有權與管理權的分離，加之管理者和股東追求的目標不同，在雙方信息不對稱的情況下，管理者的行為可能會造成對股東利益的損害，發生道德風險。

小卡片：中國證券市場在 2001 年以前的風險特徵

對於中國證券市場的風險特性，近年有關人士已經有定量的分析結果。以滬市為例，1993 年 4 月至 1996 年 5 月，系統風險的比例值高達 81.37%，遠遠高於美、英、加等發達國家市場的比例值 20%～30%，並進一步得出結論：單只股票的價格波動受市場整體影響非常大，且各個股票之間價值運動的相關性很大，導致收益率間的相關係數高達 0.7，結果是市場齊漲齊跌的現象較明顯。1997 年以來，系統風險占總風險的比重逐年降低，分別為 43.27% 和 27.5%。也就是說，根據投資組合理論，在非系統性風險比例上升的情況下，可以通過投資多種股票的方式分散總體的投資風險。

資料來源：耿廣棋. 中國股票市場系統風險的特徵與傳遞機制 [EB/OL]. http://www.szse.cn/upfiles/ attach/1427/2003/11/06/1150433306.pdf

二、證券投資風險控制的技巧和方法

有效降低系統性風險的辦法：一是將風險證券與無風險證券進行投資組合，當增加無風險證券的投資比例時，系統性風險會降低；二是套期保值，實際是進行時

第九章　證券投資方法與技巧

間分散的投資。但是，系統性風險可以帶來收益的補償，投資者需根據自己的風險承受能力決定承受多大的系統性風險以期獲得相應的投資回報。實際上，人們通過投資選擇使系統性風險處於自己認為最滿意的位置，而不是採取措施來完全消除系統性風險。而非系統性風險得不到收益補償，因而人們常堅決地要求降低風險。

證券投資目的是獲取最大投資淨效用，但證券投資中，風險和收益總是相互伴隨著，而且風險與收益之間通常呈現明顯的正相關關係，因而投資者實現投資目的的程度取決於其降低風險的投資技巧與投資方法。

（一）分散投資

證券投資風險防範的主要措施是證券投資分散化。投資者不能控制市場，無法避免證券投資的系統性風險，但是通過分散化，可以減少非系統性風險。分散投資指投資者為降低風險而將資金分別用於購買不同企業、不同種類和不同性質的有價證券的投資方式。採用分散投資方式，則可能是此虧彼賺、以盈補損，避免更大的風險。分散投資方式主要包括三類，即投資對象分散、投資時間分散、投資市場分散。

1. 投資對象分散

投資對象分散指投資者將資金按不同比例投資於若干類型不同、風險程度不同的有價證券（如股票、債券）上，建立合理的資產組合，以將投資風險降低到最小限度。選擇投資對象時，一是對多種證券進行投資。如果只投資於一種證券，譬如對某公司的股票投資，一旦該公司經營惡化甚至倒閉或股市暴跌，不僅得不到股息收益，而且還會虧本。這種做法不足取，而對多種證券進行投資，即使其中的一種或數種證券因發行者經營不善而得不到利潤分配，還有其他證券收益作補償，不至於全面虧損。即使整個股市都下跌，所有證券都虧損，分散投資的虧損程度也可能小於只投資於某種單一證券的虧損程度。二是在對多種證券投資時，應把投資方向分為進攻性部分和保護性部分兩類，前者主要指股票，後者主要指債券。因股票的投資風險較大，債券的風險相對較小，把投資資金一分為二，即使投資於股票部分的資金虧了本，投資於債券部分的資金還可以保證，不至於全盤皆輸。

例如：1997年5月至1998年8月，股票二級市場處於調整階段，平均指數下調50%。而這時一級市場與國債現貨市場卻很好，國債回購市場就可以獲得很高的收入，這期間一級市場通過上網定價發行認購新股，年無風險收益率也高達60%~70%。如果投資時將資金按投資對象分散投到不同的領域，則相對風險會降低很多。

2. 投資市場分散

各個證券市場具有不同的特點，投資者可以在不同的證券市場上進行投資，比如，在發行市場與流通市場上的投資特點就不同。流通市場又可分為交易所市場、場外市場、期貨市場和期權市場等，在這裡，市場上的投資特點也不同。此外，投資者還可以在不同地區的市場和國內外市場上分別進行投資。

每個國家或各個地區都有自己的證券市場，可供投資者選擇。在我國，有上海

證券投資

證券交易所和深圳證券交易所。投資者可通過在不同市場上的投資達到分散投資風險的目的。

投資者還可以在國外市場進行證券投資。隨著證券市場的國際化進展，各國對外證券投資急遽增加。對外證券投資可以擴大投資對象的選擇範圍，提高證券投資的靈活性和選擇性。各國經濟、政治、社會狀況不同，對證券價格的影響也不同，證券價格波動時間與幅度有差別。對外投資，要達到降低風險、賺取較大差價收益的目的。遇到本國證券市場不景氣，證券行市下跌，對外投資可找到價格看漲的市場；反之，本國證券行市過高時，對外投資可以找到較便宜的投資市場。總之，如果能靈活地在國內外市場進行投資，資產的運用效果會比死守一個市場好。

3. 投資時間分散

購買有價證券的時間要注意分散，因為經濟發展有週期性規律可循，時起時伏，因而不可於某一集中時間內投資。抓住投資時機，做到適時買入和適時賣出。

(二) 組合投資

投資者通過對不同證券的不同持有量的選擇形成了不同的投資組合，不同的投資組合給投資者帶來的報酬和風險不同。對投資者來說，風險最小、報酬最大，是最有利。但通常是報酬最大的組合，其風險可能最大；反之，報酬最小的組合，其風險亦可能最小。因此，投資者只能在報酬和風險的種種不同組合中選擇一種適合投資目的、投資金額和投資性質的組合，即最適合的投資組合。

投資者投資決策的原則是獲得盡可能大的期望收益率，承擔盡可能小的風險。如果僅投資於單個證券，決策選擇將十分有限，為了獲得更多的選擇機會，投資者可以將資金按一定的比例分別投資於若干不同的證券上，這種投資方式叫證券的組合投資。每一種證券組合相當於一種投資機會，因而通過組合投資，投資者可以創造出無限種新的投資選擇機會。換言之，組合投資，就是指依據證券的收益與風險程度，通過證券分析，對各種證券進行有效的選擇、搭配，創造多種投資選擇機會並確定降低風險的投資組合。組合投資應遵循的基本原則是：證券風險水平相同時，選擇收益率高的證券；證券收益率相同時，選擇風險最小的證券。

分散投資與組合投資的區別：分散投資有助於弱化甚至消除非系統風險，但絲毫不能改善宏觀水平上的系統性風險；組合投資通常既能降低系統性風險又能弱化甚至消除非系統性風險，組合投資是借助於調整無風險證券與風險證券之間的投資比例來實現降低風險的目的，當增加無風險證券的投資比例時，系統性風險將降低，極端的情況是將全部資金投資於無風險證券上，這時風險便全部消除。但是絕對的無風險證券實際上是不存在的，即便將錢存入銀行也將承擔利率風險和通貨膨脹風險。但分散投資時，投資者可將資金全部投放於風險證券上，如普通股股票。不過，投資者可用一部分資金買業績好的股票，也可以用資金買一些業績差的股票。因為經營業績好的股票價格高些，雖然在正常情況下，業績好的股票具有較多的收益，但影響股價的因素極其複雜。

第九章　證券投資方法與技巧

　　投資者通常不會把其準備投資於證券的所有資金都放於某一特定的證券上，而是購買風險程度高低不同的數種證券，進行合理的投資組合。最常用的方法是「投資計劃三分法」，即把資金分為三部分，一部分資金用於購買安全性高的債券或優先股，一部分資金用於購買具有成長性的普通股，而另一部分資金則作為準備金存入銀行，以待最好的投資機會，或用來彌補意外的損失。

　　說到組合投資，不能不說貝塔（β）系數及其應用。β系數是反應個股相對於市場（或大盤）變化的敏感性指標，反應某種證券風險與整個市場投資風險關係程度的指標，反應市場風險對某種證券的影響程度，也就是個股與大盤的相關性或通俗的「股性」。

　　β系數的經濟意義：β系數是反應證券或組合的收益水平對市場平均收益水平變化的敏感性，是衡量證券承擔系統風險水平的指數。β系數的絕對值越大，表明證券承擔的系統風險越大。例如，某股票的β系數為1.5，說明當大盤漲1%時，它有可能漲1.5%，同理，大盤跌1%時，它有可能跌1.5%；某股票的β系數為0.3，說明當大盤漲1%時，它有可能漲0.3%，同理，大盤跌1%時，它有可能跌0.3%；但如果一只個股β系數為-1.2時，說明當大盤漲1%時，它有可能跌1.2%，同理，大盤跌1%時，它有可能漲1.2%。如果跟蹤β系數的變化，可以看出個股股性的變化和主力進出的情況。顯然，當某股票的β系數的絕對值大於1時，它的漲跌幅度將超過大盤，風險更大；當某股票的β系數的絕對值小於1時，它的漲跌幅度不如大盤漲跌幅度大，風險小些。

　　證券投資可根據市場走勢預測選擇不同β系數的證券。當預測到大盤將要上漲，應該選擇β系數高的證券，這樣會成倍地放大投資的市場收益率，為投資者帶來高額收益；在預測到大盤將要下跌時，應該選擇β系數低的證券。

　　(三)　迴避風險

　　迴避風險指投資者事先預測風險產生的可能程度，判斷導致其實現的條件和因素，在行動中盡可能地駕馭它或改變行動的方向避開風險。具體講，可採取以下措施：

　　(1) 當判斷出股價上升進入高價圈，隨時有可能轉向跌落時，應立即拋出手持股票，等待新的投資機會。

　　(2) 當股價處於盤局階段，難以判斷股價將向上突破還是向下突破時，不要採取投資行動，應先觀望一下。

　　(3) 多次投資失誤，難以做出冷靜判斷時，應暫時放棄投資活動，進行心理調整。

　　(4) 當對某種股票的性質、特點、發行公司狀況、市場供求狀況沒有一定瞭解時，不要忙於購進。

　　(5) 如果不具備較高的投資技巧，最好不要進行期貨交易、期權交易等風險較大的交易。

證券投資

（6）將部分投資資金做準備金，其目的：一是等待更好的投資時機，一旦時機到來，就將準備金追加進去，以增強獲利能力；二是作為投資失利的補充，一旦預測失誤、投資受損，將準備金補充進去，便可保持一定的投資規模。

（7）不碰過冷過熱的股票。過冷的股票，雖然價格低，但價格不容易波動，上漲乏力，成交量小，變現困難，購入后長期持有，本身就是損失。而過熱的股票，價格漲跌猛烈，成交量大，一般投資者很難把握買賣時機，可能蒙受更大的損失。

（8）做到不賣最高，不買最低。投資者都期望在股價最低時買入、最高時賣出，以獲取最大差價收益。但是，由於股價的波動性和難以預測性，別說是一般投資者，就是那些投資專家也很難做到賣最高買最低。投資者能夠做到在低價圈內買入、高價圈內賣出就相當不錯了。當股價跌落處於盤整階段，下一步走向不明朗時，投資者應坐以靜觀，不可貿然購入。當股價從盤整階段脫出，開始趨漲時，投資者不要以為股價已有所上漲賺不到最大利潤而放棄購入。當股價盤升一段后處於盤旋階段時，前途難以把握，只要這時賣出便有利可圖就應採取行動。即使脫手后股價又有所上升，也不必為之后悔。只要做到迴避高價買入、低價賣出就應滿足。

小卡片：為什麼不能等三年？

你買了一間屋子，由跟發展商簽約到發展商交屋給你的前後三年，你覺得這是理所當然的事，三年的等待，你覺得一點也不長。在這期間，你沒有分文收入，卻定期給銀行利息，你也毫無怨言。

你買了一百畝（1畝＝666.67平方米，以下同）的荒地，開闢為油棕園，伐木、開路、挖溝、育苗、種植、除草、施肥，等等，整整忙了三年，才看到棕果出現，收成仍不足以維持開支。再等兩年，棕果漸豐，油棕園的收支才達到平衡，仍沒錢賺。這已是第五個年頭了。忙了五年，只有付出，沒有收入，你不以為苦，因為你知道那是賺錢無可避免的途徑。

你買了五十畝地，是橡膠園，屬農業地，你要把它發展為住宅區，於是你向土地局申請將農業地轉為屋地，再將屋地分割為五六百段，以興建五六百間排屋出售。分割後為每段屋地申請個別地契，請測繪師設計屋子的圖樣，請工程師計算成本，請承包商承建屋子，由市場部登廣告出售屋子，跟銀行接洽融資問題。屋子建築過程中要處理許多附近居民的申訴，要按期向購屋者收款，等等，直到把屋子交給購屋者。由購買土地到交屋收工，前後長達五年，總算錢賺到了手。作為發展商，你認為以五年的時間賺錢，是正常的、合理的，你耐心地等待，從無怨言。

你是一名中小型企業家，你有製造某種產品的經驗，過去你是為別人管理公司的，現在決定自己創業，你決定建一間工廠，你從調查市場、向銀行接洽借款、尋找廠地、設計廠房、招聘員工、裝置機器、試驗生產，到將產品推入市場，從策劃到產品出現在百貨公司的貨架上，前後三年，再苦撐兩年，才開始有盈利，那已是第五個年頭了。你認為這是創業的正常過程，你心甘情願與你的事業同行五年，毫

第九章　證券投資方法與技巧

無怨言。

你是開藥店的，你決定在城市的另一區開一間分店，為來自該區的顧客服務，從尋找店鋪、裝修、聘請藥劑師、籌備開張，到正式做生意，前後也要一年半。

以上的五個例子——買屋子收租、開闢油棕園、建屋出售、從事工業、開零售店，從籌備到賺錢，快則一年半，慢則五年，業者從無怨言，因為他們瞭解，做任何事業都需要時間，絕對沒有一蹴而就這回事。

以上的五個例子有一個共同點，那就是投入資金，希望賺取合理的利潤，這叫「投資」，業者除了知道投資需要時間外，他們也接受一個事實，即凡是投資，都有風險，沒有任何投資是沒有風險的，風險是他們賺取比銀行定存更高的利潤所需付出的代價。總之，投資者應接受兩項事實：① 投資需要時間才能賺到利潤，且沒有捷徑。② 凡投資都有風險，風險的高低常與利潤成正比。

股票投資，是許許多多投資管道之一。做事業，你可以等三五年，股票投資為什麼不能等三五年？

絕大部分的股票投資者，都希望今天買進明天就賣出以賺取暴利。假如你告訴他，低價買進好股，持有三年，可以賺錢，他們會覺得時間太長，難以接受。

你持有股份的上市公司也是在做生意，當然也是有賺有虧，投資者為什麼不能忍受虧蝕，為什麼不能接受可能虧蝕的事實而怨天尤人？

上市公司 1000 多家，任你挑選參股的對象，你因為無知，因為貪婪，因為聽信謠言，而參股於錯誤的企業，豈能完全歸咎於股市？你自己沒有責任嗎？

大多數股票每年的股價波動幅度由數元至數十元不等，你在低價時不買反而在高價時搶進，虧了本，不怨自己怨別人，合理嗎？

參股做生意，例如合股種油棕，六七年之後才可能分紅，買棕油股，當年就可分到股息，不是更合算嗎？

在做任何事情失敗后，多數人只怨別人，把責任推到別人或環境身上，能自我反省的人少之又少。

股票投資也一樣，虧了本不是怨股市，就是怨別人使奸用詐，從來不檢討自己失敗的原因。

我再問：買屋子可以等三年，為什麼買股票不能等三年？

資料來源：根據馮時能的《三十年股票投資心得（冷眼分享集)》整理所得，有所改動。

第十章　證券市場監管

　　證券市場是一個非常複雜的市場，它通常由投資者、發行人、證券交易所、證券商、其他仲介機構、監管機構和自律性組織構成。顯然，監管機構和自律性組織是證券市場的必要構成，它們是證券市場的重要參與者，是證券市場健康運行的前提條件。

　　證券市場是信用制度與市場經濟發展到一定階段的產物，是一個風險高度集中的市場，具有風險來源廣、傳導性強和社會危害巨大等特點。我國證券市場發展很快，加強證券市場監管是保障證券市場健康有效運行最重要的手段。如果證券市場監管現狀與現實要求存在很大差距，不僅會擾亂市場的正常秩序，而且會影響國民經濟的正常發展和社會的穩定。

第一節　證券市場監管的原則與意義

一、證券市場監管的含義與原則

　　（一）證券市場監管的含義

　　證券市場監管，是指證券監督管理機關依據法律、法規和規章，對證券市場主體的證券發行、承銷、交易及證券仲介服務行為等進行監督管理的總稱。證券市場監管的目的在於維持證券市場的穩定、有序和高效運行，防範金融風險並保護證券投資者的合法權益。

　　（二）證券市場監管原則

　　證券市場監管原則主要有：公開、公正、公平原則（簡稱「三公」原則）；效

第十章 證券市場監管

率原則；法制原則。

1.「三公」原則

「三公」是指公開性、公平性和公正性。公開性是指在法律和規章上要保證有關證券的發行和發行單位的信息公之於眾，使投資者能夠在及時、全面、準確地獲取信息的基礎之上，做出自己的投資選擇。任何公開發行的證券，其發行單位必須按期將經營、財務信息經權威機構審核后，通過一定的宣傳工具向社會公布。

公平性是指通過有關法律和規章，保證每個投資者都享有平等的權利和地位，嚴格禁止內幕交易和內部交易。比如，在證券交易中，不能因投資數額的多少、交易量的大小、居住地的不同、在市場中的職能差異或是本地會員異地會員的不同而存在差別待遇等。

公正性是指通過相應的法律和法規，保證證券的發行和交易能夠規範地進行，防止各種詐欺舞弊行為。比如，禁止相互串通，同時買賣同一股票，製造證券虛假的供求信息；禁止利用內幕消息從事證券投機或者利用內部關係搞內幕交易；禁止以各種手段操縱市場和擾亂市場秩序等。

2. 效率原則

效率原則也稱為效益原則。證券市場具有籌集資金、優化資源配置、分散投資風險的功能，正是這種功能讓投資者充滿投資獲利的信心。怎樣發揮市場的融資效率，提高投資者回報效率，也就成為證券市場監管機構的神聖職責。一般來說，衡量市場效率的標準主要有：市場規模的大小、證券品種的多少、交易制度的完備程度、市場的公開程度、法律法規的完善程度以及投資者操作的強弱等。監管機構應從以上幾個方面最大限度地實現證券市場的效率原則。

3. 法制原則

法制原則是指證券市場監管部門必須加強法制建設，明確劃分各方面的權利和義務，保護市場參與者的合法權益，即證券市場管理必須有充分的法律依據和法律保障。依法管理並非否定經濟調控方式和行政管理方式在一定客觀條件下的必要性，而是強調以法治市的管理原則。依法管理有兩層含義：一是要求證券法律、法規、制度的完善與具體，要求證券市場監管必須職權法定化、監管程序化、法規體系化；二是要求執法的嚴格和有力。一個無法可依、執法不嚴或以人治代替法治的證券市場必然出現動盪甚至危機。

二、證券市場監管的必要性

「政府監管」在經濟學文獻中可以用來特指市場經濟的國家為了克服「市場失靈」而採取的種種有法律依據的管理或制約經濟活動的行為。從理論上看，經濟學中關於政府監管的理由有公共利益理論和集團利益理論。證券市場作為市場體系的重要組成部分，同樣適用這一理論。證券市場既具有市場的一般共性，同時具有高

證券投資

風險和高效集資的特性。當證券市場同樣面臨市場失靈的問題時，政府監管部門就必須出面對市場進行有效干預。如何結合一般市場與證券市場的共性與特性之比較，探討證券市場監管的必要性及如何進行證券市場監管，對於優化證券市場具有一定的理論意義和較強的現實意義。

（一）證券市場活動的複雜性

（1）融資參與主體的多樣化。證券融資作為一種直接融資方式，資金供應者和資金需求者在證券市場上直接接觸，利益由雙方直接獲得，風險也由雙方直接承擔。而參與證券融資活動的主體既包括本國的法人和自然人，也包括國外的法人和自然人。

對證券市場的監管是保護證券市場所有參與者正當權益的需要。證券市場的參與者包括證券籌資者、投資者及仲介機構。他們之所以參與證券市場的發行、交易與投資活動，其共同目的是為了獲得經濟利益。如果證券市場因為缺乏監管而混亂無序、投機過度、價格信號嚴重扭曲，則廣大投資者的正當權益就得不到保障。例如，如果不加強對收購控股的監管，則發行公司的正當利益就得不到保障，如果沒有一定的佣金制度和保證金制度，則證券商的利益就缺乏保障。因此，對證券市場進行系統規範的管理，是保障證券市場參與者正當權益的需要。

（2）融資工具的多樣化。證券融資工具種類繁多，不同的融資工具各有特點，其收益和風險也各不相同。

（3）證券交易方式的多樣化。證券交易的方式有現貨交易、期貨交易、信用交易、期權交易和回購交易等。

（4）債權債務關係人的非固定性。在證券融資活動中，由於證券可以在證券市場上轉讓流通，因此，同一張證券（主要是債券），其債權人、債務人在不斷變化。

（5）風險性較大。由於證券發行企業的信譽一般不如金融機構，同時，證券的發行價格和市場價格之間會發生很大的背離，而且還有相當一部分人專門在證券市場上從事投機活動，助長了證券價格的波動。因此，證券融資的風險性較大，收益狀況高低不定。

由於證券產品本身的價格波動性和預期性，使得證券產品具有內在的高投機性和高風險性，再加上證券交易中普遍使用的信用手段，使得證券市場的投機性更加強烈，證券市場的風險性也進一步提高，其投機性和風險性都遠遠超過了商品市場。如果不對其實施必要的監管，那麼，由投機所導致的風險就會迅速累積並迅速向外擴散，很快就會超過市場所能承受的限度，從而釀成危機。因此，對證券市場實施必要的監管，可以及時發現風險因素，並將它控制在可以承受的範圍內，以避免證券市場發生危機。

（二）證券市場的波動性

作為高風險的金融產業，證券市場具有內在的不穩定性。其一，市場投資者購買股票，以在投資期限內實現所持股票買賣價格之間的差價為目的，即以低買高賣

第十章　證券市場監管

的方式獲得利潤。在證券交易中，投資行為與投機行為是相互伴生的，投機資本追逐利益的行為在適度理性範圍內可以激勵證券市場的發展，但過度投機無疑會引起整個市場的動盪。其二，證券從本質上來講就是一種價值符號，是市場對資本未來預期收益的貨幣折現，該預期收益受利率、匯率、通貨膨脹率、所屬行業前景、經營者能力、個人及社會心理等多種因素的影響，難以準確估計，其外在表現就是證券價格的不確定性、波動性，若證券價格不斷波動，使其大起大落，便有加大市場動盪、醞釀風險的可能。總之，證券投資和融資活動的複雜性使得證券市場較銀行借貸市場具有更大的波動性。

20 世紀 20 年代，美國股票市場熱浪滾滾，市場價格持續上漲，道瓊斯股價指數從 1921 年的 66.2% 上升到 1929 年的 566.49%。然而到了 1929 年 10 月 24 日，「黑色的星期四」終於來臨，股市徹底崩潰。1929 年到 1930 年，道瓊斯工業股價指數下跌 89%，紐約證券交易所的股票市值從 897 億美元下降至 156 億美元。

1982 年美國股票市場進入「買空賣空」的牛市，並持續了五年的時間。然而，1987 年 10 月 19 日「黑色的星期一」，股價暴跌，道瓊斯指數由前一日的 2246.74 點跌到 1738.74 點，跌幅高達 22.61%，5000 多億美元的財富在一夜之間就消失得無影無蹤。不僅如此，「黑色星期一」事件還迅速蔓延到西方各主要股票市場。

近些年來，美國納斯達克市場的暴漲暴跌也充分說明了證券市場的波動性。2000 年 3 月 10 日前，納指屢創新高，之後又連連下挫，納指從 3 月 10 日的歷史高點 5048.62 點，跌至 2001 年 4 月 3 日的 1673 點，跌幅高達 66.86%，許多投資者損失慘重。

我國的證券市場同樣也存在著波動性。1990 年 3 月到 12 月，深圳股市從總上市量 2.7 億元人民幣猛漲到 72 億元市值。面值拆細為 1 元的深圳發展銀行股票，1990 年 4 月的股價還不過 6 元左右，到 12 月竟上漲到 80 元以上，黑市價更是高達 100 多元。然而，物極必反，從 1990 年 11 月 20 日起，深圳股市連連下跌，經歷了一場長達 10 個月的空前大股災，損失市值有 40 多億元。僅至 12 月的一個多月時間內，股價跌幅就達 20%；至 1991 年 4 月，跌幅平均超過 40%；到 1991 年 8 月，股價平均降幅為 50%。

1993 年 2 月 15 日，上海股市創下 1532.82 點（收盤指數，下同。當天的最高指數為 1558.95）的歷史天價。而后經歷了近 18 個月的大熊市，至 1994 年 7 月 29 日，上證指數已跌至 333.92（當天的最低指數為 325.89）點，跌幅高達 78.8%，見圖 10.1。深圳股市於 1993 年 2 月 22 日創下 358 點的最高紀錄，而后也連連下跌，至 1994 年 7 月 29 日，深證指數已跌至 96.56 點，下跌了 73.03%，廣大股民損失慘重。后來在政府三大利好政策的影響下，滬、深股市又大幅度攀升。

證券投資

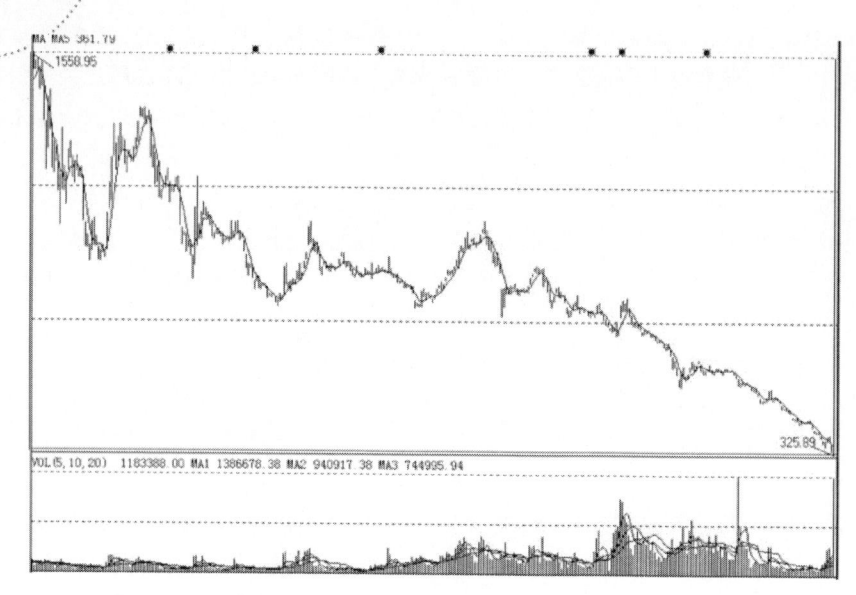

圖 10.1　上證指數日 K 線圖（1993 年 2 月 15 日至 1994 年 7 月 29 日）

如圖 10.2 所示，上證指數在 2005 年 6 月 6 日盤中最低跌至 A 點 998.23 點，至 2007 年 10 月 16 日漲至 B 點 6124.04 點，漲幅高達 513.5%。之後逐波下跌，至 2008 年 10 月 28 日跌至 C 點 1664.93 點，跌幅高達 72.8%。

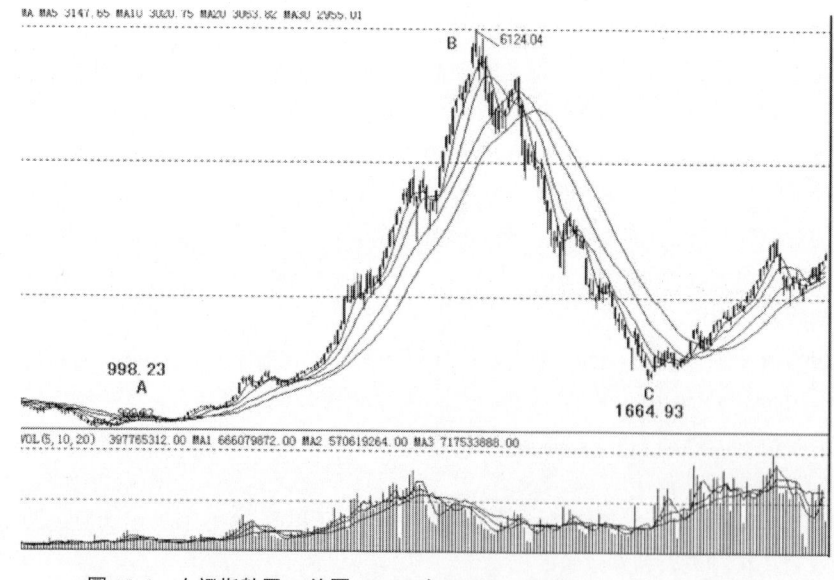

圖 10.2　上證指數周 K 線圖（2004 年 12 月 17 日至 2009 年 11 月 17 日）

上證指數從計數以來的最低 95.79 點到最高 6124.04 又到 2009 年 11 月 17 日的 3282.89 點，其間股價數度暴漲暴跌，投資者猶如坐在過山車上穿梭於地獄與天堂

第十章 證券市場監管

之間，可見證券的波動性確實是非常大的，見圖 10.3。

圖 10.3 上證指數月 K 線全景圖（1990 年 12 月 19 日至 2009 年 11 月 17 日）

由於證券產品本身的價格波動性，使得證券產品具有內在的高投機性和高風險性，再加上證券交易中普遍使用的信用手段，使得證券市場的投機性更加強烈，證券市場的風險性也進一步提高，其投機性和風險性就會迅速累積並快速向外擴散，很快就會超過市場所能承受的限制，從而釀成危機。因此，對證券市場實施必要的監管，可以及時發現風險因素並將其控制在可以承受的範圍之內，以避免證券市場發生危機。這樣才有利於證券市場的健康運行，有利於社會的和諧發展。

（三）損害證券市場順暢運行的因素

從證券市場運行的實踐來看，損害投資者合法利益、破壞證券市場秩序、影響證券市場順暢運行的主要因素有以下幾個方面：

（1）發行方面。由於證券發行單位會計制度的不健全、資產評估和審計方法的不完善，導致財務報表和有關發行文件陳述不全，數據虛假，在一定程度上誤導了投資者。

（2）交易方面。一是散布虛假信息，造謠惑眾，使一般投資者上當受騙；二是以自己龐大的資金實力，或者和其他人組成團伙，操縱某種證券的市場價格，使一般投資者上當，趁機從中漁利；三是公司的知情者利用內幕消息買賣證券；四是證券銷售者通過回購自己出售的證券，來製造虛假的火爆行情。

（3）證券商方面。有的證券商散布不實消息，勸說顧客買賣證券；還有的證券商非法挪用顧客資金為自己牟利。

（四）實現證券市場各項功能的需要

要實現證券市場各項功能的需要，一個良好的證券市場除了具有充當資本供求的橋樑、發揮金融媒介這一基本功能之外，還要具有進行產權複合和重組、優化資源配置、配合宏觀調控的實施等一系列重要的國民經濟服務功能。如果證券市場能

證券投資

夠健康發展，則它的融資功能就能得到正常的發揮，就能促進資本的有效配置，促進整個國民經濟的健康發展；相反，如果證券市場由於缺乏監管而混亂無序，則不僅不能發揮它的基本功能，而且可能會對國民經濟的發展起相反的作用，造成資源配置失誤甚至可能導致整個國民經濟的混亂。特別是證券市場發展到一定程度以後，社會融資結構發生了重大的改變，實現了金融證券化，這時候，很多宏觀經濟指標，如經濟增長、投資規模、物價指數、收入分配等，都與證券市場發生了密切的關係。

正是由於證券市場活動的複雜性、證券市場的波動性及金融對經濟的廣泛影響，現實中又存在著種種損害證券市場順暢運行的因素，為了實現證券市場的各項功能，必須對證券市場的運行進行有效的管理。

總之，證券市場是一個利益對立比較明顯的「零和博弈」場所，一方盈利，可能就是另一方虧損，如果對於每一個市場參加者追求自身利益的行為沒有一定的約束，那麼在利益發生衝突的過程中，某些人就會利用自身的優勢造成對他人的損害，所以，對證券市場的監管是十分必要的。

小卡片：證券市場離不開監管

1. 投資者之間實力、地位懸殊

在證券投資活動中，投資者的實力和地位存在著非常明顯的差異，與普通投資者相比，機構投資者具有資金、信息等方面的優勢，具有一定程度的左右證券價格的能力。因此，客觀上存在著具有優勢地位的投資者操縱市場、控制價格，從而損害中小投資者利益的可能性。所以，只有政府出面進行監管，才能保護處於市場劣勢地位的中小投資者的利益。

2. 證券市場中的經營者即券商之間存在不平等現象

有的券商可能享有某些經營方面的特權，而有的券商可能規模十分龐大，這些券商就有可能利用自己的特權或規模優勢構築市場堡壘，阻礙市場競爭。為了促進證券市場競爭機制的形成，防止部分券商搞壟斷經營，獲得排他性的高額利潤，也需要對證券市場進行合理的監管。

3. 信息不對稱現象的普遍存在

在證券市場中，信息不對稱是一個普遍的現象，券商、投資機構、上市公司高層管理人員要比普通投資者瞭解更加充分的信息，包括很多可能會影響市場變化趨勢的各種內幕消息。如果沒有市場監管措施，處於信息優勢地位的人就完全有可能利用自己掌握的信息牟取不當利益，從而嚴重破壞社會公正。同時，也會有人為了自己的私利，利用特殊地位散布虛假消息，愚弄普通投資者。

資料來源：《證券投資實務》精品課程網站 [EB/OL]．浙江金融職業學院，http://218.108.81.184/zqtz/．

第十章　證券市場監管

三、證券市場監管的意義

(一) 促使參與證券活動主體的利益合理化

證券市場監管是保護證券市場所有參與者正當權益的需要。證券市場活動的主體包括政府、企業、個人和證券經營機構。每種經濟主體又具有多重身分，他們既是證券供應者，又是證券需求者，有的還是證券市場的仲介人和管理者。他們之所以參與證券市場的發行、交易和投資活動，其共同目的是為了獲得經濟利益。如果證券市場因缺乏監管而混亂無序、投資過度、價格信號嚴重扭曲，廣大投資者的正常權益就得不到保障。如果對證券的發行、交易和投資行為缺乏必要的監管，不僅投資者的利益，而且發行公司及證券商的利益也得不到保障。因此，對證券市場進行系統規範的管理，是保障證券市場參與者正當權益的需要。

(二) 維護證券發行的公正性

在沒有明確的法律責任作為代價的情況下，一些證券發行單位會傳播種種有利於自己的信息，製作不真實的財務報表和資產評估證明等資料，以達到利用較低的發行成本來獲得較高的發行收益的目的，而這將使不知情的證券購買者遭受損失。由於股份公司面對著幾萬乃至幾十萬的投資者（股東），其發行不公正引起的后果要比非股份制企業會計制度不健全產生的后果嚴重得多。為了確保證券發行的公正性，必須制定有關法律法規。

(三) 實現投資者之間的公平競爭

證券市場上有各種各樣的投資者，這些不同類型的投資者對活躍和發展證券市場都是不可缺少的。然而，必須有一個平等的競爭環境，才能使不同類型的投資者踴躍投資；否則，如果少數人操縱證券市場，大量中小投資者缺乏從事市場交易的基本保證，他們就會失去進入市場的信心。尤其是外國投資者，他們對證券市場的法律環境更為重視。另外，如果證券市場的法律法規不健全，證券管理者和證券從業人員就可能利用其職權直接或間接地參與市場牟取私利，證券仲介機構也可能利用其地位壟斷市場。

(四) 保持證券市場的穩定性

證券市場的劇烈波動不僅會影響投資者的收益，而且會引起整個金融與社會的動盪。理論和實踐都已證明，對證券市場放任自流，期望其自由調整來實現穩定是不可能的；而由政府單純運用行政手段來實現這一目標也往往事與願違，難以奏效。因此，要保持證券市場的穩定，必須要有健全的法律法規。

(五) 提高證券的流動性與融資效率

如果沒有明確的法律法規，證券供給者、需求者和仲介者缺乏統一的、比較穩定的行為標準，證券交易的不確定性與風險性很大，就容易出現囤積居奇，或爭相拋售的現象，從而影響證券的正常流動，降低證券的融資效率。

證券投資

小卡片：新證券法加大對證券違法行為的處罰力度，提高證券市場監管的權威和效率

在證券市場監管中，長期存在監管手段不足、不能及時採取有效強制措施、行政處罰力度不夠、證券違法行為成本過低，不足以懲戒違法人員等問題。從2006年1月1日起施行的《中華人民共和國證券法》補充了監管機構的執法手段和監管措施，規定證券市場監管機構可以查閱和複製與被調查事件有關的財產登記、通信記錄等資料，可以查詢當事人和與被調查事件有關的單位和個人的銀行帳戶，凍結或者查封有證據證明已經或者可能轉移或者隱匿的涉案財產，可以限制涉案人員的證券交易。

《證券法》完善了行政處罰制度。對嚴重違法違規的人員以法律的形式建立證券市場禁入制度，懲戒上市公司和證券公司董事、監事、高級管理人員中的嚴重失信者。《證券法》還為打擊違法活動，保護投資者的合法權益提供了比較完備的法律依據，為及時、高效處理證券市場違法活動提供了法律保障。

第二節　證券市場監管的要素

一、證券市場監管主體

我國的證券市場機構主要由三部分組成：證券經營機構——證券商和投行；證券服務機構——證券登記結算、證券評級、證券信息、證券投資諮詢、證券融資、證券中立機構；證券市場監管機構——政府監管機構（證監會）和行業自律機構（證券交易所和行業協會）。

證券市場監管機構和自律組織即證券市場監管機構，是證券市場的重要組成部分，它根據證券法規對證券的發行和交易，以及各類市場主體的市場行為實施監督與管理，以維護市場秩序，促進證券市場的有序運行和健康發展。由於各國的證券市場監管模式不同，證券市場監管機構的設置也不盡相同。如美國採取的是集中立法管理模式，由美國證券交易委員會負責制定和執行證券法律，統一對證券市場實行監督和管理。以英國為代表的一些國家則採取自律管理模式，英國證券業理事會和證券交易所協會是證券市場監管體系的核心機構。另外，還有的國家採取政府機構，如財政部、中央銀行等為主體的監管機構體系。

《中華人民共和國證券法》對我國的證券市場監管機構作了詳細規定，國務院證券監督管理機構依法對證券市場實行監督管理，維護證券市場秩序，保障其合法運行。目前，中國證券監督管理委員會是直屬國務院的證券監督管理機構，全權負責對我國證券、期貨業的監管和建立全國統一的證券期貨監管體系。

證券自律組織是指各類證券行業性組織，它們根據證券法規和行業規定，履行

第十章 證券市場監管

法定職責,實施自我監管。《證券法》明確規定:「證券業協會是證券業的自律性組織,是社會團體法人。證券公司應當加入證券業協會。證券業協會的權力機構為由全體會員組成的會員大會。」目前,我國的證券行業自律性組織主要有上海證券交易所、深圳證券交易所和中國證券業協會。

任何國家發行證券都要受到證券管理機關的相應管理。在證券發行市場中,證券市場監管機構運用法律的、經濟的和必要的行政手段,對證券的發行進行審核、監督和管理,以維護證券發行市場的正常秩序和公開、公平、公正的「三公原則」。證券市場監管機構主要由政府監管機關和行業自律組織構成。目前,我國證券發行的管理機關是中國證券監督管理委員會及所屬的發行審核委員會。

小卡片:我國證券市場監管體制的發展變遷

我國證券市場監管體制模式變遷:從地方監管到中央監管,由分散監管到集中監管、多頭監管階段。1992年以前,證券市場監管以中國人民銀行為主導,原國家計委、財政部、原體改委等多方參與為格局,實際操作中由於多頭監管顯得十分混亂。

證券委員會和證監會統一監管階段。1992年,國務院設立證券委員會和中國證券監督管理委員會。其中證券委為證券市場主管機構,證監會為具體執行機構。

中國證監會集中監管階段。1998年,國務院決定將證券委與證監會合併為國務院直屬事業單位,同時將央行的證券市場監管職能移交證監會統一行使,地方證券市場監管機構改組為證監會派出機構,由證監會垂直領導。至此,我國集中統一的證券市場監管體制大體形成。

資料來源:趙麗莉.我國多元化證券市場監管體制構建的思考[J].商業時代,2009(21).

二、證券市場監管目標

證券市場監管的總體目標是建立一個高效率的證券市場,即一個既能充分發揮市場機制資金配置作用,同時又運行有序、合理競爭、信息透明度高、交易成本低、真正貫徹「公正、公開、公平」原則的市場。具體體現在以下方面:①促進全社會金融資源的配置與政府的政策目標相一致,從而得以提高整個社會資金的配置效率;②消除因證券市場和證券產品本身的原因而給某些市場參與者帶來的信息收集和處理能力上的不對稱性,以避免因這種信息的不對稱性而造成的交易不公平性;③克服超出個別機構承受能力的、涉及整個證券業或者宏觀經濟的系統性風險;④促進整個證券業的公平競爭。

證券市場監管目標的確定取決於兩個方面:一是證券市場監管的原因;二是證券產品和證券市場的特殊性。從證券市場監管的原因來看,之所以要對證券市場進行干預,施加某些限制,是因為如果不對其實施必要的限制和干預,證券市場自身的發展可能會偏離其預定目標,從而帶來人們所不願看到的結果。監管的目標就是

要消除或者部分消除證券市場自身發展所帶來的目標上的偏差,從而避免出現人們不願意看到的結果。

證券市場的所有功能,包括實現社會資金有效配置、進行產權複合與重組、引導資金流向、優化資源配置、配合宏觀經濟調控的實施等一系列功能,實際上也就是證券市場的預定目標。但是由於市場買賣的存在,再加證券產品本身的特性和證券市場所特有的結構,證券市場在運行過程中就會出現諸如無法完全實現社會資金有效配置這一預定目標,不能實現產權的複合與重組,不能合理引導資金流向,不能優化資源配置,不能配合政府宏觀經濟調控政策的目標等偏離現象,從而造成社會資金配置的不經濟或無效率、證券業的競爭過度或者競爭不足,最終導致整個經濟的無效率和福利水平的下降。為了消除和減少這些負面影響,必須對證券市場實施監管,約束每個個體的行為,盡可能地消除或避免證券市場失靈所帶來的資金配置不經濟、不公平競爭以及由此帶來的整個金融市場和宏觀經濟不穩定的后果,以確保市場機制能夠在證券領域更好地發揮其應有的作用。

證券產品的虛擬性、價值確定過程的特殊性以及價格的預期性和波動性都表明證券產品是一種特殊產品,再加上證券交易過程中普遍使用的信用手段和集中交易的方式,使得證券市場成為一個特殊的市場,具有特殊強烈的信息決定性和內在的高投機性和高風險性,很容易出現信息不對稱和價格操縱,同時,風險的形成、累積、擴散都非一般商品市場可比擬。證券產品和證券市場的這種特殊性要求在信息的公開披露方面和交易風險的控制方面對其採取特殊監管,一方面消除信息不對稱所造成的交易不公平;另一方面防止風險擴散超出市場所能承受的限度。

簡言之,證券市場的監管目標是運用和發揮證券市場機制的積極作用,限制消極作用;保護投資者利益,保障合法的證券交易活動,監督機構合法經營;防止人為操縱、詐欺等不法行為,維持市場正常秩序。

三、證券市場監管的對象和內容

證券市場監管的對象和內容就是對什麼進行監管,這顯然是證券市場監管的核心,目前經濟學界對此的認識還不完全一致。絕大多數經濟學家認為政府應該對那些明顯損害他人利益和公共利益的證券犯罪行為實施干預,但對諸如某種證券產品或證券服務的供應量和價格實施政府控制,給某個證券產品或某種證券服務提供補貼或者採取不同的稅收政策,對證券仲介的各種活動進行監督,給投資者或者相關團體提供必要的信息甚至規定證券商和證券交易所的作息時間等行為,經濟學家們的看法往往很不一致,有些人認為政府必須對此進行干預,有些人則認為應該留給證券市場本身決定。

證券市場監管的對象涵蓋參與證券市場運行的所有主體,既包括證券經紀商和自營商等證券金融仲介機構,也包括工商企業和個人;還包括證券市場的參與者以

第十章　證券市場監管

及他們在證券市場上的活動和行為。但是，在涉及證券市場的全部活動和行為中，有哪些是必須受到監管的活動和行為？它們應該包括哪些具體內容？它們的範圍又如何確定？對這些問題的回答首先取決於證券市場監管對象本身，取決於證券市場監管對象的性質和特點；其次還取決於人們對證券市場監管目標的認識，取決於所使用的監管手段和監管工具，取決於證券市場監管所涉及的成本。對所有這些問題的回答，在不同的時間、不同的地點、不同的環境下都可能是不同的，這就是為什麼經濟學家對此會持有不同的看法。而各國證券市場監管的實踐又是千差萬別的，這也是證券市場監管靈活性的體現。因此，在確定證券市場監管的對象和內容範圍時，必須從市場機制本身的缺陷、證券產品和證券市場的特殊性、證券市場的發育程度以及監管者所面臨的特殊環境和條件等各方面進行具體的分析才能得到具體的、合理可行的結果。

在市場經濟條件下，首先是由於在證券市場同樣存在的壟斷、外部性、產品的公共性、信息的不完整性、過度競爭所帶來的不穩定性以及分配的不公平所造成的市場失靈，會導致證券產品和證券服務價格信息的扭曲，導致社會資金配置效率下降，所以社會必須通過一定的手段避免、消除或部分消除由證券市場機制本身引起的證券產品和證券服務價格信息扭曲，以實現社會資金的有效配置。其中一個重要的手段就是對容易產生上述現象的活動和行為實施監管。但是，必須注意，並不是證券領域的一切活動和行為都屬於證券市場監管的內容，只有證券市場失靈的部分才有可能成為證券市場監管的內容。

同時，根據經濟學家的研究結果，壟斷、外部性、信息不對稱性、過度競爭等容易引起價格信息扭曲以至市場機制失靈的現象往往發生在資本密集型、信息密集型、高風險型和屬於公共產品或準公共產品的行業，證券業屬於這類行業。證券產品價值的信息決定性和虛擬性、證券交易的集中性和普遍採用的信用交易手段，都會造成證券市場比其他市場高得多的信息不對稱性和風險性，因此，對信息披露的風險監管將是證券市場監管的關鍵。

再者，從證券市場監管的成本和效果來看，雖然經濟學提出了三種消除市場失靈的手段，但三種手段的成本和效果都是不同的。一般來說，為了充分發揮市場機制的作用，對於通過政府財政經濟金融政策引導證券市場就能解決的市場失靈問題，通常都訴諸財政經濟金融政策；在政府直接提供證券服務失效或者成本太高的情況下，才考慮採用監管的做法。在很多時候，為瞭解決證券市場失靈問題，所採用的往往是多種手段並用的做法。

最後，在選擇證券市場監管的對象和內容時，還必須考慮到證券市場的發育程度以及監管者的能力、監管環境和監管條件。通常，在市場經濟比較發達、證券市場發育比較完善、監管者能力較強、監管環境和監管條件較好的情況下，對證券市場監管對象和內容的選擇餘地就比較大，此時就可以更多地從監管成本和效果的角度加以考慮；而在市場經濟欠發達、證券市場發育不夠完善、監管者能力有限、監

證券投資

管環境和監管條件又不盡如人意的情況下，對證券市場監管對象和監管內容的選擇餘地就會大大縮小，此時，可能會更多地考慮為了實現某一個監管目標而選擇特殊的監管對象和特殊的監管內容。

從證券市場監管的實踐來看，絕大多數國家把證券市場監管的直接對象定位在證券市場的參與者上，只是在監管的具體內容上有所差別。由於證券市場是由證券產品市場、證券服務市場和證券信用市場三個子市場組成，因此，一般說來，這三個子市場的參與者都將成為證券市場監管的對象，包括發行各種證券的籌資者（政府、企業），投資各種證券的投資者（政府、企業、個人），為證券發行和證券投資提供各種服務的仲介機構（證券公司、證券交易所、證券登記結算公司、證券託管公司、證券投資諮詢公司、證券律師、會計師和評估師等）以及為證券發行和證券投資提供各種融資融券業務的機構和個人。而證券市場參與者在市場上的一切行為和活動以及由這些行為和活動所產生的各種關係和后果，都有可能成為證券市場監管的內容。其中涉及證券的發行、承銷、交易、代理、投資諮詢、交易組織及場所提供，發行與交易過程的信息披露，與發行相關的資產評估、審計、法律事務，證券商對發行者的融資，證券商對投資者的融資融券，其他金融機構和投資者對證券商的融資融券等活動以及由於這些活動而產生的發行者與投資者之間、投資者與投資者之間、仲介機構與發行者之間、仲介機構與投資者之間、仲介機構與仲介機構之間發生的證券信用行為的各方之間的關係。

簡單來看，證券市場監管的內容是指證券市場監管機構對證券進行監督管理涉及的範圍和項目，主要應該包括證券市場的制度管理、市場主體的資格管理、市場參與者的行為管理、證券管理機構的內部管理等方面。

小卡片：操縱市場行為舉例

（1）通過單獨或合謀，集中資金優勢、持股優勢聯合或連續買賣，操縱證券交易價格；

（2）與他人串通，以事先約定的時間、價格和方式相互進行證券交易或者相互買賣並不持有的證券，以影響證券交易的價格和數量；

（3）以自己為交易對象，進行不轉移所有權的自買自賣，影響證券交易的價格和數量；

（4）以其他手段操縱證券市場。

四、證券市場監管手段

1. 採取證券市場監管手段必須遵循的原則

（1）合法原則。證券市場的一切活動和行為都必須合法進行，一切證券市場監管都必須依法實施。

第十章　證券市場監管

（2）公正原則。證券市場監管部門在實施監管的過程中，必須站在公正的立場上秉公辦事，以保證證券市場的正常秩序，保證各方面的合法權益。

（3）公開原則。證券市場監管的實施過程和實施結果都必須向有關當事人公開，必須保證有關當事人對證券市場監管過程和監管結果方面信息的知情權。

（4）公平原則。證券市場監管的實施要考慮到證券市場全部參與者的利益，保證交易各方在交易過程中的平等地位，不得有任何偏袒。

（5）系統風險控制原則。證券業屬於高風險行業，其風險主要表現在兩個方面：單個產品所特有的個別風險和整個證券市場都面臨的系統風險。個別風險應當由證券產品購買者或持有者自己承擔，證券市場監管主要是控制證券市場的系統風險。

2. 證券市場監管手段

從一般的市場管理手段來考慮，通常認為，為了消除市場失靈的負面作用，政府可以採取相應手段：直接對市場參與者的行為實施監管，通過財政經濟金融政策進行引導以及直接參與市場交易。同樣，政府對證券市場的干預也可以採取以下三種形式：

一是直接對證券市場的活動和行為進行干預和規範。證券市場監管者可以通過制定各種規定，限制進入證券業企業的數量，或者通過直接給某種證券產品或者證券服務規定一個價格或利潤率，來達到控制該證券產品或證券服務供應量的目的，即通過證券市場監管的手段來實現對證券市場的干預。

二是先對影響證券市場參與者行為和活動的各種因素進行干預，以改變這些因素的作用方向或者作用程度，然後間接地影響證券市場參與者的行為和活動。監管者也可以先通過稅收、利率等財政金融政策來影響證券市場參與者的投資和籌資行為，從而間接地達到控制某種證券產品或證券服務供應量的目的，即通過經濟政策的手段來完成對證券市場的干預。

三是政府直接在證券市場上買賣證券產品或提供證券服務以及證券信用。政府作為市場的直接參與者，通過直接向其他市場參與者提供證券服務、提供融資融券以及買進或拋出證券來實現改變證券產品和證券服務價格、調控證券市場供求關係的目的。一般來說，經濟政策的代價最小，監管次之，直接介入市場的代價最大。因此，能夠通過經濟政策解決的證券市場失靈問題，通常就選擇經濟政策手段；通過經濟政策手段不能解決的證券市場失靈問題，再考慮監管手段和政府直接介入市場的手段。可見，證券市場監管實際上只是政府管理證券市場的手段之一。

如果選擇監管作為調控證券市場的手段，那麼，原則上講，證券市場監管主體就可以通過法律、行政和經濟等手段就證券產品和證券服務的定價和利潤水平、種類、產量和供應量、質量、交易過程以及從事證券產品發行和證券服務供應的企業的准入和退出等進行監督和調控。

證券產品價值的信息決定性和虛擬性、證券交易的集中性和普遍採用的信用交易手段，造成證券市場比其他市場高得多的信息不對稱性和風險性。因此，強制性的信息披露制度和各種風險控制措施必然成為證券管理的主要手段。

● 第三節　證券市場監管的範圍與內容

證券市場管理的範圍十分廣泛，從證券的發行到證券的交易，從場內交易到場外交易，只要有證券交易活動，都要納入管理的軌道。總的來說，證券市場的監管包括以下四個方面的內容：

一、證券發行的監管

發行新證券是證券投資的起點，所以證券市場監管也是從證券發行開始的。證券發行監管的主要目的是規範證券發行活動、強化發行者的信息披露、防止虛假集資的詐欺行為、保護投資者的正當利益。

證券發行監管是指證券管理部門對證券發行的審查、核准和監控。對證券發行的管理是整個證券市場管理的基礎。管好證券的發行市場對建立穩定的證券流通市場有著重要意義。對證券發行進行監管，一方面可以盡可能消除因證券發行定價機制不能完全體現市場機制作用而造成的發行市場的各種缺陷，以及由此造成的證券發行市場的無效性或者低效性；另一方面可以修正證券發行市場上因證券產品各個方面的特殊性所引起的市場機制失效以及帶來的發行價格扭曲，由此促進資本市場從無效、低效向高效發展，加速有效資本市場的形成，使證券發行市場能夠真正發揮其資本配置的功能。

從第一個方面來說，就是要在投資者缺位（投資者缺乏參與證券產品發行定價的權利、發行者單獨或者與承銷商一起壟斷發行價格的決定權的情形）的前提下保證證券發行的定價盡可能地公平，盡量使投資者的利益不至於因其缺位而受到損失。為了做到這一點，必須對證券發行者、證券承銷商、證券投資者的資格進行審核，對不同發行方式下的發行條件進行審核，對整個發行過程進行審核。從第二個方面來說，要盡可能保證投資者能夠獲得足夠的和真實的關於所發行證券的信息，便於投資者做出相應的投資決策，盡可能避免因信息不對稱和證券產品投資價值不確定、發行價格與投資價值嚴重背離等因素給投資者造成的利益損失。因此，證券發行審核制度和證券發行信息披露制度就成為證券發行監管的核心。

證券發行申請註冊制度的意義在於信息分流，把真實的信息輸入證券市場，把不真實的信息摒棄於證券市場之外，為籌資者和投資者提供一個公平競技場，為證券市場機制的有效運轉提供一個重要的外部條件。

由於證券發行監管是整個證券市場監管的第一道閘門，對證券發行監管的好壞將直接影響交易市場的發展穩定，因而，世界上絕大多數國家對證券發行實施嚴格監管。按照證券發行審核制度和信息披露制度的不同搭配劃分，世界上各國證券發

第十章 證券市場監管

行監管主要分為兩種制度，就是核准和註冊制。它們的共同點是發行證券必須經過一定的法定程序，以控制新發行證券的質量。

1. 註冊制

註冊制即所謂的「公開原則」，是指證券發行者在公開募集和發行證券前，需要向證券市場監管部門按照法定程序申請註冊登記，同時依法提供與發行證券有關的一切資料，並對所提供資料的真實性、可靠性承擔法律責任。在註冊制下，監管部門的權力僅限於保證發行人所提供的資料無任何虛假。如果發行者未違反上述原則，監管部門則應該準予註冊。因而註冊制是以信息披露制度為核心的一種證券發行監管制度。在註冊制度下，只要發行者提供正式、可靠、全面的資料，一些高風險、低質量的公司證券，同樣可以上市，證券市場監管機關無權干涉。註冊制一方面為投資者創造了一個高透明度的市場，給予投資者投資決策的自主權，排斥行政機構對資源配置的干預，因此手續相對比較簡便，效率比較高；另一方面又為投資者提供了一個公平競爭的場所，在競爭中實現優勝劣汰和資金的優化配置。但是，註冊制也存在著明顯的缺陷。它發揮良好作用的前提是信息披露的充分性，投資者能夠根據所獲得的信息做出理性的投資決策。其對投資者保護程度較弱，對證券發行中的誤導、「包裝」行為缺乏有效的制約力，使發行市場的風險較大。從這一點來看，註冊制比較適合於證券市場發展歷史比較悠久、市場已經進入成熟階段的國家。

2. 核准制

核准制即所謂的「實質管理原則」，是指證券發行者不僅必須公開有關所發行證券的真實情況，而且所發行的證券還必須符合公司法和證券法中規定的若干實質性條件，證券市場監管機關有權否決不符合實質條件證券的發行申請。中國目前對證券發行的監管屬於核准制。雖然各國國情差別較大，具體情況也各不相同，但是實行核准制的國家在規定實質條件時都考慮了以下這些因素：①發行公司的營業性質，管理人員的資格能力；②發行公司的資本結構是否健全；③發行的所得是否合理；④各種證券的權力是否公平；⑤所有公開的資料是否充分、真實；⑥發行公司的發展前景及事業的成功機會，等等。核准制在信息公開的基礎上，又附加了一些規定，因而它是證券發行審核制度與信息披露制度相結合的產物。在核准制下，可以把一些低質量、高風險的公司排除在證券市場門外，從而在一定程度上保護了投資者的利益，減少了投資的風險性，有助於新興證券市場的發展和穩定。但是，它很容易導致投資者產生完全依賴的安全感，而且監管機關的意見未必完全準確，尤其是它使一些高成長性、高技術和高風險並存的公司上市阻力加大，而這些公司的發展對國民經濟的高速發展具有巨大的促進作用。顯然，核准制對證券發行的管理比較嚴格，對投資者利益保護的作用較強，但是發行申請手續比較複雜，發行效率相對較低。

從理論上講，核准制比較適合於證券市場歷史不長、經驗不多、投資者素質不高的國家和地區，也就是處於無效和弱式有效的資本市場。因為在一些新興資本市

證券投資

場上,由於廣大投資者缺乏對信息的實質性判別能力,而且市場上也缺乏足夠的有相當業務水平和道德水平的投資服務機構。為了使市場能夠健康發展,而不至於因上述問題引來很大的風險,政府就應當承擔起對發行證券企業的實質性審查的責任。

二、證券交易的監管

證券在一級市場發行後,就要進入二級市場交易。因此,我們不僅要對證券發行進行管理,還要對證券交易進行管理,以監督證券運動的全過程。

對證券交易的監管是為了保證市場機制在證券交易價格的形成過程中能夠發揮正常的作用,使得交易價格能夠真正反應證券交易市場的供求關係。一方面是消除因證券交易定價機制不能完全體現市場機制作用而造成的證券交易市場的各種缺陷以及由此造成的證券交易市場的無效性或者低效性;另一方面是修正證券交易市場上因證券產品各個方面的特殊性所引起的市場機制失效及其帶來的證券交易價格扭曲。由此促進交易市場從無效、低效向高效發展,加速有效交易市場的形成,使得證券交易價格能夠真正體現實際資本的運行狀態,證券價格變化能夠真正反應實際資本的供求變化,交易市場能夠真正發揮其資本配置的功能。證券交易的監管包括證券交易的註冊管理和證券交易的行為管理兩部分內容。

(一) 證券交易的註冊管理

各國證券交易所對證券上市標準的規定不盡相同。對證券上市標準的比較,主要涉及對股票上市標準的比較。對於債券上市標準,一般都是針對企業債券而言,政府債券通常享有豁免權,可直接在交易所上市。但是一般說來,都包括資本額、公司業績、股權分佈狀況、公司最低營業年限和其他條件等幾個方面的內容。

1. 證券交易所市場交易的註冊管理

為了保證在證券交易所上市證券的質量,必須規定證券進入證券交易所的條件。它主要包括證券發行企業在本行業中的相對地位及其穩定性、企業產品的適銷程度、企業的資產總額、上市股數及股東構成等。

證券發行企業在送呈證券上市申請時,還必須附上企業的業務經營性質、經會計師事務所審核簽證的財務報表等有關資料。

證券發行企業如果漏報、謊報企業財務狀況等情況,導致證券交易雙方遭受經濟損失,企業就必須承擔民事責任,賠償受害者的經濟損失,有關當事人還要受到法律制裁。

證券上市獲得批准後,如果企業發生經營性質的改變、董事或主要管理人員的變動、財產和股權的處理、企業章程的修改、企業買回其所發行的證券,以及其他對本企業財務狀況有重大影響的事件等變故時,應及時通知證券交易所。

2. 場外市場交易的註冊管理

不符合進入證券交易所標準的證券,只能在場外交易市場交易。場外交易市場

第十章 證券市場監管

的流動性、穩定性都不如證券交易所,為了保護投資者的利益,也必須對場外交易的證券進行註冊管理。

在場外交易的證券發行者必須公開其財務狀況,董事、監事及大股東的股份變動情況;對漏報的企業要求其補報,對謊報的企業予以懲罰,以保證信息的真實性。

3.「內幕人士」交易的註冊管理

為了防止「內幕人士」利用他們所掌握的內幕信息操縱市場牟取暴利,凡是進行個人交易的「內幕人士」都要向證券交易所進行證券交易的個人註冊,並隨時把買進、賣出證券的情況向證券交易所匯報。若違反上述規定,隱瞞證券交易情況,則要受到懲罰。「內幕人士」個人證券交易的註冊制度是為了監督其證券交易行為,防止非法投機活動。我國《證券法》第 67 條明確規定,禁止證券交易內幕信息的知情人員利用內幕信息進行證券交易活動。

(二) 證券交易的行為管理

為了維護證券流通市場的交易秩序,我們還必須對所有的市場參與者的交易行為進行管理,以防止出現壟斷、詐欺、假冒、內外勾結等不法行為。

要禁止證券市場上的壟斷行為,就要禁止證券交易者採用轉移證券手段的買空賣空、製造市場交易的假象;禁止證券交易者與他人共謀,以約定價格大量買進或賣出某種證券;制止哄抬或哄壓證券價格的行為。

要防止證券市場上的詐欺假冒行為,就要禁止在證券市場上無實際成交意願的空報價格,欺騙交易對手的行為;禁止編造和散布影響市場交易秩序和市場行情的謠言;禁止公布有關證券發行和交易的虛假信息,禁止採用蒙騙、威嚇等手段勸說或強迫公眾買賣證券。要防止「內幕人士」把內部信息出賣給他人,以牟取個人私利,就必須制定有關法律,採取一系列措施來進行監督管理。

對個體投資者的監管重點是控制內幕交易,通常採取內幕人員交易登記制度和市場准入制度。我國目前實行個體投資者的市場准入制度,明確規定黨政機關幹部、證券管理部門和證券交易所的管理人員、證券經營機構的從業人員、與證券發行單位有直接行政隸屬關係的人員以及其他與證券發行、交易有關的人員不準直接或間接為自己買賣證券。

對機構投資者的監管目標,是防止壟斷行為,控制市場風險,創造公平、有序的投資環境。監管的內容包括設立監管和投資行為的監管。在設立監管方面,主要是由證券主管部門根據申請人的條件決定是否批准其從事證券投資業務,主要條件包括資本金的規模、投資政策、管理人員的素質等。而對投資行為的監管有兩個重點:控制投資風險、防止操縱市場。控制風險的具體方法,一是對投資方向進行監管,禁止或限制對某些高風險領域的投資;二是對投資比例進行監管,禁止對某一類證券進行過分集中的投資。防止操縱市場則通過日常的監督和檢查來實現,一經發現給予適當的處罰。

在交易所交易的監管方面,一要讓所有投資者都能理解和把握證券產品的投資

證券投資

價值，通過建立證券上市制度和信息披露制度，幫助投資者從新證券進入交易市場一開始就能夠比較好地理解和把握證券產品的投資價值；二要採取各種措施禁止各種操縱證券交易價格的行為，盡可能地減少各種非市場因素所造成的證券交易價格的不必要波動；三要通過實施嚴格的強制性信息披露制度保證信息披露的數量、質量和連續性，同時採取措施禁止那些壟斷信息的投資者利用所壟斷的信息進行所謂的「內幕交易」，也禁止投資者利用虛假信息進行詐欺性交易，牟取不當利潤；四要通過「斷路器」等技術性措施，在證券交易市場出現大規模動盪時盡可能地給投資者爭取改變投資決策的時間，阻延風險擴散的速度，緩和因證券交易價格大幅度波動而造成的衝擊。

證券交易監管的核心是禁止在證券交易中採用詐欺手段蒙騙投資者，或用不正當手段操縱證券價格，或利用特殊地位和關係進行內幕交易等損害其他投資者利益的行為，維護證券交易的公平和秩序。各國法律對於上述違法交易行為都規定了嚴厲的處罰辦法，除了承擔民事責任以外，嚴重的還要承擔刑事責任。為強化對證券交易的即時監管，主管機構通常建立起先進的電腦監控系統，以便及時發現可疑的交易活動，隨時進行跟蹤調查。

三、對證券交易所的監管

（一）對開設證券交易所的管理

證券交易所不僅是證券交易的重要場所，而且是管理和監督證券交易的重要組織機構。世界上許多國家的證券交易所在國家對證券市場的管理中，都起著十分重要的作用。為了充分發揮證券交易所在證券市場中的作用，首先要對證券交易所進行管理。對證交所的監管主要表現在對其設置的監管和日常營運的監管。對證券交易所日常營運監管的主要內容包括：監督交易所章程的實施；實行定期和重大事件報告制度；對日常證券交易活動進行定期檢查和不定期的突擊檢查；對交易所的違規行為進行處罰等。

國際上對證交所設置的管理有承認制、註冊制和特許制這三種主要的制度。承認制是最寬鬆的，如在英國只要提供證交所章程，並承諾遵守證券交易的法律和法規，就可以得到主管部門的承認，設立證券交易所。註冊制要嚴於承認制，設立證交所必須提交其章程等文件，向證券主管部門提出註冊申請，主管部門在確認其申請文件符合證券法律和法規的前提下，才允許其註冊登記，設立證券交易所，美國目前採用的是註冊制。特許制是最嚴格的，主管部門不僅要審查申請文件是否符合證券法律和法規的要求，而且還要根據經濟發展的需要和國家經濟佈局的需要等情況，決定是否批准其申請。獲得特許批准才可以設置證券交易所，我國目前採用的是特許制。我國於1993年7月7日發佈了《證券交易所管理暫行辦法》，規定設立證券交易所必須由國務院證券主管機關審核，報國務院批准。證券交易所出現章程

第十章　證券市場監管

規定的解散事由，由會員大會決議解散的，經證券主管機關審核同意後，報國務院批准解散。證券交易所有嚴重違法行為的，由證券主管機關做出解散決定，報國務院批准後實施。

(二) 對證券交易所行為和場外交易市場的監管

對證券交易所行為的管理監督，主要是為了監督證券交易所是否貫徹其規章制度，檢查公開的文件資料是否屬實，交易行為有無違反法律法規，等等。對於發現有違法行為的，要嚴加阻止，以維護市場秩序，促使市場機制正常運行。

對場外交易市場的監管，由於場外交易市場有交易地點分散、組織形式松散、交易品種繁多、交易方式自由的特點，因此相對於證券交易所行為的監管困難一些。各國傳統上對場外交易通常以自律監管為主，由從事場外交易的券商所組成的自律組織制定行業管理的制度和規則，規定交易證券的條件，對交易活動進行約束。20世紀70年代以后場外交易的市場秩序有了明顯好轉，因為，一方面隨著電子計算機應用的普及，場外交易市場之間的聯繫更加緊密，為場外交易市場的規範化提供了技術手段；另一方面政府主管部門也加強了對場外自律組織的指導，通過對場外交易商的註冊登記和對場外交易商的章程和規則的審查，實施必要的管理，從而進一步促進了場外交易市場自律組織自發地對操縱市場和內幕交易等違法行為進行處罰，限制不合理的佣金和差價，保護投資者的利益。

四、對證券商的監管

證券經營商是聯繫證券投資者和證券發行者的橋樑和紐帶，是證券投資活動中不可缺少的媒介，加強對證券經營機構的監管具有重要的意義。對證券經營機構的監管與對交易所監管一樣，主要是設置的監管和日常業務的監管，包括對證券商資格和資金的監管、對證券商行為的監管等。

(一) 對證券商資格的監管

1. 證券商設立的審查批准機構

由政府機構直接進行證券商的資格審查，核發許可證已經成為國際上通用的做法。有所區別的是，有的國家，只要經過政府部門批准就可自動成為證券交易所會員、證券同業公會會員，如日本、韓國等。而有的國家在政府機構批准之后，並不一定被證券交易所吸收為正式會員。也就是說，並不一定能取得完全的證券商資格，如美國、英國等。證券交易所和證券同業公會對推薦和選舉程序、購買會員席位等的規定有相對獨立的規定和審批權力。

在中國，凡是經營證券業務的證券經營機構都必須經中國證監會批准，發給「經營許可證」，再到工商管理部門辦理營業執照。

2. 取得證券商資格的主要條件及限制

採取註冊制設立的證券商，必須具備以下條件：達到註冊資本額的最低標準；

繳納保證金；從業人員要具有相應的知識、經驗與能力；通過專門的考核。

採取特許制設立的證券商，必須具備下列條件：擁有足夠的註冊資本金，具有相應的知識、技能與經驗；信譽良好。

關於證券商的組織形式，各國的規定都不一樣。目前，比利時、丹麥等國家仍然採取個人或合夥制的形式。德國和荷蘭的法律明確規定，證券商可以採取多種組織形式，但實踐中只限個人或合夥的形式。馬來西亞、新西蘭、南非等大多數國家和地區的理論與實踐均允許採用個人或公司法人形式。而新加坡、巴西等國的法律則允許採用公司法人的形式。不過，證券商漸漸地採用公司法人形式，是一個必然的發展趨勢。

3. 證券商申請審批程序及必備文件

各國的法人公司和自然人，若想成為證券商，從事證券經營，首先要按照該國法律及有關證券商資格的規定，符合者即可向該國證券市場監管機構提出申請。若經審查，監管機構認為符合條件的發給特許證。申請人同時要提供以下資料：①推薦信或推薦書。有的國家要求大銀行推薦，有的國家要求大的證券商推薦。②會計師事務所開具的資信證明和驗資報告。③股份制公司要提供公司章程和合資公司合同。④房產證明或租賃房產證明，以上房產應該是可以用於營業的。⑤公司法人、董事、監事、經理人員等主要從業人員履歷，即過去從事金融工作業績的證明，等等。

在實行會員制管理的證券交易所，申請人必須辦理入會手續才能成為正式會員證券商。有的國家證券交易所獨立性很強，有一套獨立的審查程序和條件，除了要求提供與證券市場監管機構相同的文件資料外，還著重在以下方面進行審查：要求入會的申請人必須有實際經營證券的資歷或者是銀行家；必須有規定的資產限額；外籍人士入會必須提供加入本國國籍年限證明，或長期居住的年限證明。有的國家證券交易所還要求老會員出具擔保證明。

(二) 對證券商資金的監管

為了保證證券商履行其職責，各國和地區對證券商的資金均有規定，一般表現在以下幾個方面：

(1) 規定最低的資本額。如荷蘭為5萬荷蘭盾；丹麥為25萬丹麥克朗；盧森堡為1000萬盧森堡法郎；德國經紀商為10萬德國馬克，經紀商兼自營商為40萬德國馬克；臺灣地區規定承銷商為4000萬新臺幣，自營商為1.5億新臺幣，經紀商為1000萬新臺幣，經營兩種以上證券業務者按上述規定分別計算；中國大陸規定證券商須擁有1000萬元人民幣，自營商為2000萬元人民幣。未達到最低註冊資本額的，不得經營證券業務。

(2) 提存保證金。這是最早運用也比較流行的一種方式。各國對提供保證金數額的規定不一，如法國為2000萬法郎；丹麥為10萬丹麥克朗；德國經紀商為5萬德國馬克，經紀商兼自營商為20萬德國馬克；日本法律為保證證券商承擔法律責任，規定了三種保證金：①交易損失保證金，該保證金只能作為補償買賣證券的損

第十章　證券市場監管

失，提取的比例為股票買賣收益的30%。②收益保證金，證券商應提取收益額的20%作為收益保證金。③證券交易責任保證金，該保證金用於證券買賣及其他交易事故而產生的損失；我國規定證券商必須按監管機關規定提取一定比例的營業保證金，此外還必須按盈利額3%以上的標準提取證券交易風險金。保證金的用途為：彌補證券交易及其他業務因事故而發生的損失；賠償因證券商的失誤而對客戶造成的損失等。

法律通過對證券商財務的嚴格規定，達到增強證券商的風險控制能力，維護證券商債權人合法權益的目的，並且在證券事故發生後，使受害方能獲得及時賠償。

（3）自營交易額的規定。我國規定，證券公司帳戶保持有的證券市價總額不得超過公司資本金的80%；同一種證券的持有量不得超過公司資本金的30%；持有同一企業股票量不得超過該企業股份總額的5%和本公司資金的10%；證券交易營業部用於購買證券的資金不得超過其運行資本的50%。

（三）對證券商行為的監管

對證券商行為的監管是指對證券商的經營活動及其從業人員、管理人員的行為進行監督管理。證券商必須定期向證券管理機構匯報其所有的經營活動，證券管理機構根據證券商的匯報組織調查，監督證券商的行為有無違反法律或其他規章制度。對犯有隱瞞、詐欺、操縱證券價格等違法行為的證券商，要依法懲處，撤銷證券商的註冊，並處以罰款。同時，證券交易所、證券業同業公會對規範證券商的行為一般都實行比較嚴格的自律監管。

（1）證券商最容易出現的詐欺舞弊行為有：擾亂證券市場價格；散布虛假信息；故意炒作；內外勾結、與交易所管理人員共同舞弊；隱瞞實際收入；利用證券信用進行投機；騙取客戶資金為自己謀利。自律組織制定規章制度從道義上建立起一種證券商彼此監督、彼此制約的機制，以最大限度地防止證券交易中的詐欺行為。

（2）證券商行為約束的基本要求。各國證券商自律組織制定監管章程，對證券交易行為的約束條款一般以下列原則為基本出發點：使投資者獲得公正和公平對待的原則；彼此披露原則；禁止操縱原則；維護市場穩定原則；不得兼職原則；客戶優先原則；不違法謀取收入的原則。

（3）證券商自律組織對證券商違法行為的處罰。證券商違規行為主要指不道德的、有意識破壞正常交易的行為（違法行為由法律制裁或交政府證券市場監管機構處理）。在西方，證券業同業工會等自律組織均有較大的自治權，包括對證券商的懲戒權利。證券商出現違規行為，自律組織有權處罰，處罰的主要措施有：警告——要求證券商撤換從業人員、罰款直至開除會員席位。對證券商的處罰通常由仲裁委員會做出，仲裁委員會一般由會員選出，表決結果為最終結果。

（四）對證券商日常業務的監管

在日常業務的監管方面，主要分為承銷業務、自營業務和經紀業務的監管三大塊。

證券投資

對承銷業務的監管重點是：承銷商必須保持資產的流動性，以應付證券未能全部售出的經營風險；承銷商必須定期向主管機構報告承銷經營情況和財務情況，並接受主管部門的檢查；嚴禁承銷中的各種舞弊行為，對於虛報、隱瞞發行人真實情況欺騙投資者，超標準收費等違法行為進行嚴厲處罰。

在自營業務的監管中特別突出的重點是：在交易中要嚴格執行客戶優先的原則；券商的自營業務與經紀業務必須嚴格區分，不得混淆；禁止自營商為達到操縱價格、非法牟利的目的而大量買進或賣出證券；要求自營商定期向主管部門報告自營情況，並接受主管部門的檢查。

對經紀業務監管的重點主要集中在：要求經紀商必須嚴格按照客戶的委託買賣證券，未經委託不得擅自買賣；經紀商不得與客戶建立所謂的「全權委託」關係，代替客戶進行證券的炒作，以防止風險；經紀商必須為客戶提供客觀的諮詢和行情分析，禁止向客戶提供虛假的信息和誇張的行情分析；經紀商必須將客戶帳戶與自營帳戶嚴格區分，禁止挪用客戶資金和證券。

第四節 證券市場監管體系

證券市場監管包括證券監督和管理兩個方面的內容。確立有效的監管體制模式，能夠提高監管的效率，避免證券市場過分波動。2005 年 10 月修訂的《證券法》，進一步加強了我國的證券監督體制，目前我國已經形成了以政府，即中國證券監督管理委員會（簡稱「證監會」）監管為主導的集中監管和市場自律相結合的市場監管體系。但實踐中，政府型監管體制的局限以及市場監管的失靈導致證券市場監管出現漏洞。為有效規範不斷發展的證券市場，構建包括社會監督在內的多元化監督體制就具有重要的理論意義和實踐意義。

一、證券市場監管的三種模式

證券市場監管作為經濟監管的一個組成部分，其監管體系包括三個方面的內容：證券市場監管的法律體系、證券市場監管的制度體系和證券市場監管的組織執行體系。證券市場監管的法律體系從法律制度的角度界定了證券市場監管過程中有關當事人（證券市場監管主體和監管對象）的法律地位，規定每一方當事人在監管過程中的權利和義務；證券市場監管制度體系從當事人自身行為的角度展現出有關各方在監管過程中的互動關係，說明某一方當事人出於本能或者在外部刺激下可能做出的反應以及對其他當事人的影響；證券市場監管的組織執行體系描述的是證券市場監管主體具體實施某項監管時所採取的手段、步驟和具體做法。

由於歷史原因和各國的具體情況不同，世界各國在證券市場監管的指導思想、

第十章 證券市場監管

制定的法律、採取的管理方法和主管機構等方面都存在著一定的差異。

（1）在證券市場監管的指導思想上，對於證券市場監管的認識有兩種截然不同的觀點：一是從政府應該採取自由放任政策，讓「看不見的手」自動調節的理論觀點和政策主張出發，反對政府對證券市場進行干預，要求給市場參加者以充分的自由度。二是從市場自發調節具有先天性缺陷，應當對市場進行干預和調控的理論觀點和政策主張出發，要求政府對證券市場進行適當的監管。在證券市場發展早期，前一種觀點占上風，有關證券市場的法規很少，監管比較寬鬆。而1929年的世界經濟大危機和嚴重股災，使人們認識到對證券市場進行監管的必要性，證券市場的監管體制從此逐步得到確立。

（2）在證券市場監管的立法方面，有些國家將有關證券的發行、交易及管理，以及有關的民事或刑事責任等方面的法令規章匯集於一體，制定專門的證券法和證券交易法來規範證券市場行為；而有些國家則只在本國的公司法中附帶說明，或分類制定若干法律。

（3）在證券市場的管理方法方面，有些國家對證券的發行與交易實行實質管理；而有些國家實行形式管理；還有些國家則實行實質管理與形式管理相結合的管理方法。

（4）在證券市場的主管機構方面，主要有兩種情況：一是有專業性主管機構，有的也兼管證券以外的業務。最典型的是美國的證券管理委員會，該機構直屬總統領導，獨立行使職權，對州與州之間的證券市場活動依法進行全面的監督和管理。二是沒有專業性主管機構，由若干性質不同的機構聯合進行管理。英國以及除法國和比利時以外的其他歐洲大陸國家就沒有專門的證券管理機構。如英國的證券市場管理以自律為主，英格蘭銀行僅基於金融的目的而對一定金額以上的證券發行行使批准權，對證券的實質性檢查由倫敦證券交易所負責。

根據以上幾個方面的差異，可以將世界各國的證券市場監管劃分為三種基本模式：

（一）美國模式

美國模式又稱集中型監管體制模式，是指政府通過制定專門的證券法規，並設立全國性的證券市場監管機構來統一管理全國證券市場。在這種模式下，政府積極參與證券市場管理，並在市場監管中占主導地位，而各種自律性組織，如行業協會則起協助政府監管的作用。

美國模式的特點是對證券市場監管制定了專門的法律，注重立法，並採取強調公開的原則。美國證券市場監管的立法可以分為三級：①聯邦政府立法。其中包括1933年的《證券法》、1934年的《證券交易法》、1935年的《公用事業控股公司法》、1939年的《信託契約法》、1940年的《投資公司法》和《投資諮詢法》、1976年的《證券投資者保護法》等。這些法規由美國聯邦證券管理委員會負責統一執行。②各州政府立法。各州政府的證券法規在美國統稱為《藍天法》，它大致可分為四種類型：第一，防止詐欺型；第二，登記證券商型；第三，注重公開型；第

四，注重實質監管型。③各種自律組織。如各大交易所和行業協會制定的規章，這些規章對證券從業者的約束效果不亞於立法。這種由聯邦、州和自律組織所組成的既統一又相對獨立的監管體系是美國體系的一大特色。

集中型監管體制模式具有兩個主要特點：①具有一整套互相配合的全國性的證券市場監管法規；②設立全國性的監管機構負責監督、管理證券市場。這類機構由於政府充分授權，通常具有足夠的權威維護證券市場正常運行。

集中型監管體制模式的特點決定了它具有以下兩個優點：①具有專門的證券市場監管法規，統一管理口徑，使市場行為有法可依，從而提高了證券市場監管的權威性；②具有超常地位的監管者，能夠更好地體現和維護證券市場監管的公開、公平和公正原則，更注重保護投資者的權益，並起到協調全國證券市場的作用，以防止政出多門、相互扯皮的現象。

但是，集中型管理體制模式也有自身的缺點：①容易產生對證券市場過多的行政干預；②在監管證券市場的過程中，自律組織與政府主管機構的配合難以完全協調；③當市場行為發生變化時，有時不能做出迅速反應，並採取有效措施。

在證券市場監管組織執行體系方面，在同一監管體制模式下，監管機構的設置與職責也可以不同。在集中型證券市場監管體制模式下，可以形成以下三種證券市場監管組織執行方式：

（1）以獨立的證券市場監管機構為主體的組織執行方式。這種方式的特點是專門設立全國性的證券市場監管機構——證券交易委員會，該機構獨立於其他部門，擁有較大的自主權和相當的權威性。採取這種做法的典型代表是美國。美國的證券交易委員會（SEC）是根據1934年《證券交易法》成立的。它由總統任命、參議院批准的5名委員組成，對全國的證券發行、證券交易所、證券商、投資公司實施全面監督管理。這種做法的優點是監管者處於比較超脫的地位，能夠比較好地體現和維護「三公」原則，避免部門本位主義，而且可以協調部門與部門之間的目標和立場。但是，它要求監管者具有足夠的權威性，否則難以使各部門之間相互配合，難以保證證券市場有效運行。

（2）以中央銀行為主體的證券市場監管組織執行方式。這種方式的特點是國家的證券市場監管機構是該國中央銀行體系的一部分，其代表是巴西和泰國。採用這種方式，使一國的宏觀金融監管權高度集中於一個機構，便於決策的統一和協調，也有利於監管效率的提高。其不足之處是過分集權容易導致過多的行政干預和「一刀切」現象；同時，中央銀行自己作為證券市場的直接參與者，有時難以體現「三公」原則。

（3）以財政部為主體的證券市場監管組織執行方式。這種方式是指由一國的財政部作為證券市場的監管主體直接對證券市場進行監管，或者由財政部直接建立監管機構負責對證券市場進行監管。採用這種做法的國家有日本、法國、義大利和韓國等。日本大藏省證券局是日本的證券市場監管機構，負責制定證券市場監管的政策法規，對證券市場參與者進行監管和指導。法國也是以財政部作為證券市場的監

第十章　證券市場監管

管主體，自律組織的作用很少。根據 1967 年 9 月 28 日命令設立的證券交易委員會隸屬於財政部的官方機構，負責對法國的證券市場進行監管。義大利證券市場的監管機構是義大利財政部於 1974 年成立的「公司與證券交易委員會」。

基本上屬於該模式的國家和地區還有日本、臺灣、韓國、印度尼西亞、菲律賓、加拿大、以色列、巴基斯坦、尼日利亞、土耳其和埃及等。

（二）英國模式

英國模式又稱自律型監管體制模式，是指政府除了一些必要的國家立法之外，很少干預證券市場，對證券市場的監管主要由證券交易所、證券商協會等自律性組織進行，強調自我約束、自我管理的作用。英國是這一類模式的代表。這類模式的靈活性、針對性較強，但缺乏強有力的立法后盾，監管軟弱。

英國模式的特點是以強調市場參與者「自律」監管為主，政府干預很小，沒有專門的證券市場監管機構，也不制定獨立的法律，證券市場監管的法規由公司法中有關公開說明書的規定、有關證券商的登記、防止詐欺條例和有關資本管理等法規組成。

採用這一模式的基本上是英聯邦的一些成員國。不過，近年來許多英聯邦的國家或地區，如新加坡、馬來西亞等，在公開原則和證券商的管理等方面也採用了美國證券法中的許多規定。而 1967 年英國新的《公司法》和 1986 年《金融服務法》中有關證券方面的條例，在某些方面也效仿美國《證券法》中的類似規定。

由於歷史上倫敦證券交易所創立早，國家沒有制定出相應的規則，因而倫敦證券交易所對自己業務的規定有嚴格的交易規則，並且擁有較高水準的專業證券商和採取嚴格的註冊制度及公開說明書制度進行自律，由此形成傳統上倫敦證券交易所完全自治，不受政府干預。

自律型監管體制模式特點：①沒有制定單一的證券市場法規，而是依靠一些相關的法規來管理證券市場行為；②一般不設立全國性的證券市場監管機構，而以市場參與者的自我約束為主。

自律型監管體制模式優點：①它允許證券商參與制定證券市場監管的有關法規，使市場監管更加切合實際，並且有利於促進證券商自覺遵守和維護這些法規；②由市場參與者制定和修訂證券市場監管法規，比由政府制定證券法規具有更大的靈活性、針對性；③自律組織能夠對市場違規行為迅速做出反應，並及時採取有效措施，保證證券市場的有效運轉。

但是，自律型管理體制模式也有自己的缺陷：①自律型組織通常將監管的重點放在市場的有效運轉和保護會員的利益上，對投資者往往不能提供充分的保障；②監管者非超脫地位，使證券市場的公正原則難以得到充分體現；③缺少強有力的立法作為后盾，監管軟弱，導致證券商違規行為時有發生；④沒有專門的監管機構協調全國證券市場的發展，區域市場之間很容易產生摩擦，導致不必要的混亂局面。

在證券市場監管組織執行方式方面，「英國模式」一般沒有專門的證券市場監管機構，而是由有關自律組織負責執行。英國長期以來一直沒有設立專門的證券市

場監管機構，英格蘭銀行根據金融政策的需要，擁有對證券發行的審批權。1986年以前，英國證券市場的監管主要由三個自律組織進行。這三個自律組織分別是英國證券交易所協會、英國企業收購合併問題專門小組以及英國證券理事會。這種體制有利於發揮市場參與者的積極性和創造性，便於監管者對市場違規行為迅速做出反應。但是，由於監管者缺乏足夠的權威性，因而會員經常發生違規行為，容易造成證券市場不必要的混亂和波動。

（三）歐陸模式

歐陸模式又稱中間型監管體制模式。這種監管模式既強調集中立法管理，又強調自律管理，是二者相互滲透、相互結合的產物。它包括二級監管和三級監管兩種子模式。二級監管是中央政府和自律機構結合的監管；三級監管是中央、地方兩級政府和自律機構結合的監管。採用該模式的代表國家是德國等。這種監管可以結合前兩種的特點，發揮各自優勢，使監管更有效率。

採用歐陸模式的各國對證券市場監管多採取嚴格的實質性管理，並在公司法中規定有關新公司成立及證券交易等方面的規章。歐陸模式對證券發行人的特點利益有所限制，它要求股東出資一律平等。但在實行公開原則方面，歐陸模式存在一定的不足。如證券的發行人通常只在認股書中對公司的章程與證券的內容稍作披露，而沒有「招股說明書」之類的說明資料，缺少充分的公開。此外，該體系和英國模式一樣，缺少一個對證券市場進行全面性監管的專門機構。基本上屬於這一體系的國家除了歐洲大陸的西方國家外，還有拉丁美洲和亞洲的一些國家。

目前，由於集中型和自律型兩種監管體制模式存在一定的缺陷，因此，有些在以前實行集中型或者自律型監管體制模式的國家開始逐漸向中間型監管體制模式過渡，使兩種體制互相取長補短，發揮各自的優勢，以使證券市場監管更加具有效率。

二、中國的證券市場監管模式

我國基本上建立了證券市場監管的法律法規框架體系，設立有全國性的證券市場監管機構——中國證券監督管理委員會。從1997年開始，證券交易所由證監會領導，強化了證券市場監管的集中性和國家證券主管機構的監管權利。我國的證券市場監管採用政府主管、機構統一管理與證券業自律管理及社會監管相結合的管理模式，基本上屬於「美國模式」。

（一）證券市場監管的立法

中國實行市場經濟時間較晚，證券市場的發展歷史較短且缺乏經驗，與證券市場發達國家相比，立法相對滯后，法律體系也不夠成熟。經過多年的探索，我國的證券市場監管立法已取得一定成績，形成了一個初步的法律框架體系。我國現行證券立法由法律、政府的行政法規和證券主管部門規章三個部分組成。目前已經頒布的與證券市場監管相關的法律主要有《中華人民共和國證券法》《中華人民共和國

第十章　證券市場監管

公司法》《中華人民共和國證券投資基金法》《中華人民共和國刑法》等。此外，《中華人民共和國中國人民銀行法》和《中華人民共和國商業銀行法》也有涉及證券市場監管方面的內容。證券市場監管的行政法規是指由國務院頒布的有關證券市場監管方面的法規。目前已經頒布的法規主要有：《中華人民共和國國庫券條例》《股票發行與交易管理暫行條例》《國務院關於股份有限公司境外上市特別規定》《證券投資基金管理暫行辦法》，等等。證券主管部門規章是指由原國務院證券委和中國證監會制定的有關規章。目前已經頒布的部分規章有：《禁止證券詐欺行為暫行條例》《證券交易所管理暫行辦法》《公開發行股票公司信息披露實施細則（試行）》，等等。

(二) 證券市場監管的機構

證券市場監管機構可分為政府監管機構和自律性監管機構。政府監管機構按設置的不同有獨立機構管理和政府機構兼管兩類。我國現行的政府監管機構有中國證券監督管理委員會及其下屬的地區性證券期貨監管部門。

我國設立有全國性的證券市場監管機構，負責監督、管理全國證券市場。我國證券市場監管體制發展過程經歷了一個從地方監管到中央監管、由分散監管到集中監管的過程，大致可以分為三個階段：第一階段為國務院證券委和中國證監會成立前的階段。我國證券市場起步於國債的發行。1992年8月，中國人民銀行成立了證券管理辦公室，管理全國的證券市場。第二階段為集中統一監管的過渡階段。國務院於1992年10月成立了國務院證券委員會和中國證券監督管理委員會。1993年1月國務院發布了《國務院關於進一步加強證券市場宏觀管理的通知》，這標誌著《中華人民共和國證券法》實施以前的證券市場監管體制開始向集中監管過渡。目前為第三階段，是政府集中監管與自律監管相結合的監管模式初步確立的階段。1998年通過的《中華人民共和國證券法》和2006年修改的《中華人民共和國證券法》明確規定，在證券市場上實行政府集中監管與自律相結合的證券監督模式，表明我國證券監督管理體制已進入到一個新的歷史時期。

新形成的監管體制具有以下一些特點：①證券市場監管機構的地位得到進一步強化，增強了證券市場監管機構的權威性；②地方證券市場監管機構改由中國證監會垂直領導，提高了證券市場監管工作的效率。改革後按業務需要設置了9個派出機構和2個直屬辦事處，精簡了人員，提高了機構運轉效率；③加強了對交易所主要人事管理和上市公司高級管理人員任職資格的管理，加強了交易所一線監管的作用。

當然，這種監管體制也存在一些不足，例如過於將監管權力集中到一個部門，又無其他配套管理措施跟上，因此無法對監管效果進行再監管。

(三) 市場自律性與社會監管機構

證券自律監管和社會監管與政府管制同為我國證券市場監管體制的組成部分，它可以對政府的監督和管理起重要的補充作用。必須協調它們之間的關係，以充分發揮二者的作用，實現協調統一監管。

(1) 證券業自律組織。①證券業協會。證券業協會是證券經營機構的自律性行業管理組織，其主要職責是：根據國家法律、法規和方針政策，制定自律性管理規章，進行行業管理，對違反行業行為規則的會員進行懲罰。中國證券業協會於1991年8月份成立。②證券交易所。證券交易所既是交易市場，又是自律性管理機構，主要針對證券交易活動實施自我管理。其主要職責是：根據國家法律和法規，制定證券交易所的業務規則；提供證券交易場所和設施；審核批准證券的上市申請；組織監管證券交易活動；提供和管理證券交易所的證券市場信息等。

(2) 社會監管機構。會計師事務所、律師事務所和審計師事務所等既是證券業的仲介服務機構，也是社會監管機構。它們在取得證券從業資格後，依照國家法律，對公開發行證券企業的財務報告、資產評估報告、招股說明書和法律意見書等進行審核，實行社會監督，並承擔相應責任。其與證券有關的業務，由中國證監會進行資格確認。

需要注意的是，證券自律監管組織和社會監管機構所代表的行業利益會與公共利益發生衝突，尤其是在證券交易所的公司化後就更加明顯。同時，證券自律組織可能引發行業自閉，妨礙競爭。因此，政府必須加強對證券自律監管組織的監管。

合理劃分政府與自律組織監管權限也是一個值得思考的問題。政府與證券自律組織各有所長。政府擅長於宏觀決策、事後制裁、強制執行等；證券自律監管組織則更貼近市場，更靈活性，市場認同感更強。當然，就現階段而言，政府主導證券市場監管體制仍是合理的選擇。但根據《中華人民共和國行政許可法》的規定，證券市場的准入需要、證券業從業資格的確定、公司證券發行的核准、公司證券上市的審查、證券公司主體資格的確定，這些事項是否可以不設立行政許可，而由證券自律組織來監管，值得探討。

(四) 政府其他部門與地方政府的證券管理職能

政府其他有關部門和地方政府在證券市場中將繼續發揮著有關管理職能。國家計委根據中國證監會計劃建設進行綜合平衡，編製證券計劃；中國人民銀行會同證監會負責審批和歸口管理證券經營機構；財政部歸口管理註冊會計師和會計師事務所，其從事與證券業有關的會計師事務所的資格由證監會審定；設立新的證券交易所必須由中國證監會審核，報國務院批准。

在證券市場監管組織執行體系方面，中國證券監督管理委員會負責對全國證券市場實施監管。1998年12月27日通過的《中華人民共和國證券法》明確規定國務院證券監督管理機構為證券市場的監管者，並對其職責作了具體規定。

小卡片：我國多元化證券市場監管體制構建的思考

1. 我國證券市場監管體制的特點

實行以政府監管為主導、自律監管為輔的監管體系……政府對證券的監管主要由中國證監會進行，政府作為監管者可以集中行使監管職責，解決各部門之間相互

第十章　證券市場監管

推諉而引致的監管效率耗損問題。

2. 我國證券市場監管體制存在的缺陷

……雖然政府監管能夠從宏觀上總體把握問題，彌補了由於市場失靈帶來的缺陷，提高了證券市場的運行效率，但是監管權限的過度集中容易導致權力的濫用和政府本身監管的失靈。而從我國目前的證券市場監管制度來看，並沒有專門針對政府監管部門的監督，這樣當政府監管失靈時並不能有效地起到監管作用。

未充分發揮自律監管機制的作用……自律組織主要包括證券交易所和證券業協會……具體表現為：證券交易所缺乏獨立決策權。我國實行政府主導的集中統一管理機制，證券交易所沒有獨立的經營決策權，交易所的規則多數由政府政策決定，而國外多數國家由證券交易所自由決定，這樣證券所自律監管的作用無法有效發揮。

3. 多元化證券市場監管體制構建思路

(1) 構建多元化證券市場監管體制框架。

……通過發揮政府的主導作用，將政府監管限定在合理邊界內，同時採取措施加強行業自律組織的監管，並建立獨立的社會監管機構，引入社會監管，從而通過「三位一體」的協作維護市場公平秩序和投資者的合法權益。

(2) 規範並推行社會力量的監督。

……實踐中一些個人和社會組織自發地對證券市場進行監督。但是由於沒有法律的授權，他們的監督力量並不能滿足證券市場的監督要求。因此，若能借鑒美國「公眾公司會計監督委員會」的設立模式，成立獨立的、非營利性的社會監督機構對證券市場進行監督，並通過法律授權和國家制度、政策的保障，以及機構本身行為準則、治理結構、資金獲取、監督方式等內容建立，才能最終發揮它的作用。

(3) 加強多元化監管體制之間的協調。

適度放鬆政府管制……應將政府監管限制在「適度」範疇內，將政府監管的權限限定在宏觀決策、事後制裁、強制執行等方面。

加強自律組織的監管作用……建議在我國相關法律制度中，如《中華人民共和國證券法》中明確規定證券交易所的自律地位，並規定「證券交易所可以根據交易所章程和業務規則，對會員實施自律監管，並根據交易所有權對會員及其雇員等進行檢查、調查、處分，交易所可以設立解決會員之間或會員與客戶之間發生的糾紛的調節或仲裁制度」。

……建立政府監管預警機制。由於政府監管主體權限集中再加上政府監管本身的缺陷，會出現政府監管失靈的現象……目前的證券立法多數由行政機構來進行，政策的制定和政策的執行有時屬於同一機構，這樣不利於證券政策的穩定。為保證政策的科學、規範和穩定，應「將政策的制定者和政策的執行者區分，分屬各自不同歸屬的機構獨立操作」。

資料來源：趙麗莉. 我國多元化證券市場監管體制構建的思考 [J]. 商業時代，2009 (21).

第五節　證券法律法規

我國證券市場發展的八字方針是「法制、監管、自律、規範」，這是確保證券市場規範、穩健運行的基本準則和重要指引。我國證券市場是在改革開放中逐步發展起來的，我國的證券市場監管體制也經歷了一個從無到有、逐步完善的過程。為有效防範和化解證券市場風險，促進證券市場健康發展，我國在借鑑國外立法經驗的基礎上，已初步建立了證券法律法規的體系，並在進一步的完善中。

一、我國證券市場法律制度體系

我國對證券市場監管的法律制度體系大致由三個層次構成：國家法律、行政法規和部門規章。

（一）國家法律

由全國人大通過和公布施行的正式法律，如《中華人民共和國證券法》《中華人民共和國公司法》《中華人民共和國證券投資基金法》《中華人民共和國刑法》等。

1.《中華人民共和國證券法》

《中華人民共和國證券法》自1999年7月1日正式實施，后經2005年10月28日全國人大修改表決通過，並於2006年1月1日開始實施。新修訂的《證券法》共12章240條，分別為總則、證券發行、證券交易、上市公司收購、證券交易所、證券公司、證券登記結算機構、證券交易服務機構、證券業協會、證券監督管理機構、法律責任和附則等內容。其調整對象為證券市場的各類參與主體，範圍涵蓋證券發行、證券交易和證券市場監管，核心在於保護投資者的利益，在禁止行為方面的規定主要有：

（1）在證券發行方面，禁止未經依法核准或審批而擅自發行證券，或製作虛假的發行文件發行證券；禁止證券公司承銷或代理買賣未經核准或審批擅自發行的證券。建立了證券發行的保薦制度和發行申請文件的預披露制度，從制度上進一步保障發行人的質量，提高發行透明度，防範發行人採取虛假手段騙取發行上市。

（2）在信息披露方面，規定所披露的信息不得有虛假記載、誤導性陳述或重大遺漏；內幕信息的知情人員或非法獲取內幕信息的人員，在涉及證券的發行、交易或其他對證券價格有重大影響的信息尚未公開之前，不得買賣該證券，或洩露該信息或建議他人買賣該證券；證券市場監管機構的工作人員不得進行內幕交易。致使投資者在證券交易中遭受損失的，應當承擔賠償責任。

（3）在業務經營方面，禁止非法開設證券交易所，禁止未經批准從事證券業

第十章　證券市場監管

務；禁止參與股票交易的人員直接或者間接或者借用他人名義持有、買賣股票；禁止為股票的發行或上市出具審計報告、資產評估報告或者法律意見書等文件的專業機構和人員買賣股票；禁止法人以個人名義設立帳戶買賣證券，禁止綜合類證券公司假借他人名義或者以個人名義從事自營業務。

（4）在從業人員管理方面，禁止在證券交易所、證券公司、證券登記結算機構、證券交易服務機構、證券業協會或者證券市場監管機構的工作人員，提供虛假資料，偽造、變造或者銷毀交易記錄，誘騙投資者買賣證券。

（5）在證券交易方面，證券公司不得違背客戶的委託意願買賣證券、辦理交易事項，禁止證券公司、證券登記結算機構及其從業人員未經客戶的委託，買賣、挪用、出借客戶帳戶上的證券或者將客戶的證券用於質押；證券公司在辦理經紀業務時，不得接受客戶的全權委託買賣證券，也不得對客戶買賣證券的收益或者賠償證券買賣的損失做出承諾；任何人不得操縱證券交易價格，或者製造證券交易的虛假價格或交易量，獲取不當利益或者轉嫁風險，也不得挪用公款買賣證券；禁止編造並傳播影響證券交易的虛假信息、擾亂證券交易市場。但在現貨交易、融資融券、國企炒股和銀行資金入市等方面，監管更加靈活。

（6）在上市公司收購方面，禁止違反上市公司收購的法定程序，利用上市公司收購牟取不正當收益。

小卡片：新《證券法》的變化

經過修訂於2006年1月1日生效的新《證券法》，修訂的主要內容有七項：一是完善了上市公司的監管制度，提高上市公司質量；二是加強對證券公司的監管，防範和化解證券市場風險；三是加強對投資者特別是中小投資者權益的保護力度，建立證券投資者保護基金制度，明確對投資者損害賠償的民事責任制度；四是完善證券發行、證券交易和證券登記結算制度，規範市場秩序；五是完善證券市場監管制度，加強對證券市場的監管力度；六是強化證券違法行為的法律責任，打擊違法犯罪行為；七是還對分業經營和管理、現貨交易、融資融券、禁止國企和銀行資金違規進入股市等問題進行了修訂。

2.《中華人民共和國公司法》

《中華人民共和國公司法》自1993年12月29日由第八屆全國人大常委會通過並以共和國主席令發布；2005年10月28日，又通過全國人大修改表決，並於2006年1月1日實施。我國《公司法》的調整對象為公司的組織和行為，其範圍包括股份有限公司和有限責任公司，其核心在於保護公司、股東和債權人的合法權益，維護社會經濟秩序。我國《公司法》共分11章，對中國境內有限責任公司的設立和組織機構、股份有限公司的設立和組織機構、股份有限公司的股票發行和轉讓、公司債券、公司財務和會計、公司合併和分立、公司破產、解散和清算、外國公司的

證券投資

分支機構、法律責任等內容制定了相應的法律條款。

2005年對《公司法》修訂的主要內容包括：

（1）修改公司設立制度，廣泛吸引社會資金，促進投資和擴大就業。關於公司註冊資本：取消了按照公司經營內容區分最低註冊資本額的規定，允許公司按照規定的比例在2年內分期繳清出資，其中投資公司可以在5年內繳足，有限責任公司的最低註冊資本額降低至人民幣3萬元。關於出資方式：公司不僅可以用貨幣、實物、工業產權、非專利技術、土地使用權出資，還可以用股權等法律、行政法規允許的其他形式出資。規定貨幣出資金額不得低於公司註冊資本的30%。

（2）完善公司法人治理結構，健全內部監督制約機制，提高公司運作效率。有限責任公司設立監事會，其成員不得少於3人。有限責任公司的監事會會議每年至少召開一次，股份有限公司的監事會至少每6個月召開一次，監事可以提議召開臨時監事會會議。出席會議的監事在會議記錄上簽字。

（3）健全股東合法權益和社會公共利益的保護機制，鼓勵投資。

（4）規範上市公司治理機構。上市公司董事會成員中應當有1/3以上的獨立董事。上市公司要設立董事會秘書，負責股東大會和董事會會議的籌備、記錄、文件保管以及公司股權管理，辦理信息披露事務。

（5）健全公司融資制度，充分發揮資本市場對國民經濟發展的推動作用。

關於公司上市條件：公司股本總額降低至3000萬元；向社會公開發行的股份達公司總股份數的25%以上，公司股本總額超過人民幣4億元的，其向社會公開發行的股份的比例為10%以上。

（6）公司聘用、解聘會計師事務所必須由股東會作出決議；監事會、監事在必要時可以聘請會計師事務所協助其工作。

3.《中華人民共和國證券投資基金法》

《中華人民共和國證券投資基金法》（以下簡稱《投資基金法》），經2003年10月28日第十屆全國人大常委會第五次會議通過，並於2004年6月1日起正式實施。我國《投資基金法》調整範圍包括證券投資基金的發行、交易、管理、託管等活動，目的是規範證券投資基金活動，保護投資人及相關當事人的合法權益，促進證券投資基金和證券市場的健康發展。我國《投資基金法》的內容共12章103條，包括總則，基金管理人，基金託管人，基金的募集，基金份額的交易，基金份額的申購與贖回，基金的運作與信息披露，基金合同的變更、終止與基金財產清算，基金份額持有人權利及其行使，監督管理，法律責任及附則。

4.《中華人民共和國刑法》

《中華人民共和國刑法》（以下簡稱《刑法》）自1979年7月1日由全國人大五屆二次會議通過，1997年3月和1999年12月分別進行了修訂和修正後，2009年2月又最新頒布了《中華人民共和國刑法修正案（七）》。《刑法》中對於公司犯罪和證券犯罪也有相關詳細的規定。

第十章　證券市場監管

1997年，我國《刑法》迎來了全面的修訂。對於證券犯罪，《刑法》在保留、吸收、修改《公司法》等法規中有關證券犯罪規定的同時，根據我國證券市場的發展與證券違法行為的實際情況，增加了一些新的證券犯罪。具體來說，1997年《刑法》規定的證券犯罪有兩大類共六個罪名：證券發行過程中的兩個罪名，即詐欺發行股票、債券罪（第160條），擅自發行股票、公司、企業債券罪（第179條）；證券交易過程中的四個罪名，即內幕交易、洩露內幕信息罪（第180條），編造並傳播證券交易虛假信息罪（第181條第1款），誘騙投資者買賣證券罪（第181條第2款），操縱證券交易價格罪（第182條）。

1999年，為了嚴懲破壞社會主義市場經濟秩序的犯罪，全國人大常委會通過了《中華人民共和國刑法修正案》（以下簡稱《修正案》）。《修正案》第3條對1997年《刑法》第174條進行了修改，把《證券法》規定的非法開設證券交易場所犯罪（第178條）與擅自設立證券公司經營證券業務犯罪（第179條）歸入擅自設立金融機構罪之中。

因此，1997年《刑法》修訂后，證券犯罪在司法實踐中能夠適用的罪名共計9個，即1997年《刑法》規定了6個，兩個《修正案》又增加了3個。最新的《中華人民共和國刑法修正案（七）》已由中華人民共和國第十一屆全國人大常委會第七次會議於2009年2月28日通過並於當日頒布實施，其具體內容參看本章第五節。

（二）行政法規

由國務院制定和頒布的條例、通知、暫行辦法等行政法規中，與規範證券市場有關的主要有：《股票發行與交易管理暫行條例》《禁止證券詐欺行為暫行辦法》《企業債券管理條例》《可轉換公司債券管理暫行辦法》《證券投資基金管理暫行辦法》等。

（三）部門規章

由中國證監會制定和頒布或其他國務院所屬機構聯合發文的部門規章和規範性文件，可以分為綜合類、發行類、上市公司類、機構類、交易類、信息披露類等，主要有：《證券市場禁入暫行規定》《證券發行與承銷管理辦法》《股份有限公司國有股權管理暫行辦法》《到境外上市公司章程必備條款》《股份有限公司土地使用權管理暫行規定》《股份有限公司境內上市外資股規定的實施細則》《關於設立外商投資股份有限公司若干問題的暫行規定》《證券業從業人員資格管理暫行規定》《證券經營機構股票承銷業務管理辦法》《證券經營機構證券自營業務管理辦法》《境內及境外證券經營機構從事外資股業務資格管理暫行辦法》《公開發行股票公司信息披露的內容與格式》等。

二、證券違法、犯罪與法律責任

（一）證券違法與法律責任

證券違法是一種有過錯的違反證券法律法規的行為，具有社會危害性。證券違

證券投資

法根據性質和危害程度的不同將其分為兩類：一類是嚴重的證券違法行為即證券犯罪；另一類是一般的證券違法行為即狹義的證券違法，是指除了證券犯罪以外的其他證券違法行為。證券違法廣義上講是一般證券違法和證券犯罪的統稱，本教材所指的證券違法是狹義概念上的證券違法。

1. 證券違法行為的主要種類

證券違法行為既然是指行為人具有違反國家權力機關和行政機關頒布的有關證券法律法規，但尚未觸犯刑律而應受行政處罰和民事處罰的行為。其主要種類應是包括違反證券基本法的違法行為和違反其他證券法律、法規的違法行為。從違法行為的危害程度上講，前者的危害程度要比後者的嚴重，所受到的法律制裁也相應嚴厲。

（1）違反證券基本法違法行為的主要種類。

①證券發行人的違法行為有：未經法定機關的核准或者審批擅自發行證券、製作虛假的發行文件而發行證券、不按規定披露信息或者所披露的信息有虛假記載、誤導性陳述或者有重大遺漏、未按期公告其上市文件或者報送有關報告。

②證券公司及其從業人員的違法行為有：承銷或者代理買賣未經核准或者審批擅自發行的證券；未經批准擅自設立證券公司經營證券業務；為客戶融資或者融券；當日接受客戶委託或者自營買入證券又於當日將該證券再行賣出；假借他人名義或者以個人名義從事自營業務；違背客戶的委託買賣證券、辦理交易事項；未經客戶委託買賣、挪用、出借客戶帳戶上的證券或將客戶的證券用於質押，或者挪用客戶帳戶上的資金；承諾客戶買賣證券的收益或賠償證券買賣的損失；私下接受客戶委託買賣證券；未經批准經營非上市掛牌證券的交易；公司成立後無正當理由超過3個月開始營業，或者開業后自動停業連續3個月以上；超出業務許可範圍經營證券業務；同時經營證券經紀業務和證券自營業務，不依法分開辦理；混合操作、採取詐欺手段騙取業務許可。

③違反我國《證券法》的其他違法行為有：法律法規禁止參與股票交易的人員持有買賣股票；挪用公款買賣證券；非法開設證券交易場所；操縱證券交易價格；虛假陳述；法人以個人名義設立帳戶買賣證券；違反上市公司收購的法定程序，利用上市公司收購牟取不正當收益；未經批准擅自設立證券登記結算機構或者證券交易服務機構；編造並且傳播虛假信息擾亂證券交易市場；為股票的發行或上市出具審計報告或資產評估報告或法律意見書等文件的專業機構和人員違法買賣股票；證券監督管理機構違法核准證券發行上市，或違法批准設立證券公司、證券登記結算機構或者證券交易服務機構。

（2）違反其他證券法律、法規的違法行為：宣傳、表示或暗示申請文件的內容已經得到確認，或證券價值已得到保證和保護；洩露申請文件內容；在公開或公布招募說明書之前出售證券；未在規定日期公開或公布報告書和招股說明書；未按主管機關的要求修訂報告書；公司未統計內部人員持有本公司證券情況，或內部人員未向公司報告持有該公司證券的情況；公司內部人員買賣股票未向主管機關報告；

第十章 證券市場監管

股東未向主管機關報告按規定應當報告的有關事項；證券經營機構高級職員兼職或投資於其他證券經營機構；證券經營機構未經批准而實施有關事項或未報告有關事項；非證券經營機構使用證券經營機構的名稱，或證券經營機構出借名稱；不按規定公開人員、資金、帳目；集中交易場所未經批准而發生有關事項或未報告有關事項；未履行有關義務；非集中交易場所或非證券交易場所使用集中交易場所名稱。

2. 證券違法的法律責任

（1）證券法律責任概述。證券法律責任是指證券法律關係的主體在違反證券法律法規或者不履行法定義務，侵害國家、法人和個人的合法權益時，應當依法承擔的法律後果。一般而言，一個法律部門只規定其中的某一種法律責任，如刑法一般只有刑事責任的規定，民法也只有民事責任的規定，行政法只有行政責任的規定。但證券法所調整的證券經濟關係是一種十分複雜的經濟社會關係，因而證券法這一特殊的法律部門同時規定了民事責任、行政責任、刑事責任等三種責任形式，並且這三種責任形式的運用是根據證券違法行為的性質及其對證券經濟秩序和當事人的危害程度和具體情節而設置的，它既可以單獨適用一種責任，也可以同時並用三種責任。這正體現了證券法的特殊性及其調整對象的廣泛性、法律關係的複雜性、法律責任的綜合性。

（2）證券違法的民事責任。證券違法的民事責任是指證券發行人、證券經營機構、服務機構和證券投資人在證券發行、交易過程中違反證券法律法規而產生的民事上必須承擔的法律後果。根據證券違法行為所侵害的證券法律關係的內容不同，可把證券民事責任分為兩類：一類是違反證券合同關係的民事責任。證券合同關係是證券發行、交易活動中最常見最基本的一項證券法律關係。違反證券合同關係的行為，即證券違法行為。證券違約責任是指在證券發行、交易、委託、代管、認購、取息等過程中，當事人不履行或不適當履行合同義務而產生的民事責任。它主要包括違反證券權益關係、違反證券承銷合同、違反證券上市協議的民事責任，違反證券買賣委託合同、違反證券交易買賣合同、違反證券交易服務合同等的民事責任。另一類是證券侵權民事責任。證券侵權民事責任是指在證券發行、交易過程中當事人違反國家法律法規，侵害他人合法權益而應當承擔的民事責任。它主要有擅自發行證券行為、詐欺客戶行為、操縱市場行為、虛假陳述行為、內幕交易行為的民事責任等幾種。當上述證券侵權行為情節嚴重時，如構成犯罪，行為人除了要向受害人承擔民事責任外，同時還要承擔刑事責任，這一特點與前面所述證券違約行為所要承擔的法律責任是不同的，后者一般只承擔民事責任。根據《中華人民共和國民法通則》的規定，承擔民事責任的方式有十種，其中有四種可適用於承擔民事責任的方式，即返還財物、停止侵害、賠償損失和支付違約金。

（3）證券違法的行政責任。證券違法的行政責任是指行政行為主體因違反行政法律法規，而依法必須對國家行政主管機關及法律授權的其他組織或機構承擔的法律責任。相對於政府證券主管機關而言，證券交易的管理是一種行政行為。證券活

證券投資

動中行政責任的產生,一方面是由於實施證券法律法規或證券管理機構規章所禁止的行為而引起的必須承擔的法律後果;另一方面由於證券主管機關失職未能依法行使職權,而應由其自身承擔行政責任。另外,如果證券主管機關的相對人,如證券發行者或證券經營機構或證券交易所沒有服從主管機關的管理,也應承擔行政責任,主管機關可對其處以罰款或其他制裁措施。

行政責任的特點之一是行政責任的承擔主體具有廣泛性。追究證券行政責任,按制裁的方式不同可分為行政處分(或紀律處分)和行政處罰兩種。前者是指證券主管機關、證券交易所、證券經營機構依法對隸屬於它的、犯有輕微違法或違紀行為人的一種制裁措施。行政處分包括:警告、記過、記大過、降級、降職、撤職和開除等責任形式。行政處罰是由國務院證券市場監管機構基於行政管理職權,對犯有一般違法行為,尚未構成犯罪的相對人依法所採取的一種制裁。行政處罰是一種比較嚴厲的責任形式,其形式主要有:警告、罰款、沒收違法所得或沒收非法財物、責令停產停業、暫扣或吊銷許可證以及暫扣或吊銷執照等。

(二)證券犯罪與法律責任

1. 證券犯罪的構成

根據犯罪構成理論,任何犯罪的成立必須具有犯罪客體、犯罪客觀方面、犯罪主體和犯罪主觀方面四個要件。證券犯罪的構成同樣須具備這四個要件。

(1) 證券犯罪的客體。證券犯罪侵害的客體是證券市場的正常管理秩序和證券投資者的合法權益。一個正常、高效的證券市場管理秩序是證券投資者期望獲得較好經濟利益的重要保證和前提,因此,證券市場正常管理秩序是主要客體。

(2) 證券犯罪的客觀方面。證券犯罪的客觀方面首先表現為違反證券法律法規的行為,即具有違法性。此處的證券法律法規是一個廣義概念,不僅包括立法機關制定的有關證券法律法規,也包括行政機關、金融機關、證券管理機關制定的有關法律法規、規定、辦法等;既包括全國性的證券法律法規,也包括地方性的證券法規。在客觀上還表現為非法從事證券的發行、交易、管理活動或其相關活動的行為。

(3) 證券犯罪的主體。證券犯罪的主體既可是自然人,也可是法人。前者主要包括證券業從業人員、證券業管理人員和證券投資者等。後者主要包括證券發行人、證券經營機構、證券管理機構、證券服務機構、投資基金管理公司、證券業自律性組織及其他組織機構等。當法人作為證券犯罪的主體時,應當實行雙罰制:一要對構成犯罪的從事證券活動的法人單位處以罰金;二要追究從事證券活動機構的直接負責的主管人員和直接責任人員的刑事責任。

(4) 證券犯罪的主觀方面。證券犯罪的主觀方面表現為故意,即行為人明知其所實施的行為具有違法性,會產生破壞證券市場的正常管理秩序、侵害證券投資者的合法利益的危害結果,但仍希望或放任這種危害結果的發生。在現實生活中,證券犯罪一般都是直接故意的,行為人在主觀上具有不惜採取非法手段來獲取經濟利益或者減少經濟損失的犯罪目的。因過失而實施的違反證券法規的危害行為,不構

第十章　證券市場監管

成證券犯罪。

2. 證券犯罪的種類和法律責任

從世界各國對證券違法的刑事制裁來看，典型的證券犯罪行為包括非法發行交易、操縱證券市場、詐欺客戶、內幕交易、虛假陳述和說明五種行為，都是危害極大、后果嚴重的證券犯罪行為，需要用嚴厲的刑罰手段加以制裁和打擊。

我國《刑法》結合我國的國情，借鑑外國的立法經驗，主要規定了五種證券違法行為為證券犯罪行為，它們分別是：擅自發行股票和公司、企業債券罪；內幕交易、洩露內幕信息罪；編造並傳播證券交易虛假信息罪；誘騙他人買賣證券罪；操縱證券市場罪。

第十屆全國人大常委會第二十二次會議於 2006 年 6 月 29 日通過《中華人民共和國刑法修正案（六）》；2009 年 2 月 28 日第十一屆全國人大常委會第七次會議通過《中華人民共和國刑法修正案（七）》。我國《刑法》關於證券犯罪或與證券有關的主要規定有以下方面：

（1）詐欺發行股票、債券罪。在招股說明書，認股書，公司、企業債券募集辦法中隱瞞重要事實或者編造重大虛假內容，發行股票或者公司、企業債券，數額巨大、后果嚴重或者有其他嚴重情節的，處 5 年以下有期徒刑或者拘役，並處或者單處非法募集資金金額 1% 以上 5% 以下罰金。單位犯本款罪的，對單位判處罰金，並對其直接負責的主管人員和其他直接責任人員，處 5 年以下有期徒刑或者拘役（第一百六十條）。

（2）提供虛假財務會計報告罪。依法負有信息披露義務的公司、企業向股東和社會公眾提供虛假的或者隱瞞重要事實的財務會計報告，或者對依法應當披露的其他重要信息不按照規定披露，嚴重損害股東或者其他人利益，或者有其他嚴重情節的，對其直接負責的主管人員和其他直接責任人員，處 3 年以下有期徒刑或者拘役，並處或者單處 2 萬元以上 20 萬元以下罰金（第一百六十一條）。

（3）上市公司的董事、監事、高級管理人員違背對公司的忠實義務，利用職務便利，操縱上市公司從事下列行為之一，致使上市公司利益遭受重大損失的，處 3 年以下有期徒刑或者拘役，並處或者單處罰金；致使上市公司利益遭受特別重大損失的，處 3 年以上 7 年以下有期徒刑，並處罰金；無償向其他單位或者個人提供資金、商品、服務或者其他資產的；以明顯不公平的條件，提供或者接受資金、商品、服務或者其他資產的；向明顯不具有清償能力的單位或者個人提供資金、商品、服務或者其他資產的；為明顯不具有清償能力的單位或者個人提供擔保，或者無正當理由為其他單位或者個人提供擔保；無正當理由放棄債權、承擔債務的；採用其他方式損害上市公司利益的。上市公司的控股股東或者實際控制人，指使上市公司董事、監事、高級管理人員實施前款行為的，依照前款的規定處罰。

犯前款罪的上市公司的控股股東或者實際控制人是單位的，對單位判處罰金，並對其直接負責的主管人員和其他直接責任人員，依照第一款的規定處罰（第一百

六十九條之一)。

(4) 以欺騙手段取得銀行或者其他金融機構貸款、票據承兌、信用證、保函等,給銀行或者其他金融機構造成重大損失或者有其他嚴重情節的,處3年以下有期徒刑或者拘役,並處或者單處罰金;給銀行或者其他金融機構造成特別重大損失或者有其他特別嚴重情節的,處3年以上7年以下有期徒刑,並處罰金。單位犯前款罪的,對單位判處罰金,並對其直接負責的主管人員和其他直接責任人員,依照前款的規定處罰(第一百七十五條之一)。

(5) 非法發行股票和公司、企業債券罪。這是指未經國家有關主管部門批准,非法發行股票或者公司、企業債券,數額巨大、后果嚴重或者有其他嚴重情節的,處5年以下有期徒刑或者拘役,並處或者單處非法募集資金金額1%以上5%以下罰金。單位犯前款罪的,對單位判處罰金,並對其直接負責的主管人員和其他直接責任人員處5年以下有期徒刑或者拘役(第一百七十九條)。

(6) 內幕交易、洩露內幕信息罪。證券、期貨交易內幕信息的知情人員或者非法獲取證券、期貨交易內幕信息的人員,在涉及證券的發行,證券、期貨交易或者其他對證券、期貨交易價格有重大影響的信息尚未公開前,買入或者賣出該證券,或者從事與該內幕信息有關的期貨交易,或者洩露該信息,或者明示、暗示他人從事上述交易活動,情節嚴重的,處5年以下有期徒刑或者拘役,並處或者單處違法所得1倍以上5倍以下罰金;情節特別嚴重的,處5年以上10年以下有期徒刑,並處違法所得1倍以上5倍以下罰金。單位犯前款罪的,對單位判處罰金,並對其直接負責的主管人員和其他直接責任人員,處5年以下有期徒刑或者拘役。內幕信息、知情人員的範圍,依照法律、行政法規的規定確定。證券交易所、期貨交易所、證券公司、期貨經紀公司、基金管理公司、商業銀行、保險公司等金融機構的從業人員以及有關監管部門或者行業協會的工作人員,利用因職務便利獲取的內幕信息以外的其他未公開的信息,違反規定,從事與該信息相關的證券、期貨交易活動,或者明示、暗示他人從事相關交易活動,情節嚴重的,依照第一款的規定處罰(第一百八十條)。

(7) 編造並傳播影響證券交易虛假信息罪、誘騙他人買賣證券罪。編造並且傳播影響證券、期貨交易的虛假信息,擾亂證券、期貨交易市場,造成嚴重后果的,處5年以下有期徒刑或者拘役,並處或者單處1萬以上10萬元以下罰金。證券交易所、期貨交易所、證券公司、期貨經紀公司的從業人員,證券業協會、期貨業協會或者證券、期貨監督管理部門的工作人員,故意提供虛假信息或者偽造、變造、銷毀交易記錄,誘騙投資者買賣證券、期貨合約,造成嚴重后果的,處5年以下有期徒刑或者拘役,並處或者單處1萬元以上10萬元以下罰金;情節特別惡劣的,處5年以上10年以下有期徒刑,並處2萬元以上20萬元以下罰金。單位犯前兩款罪的,對單位判處罰金,並對其直接負責的主管人員和其他直接責任人員,處5年以下有期徒刑或者拘役(第一百八十一條)。

第十章　證券市場監管

(8) 操縱證券市場罪。有下列情形之一，操縱證券、期貨市場，情節嚴重的，處5年以下有期徒刑或者拘役，並處或者單處罰金；情節特別嚴重的，處5年以上10年以下有期徒刑，並處罰金：單獨或者合謀，集中資金優勢、持股或者持倉優勢或者利用信息優勢聯合或者連續買賣，操縱證券、期貨交易價格或者證券、期貨交易量的；與他人串通，以事先約定的時間、價格和方式相互進行證券、期貨交易，影響證券、期貨交易價格或者證券、期貨交易量的；在自己實際控制的帳戶之間進行證券交易，或者以自己為交易對象，自買自賣期貨合約，影響證券、期貨交易價格或者證券、期貨交易量的；以其他方法操縱證券、期貨市場的。

單位犯前款罪的，對單位判處罰金，並對其直接負責的主管人員和其他直接責任人員，依照前款的規定處罰（第一百八十二條）。

(9) 商業銀行、證券交易所、期貨交易所、證券公司、期貨經紀公司、保險公司或者其他金融機構，違背受託義務，擅自運用客戶資金或者其他委託、信託的財產，情節嚴重的，對單位判處罰金，並對其直接負責的主管人員和其他直接責任人員，處3年以下有期徒刑或者拘役，並處3萬元以上30萬元以下罰金；情節特別嚴重的，處3年以上10年以下有期徒刑，並處5萬元以上50萬元以下罰金。社會保障基金管理機構、住房公積金管理機構等公眾資金管理機構，以及保險公司、保險資產管理公司、證券投資基金管理公司，違反國家規定運用資金的，對其直接負責的主管人員和其他直接責任人員，依照前款的規定處罰（第一百八十五條之一）。

(10) 明知是毒品犯罪、黑社會性質的組織犯罪、恐怖活動犯罪、走私犯罪、貪污賄賂犯罪、破壞金融管理秩序犯罪、金融詐騙犯罪的所得及其產生的收益，為掩飾、隱瞞其來源和性質，有下列行為之一的，沒收實施以上犯罪的所得及其產生的收益，處5年以下有期徒刑或者拘役，並處或者單處洗錢數額5%以上20%以下罰金；情節嚴重的，處5年以上10年以下有期徒刑，並處洗錢數額5%以上20%以下罰金：提供資金帳戶的；協助將財產轉換為現金、金融票據、有價證券的；通過轉帳或者其他結算方式協助資金轉移的；協助將資金匯往境外的；以其他方法掩飾、隱瞞犯罪所得及其收益的來源和性質的（第一百九十一條第一款）。

小卡片：證券市場監管風暴悄然升級

要想從根本上解決證券從業人員違法違規問題，必須券商與監管層雙管齊下，券商自身從管理上提高經營風險意識，監管層則要加大對從業人員違法違規行為的懲罰力度，否則會出現監管成本很高、效果卻不好的局面。

1. 券商代客理財被查處

8月5日，有媒體報導稱，海通證券研究所機械行業一位分析師葉某因涉嫌代客理財，日前在公司遭到監管層的突擊檢查，本人與工作電腦一同被帶走接受調查。……

分析師涉嫌代客理財在業內多有耳聞，一些分析師希望在市場形勢好的時候通過代客理財等形式快速提升個人財富。根據證監會的規定，自2009年4月13日起，

證券投資

《證券經紀人管理暫行規定》正式施行。這其中，代客理財這一行為被明令禁止。但這對部分證券經紀人正在操作中的代客理財業務似乎並未產生太大影響。

據瞭解，證券從業人員裡面，從券商營業部的客戶經理、分析師到券商研究所的分析師們，都存在代客理財的現象。湘財證券惠新東街營業部某客戶經理表示，代客理財肯定是不允許的，不過在大牛市時期還是有不少投資者選擇了將自己的帳戶交給信任的證券經紀人打理。

2. 諮詢業遭遇高壓打擊

……

7月末，中國證監會行政處罰委員會和上海、深圳證券交易所紀律處分委員會召開首次聯席會議，就廣受關注的短線操縱行為進行了研討，對如何監管、認定和處罰虛假申報撤單操縱、開盤或尾盤價格操縱以及利用「黑嘴」操縱等新型市場操縱行為提出了建議。

中國證監會副主席姚剛指出，聯席會議要加強協調配合，努力形成對違法違規行為多層次的打擊態勢。隨著監管措施和制度建設的完善，監管層對證券從業人員炒股或者代客理財的監管力度將越來越嚴格，處罰也會越來越嚴厲。任何人包括研究員，都不應該對此存有僥幸心理。海通證券分析師葉某被調查事件也為證券從業人員違法代客理財敲響了警鐘。

近日，證監會通報了4起證券市場違法違規案件；同時，公布對融通基金「老鼠倉」經理張某的處罰決定。而在最新處理的5件違規事件中，僅對10名違規者的沒收和處罰金額就高達14,228,806元，如此大的「罰單」在以前實不多見。

……

業內人士表示，早期券商違規多是挪用客戶保證金，而隨著市場的不斷發展和規範，這一現象已被杜絕。但是一些券商高管利用與上層的關係，在投行業務以及發行方面取得不正當的收益，由此給行業秩序帶來諸多負面影響。而此次被查高管所涉及的問題多是以前的歷史遺留問題被揭發，一定程度上是監管層加強對市場管理的結果。而範曉微事件的調查由中國香港開始，也說明當前資本市場的行為不僅受到管理層的監督，而且以後監管的趨勢會更加國際化。

分析人士指出，證監會對違規事件的查處主要是為了肅清不良的投機行為，並在市場中樹立正確的價值投資理念。由於市場的持續走高，以掌握投機機構為代表的一些規模性資金，利用自身的優勢，運用投機手法企圖控制股價的漲跌，以便從中獲取豐厚的利潤。而管理層對這些違規行為的查處，意在打擊投機行為，鼓勵價值投資，以此來穩定市場的健康發展。

但也有股民表示，證監會開出罰款金額還是偏小，如果僅以參與違規的資金看，罰款只占其中的很小一部分。如果趕上行情好了，不超過一個月就可以賺回來，只有罰得那些違規者「傾家蕩產」無力支付罰金，才能對「潛伏」的違規者起到真正的震懾作用。

資料來源：張夢. 證券市場監管風暴悄然升級［J］. 觀察與思考，2009（16）.

股市常用術語

1. 市淨率：市價與每股淨資產之間的比值，比值越低意味著風險越低。
2. 換手率：一定時間內市場中股票轉手買賣的頻率，也是反應股票流通性強弱的指標之一，其計算公式為：

$$換手率＝某一段時期內的成交量／發行總股數×100\%$$

3. 成交量：股票在交易所內被買賣的股數。如賣方賣出 100 萬股，買方同時買入 100 萬股，則此筆股票的成交量為 100 萬股。
4. 成交額：股票按其成交價格乘以其成交量的總計金額。
5. 委比：委比是衡量某一時段買賣盤相對強度的指標。它的計算公式為：

$$委比＝（委買手數－委賣手數）／委買手數＋委賣手數×100\%$$

委買手數：現在所有個股委託買入下三檔的總數量；委賣手數：現在所有個股委託賣出上三檔的總數量。

委比值的變化範圍為 -100% 到 +100%，當委比值為 -100% 時，它表示只有賣盤而沒有買盤，說明市場的拋盤非常大；當委比值為 +100% 時，它表示只有買盤而沒有賣盤，說明市場的買盤非常有力。當委比值為負時，賣盤比買盤大；而委比值為正時，說明買盤比賣盤大。委比值從 -100% 到 +100% 的變化是賣盤逐漸減弱、買盤逐漸強勁的一個過程。

6. 內盤和外盤：所謂內盤就是股票在買入價成交，成交價為申買價，說明拋盤比較踴躍；外盤就是股票在賣出價成交，成交價為申賣價，說明買盤比較積極。
7. 量比：量比是一個衡量相對成交量的指標，它是開市後每分鐘的平均成交量與過去 5 個交易日每分鐘平均成交量之比。它的計算公式為量比＝現成交總手／〔過去 5 日平均每分鐘成交量×當日累計開市時間（分）〕，當量比大於 1 時，說明當日

每分鐘的平均成交量要大於過去 5 日的平均數值，交易比過去 5 日火爆；而當量比小於 1 時，說明現在的成交比不上過去 5 日的平均水平。

8. 均價：均價是現在這個時刻買賣股票的平均價格。它的計算公式為：

$$均價 = (E 分時成交的量 \times 成交價)/總成交股數$$

9. 當股票名稱前出現了 N 字，表示這只股是當日新上市的股票，字母 N 是英語「New」（新）的縮寫。看到帶有 N 字頭的股票時，投資者除了知道它是新股，還應知道這只股票的股價當日在市場上是不受漲跌幅限制的，漲幅可以高於 10%，跌幅也可深於 10%。這樣就較易控制風險和把握投資機會。

10. 當股票名稱前出現 XD 字樣時，表示當日是這只股票的除息日，XD 是英語「Exclud（除去）Dividend（利息）」的簡寫。在除息日的當天，股價的基準價比前一個交易日的收盤價要低，因為從中扣除了利息這一部分的差價。

11. 當股票名稱前出現 XR 的字樣時，表明當日是這只股票的除權日。XR 是英語「Exclud（除去）Right（權利）」的簡寫。在除權日當天，股價也比前一交易日的收盤價要低，原因是股數的擴大，股價被攤低了。

12. 當股票名稱前出現 DR 字樣時，表示當天是這只股票的除息、除權日。D 是「Dividend」（利息）的縮寫，R 是「Right」（權利）的縮寫。有些上市公司分配時不僅派息而且送轉紅股或配股，所以出現同時除息又除權的現象。

13. 上證領先指標中白線和黃線的含義：白線是上證指數走勢圖，黃線是不含加權的上證領先指數走勢圖。因上證指數是以各上市公司的總股本為加權計算出來的，故盤子大的股票較能左右上證指數的走勢，如馬鋼、石化等。而黃線表示的是不含加權的上證指數，各股票的權數都相等，所以價格變動較大的股票對黃線的影響要大一些。這樣，當上證指數上漲時，如白線在黃線的上方，說明大盤股的影響較大，盤子大的股票漲幅比盤子小的股票要大；相反，如黃線在白線的上方，就是小盤股的漲幅比大盤股要大。而當上證指數下跌時，如黃線在白線的下方，它表示大盤股的下跌幅度較小而小盤股的跌幅較大；相反，如白線在黃線的下方，表示大盤股的跌幅比較大。

14. 紅色及綠色柱狀線的含義：紅色柱狀線和綠色柱狀線分別表示的是股票指數上漲或下跌的強弱度。當紅色柱狀線長度逐漸往上增長時，表示指數增長的力量逐漸增強；而當紅色柱狀線的長度逐漸縮短時，表示股票指數增長的力量在漸漸減弱。當綠色柱狀線長度逐漸往下增長時，表示指數下跌的力量逐漸增強；而當綠色柱狀線的長度逐漸縮短時，表示指數下跌的力量在漸漸減弱。

15. 多頭和空頭：在股市中，一般將持有股票的投資者稱為多頭，而將暫不持有股票的投資者稱為空頭。這樣又通常將買入股票的人稱為做多，而將賣出股票的稱為做空。

16. 倉位：它是指投資者買入股票所耗資金占資金總量的比例。當一個投資者的所有資金都已買入股票時就稱為滿倉，若不持有任何股票就稱為空倉。

股市常用術語

17. 多翻空與空翻多：多頭覺得股價已漲到頂峰，於是盡快賣出所買進的股票而成為空頭，稱為多翻空；相反，當空頭覺得股市下跌趨勢已盡，於是趕緊買進股票而成為多頭，稱為空翻多。

18. 利多與利空：對多頭有利且能刺激股價上漲的消息和因素稱為利多，如上市公司超額完成利潤計劃、宏觀經濟運行勢態良好，等等。對空頭有利且能促使股價下跌的因素和消息叫利空，如股份公司經營不善、銀行利率上調、出現影響上市公司經營的天災人禍，等等。

19. 含權、除權、填權與貼權：含權是指某只股票具有分紅派息的權利，若在股權登記日仍持有這種股票，股東就能分享上市公司的經營利潤，能分紅派息。而除權是指股票已不再含有分紅派息的權利。由於股票在除權前后存在著一個價格差，填權是指股票的價格從除權價的基礎上往上漲來填補這個價差的現象。而貼權是指股票除權后其價格從除權價基礎上再往下跌的現象。

20. 牛市、熊市、猴市和鹿市：牛的頭通常是高高昂起的，人們用它象徵股市的上揚行情。而熊的頭一般都是低垂著的，所以人們用它來比喻股市的下跌行情。猴子總是蹦蹦跳跳的，就用它來比喻股市的大幅振蕩。而鹿比較溫順，人們用它來比喻股市的平緩行情。

21. 坐轎與抬轎：當投資者預計股價將隨利多消息的出現而大幅上升時，就預先買進股票。而當消息證實后，在其他人蜂擁買入股票而促使股價大幅上漲時，就賣出股票以牟取厚利，稱之坐多頭轎子；相反，當預計股價將會因利空消息而大幅下跌時先賣出股票，待消息一證實，大家爭相將股票出手而引起股市大跌后再買回股票從而獲取巨額利潤，這叫坐空頭轎子。利多消息出現后，有人認為股價將會大幅變動而立即搶買股票稱為抬多頭轎子；利空消息公布后，有人認為股價將會大幅度下跌而立即先賣出股票叫抬空頭轎子。

22. 搶帽子：指當天先低價買進股票，待股票價格上揚后，再賣出相同種類、相同數量的股票，或當天先賣出股票，然后再以低價買進相同種類、相同數量的股票，以獲取價差。

23. 斷頭、割肉、吊空：搶多頭帽子買進股票，股票當天並未按所預計的那樣上漲而下跌，投資者只好低價賠本賣出，稱為斷頭。現在股市上也通常將股票以低於買入價賣出的現象稱為割肉。搶空頭帽子賣出股票，但行情並未像猜測的那樣下跌卻反而上漲，投資者只好高價買回，這種現象稱為吊空。斷頭和吊空一般發生在信用交易即買空賣空的時候。

24. 長多、短多、死多：對股市遠景看好，買進股票長期持有以獲取長期上漲的利益，稱為長多；認為股市短期內看好而買進股票，短期保持后即賣掉，獲取少許利益，等下次再出現利多時再買進，稱為短多；對股市前景總是看好，買進股票，不論股市如何下跌都不願拋出的股民稱為死多。

25. 套牢與踏空：買入股票的價格高於現在的行情，使股民難以賣出股票而保

本稱為套牢。股民在股市的低點未及時買進股票而錯過賺錢的機會稱為踏空。

26. 跳空和補空：跳空是指由於受強烈的利多或利空消息的刺激而使股指的開盤與前一日的收盤出現不連續的現象。補空是指股指在其後的運行中將跳空缺口回補的現象，如在開盤時其指數高於或低於前一日的收盤指數就稱為跳空開盤。

27. 盤整：指股票指數或股票價格的波動基本圍繞在某一點徘徊。假如盤整波動範圍較小且上漲或下跌都不輕易就稱為走勢牛皮。

28. 回擋與反彈：在股票指數或股價的上漲過程中出現暫時下跌的現象稱為回擋，而在股價下跌過程中出現暫時回升稱為反彈。

29. 滿堂紅與全盤飄綠：股票的上漲在電子顯示器中一般用紅色表示，而股票的下跌一般用綠色標示，所以當全部的股票都上漲時就稱之為滿堂紅，當所有的股票都下跌時就稱之為全盤飄綠。

30. 利多：指刺激股價上漲的信息，如股票上市公司經營業績好轉、銀行利率降低、社會資金充足、銀行信貸資金放寬、市場繁榮等，以及其他政治、經濟、軍事、外交等方面對股價上漲有利的信息。

31. 利空：指能夠促使股價下跌的信息，如股票上市公司經營業績惡化、銀行緊縮、銀行利率調高、經濟衰退、通貨膨脹、天災人禍等，以及其他政治、經濟、軍事、外交等方面促使股價下跌的不利消息。

32. 長空：指長時間做空頭的意思。投資者對股勢長遠前景看壞，預計股價會持續下跌，在將股票賣出後，一直要等股價下跌很長一段時間後再買進，以期獲取厚利。

33. 洗盤：投機者先把股價大幅度殺低，使大批小額股票投資者（散戶）產生恐慌而拋售股票，然後再把股價抬高，以便趁機漁利。

34. 多殺多：股市上的投資者普遍認為當天股價將會上漲，於是大家搶多頭帽子買進股票，然而股市行情與願違，股價並沒有大幅度上漲，無法高價賣出股票，等到股市結束前，持股票者競相賣出，造成股市收盤價大幅度下跌的局面。

35. 軋空：股市上的股票持有者一致認為當天股票將會大幅下跌，於是多數人都搶賣空頭帽子賣出股票，然而當天股價並沒有大幅度下跌，無法低價買進股票。股市結束前，做空頭的只好競相補進，從而出現收盤價大幅度上升的局面。

36. 集合競價：集合競價是將數筆委託報價或一時段內的全部委託報價集中在一起，根據不高於申買價和不低於申賣價的原則產生一個成交價格，且在這個價格下成交的股票數量最大，並將這個價格作為全部成交委託的交易價格。

37. 連續競價：連續競價的成交方式與集合競價有很大的區別，它是在買入的最高價與賣出的最低價的委託中一對一對地成交，其成交價為申買與申賣的平均價。

國家圖書館出版品預行編目(CIP)資料

證券投資:理論、技巧、策略 / 蘭虹、王文君 主編. -- 第一版. -- 臺北市 : 崧燁文化, 2018.09

面 ; 公分

ISBN 978-957-681-598-0(平裝)

1.證券投資 2.投資技術 3.投資分析

563.53　　　107014505

書　名：證券投資:理論、技巧、策略
作　者：蘭虹、王文君 主編
發行人：黃振庭
出版者：崧燁文化事業有限公司
發行者：崧燁文化事業有限公司
E-mail：sonbookservice@gmail.com
粉絲頁　　　　　　網　址：
地　址：台北市中正區重慶南路一段六十一號八樓815室
8F.-815, No.61, Sec. 1, Chongqing S. Rd., Zhongzheng Dist., Taipei City 100, Taiwan (R.O.C.)
電　話：(02)2370-3310　傳　真：(02) 2370-3210
總經銷：紅螞蟻圖書有限公司
地　址：台北市內湖區舊宗路二段 121 巷 19 號
電　話：02-2795-3656　傳真：02-2795-4100　網址：
印　刷：京峯彩色印刷有限公司（京峰數位）

　　本書版權為西南財經大學出版社所有授權崧博出版事業有限公司獨家發行電子書及繁體書繁體版。若有其他相關權利及授權需求請與本公司聯繫。

定價：550元

發行日期：2018 年 9 月第一版

◎ 本書以POD印製發行